인민군 4일 만에 서울 점령

인민군 4일만에 서울점령

- 지은이 ∣ 이 선 교
- 펴낸이 ∣ 이 선 교
- 펴낸곳 ∣ 도서출판 현대사포럼
- 발   행 ∣ 2016년 9월 15일
- 등   록 ∣ 제7-340호 (2007년 5월 14일)
- 주   소 ∣ 01037 서울시 강북구 삼양로 486 (수유동)
- E-mail ∣ adsunlight@hanmail.net

- 총   판 ∣ 영상복음 (사무장 최득원)
- 주   소 ∣ 04549 서울시 중구 을지로 18길 12
- 전   화 ∣ 02-730-7673 / 010-3949-0209
- 팩   스 ∣ 02-730-7675
- E-mail ∣ oyh0419@naver.com
- http://www.media153.kr
- 입금처 ∣ 국민은행 009-01-0678-428 /
　　　　　우리은행 1002-433-077709

※ 절찬리에 전국서점 판매중. 잘못 만들어진 책은 교환해 드립니다.

ISBN 978-89-94096-09-4　　정가 13,000원

인민군 4일 만에 서울 점령

이 선 교 저

1. 남한 육군 참모총장 채병덕이 간첩이었기 때문에 초전에 인민군을 막지 못하고 참패하였고,

2. 김일성은 작전에 바보였기 때문에 남한을 완전히 점령하지 못하였고,

3. 남로당 서울시 인민위원장 홍민표가 자수하여 대한민국을 살렸다.

도서출판 **현대사포럼**

머 리 말

필자가 1963년 서울에 있는 육군군수학교 관리과에서 근무할 때 외출을 하지 않고 부대 안에 있는 도서관에서 3년 동안 10여 종류의 6.25동란에 관한 전사를 읽으면서 의문난 점은

1. 왜 동란이 발생하였을까?
2. 동란을 왜 미연에 막지 못했을까?
3. 육본 정보국에서는 인민군의 전면남침의 수많은 정보를 참모총장 채병덕에게 보고하였고 수많은 징조가 있었는데 채병덕은 왜 이를 묵살하여 인민군의 공격을 받고 개전 4일 만에 서울이 함락되게 하고 육군을 재기불능 상태로 만들었을까?
4. 신성모 국방부장관은 이범석 장관이 애써 창설한 호국군 4만 명을 왜 해체시켰고, 동란을 막을 준비는 하지 않고 채병덕 참모총장은 동란이 임박했을 때 군 인사이동, 부대이동, 중화기 후송, 50년 6월 24일 전 장병에게 휴가와 외출을 보내 부대를 비우게 하고, 24일 저녁 육군회관에서 육군본부 참모들과 전방 사단장 등 고급장교 50여 명을 초대하여 술 파티를 열어 25일 오전에 작전을 수행하지 못하게 하여 인민군이 초전에 대승하게 하였을까?
5. 김홍일 장군이 채병덕과 김백일 참모부장에게 국군의 주력부대가 한강 이북에 있으니 문산 1사단장 백선엽 대령에게도 후퇴명령을 내린 후 한강교를 폭파해야 한다고 간곡히 부탁하였는데도 전화 한 통화면 되는 것을 채병덕과 김백일 참모부장은 왜 백선엽 대령에게 연락하지 않고 국군 주력부대가 한강 이북에 있는 데도 한강교를 폭파하여 개전 4일 만에 44,000여명이 전사 및 실종 되고 차량과 중장비를 몽땅 잃어 국군을 재기불능 상태로 만들었을까?

6. 인민군이 전차로 국군을 공격하였다고 해서 과연 국군은 인민군을 막을 수 없었단 말인가?

7. 50년 10월 1일 정일권과 맥아더 장군은 미군의 엄청난 현대 무기와 병력을 가지고 북진했을 때 왜 통일을 못했을까?

신성모와 채병덕 김백일이 남로당 공작에 의해서 이처럼 저질러진 사건은 아니었을까?

1. 김일성은 50년 6월 28일 오전 11시 30분 서울을 점령했을 때 전격적으로 남진하였으면 부산과 목포까지 쉽게 점령하여 미군의 부산 상륙을 포기하게 하여 남한을 완전히 점령하여 한반도를 완전히 통일하고도 남았는데 왜 천금같이 귀중한 3일 동안 공격하지 않아 낙동강에서 처참하게 패전하고 중공을 끌어들여 한반도를 국제 전쟁터로 만들었을까?

2. 박헌영은 46년 9월 전국노동자 총파업, 대구사건, 제주도 사건, 14연대 반란 등 남한을 혼란의 도가니에 몰아넣고 김일성과 모택동과 스탈린에게 "인민군이 38선만 넘어 서울만 점령하면 남로당 20만이 봉기하여 인민군이 부산에 도착하기 전 남조선이 해방된다."고 장담하여 동란을 선동해놓고 막상 인민군이 38선을 넘어 서울을 점령하고 대전 영천까지 진격하였는데도 왜 남한에서는 봉기나 군부반란이 한 건도 없었을까? 남로당은 결정적인 시기에 왜 인민군에게 협조하지 못하여 인민군이 패전하게 하였을까?

3. 1950년 11월 26일부터 중공군은 국군과 유엔군을 북한 땅에서 숨쉴 사이 없이 몰아부쳐 51년 1월 4일 서울을 점령하였다. 모택동은 그 여세를 몰아 부산까지 진격하라고 팽덕회에게 명령하였다. 모택동의 명령에 따라 팽덕회가 여세를 몰아 평택까지만 몰아쳤으면 미군은 완전히 한반도를 떠나 대승하였을 것이다. 그런데 서울을 점령한 팽덕회는 더 이상 남진을 하지 않아 분단을 고착시켰다. 왜 그

랬을까?

이상의 문제점을 가지고 20여 년을 연구하여 85년부터 6.25동란에 대한 전사를 쓰기 시작하여 90년에 〈한국전 다시 써야한다〉라는 제목의 전사를 출판하였고, 91년부터 연구를 거듭하여 〈한국전 왜 막지 못했나?〉를 저술하게 되었다.

동란을 치렀음에도 불구하고 38선은 여전히 남아 있고, 그 때의 주인공들은 역사 속으로 사라졌으나 현재 남과 북은 극한적인 대치상황에 있어 한민족의 비극은 65년이 지난 지금도 끝나지 않았다.

38선 분단과 6.25동란이 미 · 소 강대국의 산물이라고 거침없이 외쳐대는 분들이 있다. 그러면 우리는 독립을 위해 얼마나 희생했고, 동란을 막기 위해 얼마나 노력하였는가? 분단과 동란의 책임이 남북한 우리에게 있음에도 자성하지 않고 강대국에 돌리는 무책임한 일은 민족의 수치이다.

동란의 기원을 스탈린이 주도했다, 중 · 소가 음모했다, 미국과 한국이 음모했다, 미국이 유도했다, 국경의 분쟁에서다, 미국의 대리전쟁이었다, 서울지역만 점령하고 협상하려 했다, 등 수 많은 주장들을 하고 있으나 동란의 기원은 제주도 4.3사건과 14연대 반란으로부터 보아야 한다. 동란의 기원을 미 · 소에 전가하는 것은 무책임한 사대주의 근성이다.

우리 과거의 역사가 숨김없이 정직하게 기록되어 뼈를 깎는 자성과 심판과 책임을 지지 않는다면 우리는 소망이 없다. 역사마저 바르게 기록 못하는 용기 없는 백성은 소망이 없다. 역사를 망각하는 백성은 망하고 역사를 기억하고 반성하는 백성만이 소망이 있다. 6.25 전사는 참전자들 중에 생존자들이 많이 있어 명예훼손에 관한 부담을 감수해야 하지만 어째서 초전에 참패했을까를 국민들은 알아야 하기 때문에 6.25 전사를 쓰기 시작하였다.

　이 책이 현대사를 이해하고 역사를 바로 세우는데 도움이 되고 이상의 문제를 해결하는데 다소나마 접근이 된다면 이에 더 큰 보람이 어디 있겠는가!

　우리는 2000년 8월 15일 이산가족의 통곡을 보았다. 6.25의 상처는 65년이 지났으나 아직도 끝나지 않았다.

　이 작은 책이 남로당의 뿌리를 뽑게 한 홍민표 씨와 국군 1사단, 6사단, 8사단, 18연대 2대대, 25연대 장병들의 헌신적인 전투로 인민군의 공격을 초전에 지연시켜 남한이 적화되지 않고 이만큼이라도 우리가 자유를 얻게 된 것에 대해 감사를 드리며 그때 전사한 장병들의 명복을 빌며 가족들에게 위로의 말씀을 드립니다.

　저술함에 있어 아직도 분단이 되어 북한의 자료를 구하기 어려운 점과 천학에서 오는 부족한 점이 많이 있습니다. 독자 여러분의 지도편달을 바랍니다. 그리고 좋은 자료와 증언이 있어 제공해 주시면 더욱 감사하겠습니다.

　앞으로 더욱더 연구하여 부족한 점을 보강하려 합니다.

2016. 9. 15 **이 선 교**

목 차

3장 인민군 공격준비 완료

4장 채병덕 육군참모총장은 간첩이었는가?

5장 한반도 비극의 시작

제1장
남로당(조선공산당) 폭력의 결과

제1장 남로당(조선공산당) 폭력의 결과

1. 제주 4.3폭동과 여수 14연대 반란의 결과

1) 46년 대구 전매노조의 항의 농성이 확대되어 46년 9월 21일 전국 철도파업이 이루어짐에 따라 대구 철도노동자들도 파업을 하였다. 남로당이 여기에 토지개혁과 친일파 숙청을 명분으로 선동하여 대구 폭동이 발생하였다.

2) 1948년 제주도에서 4.3폭동이 일어나 진압하는데 1년이 걸렸고, 14,000여명이 사망하였으며, 여기에 문상길 중위와 오일균 소령 등 군인이 폭동에 가담한 것과 박진경 대령이 문상길 중위에게 피살된 것, 일부 국군이 9연대를 탈영하여 인민유격대에 가담하자 이에 대해 이승만 정부는 당황하였다.

3) 1948년 10월 19일 여수 14연대가 반란을 일으켰고, 4연대와 15연대 일부가 여기에 가담하였으며, 6연대가 3차에 걸쳐 반란을 일으키자 이승만 정부는 국군을 믿을 수가 없었다.

14연대 반란으로 인해 국군내의 남로당을 숙청하는 것은 국가에서 제일 급한 일이었다. 그래서 1948년 12월 1일 보안법이 국회를 통과하여 이 보안법에 의해 군대 안의 남로당원을 조사하여 4,749명을 사형, 무기, 파면 조처를 내려 숙청하자 그 때까지 적발되지 않았던 국군 내 남로당원 5,500여명이 탈영하여 총 10,249명으로 이 수는 육군 총 수의 10%이었다.

4) 49년 5월 5일 국군 6사단 8연대 소속의 표무원과 강태무 대대장이 2개 대대 360명을 이끌고 완전무장한 채 월북하자 미군은 한국군을 장개석 군대와 같이 생각하였다.

미군은 한국군 수뇌에 「어떻게 이런 일이 있을 수 있는가?」하고 항의하자 한국군 수뇌부는 "경비대를 모집할 때 좌익단체에 속해 있던 자들은 모집에서 제외시켜야 하는데 미군정이 '사상은 자유다'고 하면서 좌우를 가리지 않고 모집해서 결국 이런 일이 발생하였다."라고 오히려 미군정 때문이라고 항변하였다.

「당신네가 국방경비대를 창설할 때 우리가 좌우익을 가려서 모집해 달라고 많은 요청을 하였어도 당신들은 "사상은 자유다. 국방은 국민의 의무다. 사상 때문에 국방의무를 않는다면 되겠는가?' 하며 아무나 받아들이는 바람에 국군 안에는 온통 빨갱이뿐이요. 그래서 14연대 반란 같은 것이 발생하였소.」하였다.

5) 14연대 반란을 보고 미국은 한국군에 대해 불신하게 되었다. 미제 무기로 무장한 중국 장개석 국부군 8개 사단이 무기를 갖고 집단으로 모택동 군대에 합류하였고, 미군이 제공한 75%의 무기가 중공군에 넘어가 미군은 장개석 군대를 돕는다는 것이 오히려 모택동 군대를 원조하는 꼴이 되어 장개석 군대가 대만으로 쫓겨 가도 군사 원조를 전혀 해주지 않았다.

미군은 한국군도 장개석 군대와 같다고 보고 있었다. 미군은 49년 6월 30일까지 고문관 480명만 남기고 전차도 전차지뢰도 한국군에 지급하지 않고 군인도 중무기도 모두 철수하였다.

6) 48년 11월 16일 국가보안법이 국회에 상정되었다.

「이 법은 정치적으로 악용될 소지가 많은 반민주 악법일 뿐만 아니라 통일에도 장애가 된다. 국가보안법은 포악무도한 일제 침략주의의 총검이라고 할 수 있는 치안유지법과 똑같은 반민주적 제국주의의 잔재이다. 우리가 민주 독립 국가를 재건하는 이 마당에 제국주의 잔재 폐물을 용납할 수 없다.」

국회의원 김용주는 이 법을 강력히 반대하였다. 김 의원은 신성균 노일환 조헌영 등과 합세, 47명이 국가보안법 '폐기 동의안'을 제출하였다.

「국가가 엄연히 존재하는 상태에서 반민주분자는 역적으로 절대 용서할 수 없다.」

박순식 이주행 의원들은 강력하게 찬성하였다. 그러자 보안법을 찬성하는 의원들은 「반대하는 놈들은 빨갱이가 아니요? 지금 제주도에서 이덕구가 제주도를 해방시킨다고 날뛰고 있고, 김지회는 14연대를 반란군으로 만들어 국가를 전복시키겠다고 구례에서 12연대와 싸우고 있고 대구 6연대도 반란군이되어 국군과 싸우고 있는데 이 법을 반대하다니 저놈들은 이상한 놈들이야.」하고 반대하는 의원들을 빨갱이로 몰아붙였다. 후일 노일환과 김옥주 등 11명은 진짜 남로당원으로 확인되어 구속되었다.

이렇게 되어 국가보안법은 48년 12월 1일 국회를 통과하여 법률 제10호로 이승만 대통령의 서명으로 20일 공포되었다. 보안법에 의해 남로당은 불법단체가 되어 체포령이 내려졌다.

49년 10월 18일 민전 산하 133개 단체가 불법단체가 되어 등록이 취소되어 남로당 외곽단체가 없어져 남로당은 결정적인 타격을 받았다. 남로당은 지하로 숨어야 했고 활동하는데 엄청난 제약을 받아야 했다.

남로당은 합법정당이었으나 그들의 폭력투쟁 노선은 결국 그들의 당을 불법단체로 만들었고, 남한에서 국민 76% 절대 지지를 받으면서도 기회를 살리지 못하여 붕괴될 위기에 직면하게 되었다.

49년 1월 8일 「미군이 즉시 철수하고 남북 협상을 다시 해야 한다.」

하고 김구 선생은 담화를 발표하였다. 그러나 그의 담화에 귀를 기울이는 사람이 없었다. 김구 선생도 5.10선거에 참여하여 국회에서 열심히 활동하여 대통령이 되어 국가를 이끌어가야 하는데 현실을 외면하고 정치를 하려다 49년 6월 29일 비운을 맞게 되었다.

7) 49년 2월 이승만 대통령은 이범석 국방부장관에게 족청원 15만 명을 대청에 합류하게 하였으나 이범석 장관이 이를 거절하자 국방부장관을 사임시키고 그 후임에 선장출신 무능한 신성모를 임명하였다. 족청은 해산되어 대청에 흡수되었다.

14연대 반란으로 군부 청년 학생 등을 반공체제로 강화, 이승만 대통령은 남로당과 대항하였다. 국가는 반공체제가 되었다.

2. 9월 무장봉기 지령

「수상동지! 내부가 단결되어야 전투력을 향상시킬 수 있습니다. 남북 노동당을 합당하여 수상동지가 책임비서가 되는 것이 좋을 것 같습니다.」

김책이 극비에 김일성에게 건의하였다.

「나도 그렇게 생각하는데 그러면 그렇게 준비를 하시오.」

김일성은 즉시 비서를 불러 남북 노동당 중앙위원회를 소집하였다.

49년 6월 30일 남북 노동당 중앙위원이 모두 모였다.

「오늘 모인 것은 공산당은 1국 1당인데 한반도는 특수상황이어서 북남 노동당으로 있었습니다. 그러나 이제는 북과 남을 하나로 합쳐야 되겠습니다.」

박일우의 말에 모두 「옳소!」하고 찬성하였다.

「그러면 북남 노동당을 합쳤을 경우 책임자 동무를 누구로 하면 좋겠습니까?」

「그거야 김일성 동무가 해야지요!」

「옳소!」

이렇게 되어 순식간에 김일성이 남쪽과 북쪽의 노동당 책임자가 되었다.

위원장에 김일성, 부위원장에 박헌영이 되었다. 이때 박헌영의 안색은 초상집 상주 같았다.

'속이 뒤집혀 살 수 없구먼! 그러나 참아야지!'

박헌영은 화를 속으로 눌러 참아야 했다.

45년 해방 때에는 조선공산당 북조선 분국장 김일성이었고, 박헌영은 조선공산당 책임비서 중앙위원장이었는데, 5년이 지난 지금에는 완전히 뒤바뀌고 말았다. 그때 김일성은 박헌영에게 「조선인민의 존경하는 지도자 박헌영 선생 만세!」하였는데 이제는 박헌영이 김일성에게 「조선인민의 존경하는 지도자 김일성 수상 만세!」하자니 속이 뒤집혔다. 더구나 나이도 김일성이 박헌영보다 열 살이나 적었다. 합당은 남로당의 사기를 생각하여 극비로 하였다.

박헌영은 정판사 사건(위조지폐사건)으로 월북하여 김일성의 신세를 지고 있는 것이 두고두고 괴로웠다. 이러한 박헌영을 이승엽이 위로하였다.

박헌영은 여수 14연대 반란이 49년 5월에 진압되었고, 제주도 4.3폭동도 49년 6월 진압되자 초조하였다. 그리고 남로당이 보안법에 묶여 남조선에서 움직일 수 없자 더욱더 박헌영은 초조하였다. 공산세계에서는 투쟁실적이 없으면 자연 도태된다는 것을 누구보다 그는 잘 알고 있었다.

박헌영은 남로당 간부들을 소집하였다.

「동무들, 제주도 항쟁도 끝나고 14연대 항쟁도 끝났소. 앞으로 어떻게 하면 좋겠소?」

박헌영은 답답한 마음으로 그 동안의 경과를 설명하였다.

「방법이 없습니다. 남로당원이 총 궐기하는 수밖에 없습니다.」

이강국이 구체적인 계획을 설명하였다.

「좋소!」

참석자들은 남로당과 유격대를 통해 총 궐기할 것을 결의하고 이 내용을 즉시 남쪽의 김삼룡에게 지령하였다.

【김삼룡 동무, 49년 9월 20일 남조선 인민공화국 총선을 실시할 것이요. 그때까지 남조선을 해방시켜야 하오. 방법은 빨치산 사령관 이혁기, K대 사령관 조병수가 무력투쟁에 협력할 것이니 남조선 전 당원을 동원하여 4월에 봉기하여 남조선을 해방시키시오. 특히 서울을 불바다로 만들어 남조선을 해방시키고 9월20일 인민공화국 총선을 실시할 것이요. 서울시 책임은 홍민표에게 맡기고 그에게 총 궐기하게 하시오.】

김삼룡은 이 지령을 접수하였다. 그리고 그는 〈빨치산 사령관 이혁기, K대 사령관 조병수, 서울시 책임자 홍민표〉등을 다시 읽어보았다.

49년 3월 8일 김삼룡은 남로당 서울시 부위원장 홍민표를 을지로 5가 아지트로 불렀다.

「무슨 특별한 일이 있습니까?」

홍민표가 먼저 인사를 하였다.

「홍 동무, 중앙당에서 지령이 내려왔소. 49년 9월 20일 인민공화국 총선을 실시하니 그 전에 남조선을 해방시켜야 하오. 이 일에 필요한 자금은 넉넉히 지원해 주겠소. 당에서 2,000만원을 보내왔소. 방법은 유격대 사령관 이혁기, K대 사령관 조병수를 보내겠다고 하오. 무기와 이혁기는 일본을 거쳐 보내고, 남로당에서는 서울시 조직책임을 홍 동무에게 맡겨 무장봉기를 총지휘하라는 것이며, 무기는 수류탄을 1만개 이상 만들어서 중요 관공서를 공격하고, 6만 당원을 총 동원하여 서울시를 불바다로 만들어 해방시키라는 내용이요. 또 당원들은 재산을 전부 처분해서 당에 헌납하라 하였소. 중앙당에서는 인민유격대 2,000여명을 중대별로 태백산을 통해 계속 남파시켜 지리산의 이현상 동부와 합류하여 남조선 해방을 후방에서 협력하게 하고 있소. 그러니 즉시 시행에 착수해 주시오.」

홍민표는 김삼룡이 자기보고 서울시 책임자가 되라고 하니 깜짝 놀랐다.

「제가 서울시 책임자가 되다니요? 저는 역량이 부족해서……」

「홍 동무만큼 당성과 모든 면에 적임자가 누가 있소?」

「예. 감사합니다! 영광입니다!」

「중앙당에서는 14연대 항쟁과 제주도 항쟁이 성과 없이 끝난 것에 대해 심히 낙심하고 있는 것 같소. 대구항쟁으로 경북도당이 노출되어 핵심이 검거되거나 피신하여 도당조직이 무너졌고, 경남도당도 마찬가지이며, 제주도는 말할 것도 없고, 전남도당도 무너졌소. 전북은 약하고 이제 남은 것은 서울밖에 없소. 충청도와 강원도도 당세가 약하지 않소? 만일 이번 총 투쟁에서 실패하면 우리 당에 위기가 올 것 같소. 그러므로 우리 당의 흥망은 홍 동무에게 달려 있으니 치밀하게 그리고 신속하게 투쟁해 주시오.」

「예. 잘 알았습니다.」

홍민표는 김삼룡과 헤어져 자기 아지트로 돌아와 즉시 하부조직을 동원하여 수류탄 1만개 제조에 착수하였다.

「◎ 서울시 오장동 205번지에서 수류탄 탄피 제조.

◎ 성동구 신당동 294번지에서 화약제조, 뇌관 및 수류탄 제조기 12대에서 조립생산.

◎ 종로구 권농동 172번지에서 뇌관, 도화선 생산.

◎ 경기도 국유지 임업시험장 창고에 화약 700kg 보관.

◎ 봉래동 1가 157번지 염산가루 31포.

◎ 마포구 아현동 472번지에서 수류탄 마개 생산, 수류탄 6,000개

조립 완성. 트럭 2대분 만 개 생산은 곧 완성할 것입니다.」

홍민표는 김삼룡을 만나 무기 생산 과정을 보고하면서 무장봉기 준비가 완성되어 곧 서울시를 불바다로 만들겠다고 자랑스럽게 말하였다.

225 - 제기동 아지트.　336 - 신설동 아지트,　443 - 안암동 아지트,

331 - 창신동 아지트,　442 - 동성북동 아지트,　551 - 성북1동 아지트,

332 - 을지로 아지트,　222 - 용두북동 아지트.

위와 같이 남로당은 서울시에 123개의 아지트를 갖고 있었으며, 아지트마다 암호를 숫자로 표시하여 조직 활동을 하였다. 그리고 지령문을 쓸 때도 암호로 썼다. 예를 들면 소식은 접선의 뜻이고, 붉은 색은 '화급을 요한다.' 이고, 꼬리가 달렸다는 '형사가 미행한다.' 는 것이고 시골아저씨는 남로당 고위층이며, P는 남로당, AP는 열성당원, BP는 연락당원, CP는 서클, 11+1은 종로에서 광교 관수교까지 접선장소, 12+2는 광화문에서 서대문까지 접선장소의 표시이며, 병석은 서대문형무소, 목표는 암살대상, 학교는 특별수사본부, 기생집은 경찰서 등의 암호로 쓰기 때문에 사소한 가정집 이야기로 알게 되어 특별수사본부에서도 이 암호문을 해독하는 데는 어려움이 많았다. 신문의 구인광고는 '접선을 요망한다.' 였고, 분실광고는 레포를 통해 지령문을 전달했다는 내용이었다. 특히 박헌영 김삼룡에게 보내는 암호문은 4명밖에 모르는 상형 문으로 북쪽에서 박헌영 박시현, 남쪽에서 김삼룡 이태철만 알 뿐 그것이야말로 해석하기가 어려웠다.

3. 무장봉기 실패

「홍 선생님, 박일원이가 K대에 의해 죽었답니다.」
레포가 홍민표에게 숨 가쁘게 보고하였다.

박일원은 남로당에서 전향하여 수도경찰청 사찰과 정보주임과 외무부 정보과장을 지내다 장택상 선거사무장을 하고 있었다. 그는 경성제대 법학부를 졸업한 수재였다. 그가 49년 3월29일 오전11시 29세의 나이로 남로당 K대 박정록에 의해 현장에서 사망하였다.

레포의 보고를 받은 홍민표는 급히 김삼룡 아지트를 찾았다.

「김 선생님, 무장봉기 준비를 완료하고 곧 거사를 하려고 하는데 K대 그 자들이 박일원을 암살하여 특별수사본부와 경찰에서 비상을 걸어 우리 당원들이 움직일 수가 없습니다. 그러니 4월 무장거사를 5월로 연기해 주십시오. 그리고 박일원 한 명 죽인다고 무슨 유익이 있습니까? 오히려 경찰의 검문검색과 경찰들이 눈에 불을 켜고 우리 당원들에게 달려들어 우리가 활동하기가 매우 어렵습니다. 그리고 서울 인민이 점점 우리를 멀리하고 있습니다. 큰일을 앞에 두고 이러한 사소한 일은 앞으로 중단시켜 주십시오.」

「K대의 활동은 중앙당의 지령이요. K대는 중앙당 직속이기 때문에 내가 어떻게 할 수 없는데 중앙당에서도 그만한 이유가 있어서 할 일일 것이니 더 이상 항의하는 것은 홍 동무에게 유익이 없소. 그리고 4월 무장거사를 5월로 연기하는 것은 허락해서 즉시 평양에 보고할 테니 차질 없이 준비하여 다음에는 꼭 실행하시오.」

「네. 감사합니다.」

홍민표는 김삼룡과 이야기가 끝난 즉시 김삼룡의 아지트를 빠져 나왔다.

1949년 5월 19일 오후 5시경 홍민표 레포는 심각한 얼굴로 홍민표 아지트를 찾았다.

「홍 선생님, 큰일 났습니다!」

「아니, 또 무엇이 큰일이야?」

「어제 저녁에 도상익 동무가 추진하는 국회 프락치 관련자들을 오제도 검사가 모조리 체포하였다고 합니다.」

「뭐라고?」

레포의 말에 홍민표는 깜짝 놀라 벌떡 일어서다 앉으며 소리를 질렀다.

「음-. 그럼, 누구, 누구야?」

「국회 부의장 김약수, 국회의원 노일환, 이문원, 박윤원, 김병희, 황윤호, 이구수, 김옥주, 강욱중, 배중혁, 서용길, 신성균, 최태규 등 13명이라고 합니다.」

「뭐야? 그럼 거의 전부잖아! 이거, 큰일 났는데. 도대체 어떻게 해서 검거되었단 말이야?」

홍민표는 안절부절못하였다. 그는 급히 모든 정보를 동원하여 확인해보니 국회에 있던 사람들이 체포된 것이 사실이었다. 홍민표는 난감하였다.

「이것 참, 도상익 이태철이 체포되지 않은 것만도 다행이군.」

「그렇습니다. 국회의원과 당원들과 동무들이 체포된 경위는, 레포 정재한이 경찰의 미행을 알지 못하고 개성 월북 책임자 이상덕을 만나기 위하여 열차를 타고 개성을 갔는데 정재한이 개성역에서 내리자마자 형사가 연행하여 몸수색을 하여 음부 속에서 암호문을 찾아냈는데 이 암호문이 묘산자 같은 상형문자로 되어 있어 이것이 전북 익산의 이문원을 지칭하고 있는 것이 아닌가 하고 특별수사본부 암호 해독 전문가에게 의뢰하여 이들이 3일 동안 연구하여 암호 전체를 풀게 되어 검거하였다고 합니다.」

레포에게서 체포된 경위를 묵묵히 듣고 있던 홍민표는 레포의 말이 끝나자마자 레포를 보내고 즉시 김삼룡을 찾았다.

「선생님, 국회의원들이 저렇게 많이 검거되어 저는 아무 정신이 없습니다. 아무래도 조직원들이 일단은 조용히 있는 것이 좋을 것 같으니 거사를 6월로 연기해 주십시오!」

「홍 동무, 이렇게 계속 연기하면 어떻게 하자는 거요? 이럴수록 서울 시내를 불바다로 만들어야 오제도가 국회의원들을 조사하지 못할 것 아니요? 지난번에도 연기하였는데 내가 중앙당에 무엇이라고 보고 하겠소?」

「이번 한 번만 연기해 주십시오. 이제 수류탄도 6,000개가 만들어졌고, 전 당원을 동원하여 지령만 내리면 되니까 8월로 한 번만 더 연기해 주십시오!」

「그러면 8월에는 어떠한 일이 있어도 진행해야 하오. 알았소? 더 이상 연기는 없소!」

「예. 8월에는 꼭 실행하겠습니다.」

「그럼, 그렇게 하시오.」

「예. 감사합니다.」

홍민표는 식은땀을 흘리며 김삼룡의 아지트를 나왔다. 그는 서울시를 불바다로 만들기 위하여 전력을 다하고 있었다.

49년 7월 10일 김일성은 「9월에 남북한 총선거를 실시하여 평화통일을 하자!」하고 제안하였다. 그러자 이승만 대통령은 「총선은 상투적인 기만이며 선전에 불과한 것이다.」라고 하며 거절하였다.

남로당 K대 사령관 조병수는 「김호익이 이 자식이 국회의원들을 다 잡아들였으니 이 자식을 죽여 버려야지!」하며 국회프락치들을 잡는데 가장 악질적이었다며 김호익 총경을 죽이려고 계획을 짜고 있었다. 조병수는 K대 대원 중 이용운을 선발하여 8월 12일 시경으로 보냈다.

「무슨 일로 오셨습니까?」

「사찰과에 근무하는 치안본부 이성주 총경이 보내서 왔습니다. 여기 명함이 있습니다.」

「아, 들어가십시오.」

이용운은 아무런 제지도 받지 않고 시경에 들어갈 수 있었다. 그는 즉시 김호익 총경 방 앞에 도착하여 노크를 하였다.

「들어오시오!」

안에서 굵은 목소리가 났다.

「안녕하십니까?」

「누구신가요? 나를 만나러 오셨습니까?」

「예. 이성주 총경이 보내서 왔습니다. 여기 명함이 있습니다.」

「그래요? 그런데 이성주는 총경이 아니고 경감인데 이상하구만.」

「이상하기는 뭐가 이상해? 김호익 네 놈이 국회의원들을 다 잡아들였지? 그러니 너도 죽어야 될 게 아니냐?」

이용운은 음침하며 낮은 목소리로 급히 지껄임과 동시 왼쪽 가슴 안에 숨겨두었던 권총을 빼 김호익 총경 가슴에 세 발을 쏘았다. 김호익은 너무 순간적으로 당하여 허리에 찬 권총은 써보지도 못하고 피가 품어져 나오는 가슴을 싸안으며 「아니, 네 놈이 여기가 어디라고……」 하고 말을 끝내지도 못하고 그 자리에 쓰러졌다.

「이 악질분자야! 총 맞이 어떠냐?」

이용운은 악마 같은 웃음을 지으며 쓰러진 김호익의 머리에 총을 쏘아 확인사살을 한 다음 태연하게 시경을 빠져나갔다.

갑작스런 총 소리에 시경은 발칵 뒤집어졌다. 곧 「김호익 총경이 저격당했다!」하는 외침이 들리고 시경과 치안본부는 즉시 비상이 걸렸다.

한편, 이용운은 비상으로 어수선해진 시경 정문을 태연히 걸어 나와 전차정거장으로 가 전차를 기다렸다. 이때 한 떼의 경찰들이 우르르 몰려와 전차를 기다리고 있던 젊은 사람들과 시경 주위에 있던 젊은 사람들을 모두 연행하였는데 이용운도 이때 연행되었다.

서울시 경찰들은 남로당원들을 잡기 위해 눈에 불을 켜고 검문검색을 강화하고 있었다. 내무부장관 김효석은 전국에 있는 경찰에 유숙계 제도를 지시하였다. 유숙계란 누가 어디에서 자면 반드시 지서에 신고하는 제도이다. 이 제도가 실시되자 남로당원들은 숨을 곳이 없게 되었다. 실은 김효석도 남로당원이었다.

「젠장, 잠자는 호랑이 코털을 건드렸구먼!」

숙박업계 주인들은 불평을 하였다. 이러한 때 홍민표의 레포가 홍민표를 찾아와 또 가슴 떨리는 보고를 하였다.

「홍 선생님, 용산구 조직이 위험합니다. 동대문 조직도 마찬가지구요!」

「빌어먹을…… 김호익 한 명 죽여서 무엇 한다고 이렇게 장안을 벌집 쑤셔놓듯 한단 말이야? 중앙당은 모두 돌대가리들만 있어! 남조선에서 무력투쟁만 강요하여 자기네들만 과시하는 게 아냐?」

홍민표는 중앙당의 지령이 현실에 맞지 않는다고 한숨을 쉬었다. 사실, 북한에서 남로당이 유지되려면 끊임없는 투쟁의 실적이 있을 때만 살아남기 때문에 박헌영과 이승엽은 무장투쟁을 지령하지 않을 수 없는 형편이었다.

홍민표는 서울시 폭동을 엄두도 내지 못하고 있었다.

「김채원, 너 남로당 K대 소속이지? 이동희 너도?」

형사들의 불심검문에 두 청년이 경찰서로 연행되어 오자 형사들은 조사할 것도 없이 두들겨 패기부터 하였다. 이러한 방식으로 24시간 내내 조사를 하자 두 청년은 견디지 못하고 김채원은 "청파동 남로당 아지트에서 수류탄을 조립하고 있다."고 하며 그 동안의 남로당에서 계획하고 있는 8월 무장폭동과 이때 쓰일 무기인 수류탄 제조공장의 위치를 불어버렸다. 김채원의 말을 들은 오제도 검사는 깜짝 놀라 벌린 입을 다물지 못하였다. 그는 즉시 경찰들을 출동시켜 남로당에서 만들고 있는 수류탄 제조공장을 덮쳐 트럭 2대 분인 수류탄 6,000개를 압수하였다.

남로당의 무장봉기 계획은 경찰에 의해 수류탄이 압수되면서 완전히 좌절되었고, 빨치산 사령관 이혁기, K대 사령관 조병수도 모두 체포되어 서울시 무장봉기는 더 이상 추진할 수 없었다.

김삼룡은 홍민표를 돈화문 아지트로 불렀다.

「홍 동무, 무장봉기 계획은 어떻게 되었소?」

「죄송합니다. 면목 없습니다!」

「면목 없으면 책임을 져야지!」

「예. 책임지겠습니다.」

「이런 일들이 있을 것 같아서 서둘러라 했지 않았소? 이제는 국회 공작도 실패하고 무장봉기도 실패하였으니 어떻게 하겠소?」

「K대가 우리를 망쳤습니다!」

「K대만 비판하지 마시오! 여기 소환장 있소. 평양으로 가 보시오!」

「예? 평양으로요?」

「왜 놀라시오? 과업을 완수하지 못하면 이럴 것이라고 예상하지 못했소? 왜 가기 싫소?」

「아, 아닙니다!」

「잘 생각했소! 평양에 가서 자초지종을 보고하고 비판을 받는 게 현명하오! 일주일 이내에 평양에 도착해야 하니 2일 이내에 서울을 떠나시오!」

「예. 지시대로 하겠습니다.」

「행운을 비오! 또 만나기를 기대하겠소!」

홍민표는 김삼룡에게 평양을 가겠다고 대답은 하였지만 김삼룡의 아지트를 떠날 때 눈앞이 캄캄하였다.

'제기랄, 평양에 가면 죽을 것인데 돌대가리 같은 박헌영이 앉아서 사람만 죽여 놓고 이제는 날 보고 책임을 지라고? 미친놈들. 원래 폭력 가지고는 안 되기 때문에 대구항쟁이나 제주도, 14연대 항쟁을 하지 말고 선거를 통해 국회를 장악하고 정권을 잡아야 남조선은 자동 남로당 것이 된다고 수차 건의하였건만 바보 같은 박헌영이 대구항쟁, 제주도 항쟁, 14연대 항쟁을 해서 소득도 없이 많은 사람들만 죽여 놓고, 당도 깨지고 또 불법단체로 만들어놓고 이제 와서 날 보고 책임지라고? 이제 나를 죽이려고 해? 어림도 없지. 내가 왜 죽으려 평양엘 가?

그는 남로당 지도부와 박헌영의 폭력투쟁에 분노하면서 그의 아지트로 돌아갔다.

홍민표는 자기 발로 걸어서 경찰서에 가서 자수할 수는 없었다. 그는 2일이 지나 평양에 가지 않으면 남로당 K대에 의해 살해되어 시체도 찾지 못한다는 것을 잘 알고 있었다. 그는 머리를 썼다.

4. 서울시 인민위원장 홍민표의 전향

49년 9월 17일 홍민표는 을지로 4가에서 무교동까지 걸었다. 그것은 〈수사본부 요원들아 홍민표가 걸어가고 있으니 체포하라!〉는 것이었다. 그는 머리가 비상하였다. 그는 그가 예상한 대로 특별수사본부 요원들에 의해 체포되었다. 오제도 검사는 다음 날 조사를 하였다.

「홍 위원장은 북한으로 가지 않고 을지로에서 체포될 줄 알면서 왜 걸었소? 그러면 금방 체포되지 않겠소?」

「박헌영 선생도 실패해서 북한에 가 있는데 저도 실패하여 북한에 가면 어떻게 되겠습니까!」

「그러면 자수를 하지 그랬소?」

「내가 자수를 어떻게 하겠습니까?」

「그러면 지금 자수를 하지 않겠다는 것이오?」

「자수는 오늘 저녁 오 검사님 집에 가서 저녁을 먹은 후 결정하겠습니다.」

「우리 집에 가서 저녁을 먹는다고? 그러지 말고 종로 3가 국일관에서 먹으면 좋지 않겠소?」

「저는 식사는 국일관에서는 안할 것입니다.」

「왜 그렇소?」

「국일관 안에는 우리 공작원이 있습니다.」

「그래요?」

오 검사는 국일관 안에도 남로당 공작원이 있다는 말을 듣고 깜짝 놀랐다.

「그 자가 누구요?」

「그것은 나중에 말씀 드리겠습니다!」

「음, 알았소!」

홍민표의 말을 들은 오 검사는 집에 전화하여 6시까지 손님과 같이 갈 테니 저녁식사 준비를 하라고 하였다.

저녁 6시가 되어 오 검사와 홍민표가 오 검사 집에 도착하여 저녁 밥상을 받고 보니, 밥상에는 밥과 국과 김치, 깍두기, 간장뿐이었다. 홍민표는 밥상을 보고 실망한 듯 갑자기 일어섰다. 홍민표가 일어서니 오 검사가 놀라 일어났다.

「홍 위원장 왜 일어나시오?」

「영감님! 우리 집에서는 이 보다 더 잘 먹고 있습니다. 손님 대접을 한다며 이렇게 해도 되겠습니까? 이건 저를 무시한 것 아닙니까?」

차려내온 초라한 밥상을 보고 홍민표가 기분이 나빠하면서 가려고 하자 오 검사는 홍민표의 팔을 잡고 말리며 노여운 목소리로 부인을 불렀다. 그러자 부인은 영문을 모른 채 달려 나왔다.

「귀한 손님이 오신다고 하였으면 좋은 반찬을 준비할 것이지 이렇게 내오면 어쩌오? 손님이 그냥 가시려하지 않소!」

「죄송합니다! 손님 오실 때마다 좋은 찬으로 대접해 드리고 싶지만 월급 6,000환으로는 어쩔 수 없습니다!」

부인은 한숨을 쉬며 방문을 나갔다.

그 때까지 오 검사의 손에 붙들려 있던 홍민표가 오 검사 부인의 말을 듣고 오 검사의 손을 살며시 풀어내며 「영감님! 집안을 둘러봐도 되겠습니까?」하고 물었다.

오 검사는 얼떨결에 「예, 그러시오!」하였다.

홍민표가 오 검사네 안방의 장롱 문을 열어보니 신사복이 한 벌도 없었다. 신발장을 보니 신사화가 한 켤레도 없었다. 쌀독을 열어보니 쌀이 바닥나 있었다. 홍민표가 오 검사 집에서 저녁을 먹자고 한 것은 오 검사의 생활을 보려고 하였던 것인데, 이것만 보고라도 오 검사가 청렴한 사람이라는 것을 알 수 있었다. 그는 이승만 대통령의 오른팔 특별수사본부 검사인데 이토록 검소한 생활을 한다는 것에 놀랐을 뿐만 아니라 감동하여 그 자리에서 펜과 종이를 달라하여 전향서를 썼다. 그 후 홍민표는 그 동안의 모든 일들을 순순히 대답하여 조사를 끝냈다.

「오 검사님, 시경에서 남로당 서울시 당 상임위원회를 열게 허락해 주십시오.」

「아니, 그게 무슨 말씀이시오? 상임위원들이 시경에 오면 체포되는데 누가 오겠소?」

「시경 아니라 평양에서도 당의 명령이면 와야지 안 오면 되나요? 그들은 오라면 옵니다! 그러면 그때 모두 잡으면 될 것 아니겠습니까? 나 공로 한 번 세우려고 그럽니다.」

이러한 홍민표의 말에 오제도 검사는 기가 막혀 말이 나오지 않았다.

「오라고 하면 정말 올까요?」

「그것은 나에게 맡기시고 허락이나 해 주시지요!」

「믿어지지 않는데요. 그렇다면 밑져야 본전이니 그렇게 하시오.」

「내일 10시에 시경 특별실에서 상임위원회를 열겠습니다.」

「알았소!」

오제도 검사는 허락을 하였으나 도저히 믿어지지 않았다.

'참 살다보니 별일도 많구먼! 시경에서 남로당 서울시당 간부회의를 한다니! 세상에 별일이네!'

다음 날 아침 8시 오제도 검사는 시경에 들려 최운하 형사에게 홍 위원장을 협조하라는 지시를 하였다. 그 때 홍민표가 최운하 형사에게

다가가는 게 보였다.

「최 선생님, 나하고 같이 나갑시다!」

「어디를요?」

「상임위원들 모시러 가야 하지 않겠습니까?」

「아! 예, 그럽시다.」

최운하는 홍민표가 남로당 상임위원들을 모시러 가자하니 귀가 번쩍 뜨였다. 남로당 간부 한 명을 잡으려면 경찰 수십 명이 며칠을 걸려야 하는데 더구나 상임위원들을 모시러 간다고 하니 최운하는 '무슨 말인가?' 하고 의아하였으나 반신반의하며 차를 타고 홍민표와 같이 출발하였다.

남로당 서울시 당 상임위원들이 경찰서에 잡범으로 연행되어 유치장에 있었는데 이들을 붙잡은 경찰서에서는 이들이 남로당원인 것을 모르고 잡범 취급을 하고 있는 것을 홍민표는 알고 있었다. 그래서 그는 최운하 경사를 데리고 이들이 붙잡혀 있는 각 경찰서를 찾아가 최운하 경사를 보고 경찰서 유치장에 있는 이들을 데려오게 하여 한 차에 모두 싣고 시경으로 왔다. 이러한 홍민표를 최운하 경사는 놀랍다는 눈으로 바라보며 그때마다 오제도 검사에게 보고하니 오제도 검사도 놀라 말을 하지 못하였다.

「홍찬성 인사드려! 오제도 영감님이시다!」

「서울시 당 조직책 홍찬성입니다.」

홍민표는 데려온 서울시 당 상임위원들을 모두 오제도 검사에게 인사를 시켰다.

「조직 부책 이희성입니다.」

「부녀책 유대인입니다.」

「문화책 홍윤석입니다.」

「조직부원 이은식입니다.」

「K대 사령관 조병수입니다.」

이들의 인사를 받는 오제도 검사는 흥분이 되는지 얼굴이 불그스름해지면서 인사 받기에 바빴다. 오 검사는 "K대 사령관 조병수"라고 할 때는 긴장이 되는지 멈칫하더니 조병수를 똑바로 보며 「당신이 조병수란 말이요?」하고 물었다.

「예. 제가 조병수입니다.」

조병수는 오 검사가 자기만 뚫어지게 바라보며 묻자 당황하였다.

「어느 서에 있었소?」

「마포 서에서 잡범으로 있었습니다.」

「세상에 이럴 수가, 우리 직원 수십 명이 당신을 잡으려고 1년이 넘게 밤낮을 가리지 않고 뒤를 쫓고 있었는데 마포 서에 있었단 말이군.」

「그랬습니까? 재미있군요. 거기서 낮잠을 좀 더 잘 것인데 홍 선생님이 깨우는 바람에 얼떨결에 여기까지 오게 되었습니다.」

「잘 오셨소!」

「잘 오기는요? 이거 문제가 있는데요!」

오제도 검사는 잘 왔다고 말은 하였으나 속으로는 신음을 삼켰다.

'세상에 이럴 수가. 홍민표는 과연 천재구나!' 오 검사는 홍민표의 머리 쓰는 것에 감탄하였다.

'저렇게 영리한 홍민표를 박헌영은 어째서 잘 이용하지 못하고 무력투쟁만 하게 하였을까? 홍민표 말대로 박헌영의 머리는 바보구나!'

오제도 장로는 홍민표가 전향한 것이 하나님이 대한민국 편에서 돕고 있다고 확신하고 감사하였다.

'천하를 얻은 항우가 인재를 쓸 줄 몰라 사면초가가 되어 망하였고, 유방은 소하, 한신, 장량 같은 인재를 등용하여 작은 나라이지만 인재를 적재적소에 잘 써서 중국을 천하통일 한 것같이 박헌영은 이제 항우 같이 망하게 생겼구나.'

오 검사는 홍민표를 얻은 것이 천하를 얻은 것과 같이 기뻤다.

「그럼, 상임위원회를 하시오! 우리는 배석하지 않고 간섭하지 않겠소. 그리고 무엇이든지 필요한 것이 있으면 말씀하시오. 우리는 나가겠소!」 하고 오제도 검사와 최운하 과장은 자리를 비켜주었다.

5. 홍민표의 연설

시경 특별실에서 남로당 서울시 당 상임위원회가 개회되었다.

「여러분! 우리가 소망하던 9월 20일 인민공화국 총선은 끝났습니다. 우리는 무장봉기를 하려고 수류탄 6,000개를 만들고 며칠 후 만 개를 만들어 서울시를 불바다로 만들려고 하였으나 수류탄 제조공장이 모두 들통나 우리의 무장봉기는 좌절되었소. 또 노일환 국회의원의 국회 공작도 끝났습니다. 제주도 4.3항쟁도 수많은 인민만 죽고 성과 없이 끝났습니다. 여수 14연대 혁명사업도 여수 순천의 우리 동지와 수많은 인민들만 죽었지 아무런 효과가 없이 끝나고 오히려 보안법이 공포되어 우리는 불법정당이 되어 지하에 숨게 되었고, 5월 5일 춘천의 8연대 2개 대대가 월북하였고, 애써서 조직한 육군 안의 세포원 4,749명이 검거되고 5,500여명이 부대를 탈영하였소. 그 결과 얻은 것이 무엇입니까?

그래서 여러 차례 중앙당에 "폭력은 결코 혁명과업을 완수할 수 없다. 그러므로 남조선 인민들 76% 절대 다수가 우리를 지지하고 있으니 합법적인 선거를 통해 혁명과업을 이룩해야지 무력으로는 안 된다."고 수차례 건의하였으나 묵살되었소. 히틀러가 뮌헨에서 폭동을 일으켜감 옥에서 7년을 썩으면서 터득한 것이 무엇이요? 바로 합법적으로 정권을 잡아야겠다는 것입니다. 그것이 바로나의 투쟁입니다. 히틀러는 7년 감옥생활을 한 후 합법적으로 정당을 통해 독일 국민을 설득하여 총통까지 되었습니다.

작년 5.10선거에 우리가 참여하였다면 국회의원 198명 중 과반수 이상을 얻어 다수당이 되어 우리 당에서 합법적으로 김삼룡 동지가 대통령이 되어 남조선 정권을 장악할 수 있었소. 그 증거는 남조선 인민의 76%가 우리를 지지하고 있다는 것을 우리는 알고 있소. 우리가 선거에 참여하지 않은 바람에 이승만이 대통령이 되게 하였소. 그리고 우리는 이 고생을 하고 있소. 이것은 앞으로 역사가들이 반드시 우리를 비판할 것이요. 그래서 나는 박헌영을 돌대가리 바보라고 하였소. 그런데 이제 와서 나에게 책임지라 하고 있소. 여러분, 이게 말이나 됩니까?

대구항쟁, 제주도 항쟁, 14연대 항쟁으로 얻은 것이 무엇이요? 결국 보안법이요. 남로당이 불법단체로 되었고, 당원들과 인민의 희생이요. 인민이 우리에게 등을 돌려 우리를 이렇게 살 수 없게 만들고 수많은 선배들이 피 흘려 만든 조선공산당이 붕괴되게 하였소! 그리고 좌우의 극한적인 대결로 우리는 남쪽에서 살 수가 없소! 이 책임을 어떻게 여러분과 내가 저야 한단 말이요? 나는 남로당에 희망이 있다면 전향하지 않았을 것이요. 혁명은 이제 끝났소. 나는 이제 조용히 인생을 살까 합니다. 물이 없는 곳에서 물고기가 살 수 없듯이 인민의 지지가 없으면 우리는 설자리가 없소!

여러분, 여러분도 이제는 인생의 새로운 출발을 하십시오. 여러분, 공산주의 혁명과업을 위한 폭력주의가 인간의 존엄성을 얼마나 짓밟고 있는가를 만천하에 우리가 보여주어야 할 사명이라고 생각합니다. 목적을 위해 수단과 방법을 가리지 않는 것, 혁명과업을 위해 여기에 반대하는 자를 모조리 숙청하는 것, 인간을 혁명을 위한 도구요 기계의 부속품으로 생각하는 것, 혁명을 위해 인간의 본능까지 억제하는 것 이것은 도저히 용납할 수 없는 사상이라고 생각합니다. 아무리 목적이 좋다고 해도 목적을 위해 인간을 도구로 사용하는 것은 있을 수 없소. 인간의 목숨보다 귀한 게 어디 있소? 여러분들이 그토록 투쟁하여 경찰서에 잡혀왔지만 결과가 무엇입니까? 그러니 깨끗하게 우리도 새로운 인생을 시작합시다.」

「1948년 11월 국회에서 보안법이 통과되려 할 때 우리 동지 오일환 의원 등이 반대했으나 수가 부족하여 투표할 때 반대가 적고 찬성이 많아서 보안법이 통과되어 우리가 불법단체가 되었는데, 우리가 5.10 선거에 참여하였다면 나나 여러분이 국회의원도 되고, 봉급도 받고, 보호도 되고, 보안법도 저지해서 대한민국을 완전히 장악할 수 있었는데, 김일성 박헌영 같은 바보들이 5.10선거를 반대하여 국회의원이 된 동지들이 적어 보안법이 통과되어 우리는 숨어서 살아야 합니다. 이런 기가 막힌 일이 어디 있습니까? 지도자가 되려면 머리가 비상하고 앞을 내다보고 판단력이 좋은 혜안이 있어야지, 아니, 나보다도 못한 바보 같은 머리를 가지고 어떻게 한반도를 통일합니까?」

홍민표가 장장 2시간에 걸쳐 공산주의의 모순을 비판하자 듣고 있던 모든 위원들이 "그렇지! 그렇지! "하며 자기들이 체험한 것이기 때문에 모두 공감하였다. 이렇게 하여 홍민표는 상임위원 전원을 한 사람의 반대 없이 2시간 만에 전향시켰다. 이런 일은 어느 누구도 할 수 없었던 일이었다. 과연 그는 천재였다. 홍민표와 오제도, 조재천은 당대의 천재라고 소문이 자자하였다.

49년 9월 22일 오후 3시 이들은 시경에서 기자회견을 하였다.

《소련의 괴뢰정부 인민공화국을 지지 찬성하는 반역도의 집단인 남로당은 하부 각 조직기관을 기만하여 소위 9월 20일 총선거라는 간판 밑에 무장폭동을 지시하여 파괴 방화 등의 흉악한 음모를 계속 추진하였음을 폭로하는 동시에 소위 통일전선 제안의 9월 20일 총선거는 민족분열과 동포 상쟁의 내란을 도발한 것이다. 서울시 당 상임위원회는 그 모순성을 지적하고 박헌영 도당 중앙당 간부들이 내란을 음모 책동하고 있음을 감지하여 이 지시를 거부하는 동시에 반대투쟁 할 것을 전 국민에게 맹세한다. 남로당 서울시 당 상임위원회》

남로당 서울시 당 상임위원들은 이와 같은 성명을 발표하고 기자들의 질문을 받았다. 이 자리에 참석한 30여명의 기자들은 이들이 발표한 성명서 내용이 어마어마하여서 믿어지지 않았다. 그들은 이구동성으로 "남로당은 이제 끝났다."고 하였다.

이들은 기자회견이 끝나고 전향한 후 경찰이 되어 남로당원들에게 자수를 권하는 일과 전향시키는 일에 전력을 다하였다. 홍민표는 국회 프락치사건을 주도해온 도상익과 레포 이태철·이영신도 전향시켰다. 이태철은 중앙당으로부터 홍민표 대신 조직책임자로 당을 재조직하라는 명령을 받고 동분서주하다 홍민표를 만나 전향하였다. 박헌영이 암호를 만들어 박시현에게 주면 박시현은 중간 레포를 통해 이태철에게 넘겨주는데 이 암호는 박헌영 박시현 이태철 밖에 모르는 상형문자로 된 지령문이었다. 이러한 중요한 위치에 있는 이태철이 전향한 것이다. 전향한 사람들은 그들의 조직 계보 인맥을 통해 자수를 권하고 밀고를 하여 체포하였다. 그래서 49년 9월 21일 200여명을 체포하였고, 9월 24일 공무원과 경찰 28명, 기자·변호사 68명, 판·검사 65명이 체포되었다. 이때마다 신문은 대서특필하여 신문을 본 국민들은 놀라지 않은 사람이 없었다.

이들 뿐만 아니라 전향자들은 줄을 이었다. 그래서 정부에서는 아예 49년 10월 1일부터 11월 말까지 자수기간을 설치하고 총력을 기울여 자수를 권고하였다. 신문에는 남로당 탈당 광고가 줄을 이었다. 이 기간 동안 서울에서만 남로당원 12,196명이 자수하였다. 이중에는 학생 2,418명, 노동자 1,160명, 상업인 2,256명, 공무원 474명, 의사 40명, 교원 58명 기타였다. 총 전향자는 33만여 명으로 많은 수에 국민들은 기절할 지경이었다.

9월 25일 경북도당 18,669명이 자수하였고, 강원도당 위원장 동필현도 자수하였다. 정부에서도 보도연맹을 조직하여 전향자들을 여기에 속하게 하여 별도로 관리하였고, 이들은 남로당원 검거에 앞장을 섰다.

남로당 서울시 당 상임위원 및 홍민표가 전향하고, K대 사령관 조병수, 빨치산 사령관 이혁기 등이 체포되고, 제조한 수류탄이 모두 압수되었어도 남로당 중앙당에서는 9월 무장폭동을 포기하지 않고 10월로 연기하였다.

김삼룡은 박헌영으로부터 「10월로 연기해서라도 무장봉기를 성공시키시오!」라는 지령을 받고 고민에 빠졌다.

김일성과 박헌영은 10월 1일 모택동이 중국 천하를 통일하자 더욱더 흥분하여 「다음 차례는 남조선이다.」하면서 무력통일에 박차를 가하고 있었다.

「결정적인 시기가 불원간 도래한다. 결정적인 시기를 맞이하기 위하여 각 지방 당은 정권 접수를 위한 준비를 하라. 또한 인민군이 진격하게 되므로 각 도당은 해방지구를 1~2개 확보하라! 모든 당 조직은 군사조직으로 개편하고 결정적인 투쟁을 전개하라. 돈 있는 사람은 돈을 바치고 집 있는 사람은 집을 바쳐서 무기를 준비하라. 남조선은 10월내에 점령한다.」

이와 같은 박헌영의 지령에 따라 남로당에서는 당 조직을 군사조직으로 개편하여 북한에서 계속 남파시키는 유격대에 중앙과 지방 당에서 당원들을 유격대에 합류하게 하였다. 이들은 최후 결전을 기다리고 있었다.

6. 김삼룡과 이주하 체포

1) 김삼룡은 부인과 두 딸과 가정부와 같이 3년 전에 이사하여 서울 종로 6가 충신동 6통에서 이성희라는 가명으로 살고 있었다. 집은 큰 기와집이었는데 대문이 항상 잠겨 있어 동네 사람들이 이상하게 생각

하자 「집주인이 병이 들어 늘 누워 있다.」고 소문을 내었다.

대문 옆 문간방은 식품점이었다. 이 식품점 주인은 한쪽 다리를 잘 쓰지 못하는 사람이었는데 나이는 26세고 이름은 이세범이었다. 동네 사람들이 이 사람에게 가끔 「집주인은 무엇을 하는 사람이요?」하고 물으면 그는 「글쎄요, 저는 세 들어 사는 사람이라 잘 모르겠으나 이북에서 월남하였는데 몸이 많이 아파 일어나기 힘들다고 하나 봅니다.」하였다.

그러나 이세범은 김삼룡의 연락원, 즉 비서실장으로 김삼룡이 남로당 사령관이면 이세범은 참모장 역할을 하고 있었다. 남로당은 이 식품점 주인 이세범을 통해 전국에 지령을 내렸다.

김삼룡은 이성희라는 가명으로 우파 청년단체 인 대한청년단에 가입하여 매달 찬조금을 잘 납부하여 동사무소에서는 확실한 우익이라고 생각하였고, 그에 대해 항상 감사하였다. 그는 변신의 천재라 감쪽같이 변장을 하고 밖을 나가 동대문에서 콩나물 장사를 하며 여기에서 접선하였고, 또 왕십리에서도 김 씨라고 하며 콩나물 장사를 하여 이곳에서도 접선하였다.

김삼룡은 남로당원 60만과 민전 산하 133개 단체 약500만 명을 지휘하는 남한에서 남로당 제1인자였다. 그런데 이제는 반공법에 의해 콩나물 장수로 변장하여 지하로 숨어 바로 옆에 있는 이주하도 맘대로 만나지 못하니 한심하였다. 그리고 홍민표 등 서울시 당이 무너지고, 경북, 경남, 전남, 제주 강원도 당이 무너져 사실상 전국 남로당이 무너지는 형편을 보고 그는 마음이 착잡하였다. 그리고 특별수사본부의 수사는 더욱더 강화되어 자기 직계가 체포되어 점점 수사망이 좁혀오고 있으며, 그들이 물불을 가리지 않고 체포하려는 것을 보고 위기의식을 느끼고 있었다.

김삼룡은 박헌영의 대구 폭동 등 무력항쟁에 대해 처음에는 찬성하였으나 결과는 남로당이 엄청난 피해를 보고 또한 인민들이 남로당에

등을 돌려 폭력으로는 혁명을 이룰 수 없다고 판단하고 평화적인 방법으로 혁명을 이룩하자고 5.10선거 참여를 박헌영에게 건의하였으나 묵살되었고, 제주도폭동과 14연대 반란을 통하여 보안법이 공포되어 남로당에 엄청난 피해가 온 것에 대해 박헌영의 남로당 지도력에 회의를 가졌으며, 49년 9월 20일 인민총선거를 한다고 하면서 무장봉기를 선동할 때는 그도 한계를 느꼈다. 그는 고민을 하고 있었다. 특히 홍민표를 잃었을 때는 마음에 갈등이 왔다. 김삼룡이 움직이는 조직원은 약200여명이었다. 이들은 2중 3중으로 벽을 쌓아 김삼룡을 보호하여 보이지 않게 하였고, 이들이 남로당 전국을 움직이고 있었다.

김삼룡은 제1비서 안영달, 제2비서 김형육, 제3비서 임충자, 제4비서 김형태까지도 아지트를 알려주지 않을 정도였다. 안영달과 박시현이 박헌영의 연락을 맡았다. 안영달은 체포되어 전향하였으나 이중첩자 노릇을 하였고, 김형육도 마찬가지였다. 임충자는 김삼룡 비서에다 KLO요원이었다. 미 정보원 KLO는 임충자를 통하여 남로당 수뇌부의 정보를 수집하였다.

김삼룡은 쓰고 있는 전화번호도 특별한 당 간부가 아니고는 알려주지 않았고, 이름도 항상 이성희라고 쓰고 있어 당원들도 그의 얼굴을 보았어도 그가 김삼룡인지 아는 사람이 없었다. 그리고 레포가 직접 대면하여 보고를 하고 지령을 접수할 때도 이성희라고 하기 때문에 김삼룡을 보았어도 그 사람이 김삼룡인 줄 알지 못하고 이성희라고 주장하였다.

김삼룡의 제1조직은 동대문, 제2조직은 마포, 제3조직은 시내, 이런 식으로 전국 조직망을 갖고 각 조직에는 본부가 있고 연락 장소가 5개 이상이었다. 동대문 조직과 마포 조직이 특별수사본부에 체포되면서 체포된 사람들로부터 바늘구멍만한 김삼룡의 실체가 보이기 시작하였다. 이때가 50년 3월이었다.

특별수사본부 장호식 수사관은 김삼룡의 직계들을 체포하여 문초를 하였으나 김삼룡을 본 사람도 없고 아지트를 아는 사람도 없다고 오리발투쟁을 하니 미칠 지경이었다.

남로당원이 체포되면 장호식 수사관에게 「김삼룡은 본 일은 없으나 김삼룡 같다는 육감이 들었다. 그는 을지로4가 근방에서 주로 접선을 하고 동대문 쪽으로 간 다음 종로 6가 근방에서 오른 쪽으로 빠져 충신동 쪽으로 간다.」는 정보를 제공해 주었다. 안영달도 정보를 제공해 주었는데 이 정도만 알고 있었지 더 이상은 모르고 있었다. 정태식 박갑동은 안영달이 박헌영을 체포하게 하였다고 안영달을 죽이려고 여러 번 암살을 시도하였다.

남로당원은 김삼룡과 만나서 직접 보고를 했어도 그가 김삼룡인지 아닌지는 모른다. 다만 당의 명령이므로 어디로 가서 누구와 접선해서 전달해주고 그리고 무엇인가를 받아오라고 하기 때문에 상대방에 대해서 질문해서는 안 된다. 그래서 남로당원은 김삼룡을 만났어도 그가 김삼룡인 줄은 모르나 짐작은 하게 되었다. 이 짐작을 장호식 수사관에게 알려준 것이다.

남로당원의 말을 들은 장호식 수사관은 충신동 근방을 다 뒤질 수 없을 뿐 아니라 한쪽에서부터 뒤지면 다른 한 쪽으로 도망치기 때문에 이 일은 성공률이 희박하였다. 그렇다고 포기할 수도 없는 일이었다. 그는 장고 끝에 결심하였다.

'낚시로 못 잡으면 그물을 치고, 그물로 못 잡으면 몇 날이고 간에 막고 품자!' 하고 생각하였다.

「영감님, 김삼룡을 체포할 테니 병력을 지원해 주십시오.」

장 수사관은 오제도 검사에게 병력을 요청하였다.

50년 3월 24일 그는 수사본부 요원 80명을 지원받아 충신동을 포위하였다. 그는 수사요원들에게 「공포를 쏜 후 모든 집을 수색하고 모든 행인을 검문하고 수상한 자는 일단 연행하시오!」하고 지시하였다.

「한 가지 질문이 있습니다.」

「뭐요?」

「선배님은 김삼룡의 얼굴을 아십니까?」

「몰라!」

이 말에 형사들 모두가 "와-" 하고 웃었다.

「사진이라도 있습니까?」

「없어!」

「또 "와-" 하고 웃음이 터졌다.」

「왜들 웃어?」

화난 듯 장호식 수사관이 요원들을 둘러보며 소리쳤다.

「아니 선배님, 얼굴도 모르고 사진도 없는데 어떻게 김삼룡을 잡습니까?」

「그러니까 동대문에서 김 서방을 찾아야 하지 않겠는가? 이것은 속담이 아니라 실제 해야 할 일이야. 김삼룡의 나이는 40정도. 얼굴은 머리가 약간 벗겨지고 눈썹이 굵고 새까맣고, 말하는 도중 "그럴 나므니까"를 가끔 쓰는 정도뿐 이상의 정보나 자료는 없어. 지금 즉시 행동에옮겨!」

「허 참, 세상에 별 수색을 다하는구먼. 이런 식으로 어떻게 김삼룡을찾아? 진짜 동대문에서 김서방 찾아야겠네!」

「이런 게 장호식의 특기 아닌가!」

요원들은 투덜거리며 실낱같은 요행을 바라고 혹시나 하고 명령이니 하는 척이라도 하여야 했다.

밤중에 갑자기 공포를 쏘며 대문을 요란하게 두드리고 길을 가는 사람들을 검문하니 종로 6가 충신동에 사는 주민들은 '무슨 난리가 났는가? 하고 깜짝 놀라 온 동네가 시끄러웠다. 금방 구경꾼들이 모이기시작하였다.

한밤중 요란한 총소리가 나자 시경과 치안본부 내무부 대통령에게까지 보고되었고, 김삼룡과 이세범도 갑작스런 수색에 대비를 하지 않고 있다가 도망칠 궁리를 하느라 정신이 없었다. 시경국장 김태선이 놀라 현장에 나타났고, 이주하도 현장에 구경하러 나왔다. 창신동 주민들은 잠자다 말고 집집마다 문을 열어주고 식구들이 나와 일렬로 서서 가족사항을 형사들 앞에서 벌벌 떨며 보고해야 했다. 아닌 밤중에 홍두깨였다. 시간이 늦었는데도 구경꾼들은 더욱 모여들어 이러한 일들을 재미있다는 듯 보고 있었다. 사실 장호식이 진짜 김삼룡을 붙들고 「당신 김삼룡이지?」하고 물어 「아닙니다. 나는 이성희입니다.」하면 잡을 수 없는 형편이었다. 그런데도 장호식은 무모하게 일을 벌이고 있었다.

시경국장 김태선이 현장에 나타났으나 형사들이 집집마다 다니며 검문을 하고 있어 화가 났어도 중단시킬 수가 없어 검문이 끝날 때까지 안절부절못하며 기다릴 수밖에 없었다.

「참 살다가 별일을 다 보고 살겠네. 이런 식으로 어떻게 김삼룡을 잡아?」

김태선은 화가 머리끝까지 났다.

장호식 수사관이 대문에 이성희라 문패가 붙어 있는 집의 문을 두드리며 소리쳤다.

「아주머니, 문 좀 열어 주십시오. 특별수사본부에서 나왔습니다.」

「예, 나가요!」

김삼룡의 처 이금순은 총소리와 문 두드리는 소리에 놀라 다리가 후들거리며 두근거리는 가슴을 쓸어내리며 신발을 끌며 뛰어 나가 대문을 열었다.

「주인아저씨의 성함은 무엇입니까?」

「이성희입니다.」

「범인이 이 동넬 들어와 수색중입니다. 주인어른은 집에 계신가요?」

「아니요. 주인은 장사 차 지방에 가시고 안 계십니다.」

「집안을 들어가 보아도 괜찮을까요?」

「예. 들어오십시오.」

장호식은 손전등을 켜고 형사 두 명과 같이 방과 집안을 이 잡듯이 뒤졌다. 이들의 뒤를 따라 다니는 김삼룡의 처는 혹시나 남편이 이들에게 들킬까 봐 가슴이 콩닥거리고 다리가 후들거려 얼른 따라다닐 수가 없었다. 이때 장호식의 손전등이 담 위로 비춰짐과 동시 소리쳤다.

「이봐! 얼른 와서 저 철조망 좀 봐!」

이 소리에 형사들이 뛰어왔다.

「사람이 들어갈 정도로 큰 구멍이지?」

「정말 그런데요!」

「아주머니, 아주머니!」

장호식이 마당에서 떨고 서 있는 김삼룡의 처를 큰 소리로 불렀다.

「예!」

「당신 남편 어디 갔소?」

「지방에 가셨습니다.」

「그 말 정말이요? 그러면 저 철조망이 왜 끊어졌소? 당신 남편이 저 철조망을 끊고 도망쳤지요?」

「아닙니다. 저것이 끊어진지는 얼마 전의 일입니다. 남편은 지방에 갔습니다.」

「당신 그렇게 거짓말하면 우리가 속을 것 같소? 다른 사람들이면 몰라도 우리들한테는 통하지 않아요! 당신 수사본부에 끌려가서 고문을 당해야 사실대로 이야기하겠소? 이봐, 이 여자 끌고 가!」

장호식의 말에 김삼룡의 처는 사시나무 떨 듯 떨었다.

「아닙니다. 절대 거짓말이 아닙니다. 우리 남편은 사업차 나가서 집에 들어오지 않았습니다.」

장호식은 혹시나 하고 김삼룡의 처를 협박하였으나 여자가 형사들이 무서워 떨면서도 대답은 "사업차 지방에 갔다"고 한결 같았다. 장호식은 암담하였다. 그는 다른 집을 가서 수색하였으나 김삼룡의 그림자조차 보이지 않았다. 장호식의 수색작전은 요란하기만 하였지 실효를 거두지 못한 것 같았다.

장호식은 이날 밤 조금이라도 수상하다 생각한 사람 300여명을 특별수사본부로 연행하였다. 그러자 언론과 상부에서 빗발치듯 고함을 치고 압력을 가하고 비난하였다.

'왜 불법으로 한밤중에 가택수색을 하고 300여명을 연행하고 민폐를 끼쳤느냐? 하는 것이었다.

다음 날 화가 머리끝까지 난 시경국장 김태선이 특별수사본부에 들어오자마자「장호식이 어떤 놈이야?」하고 소리를 질렀다. 그러자 그 자리에 있던 장호식이 얼른 나서며「예. 제가 장호식입니다.」하였다.

「야 이놈아! 세상에 수사를 그렇게 해서 어떻게 김삼룡을 잡는단 말이야? 이런 미련한 놈이 특별수사본부 수사관이라니. 너 연행해온 300명을 어떻게 조사할 거야? 엉?」

「죄송합니다!」

「그런 식으로 빨갱이를 잡으니 계속 말썽이 있지 않아? 너 어떻게 할 것이야? 응?」

화가 난 김태선이 장호식에게 고함을 지르다 돌아가자마자 오제도 검사로부터「장호식이 빨리 오라」는 연락이 왔다. 장호식은 죽을상이 되었다. 장호식이 오제도 검사의 사무실 문을 밀고 어정쩡하게 들어서자마자 오 검사의 호통이 장호식의 머리 위로 쏟아졌다.

「임자, 어떻게 하려고 그렇게 불법으로 무모한 행동을 하였는가? 그러니까 우리가 죽도록 일을 하고도 욕을 먹는 거야! 김삼룡을 잡았다가 놓치는 한이 있어도 민폐는 끼치지 말아야지. 그곳이 계엄령이라도 내린 곳인가?」

「죄송합니다. 다음부터는 이렇게 일을 하지 않겠습니다. 김삼룡이 창신동에 산다는 것은 어느 정도 확증이 있는데 어느 놈이 김삼룡인지 몰라 잠잘 때 그곳에 사는 남자들을 모조리 잡아다가 이 잡듯이 심문을 해 볼 생각이었습니다. 그렇게 하지 않고는 김삼룡의 그림자도 볼 수 없을 것이라 생각되었기 때문입니다.」

장호식의 말을 들은 오제도 검사는 어이가 없는지 "허- 참." 하며

「임자, 수사관 생활 하루 이틀 해보았나? 그만두어! 저기 잡아온 300명을 어떻게 할 거야? 임자가 알아서 해! 그러나 임자가 잘못하면 책임을 누가 지는지 알지? 나야, 나! 앞으로 한 번만 더 이런 식으로 하면 각오해! 보기도 싫어 가 봐!」

「옛. 알았습니다!」

장호식은 오제도 검사가 심하게 나무라지 않아 고맙게 생각하였다. 그는 오 검사가 고함을 치며 권총을 뺏고 옷을 벗길까 봐 은근히 걱정하였는데 "300명을 임자가 알아서 해" 할 때에는 오히려 오제도식 격려를 받으니 눈물이 날 지경이었다. 그는 계속 「오제도는 역시 오제도야!」하고 중얼거렸다.

이번 일로 장호식은 뉴스의 인물이 되어 장호식을 모르는 사람이 없게 되었다.

이주하는 예지동에서 하숙을 하다가 주인집 딸인 19세의 김행자와 같이 살게 되었다. 그의 나이 56세 때였다.

집주인인 김성건이 이주하에 의해 마약중독자가 되어 특별수사본부의 이인수 수사관이 김성건의 집을 수색하고 김성건을 연행하자 이주하는 이인수에게 금품을 주고 사정하여 김성건을 빼냈다. 그런데 이인수는 그런 이주하를 알아보지 못하고 이주하를 잡겠다고 밤낮으로 뛰고 있었다.

이인수 프로파가 「저 놈이 이주하다!」하여 수사팀이 달려가 혈투 끝에 잡고 보면 잡은 이주하는 가짜였다. 이렇게 되면 수사팀은 맥이 빠졌다.

특별수사본부에서 하루에 100명 씩 남로당원을 체포하자 유치장이

초만원이었고, 유치장은 남로당원들의 합숙소 같았다. 그들은 이곳에서 적기 가를 부르고 구호를 제창하고 농성을 하였다. 그리고 「세상은 곧 변한다. 김일성이 서울에 온다. 38선이 곧 무너진다. 우리가 형을 받아 보았자 3년 이내다. 그 안에 우리는 해방된다!」라고 떠들어대며 기고만장하였다.

그러나 남한 정부에서는 인민군이 38선을 넘을 것에 대해 전혀 준비를 하지 않고 있었다. 다만 이범석 국방부장관만 준비를 하다 이승만 대통령의 미움을 사서 쫓겨나고 선장출신 무능한 신성모가 국방부장관을 하면서 인민군에 대한 방어 준비를 하기는커녕 이범석 전 장관이 준비한 것마저 다 해체해 버렸다.

2) 50년 3월 25일 새벽 1시, 김행자는 장호식의 충신동 김삼룡 체포작전에서 나는 총소리에 깜짝 놀라 「여보! 여보! 웬 총소리요?」하고 이백수라 가명을 쓴 이주하를 깨웠다. 이주하는 자다 말고 일어나 총소리가 요란한 충신동 쪽으로 가보려고 옷을 입었다.

「여보, 어디를 가시려고 그래요? 총소리가 나는데.」

「총소리가 요란하니 구경 가야지!」

「구경하다 총에 맞으면 어떻게 해요? 저 무서워요. 그러니 가지 마시고 그냥 집에 계셔요!」

「아니야. 가볼 거야. 조심해서 갔다 올 테니 염려 말고 집에 가만히 있어.」

이주하는 어린 아내를 달래고 총소리가 나는 충신동 쪽으로 갔다. 그런데 이주하가 충신동 쪽으로 가고 있는 동안 형사들이 이주하의 집을 수색하였다.

「이 집에는 몇 명이 살고 있습니까?」

「두 식구입니다. 저와 제 남편입니다.」

「남편은 무슨 일을 하십니까?」

「쌀가게를 합니다.」

「남편은 몇 살이지요?」

「56세입니다.」

「아주머니는?」

「19세입니다.」

「아니 뭐라구요? 19세? 세상에 어떻게 이럴 수가.」

형사들은 놀랍다는 얼굴을 하였다. 이때 이주하가 들어왔다.

「아저씨 경찰서로 갑시다.」

「왜요?」

「아니, 56살이나 된 할아버지가 19살의 아가씨하고 사니 그 힘이 어디서 나오는지 비결을 배워야겠소. 그리고 이상하지 않소?」

「그런 것이면 여기에서 물어보면 될 일이지 그런 것 가지고 경찰서까지 갑니까?」

이주하가 대수롭지 않다는 듯 웃어넘기는 말에 형사 하나가 발끈하였다.

「가자면 가지 웬 말이 그렇게 많아요? 19세 먹은 아가씨와 56세 된 할아버지와 같이 사는 것이 정상이요? 33년의 차이가 나는데 이상하지 않소? 그러니 조사를 해야지.」

「그러면 갑시다!」

이주하는 가자고 대답은 하였지만 불안하였다. 일이 잘못될 때는 뒤로 넘어져도 코가 깨지는 경우가 있다. 이렇게 하여 이주하는 특별수사본부로 연행되었다.

이주하가 특별수사본부로 끌려갔지만 그가 이주하인 줄 아는 사람이 아무도 없었다. 특히 장호식 수사관과 오제도 검사도 몰랐다. 그래서 그는 보통사람들과 같이 다루어지고 있었다.

수사본부에 연행된 사람들은 집에 있던 사람과 구경하던 사람까지 300여명 정도가 되었는데 이 사람들로 수사본부는 도떼기시장같이 시끄러웠다.

유치장 안에서 항의하는 소리, 빈정대는 소리, 내가 김삼룡이요 하는 소리 등등으로 시끄러워 정신이 없었다. 이러한 틈에 이주하는 유치장에서 나가기 위한 하나의 방법으로 쉴 새 없이 가래침을 뱉고 있었다.

형사가 고함을 쳐도 이주하가 쉴 새 없이 가래를 뱉으니 주위 사람들이나 조사하는 형사들이나 비위가 상해 견딜 수 없었다. 이주하가 다시 가래를 "카악-"하고 돋우자 김임전 주임이 형사보고 "내다 버려!"하였다. 주임의 말을 듣고 형사가 이주하를 내보내려고 끌고 나오는데 이때 방첩대 김창룡이 끌려나오는 이주하를 보고 김임전 주임에게 「저 사람 버리려면 나한테 주시요!」하였다. 그 말에 김임전 주임은 무심코 「그러시요!」하고 대답하여놓고 생각하니 갑자기 의심이 들었다.

'김창룡이가 주라고? 그러면 뭐가 있다는 것인데? 혹시나?'

김임전 주임은 이주하를 데리고 나가는 형사를 뒤따라가 이주하를 내보내는 척하고 아무도 몰래 다른 방에 감추었다.

「좀 전에 준다고 했던 할아버지 내 놔! 어디다 감추었어?」

김창룡은 김임전 주임을 향해 고래고래 소리를 질렀다. 김창룡은 연행되어온 사람들 중에 구석지에 앉아 나오지도 않는 가래를 돋우어 계속 뱉어내는 이주하 하나를 점찍어 놓고 어떻게 저 노인을 특무대로 끌고 갈까하고 고심하고 있던 참에 버린다고 하여 「잘되었다.」하고 「나를 주라!」고 하니 「그러세요!」하고 순순히 대답하던 김임전이 그 할아버지를 끌고 나간 후 김창룡이 곧 뒤따라 나갔는데도 할아버지가 감쪽같이 없어져 버렸던 것이다.

「무슨 소리요? 금방 버리려고 데리고 나간 것을 당신이 보지 않았소? 밖에까지 데려다 주었으니 내게 엉뚱한 소리하지 말고 다시 잘 찾아보시오.」

김임전의 시침 떼는 말은 김창룡의 화만 돋우었다.

50년 3월 27일 오후 2시 300여명의 연행자들 중 특별한 사람 30여명만 남기고 모두 귀가시켰다. 오제도 검사는 김창룡과 이주하의 얼굴을 아는 사람이 없어 홍민표를 오도록 연락하였다. 오 검사의 연락을 받은 홍민표는 즉시 수사본부로 와서 오 검사를 만났다.

「홍 선생님, 잘 오셨습니다!」

「대충 이야기는 들었습니다. 고생이 많으셨겠습니다.」

「대충 이야기를 들으셨다니 다른 말은 하지 않겠습니다. 지금 급한 것은 연행한 300여 명 중 다 보내고 조금 이상하게 생각되는 사람 30여명만 남겼는데 이 사람들 중 김삼룡과 이주하 그리고 남로당원이 있는가를 홍 선생님이 찾아 주었으면 해서 오시라고 하였습니다. 이렇게 번번이 수고를 하시게 해서 미안합니다.」

「별 말씀을. 당연히 해야지요!」

오제도 검사는 홍민표를 데리고 취조실로 갔다. 홍민표는 30여명의 얼굴을 자세히 보다 깜짝 놀라며 김임전 주임의 방으로 가서 김임전 주임을 데리고 와 구석지에 앉아 가래를 돋우고 있는 할아버지를 가리켰다.

「저 구석에 쪼그리고 앉아 있는 영감을 누가 어디서 잡아왔습니까?」

「왜요? 저 사람이 누군데요?」

「아- 이주하라고요!」

홍민표의 말에 김임전은 깜짝 놀랐다. 그리고는 얼굴이 환해졌다. '이주하라고?' 잘못했으면 김창룡에게 넘겨주어 이주하를 영영 놓칠 번하였던 생각을 하고 김임전 은 김창룡을 따돌린 것이 백 번 천 번 잘했다고 생각하고 기분이 좋았다. 그는 뛰다시피 오제도 검사 방으로 가 이 소식을 전하였다. 30명 중 이주하가 있다는 말을 들은 오 검사는 깜짝 놀랐다. 취조실로 다시 돌아온 김임전은 이주하를 나오라고 하여 다른 방으로 데려갔다.

「이주하 선생이지요?」

「무슨 소리야? 이주하가 누군지 몰라. 나는 이백수야!」

이주하는 김임전이 자기에게 이주하냐?고 묻자 내심 깜짝 놀랐으나 시침을 뗐다.

「아 그러십니까? 그러면 선생님한테서 지령을 받아오던 사람을 모셔 오지요!」

김임전은 홍민표를 데리고 들어왔다.

「이 선생님, 저 홍민표올시다.」

홍민표라는 말에 이주하는 설마 하고 쳐다보니 정말 홍민표였다. 그는 깜짝 놀라 가볍게 신음을 하고 두 눈을 감아버렸다.

이주하 처인 김행자가 수사본부로 연행되어 장호식 수사관의 신문을 받았다.

「남편 이름은?」

「이백수입니다.」

「당신 남편 이름은 이백수가 아니고 이주하인데?」

「아닙니다. 저는 한 번도 이주하라는 이름을 들어본 적이 없습니다.」

「이주하가 무엇을 하는 사람인 줄 아시오?」

「제가 그걸 어떻게 압니까?」

「그래요? 그럼 당신 날 따라오시오」

장호식 수사관은 김행자를 데리고 이주하가 있는 방으로 데리고 갔다. 그리고는 이주하를 가리키며 「저 사람이 이주하요.」하였다. 그런데 이주하를 본 김행자는 자기 남편 이백수가 아닌가! 그는 깜짝 놀라 이주하에게 달려들며 「여보!」하고 울었다.

「나는 이 여자가 누군지 모르오. 당신들은 사람을 잡기 위해 꼭 이런 식으로 연극을 할 것이오?」

이주하는 장호식을 향해 고함을 질렀다.

「여보! 저 행자여요, 행자! 모르시겠어요?」

김행자는 이주하가 모른다고 하자 눈물을 흘리며 한 손으로는 자기 가슴을 가리키고 다른 한 손으로는 이주하의 손을 잡고 "행자요, 행자!" 하고 안타깝게 소리쳤다.

「저 영감탱이가 나이 어린 여자를 데리고 살다 들통 나니 부끄러워서 자기 처도 이제 부인하는구먼! 재미보고 이용해먹고, 장인을 아편쟁이로 만들어 이용하고는 이제 와서 붙잡히니 김행자를 모른다? 영감님, 이래도 되는 것입니까? 세상은 다 속여도 영감님의 양심은 못 속입니다. 행자 아버지나 행자를 혁명의 도구로 이용했다가 이제 필요 없으니 물건 버리듯 버리는 것입니까? 당신의 처가 행자요, 행자! 해도 나는 모른다고 뿌리치는 양심을 가지고 혁명을 해서 무엇 합니까? 나는 당신을 보고 공산주의가 무엇인가를 알겠습니다.」

속이 터진 장호식이 이주하에게 퍼부었다.

「개만도 못한 것들. 개는 주인을 알아보는 의리라도 있지!」

장호식 수사관은 울고 있는 김행자를 붙들어 일으켰다.

「당신 남편이 아니랍니다. 갑시다. 저런 인간에게 무엇을 기대한단 말이요? 당신은 속아 산 것이 원통하지도 않소?」

장호식에게 붙들려가면서도 이주하를 돌아보며 울음 먹은 목소리로 "여보! 여보!" 하고 외치는 김행자를 장호식은 안쓰러운 눈으로 바라보았다. 김행자는 도대체 무슨 일인지 알 수 없었다. 특히 아버지를 아편쟁이로 만들어 이용해먹고 죽였다는 말에는 깜짝 놀랐으나 그 말의 뜻을 이해한 것은 아니었다. 김행자 아버지는 술 중독자로 술만 먹으면 김행자를 못 견디게 했기 때문이었다. 장호식이라는 수사관에게서 「당신 남편은 박헌영 다음가는 빨갱이고, 당신 아버지를 아편쟁이로 만들어 심부름을 시키다가 이용가치가 없어지자 죽였고, 당신도 심부름시키며 신변의 안전을 위해 이용해먹고 이제 와서 필요 없으니 모른다고 한 것이다.」라는 설명을 들은 김행자는 그 수사관의 말을 다 이해할 수는 없었으나 남편이 자기를 모르는 여자라고 한 것은 야속하였다. 김행자는 오직 더러운 세상을 빨리 떠나고 싶은 마음뿐이었다. 아버지의 죽음을 듣고는 불쌍한 생각이 들어 밤이 새도록 잠이 오지 않았으나 남편을 원망하고 싶지는 않았다. 그것은 원래 아버지는 술주정뱅이 이었으나 남편은 그 동안 자기에게 너무 잘해주었기 때문이었다. 그런데 평상시 그렇게 자기에게 잘해주었던 남편이 왜 자기를 모른다고 하는지 도저히 이해할 수 없었다.

「그러면 예지동 영감님 집에서 형사들이 갔을 때 왜 김행자와 같이 있었습니까? 그리고 그때에는 왜 형사들에게 마누라라고 했습니까? 마누라라고 해서 형사들이 웃으니 영감님이 늙었다고 젊은 사람 데리고 살면 안 되느냐고 왜 반문했습니까? 또 이렇게 쌀 배급 카드에 이백수 56세, 김행자 19세라고 영감님이 자필로 써서 동사무소에 갖다 주지 않았습니까? 이 카드가 영감님 글씨가 아닌가요? 그런데 이제 와서 김행자를 모른다니 어찌 그럴 수 있습니까?」

장호식은 이주하가 김행자를 모르는 여자라고 시침을 떼자 흥분하여 책상을 치며 소리 지르며 쌀 배급카드를 이주하 눈앞으로 내밀었다.

「너 나한테 개새끼, 소 새끼하며 큰소리 쳤어?」

「그래요. 내가 영감님한테 큰 소리를 쳤으면 어떻게 할 것이요?」

장호식도 눈을 부라리며 소리쳤다. 그리고 한 마디 더 하였다.

「이 영감, 내가 언제 당신한테 개새끼, 소 새끼 했소? 돼먹지 않은 억지소리는 왜 해? 이 영감 보자보자 하니 정말 개새끼 같군.」

「이봐! 곧 세상이 바뀔 텐데 너 세상 돌아가는 것이나 좀 알고 살아라. 계급 없는 사회, 평등한 사회, 자유로운 사회를 위해 투쟁하는 나에게 너 이럴 수가 있어? 우리는 인민을 위해서 공산주의 복지국가를 건설하느라 이렇게 투쟁하고 있고, 또 노동자 농민을 위한 국가 건설의 과정에서 이러한 문제나 희생은 각오해야 한다! 우리는 혁명의 완성을 위해서라면 모든 것을 아끼지 않고 무엇이라도 할 수 있고 모든 방법을 동원하고 있다. 또 목숨까지도 기꺼이 바친다. 그러지 않고는 혁명이 완수될 수 없기 때문이야!」

「입 닥쳐! 이 새끼야! 여기가 남로당 학습장인 줄 알아? 이 새끼가 영 감님, 영감님하고 대접해 주니 너 세상인 줄 알아?」

이인수 장호식 수사관은 분통이 터져 고함을 치며 이주하의 멱살을 잡고 이주하의 입을 뭉개버렸다.

「너 이놈들, 네 놈들에게는 애비도 없느냐? 젊은것들이 늙은이에게 이 새끼, 저 새끼 하게? 이 악질반동분자들아! 후회할 때가 올 것이다. 어디 두고 보자!」

이주하는 고래고래 고함을 지르고 "카악" 하고 가래를 뱉었다. 이인 수 장호식 등 수사관들은 이주하의 가래침에 비위가 상해 견딜 수 없 었다.

「공산당은 투쟁 방법도 참 여러 가지구만.」

수사요원들은 그들의 뻔뻔함에 냉소하였다.

조사가 끝나자 이주하는 특별수사본부에서 육군 특무대로 넘겨졌 고, 다시 해군 특무대를 거쳐 군법회의에 기소되었다. 그 동안 오제도 홍민표, 김창룡, 허태영 등 많은 사람들이 이주하를 전향시키려 하였 으나 욕만 얻어먹고 망신만 당하였다.

재판 날짜가 돌아오자 이주하가 오제도 검사를 찾았다.

「저를 찾으셨다고요?」

오 검사가 이주하를 찾아가자 이주하는 전에 없이 반가워하였다.

「오 선생, 나 마음을 바꾸어 먹기로 했소. 나 받아주시겠소?」

이주하의 단도직입적인 말에 오제도 검사는 깜짝 놀라 주저하였다.

「그러면 이 선생이 지금까지 주장해온 사상은 어떻게 하시겠습니 까?」

「모두 버려야지.」

「그렇게 쉽게 버릴 수 있을까요?」

「노력을 해야지!」

「좋습니다. 서로 시간을 가지고 노력합시다.」

「물론입니다.」

「최선을 다하겠습니다. 감사합니다.」

「고맙소!」

이주하는 오제도 검사의 손을 꼭 잡았다.

오제도 검사는 이주하가 무척이나 골탕을 먹이고 고생을 시켜 두 번 다시 보고 싶은 마음이 없었으나 김창룡이나 허태영을 찾지 않고 자기를 찾아준 것이 고마웠다. 그리고 이주하가 삶에 대한 애착으로 오제도 검사에게 구원의 손길을 내밀었다고 생각한 오 검사는 나이 든 영감이 군법회의에서 사형이 선고되면 며칠 안에 죽을 것을 생각하니 그에 대한 생각이 달라지고 측은한 생각이 들었다. 누구나 그렇지만 이주하는 일본 강점기 때는 일본 놈한테 당하고 해방이 되어서는 김일성에게 견디지 못하고 단신 남하하였고, 이제는 죽음을 앞에 두고 그도 삶에 대해 번민하지 않을 수 없었던 것이다. 오제도 검사는 이주하의 이런 삶을 잘 알고 있어 연민의 정을 느꼈다. 그러나 한편 오제도 검사는 이것 또한 이주하의 술책이 아닌가 하고 경계하였다. 그것은 그 동안 이주하한테 너무나 골탕을 먹어 이주하가 전향한다는 것이 믿어지지 않아서였다. 그리고 특별수사본부에 있을 때 이렇게 전향 의사를 하였다면 일이 쉬웠을 것인데 이제는 김창룡의 육군 방첩대, 허태영의 해군 방첩대, 군법회의 재판관들의 동의를 얻어야 했기 때문에 쉬운 일이 아니었다. 오제도 검사가 「이주하가 확실히 전향했다.」라고 하여 군법회의 재판을 없는 것으로 했다가 이주하가 「나는 그럴 수 없다!」라고 번복하는 날이면 재판을 다시 할 수도 없고 오제도 검사는 큰 어려움을 당하게 된다. 그리고 김창룡과 허태영이 오제도에게 「책임지겠습니까?」하고 물어올 때 이주하의 그 동안의 행동을 보아서 「책임지겠다.」고 할 자신 있는 대답을 할 수도 없었다. 그래서 '재판을 끝내고 기회를 보자'는 쪽으로 생각이 기울어졌다.

이주하는 군사재판에서 결국 사형을 선고받고 서대문 형무소에 수감되었다. 그리고 6월 25일 한국전을 맞게 되었다.

3) 김삼룡은 장호식이 대문을 두드릴 때 재빨리 담장의 철조망을 끊고 담을 넘어 도로로 빠져나가 구경꾼 대열에 끼어 그들과 함께 수사관들의 수사 동정을 살피며 천천히 빠져나가고 있었다. 이때 경찰이 불심검문을 하였다.

「당신 이리 오시오.」

「예.」

「당신 뭐 하는 사람인데 이곳에 있는 거요?」

「예. 저기 밖이 하도 요란하여 구경을 나왔는데 경찰 나리들이 가라고 해서 집으로 가는 중입니다.」

김삼룡은 어눌한 말로 바보행세를 하며 경찰의 물음에 대답하였다.

「집이 어디요?」

「예. 저기, 저기입니다.」

「여기에서 얼쩡거리지 말고 빨리 가시오. 이게 무슨 볼거리라고 새벽에 잠도 자지 않고 구경나오는 것이요?」

「예, 예, 알았습니다.」

경찰은 허술한 한복에 고무신을 신고 조금 모자란 듯 한 김삼룡을 보고 별 볼일 없는 사람으로 생각하였는지 빨리 가라고 하였다. 검문에 가슴 졸였던 김삼룡은 가라는 말을 듣고는 90도 각도로 인사를 하고 경찰 앞을 지나서 갔다. 그가 종로 6가 근방에 이르렀을 때 앞에서 경찰 한 패가 오고 있었다. 그는 그대로 가면 또 검문할지 모르고, 뒤돌아 가면 검문하였던 경찰이 수상하게 여길 줄 몰라 어떻게 할 수가 없었다. 그는 "이제는 죽었구나!" 생각하고 무심코 주위를 둘러보니 자기가 서 있는 바로 옆에 동네 공동 쓰레기통이 있었다. 그는 순간 너무 반가워 "살고 보자" 하고 얼른 쓰레기 통으로 몸을 숨겼다. 그리고 쓰레기통 깊숙이 들어가 머리 위를 쓰레기로 덮었다. 냄새가 코를 찔렀지만 그런 것을 따질 형편이 아니었다. 쓰레기통 속에 있으니 보이지는 않아도 말하는 소리, 발자국 소리로 밖의 움직임을 짐작할 수 있었다.

시간이 지나 부산스럽던 경찰들의 발자국 소리가 차츰 조용해지자 김삼룡은 문뜩 집에 있는 마누라가 걱정되었다. 그래도 선뜻 쓰레기더미를 헤치고 밖으로 나갈 생각은 없었다.

'조금만 더 기다려보자!'

그러나 조금 더 있으니 날이 새었는지 두부장수의 두부 종소리가 났다. 그러자 그것이 신호나 된 듯 대문 여는 소리, 청소하는 소리가 들리며, 아침밥을 짓는지 찌개냄새, 생선 굽는 냄새 등이 고약한 쓰레기 냄새와 함께 풍겨왔다. 그 냄새를 맡으니 김삼룡의 뱃속에서 "꼬르락" 하는 소리가 요란하였다.

'이젠 나가도 되겠지' 하고 생각한 김삼룡이 막 일어서려는데 갑자기 머리 위로 쓰레기가 쏟아졌다. 그 쓰레기를 시점으로 계속하여 아낙네들의 말소리, 웃음소리가 들리며 쓰레기가 쏟아져 들어왔다. 쓰레기에는 개똥과 개숫물 찌꺼기도 섞여 있는지 구린 냄새와 물과 함께 시큼한 김치냄새가 풍겼다. 김삼룡은 쓰레기물이 얼굴과 몸에 스며들자 견디기 힘들었다.

'이젠 쓰레기를 버리러 올 사람이 없겠다' 고 생각이 든 김삼룡이 참고 있던 스레기통 속에서 머리를 이리 저리 흔들어 쓰레기와 물기를 턴 다음 고개를 쓰레기통 밖으로 내밀고 "후-" 하고 긴 숨을 내 품다가 그는 쓰레기통 앞 대여섯 걸음 앞에 있는 경찰을 발견하고 기겁하여 손으로 입을 막고 얼른 다시 쓰레기통 속으로 고개를 숙였다. 다행이 경찰이 쓰레기통 반대방향을 바라보고 있어 들키지 않아 그는 "휴-"하고 안도의 한숨을 쉬었다.

「아니, 저것들이 왜 아직까지 가지 않고 저러고 있을까?」

그는 쓰레기통 속에서 나가야 하겠는데 경찰이 경계를 서고 있고, 주민들이 쓰레기를 버리러 왔다가 김삼룡을 발견하고 경찰에 신고할까 봐 걱정이 되어 다시 쓰레기를 뒤집어쓰고 앉아 있는 수밖에 없었다. 그는 "밤이 되면 나가야지" 하고 마음먹고 쓰레기를 둘러쓰고 있으니 냄새가 너무 지독하여 쓰레기통 뒤쪽에 있는 쓰레기를 경찰에 들리지 않게 소리를 죽여 가며 조심스럽게 앞으로 밀치고 몸을 그쪽으로 숨기고 머리에 쓴 쓰레기를 털어 내니 숨이라도 쉴 수 있어 살 것 같았다.

쓰레기통 속에서 쓰레기와 실랑이를 벌이느라 시간 가는 줄 몰랐던 김삼룡은 쓰레기통 속에서 나갈 계획을 세우고 일단 몸을 편히 하고 나니 배가 고팠다. "지금 시간이 어떻게 되었을까?" 궁금하게 생각한 그는 문득 이러한 자기 신세가 처량하게 생각되었다. 그는 쓰레기통 속에서 별의별 생각을 다하였다. 「어떻게 해서라도 잡히지 말아야 할텐데.」하고 중얼거렸으나 마음이 착잡하였다. 그는 또 '이제 남로당은 완전히 붕괴된 것은 아닌가? 하는 생각이 들어 기가 막혔다. 추진 중의 공작 사업이 많은데 지령을 내려 보내지 못하여 차질이 날 것을 생각하니 마음이 급하였다.

밤 12시가 되었는지 통금을 알리는 사이렌 소리가 들렸다. 김삼룡은 '이제 되었다. 나가야지!' 하고 쓰레기를 비집고 나가려고 쓰레기통 밖으로 고개를 내미니 가까운 곳에서 딱따기 소리와 함께 야경꾼의 외치는 소리가 들려왔다. 그는 「제기랄!」하고 상스러운 욕을 하며 다시 쓰레기통 속으로 숨었다.

서울 시경에서는 천신만고 끝에 연행해온 300명중에 이주하가 있음을 알게 되어 충신동 일대를 특별경계구역으로 설정하여 경찰과 방범대원들로 하여금 밤낮으로 철통같이 경계를 하고 있었던 것이다.

「이거 어떻게 하나? 이제 꼼짝없이 냄새나는 이곳에 갇혀 있다가 붙잡히는 것이 아닐까?」

그는 붙잡힐 것 같은 불길한 생각이 들어 마음이 불안하였다. 그는 낮에는 지나다니는 주민과 경찰의 눈에 띌까 봐 나가지 못하고, 밤에는 야경꾼에 붙잡힐까 봐 빠져나갈 수 없어 종일 쓰레기통 속에 있다가 그대로 밤을 보내야 했다. 그래도 나갈 것을 포기하니 냄새가 지독한 쓰레기 속에서도 잠이 쏟아졌다.

늘어지게 자고 나니 새벽을 알리는 두부장사의 종소리가 들렸다. 그러자 어제 아침과 같은 일들이 반복되었다. 그는 어제 종일 아무 것도 먹지 않고 다시 아침이 되니 무척 배가 고팠다. 배가 고프니 어제는 무심히 보았던 쓰레기더미 속의 음식찌꺼기들이 의미 있게 보였다. 그는 신문종이에 싸서 버려진 밥 덩어리나 반찬찌꺼기들을 헤쳐서 냄새를 맡아 상하지 않았거나 쉬지 않았으면 먹었다. 그는 이런 음식들을 씹으며 속으로 한탄하였다.

「어쩌다가 내가 이 지경이 되었단 말인가!」

그는 2일 동안 쓰레기통 속에 있으면서 지난 일들과 요즘 일어난 일들을 곰곰이 생각해 보았다.

50년 3월 1일 특별수사본부에서 196명의 남로당 공작원이 체포되어 김삼룡은 큰 타격을 받았다. 특히 홍민표가 서울시 당 상임위원들을 모두 전향시키고 그들이 경찰과 보도연맹에 가입하여 오히려 남로당원을 잡는데 앞장서는 것을 보고 큰 충격을 받았고, 줄을 이어 남로당원들이 수만 명씩 자수하는 것을 보고 이제는 남로당이 끝나가는구나 하고 살을 도려내는 것 같은 아픔을 겪어야 했다. 얼마 전 정백과 김수임의 체포 소식을 듣고는 '나도 이제는 멀지 않았구나' 하고 한숨을 쉬었는데 그의 생각보다 빨리 수사본부의 손길이 미쳤다. 그런데 박헌영은 남쪽의 실정을 보고하였는데도 계속 10월 무장투쟁 실패의 책임을 물으며 무장투쟁을 계속하라는 지령을 내려 견딜 수 없었던 것이다.

김삼룡에게도 한계가 온 것이다.

그는 14연대 반란자 김지회가 지리산에서 총을 맞아 배가 터져 창자가 나온 상태로 600여 미터나 도망친 후 죽었다는 보고와, 제주도에서 이덕구를 잡아 제주읍의 나무에 매달아놓고 제주도민의 구경거리로 삼았다는 보고를 듣고 "꼭 이렇게 죽이고 죽어야 하는가?"에 대해 깊은 번민에 빠지기도 하였다. 그 동안 남로당의 무력투쟁으로 대구, 제주도, 여수, 순천에서 얼마나 많은 사람들이 죽고 죽였는가! 그는 머지 않아 무력으로 38선이 무너질 것도 알았다. 그러나 얼마나 많은 사람들이 또 죽을 것이며, 그 결과에 대해서는 회의적이었다.

그는 쓰레기통에서 나가고 싶은 생각이 점점 없어지고 있었다. 그리고 오직 죽고 싶었다. 그는 남로당의 공작원이 체포되고 전향자들이 총력을 기울여 자기를 잡으려하자 신변에 위험을 느끼고 체포되어 처절하게 죽는 것보다 깨끗하게 죽어야 한다는 마음으로 항상 극약을 갖고 다녔다. 그는 쓰레기통 속에서 극약을 만지며 "나도 이제는 죽어야지, 나도 이제는 죽어야지." 하고 중얼거리며 눈물을 흘렸다. 그는 40도 못된 젊은 나이에 뜻을 이루지 못하고 쓰레기통 속에서 약을 먹고 자살하려고 하니 회한(悔恨)이 물밀 듯 밀려왔다. 그는 아무리 목적이 좋다고 해도 방법이 나쁘면 그 목적은 선할 수 없으며, 어떤 선한 목적이라 할지라도 방법이 폭력이라면 절대 안 된다는 것을 쓰레기통 속에서 뼈저리게 느꼈다. 이러한 김삼룡의 깨달음은 이제는 너무 늦어 어떻게 할 방법이 없었다.

이관술이 가짜 돈을 찍자고 할 때 적극적으로 말렸어야 하는데 그것을 말리지 못하여 가짜 돈을 찍어 박헌영 책임자가 북으로 가면서 극단적 무력투쟁만 지령하여 대구항쟁이 시작되면서 오늘날 남로당이 이렇게 된 것을 생각하면 가슴이 찢어지는 것 같았다.

남조선에서 400여 개의 정당 중에서 당원 60만으로 제일 큰 당이 남로당이었으며, 인민들의 76%의 지지를 받았다. 남로당은 외곽단체가

130개가 넘을 정도로 막강했기 때문에 어떤 일이 있어도 폭력을 쓰지 않고 합법적으로 5.10선거에 참여하여 국회와 정권을 쟁취했다면 남로당은 남조선에서 가장 큰 정당이 되어 국회를 장악할 수 있었다. 그리고 남로당에서 대통령이 선출되어 정권도 장악할 수 있었다. 미군정이 남로당을 합법정당으로 인정할 때 이런 좋은 기회에 합법적으로 정권을 잡았어야 하는데 대구 폭동, 제주도 4.3폭동, 14연대 반란, 9월 무장봉기 등의 무력항쟁이 결국 남로당을 불법정당으로 만들고 몰락의 길로 몰아가고 있었다.

5.10선거의 그 좋은 절호의 기회를 이용하지 못하고 오히려 반대하여 남로당이 붕괴되는 것을 생각하면 김삼룡은 탄식이 절로 나왔다. 이렇듯 박헌영의 정치노선이 절대적으로 잘못되었으나 김삼룡으로서는 당의 노선을 비판할 수 없었던 것이 한탄스러웠다.

천재적인 머리를 가진 홍민표의 무장 항쟁의 반대를 들을 때마다 김삼룡은 당의 노선을 바꿔야 된다고 건의하였으나 박헌영은 한 마디로 거절하여 결국 당이 붕괴될 것을 생각하니 앞이 캄캄하여 더 이상 의욕이 없었다. 그는 죽고 싶은 마음이 점점 더 강해졌다.

히틀러가 무력으로 정권을 쟁취하려다 체포되어 7년을 감옥생활을 하면서 깨달은 것이 "폭력은 안 된다"는 것이었다. 그래서 그는 "나의 투쟁"이란 책을 쓰게 되었고, 그는 출감 후 합법적으로 정당을 키워 선거에서 다수당이 되어 수상이 되었으며, 휜네부르크가 사망하자 대통령 권한까지 한 손에 쥐게 되어 합법적으로 총통이 되었다. 이것은 15년 전의 독일의 일이다. 히틀러의 생애를 통해 역사가 교훈을 했건만 박헌영은 폭력으로만 정권을 쟁취하려다 당이 붕괴되게 되어 김삼룡은 일제 강점기 때부터 혁명을 위해 고생한 것이 너무 안타까웠고, 해방 후 폭력에 의해 희생된 인민들을 생각하니 가슴이 미어지는 것 같았다. 그는 "모든 것이 다 끝났구나!" 하고 절망을 하고 있었다.

50년 3월 27일 오전 9시 30분, 종로 6가에 살고 있던 치안국 소속 경찰관이 출근을 서둘렀다. 그가 집을 나서 집 근처에 있는 쓰레기통 앞을 지나는데 쓰레기통 뚜껑이 열리며 사람 머리 같은 것이 쑥 나왔다가 다시 들어가고 뚜껑이 다시 덮였다. 이상하게 생각한 그가 "쓰레기통 속에 무엇이 있는가?" 하고 호기심이 나 쓰레기통으로 가서 뚜껑을 열어보고는 깜짝 놀라 소리쳤다.

「너 누구야? 응? 너 거기서 무엇 하는 거야? 빨리 나오지 못해?」

김삼룡은 주위가 조용해지자 나가도 되겠는가 알아보려고 쓰레기통 문을 살그머니 열고 머리를 막 내밀려는 순간 쓰레기통 바로 옆으로 경찰복이 보여 속으로 '어이쿠' 하며 얼른 쓰레기통 문을 닫았는데 들키고 말았다.

경찰이 쓰레기통 문을 열자 김삼룡은 깜짝 놀랐다. 그는 순간 미친 척하였다.

「헤- 헤-」

「야, 빨리 나왓! 별 미친놈이 다 있고만!」

경찰은 김삼룡에게 나오라고 고함을 쳤다. 김삼룡은 침을 흘리며 쓰레기를 뒤집어쓰고 기어서 나왔다. 그는 쓰레기통 속에 얼마나 오래 있었는지 옷이고 신발이고 얼굴이고 온통 오물에 절여 있고 쓰레기로 덮여 있어 완전히 미친 사람 같았다.

「너 어디 살아?」

「히- 히-」

경찰이 자세히 보니 얼굴은 잘 생겼고 이마는 약간 벗어졌으나 몸 전체를 보니 균형이 잘 잡힌 것이 미친 사람이 아닌 것 같았다. 경찰관은 김삼룡을 유심히 보다가 '별 이상한 사람을 다 보겠군. 혹시 이놈이 잡범은 아닐까? 미친 척하는 것이지 절대 미친 사람은 아닌 것 같다.' 하고 경찰은 김삼룡에게서 고약한 냄새가 나는 것도 아랑곳하지 않고 수갑을 채워 치안국으로 끌고 가 조사를 하였다.

「네 이름이 뭐야?」

「히-히-」

「어디 살아?」

「히- 히-」

「아이쿠, 저런 미친놈을 잡아다가 무엇을 물어보겠다고 그래? 냄새가 나서 견딜 수 없으니 그 자식 내쫓아 버렷!」

김삼룡을 수사하고 있는 경찰을 향해 옆 의자에 있던 동료 경찰들이 김삼룡에게서 나는 쓰레기 냄새에 못 견디어 아우성이었다. 그러나 담당 경찰은 동료들의 말에 「저놈은 보통 놈이 아니야. 냄새나는 것은 좀 참고 그만 떠들어!」하고 풀어주지 않았다.

김삼룡을 담당하던 경찰관이 다른 바쁜 일이 있는지 김삼룡을 수사하다 말고 냄새나는 김삼룡을 데리고 나가 화장실 옆에 앉혀놓고 수갑 하나는 김삼룡의 손목에 걸고 다른 하나는 의자에 묶어놓고 급히 나갔다. 김삼룡은 할 일 없이 오후 3시까지 그 곳에 묶여 있어야 했다. 그는 무료하여 누가 내 얼굴을 알랴 하고는 지나다니는 사람들은 히죽거리며 구경하고 앉아 있었다.

이때 남로당 서울시 당 위원장이었던 홍민표가 치안본부에 볼일이 있어 왔다가 나오면서 화장실 옆의 복도에 앉아 있는 김삼룡을 보고 기절할 듯 놀랐다. 그는 즉시 몸을 숨기고 자세히 보니 작년 8월 마지막으로 보았던 김삼룡의 얼굴 그대로였다. 그는 「세상에 이럴 수가……」하고 말을 맺지 못하고 얼굴을 가리고 즉시 이성주 경감의 사무실로 뛰었다.

얼굴이 창백한 홍민표를 보고 이성주 경감이 놀라며 물었다.

「아니, 홍 선생. 어디 아픈가요?」

「경감님, 아닙니다. 아픈 것이 아니라 세상에 이런 일도 있습니까?」

「왜 그러시오?」

「참 기가 막힌 일이 있습니다.」

「도대체 원 일인데 그러시오?」

홍민표는 이 경감의 팔을 잡아끌고 문을 열었다.

「저기 복도 보이지요?」

「예.」

「저기 의자에 묶여 있는 사람 있지요?」

「그렇군요!」

「이제 들어갑시다.」

「그 사람이 누군데 홍 선생이 이렇게 흥분하시오?」

「경감님, 그 사람이 누군 줄 아십니까? 그가 바로 김삼룡입니다.」

「그게 정말이요? 잘못 본 게 아니요?」

「잘못 볼 리 있습니까? 5개월 전에 제가 모시고 있던 상관이었습니다.」

「그래요?」

이성주 경감은 홍민표의 말을 듣고는 너무 놀랍기도 하고 너무 좋아 말소리가 들떠 말꼬리가 높아졌다. 그는 부하를 시켜 김삼룡을 잘 모셔오라고 일렀다. 잠시 후 김삼룡은 이성주 경감 앞에 끌려왔다.

김삼룡이 잡혔다는 연락을 받은 오제도 검사는 즉시 치안본부로 가서 김삼룡을 특별수사본부로 데려왔다.

남로당 제2인자로 조직과 설득과 변장의 천재 김삼룡, 남한을 눈물과 통곡 속으로 몰아넣었던 그가 수갑을 차고 온 몸에서 구린 냄새를 풍기며 오제도 앞에 앉아 조사를 받았다.

「김 선생, 이야기는 많이 들었습니다. 그런데 뜻밖에 이렇게 만나게 되었습니다.」

「저를 잡으려고 고생 많이 하였다는 이야기를 들었습니다.」

「그런데 한 가지 의문 나는 것이 있습니다. 김 선생 집 앞에서 구멍가게를 한 이세범은 잘도 도망쳤고, 김 선생도 쓰레기통에서 나와 얼마든지 도망칠 수 있는 시간이 있었고, 아직도 남조선에는 숨을 곳이 많고 북으로 도망치면 안전할 텐데 어째서 도망치지 않았는지 궁금합니다.」

「그게 그렇게 궁금합니까?」

「예. 궁금합니다.」

「그러면 말씀드리지요. 당의 생명은 대중이 지지하는 토대 위에 강력한 조직만이 유지됩니다. 이제는 당이 붕괴 직전에 있습니다. 저도 강력한 조직을 가졌을 때는 마음 놓고 서울 대로를 활보하고 다녔지만 보안법이 발표된 후부터는 지하로 들어가 밖을 자유롭게 나다닐 수 없는 신세가 되었습니다. 더구나 수사본부에서 우리를 찾는 것을 우리 동무들을 통해 수사본부에서 의논한 것까지 제가 보고를 받을 때는 걱정이 없었는데 지금은 많은 동무들이 체포되어 정보가 끊어져 수사본부의 움직임을 알 수 없어 항상 불안했습니다.

대중이 당으로부터 점점 이탈되고 당원이 체포되어 당이 점점 붕괴되고 수사본부의 수사망이 좁혀오는 것을 알고 내가 체포되는 것은 시간문제구나 하고 주변정리를 하고 있었습니다. 쓰레기통에서 나가 숨은들 며칠을 더 버티겠습니까? 그래서 만약을 대비해서 자살하기 위해 극약을 갖고 다녔는데 그렇다고 아직 그 극약을 먹을 때는 아니 아니었습니다.

왜 북으로 도망치지 않았느냐고 하셨는데 탈출은 죽음보다 더한 것입니다. 당이 붕괴되고 있는데 나만이 살겠다고 어떻게 북으로 탈출합니까? 나는 죽을 용기는 있어도 북으로 탈출할 용기는 없습니다. 그리고 내가 도망치면 당을 붕괴시켰다고 책임추궁을 당해 처벌을 받게 됩니다. 박헌영 선생이 북한에서 얼마나 서러움을 당하고 있는지 아십니까? 검사님은 정보 계통에 있으니 제가 설명하지 않아도 잘 아시겠지요! 정판사 사건을 미군이 정치적으로 타협했어야 했는데 박헌영 선생의 체포령을 내리자 박헌영 선생이 북으로 탈출한 것이 남로당이 무력항쟁을 하게 된 동기이며 남로당이 또한 붕괴된 원인입니다. 이것이 오늘날 남로당을 이 지경이 되게 한 것입니다.」

김삼룡이 자신의 심정을 토로한 것을 듣고 있던 오제도 검사는 김삼룡을 측은하게 생각하였다. 그는 김삼룡이 이주하 하고는 달리 정직하게 대답한 것에 김삼룡에 대해 다시 생각하게 되었고, 그의 예리한 판단력에 감탄하였다. 어떤 사람이든 김삼룡을 만나면 설복 당하는 이유를 그는 이때 알게 되었다. 김삼룡은 신사였고 솔직하였다.

'들은 대로 김삼룡은 똑똑한 사람이구나!

오 검사는 그의 말을 듣고는 놀랐다.

「이런 질문을 한 제가 너무 가혹했나 봅니다.」

「아닙니다. 실은 저도 오제도 하면 반동분자로서 무척 악질인 줄만 알고 몇 번인가 죽이려고 하였는데 만나고 보니 검사로만 생각이 들지 않습니다. 평소 우리 당원이 어째서 오제도 검사에게만 가면 전향하는가 하고 이상하게 생각을 하였는데 만나고 보니 이해를 하겠습니다.」

「그렇게 생각해주시니 감사합니다.」

「우리를 체포하는 솜씨와 당원을 전향시키는데 놀랐습니다. 장호식은 쓸 만한 수사관인 것 같습니다.」

김삼룡은 대질신문을 하기 위해 처 이금순(이관술 동생)을 만났다.

「여보!」

이금순은 수갑을 찬 김삼룡을 보고 깜짝 놀라며 김삼룡을 불렀다. 김삼룡도 이금순이 수갑을 차고 있는 것을 보고 입을 벌린 채 말을 못하였다.

「여보, 이제 우리는 어떻게 되지요?」

이금순이 김삼룡에게 물었으나 김삼룡은 눈을 감은 채 아무런 대답이 없었다. 김삼룡은 죽기보다 더 괴로운 순간이었다.

김삼룡은 이주하와 이주하의 처 김행자와도 대질신문을 하였다. 그런 때마다 김삼룡은 심히 괴로웠다.

'쓰레기통에서 내가 죽었어야 하는데 무슨 일을 더 하겠다고 살아서 이런 꼴을 보이는고?

그는 죽지 못한 것을 탄식하였다.

아무리 인간이 혁명의 도구라 하여도 김삼룡은 자기 처 이금순을 만났을 때 목이 메어 이금순의 질문에 답을 못하였던 것이다. 이러한 것을 볼 때 인간은 본성을 넘을 수 없다는 것을 알 수 있었다. 혁명이 인간을 위해서 있어야지 인간이 혁명을 위해서는 있을 수 없는 일이었다. 또한 목적을 위해서 방법을 무시하는 것도 있을 수 없으며, 인간의 모든 제도와 주의나 사상은 본성을 버려서는 성공할 수 없는 것을 알수 있는 순간들이었다.

김삼룡 이주하 박공순 김행자 정태식 등은 특별수사본부에서 육군방첩대와 해군방첩대에서 조사가 끝나자 50년 5월 육군형무소에 수감되어 군법회의에 기소되었다.

50년 5월 28일 이주하 김삼룡은 고등군법회의 피고인석에 앉았다. 김삼룡의 얼굴은 창백하였고, 긴장한 것이 역력하였다, 사실심리가 있을 때 김삼룡은 자기가 진술한 것을 대부분 시인하였고, 이주하는 오제도 검사에게 전향의사를 비쳤으나 두고 보자 하였다.

50년 5월 30일 민의원 선거가 끝났다.

50년 6월 4일 이주하 김삼룡 정태식이 고등군법회의 재판정에 앉았다. 김삼룡은 정태식에게 전향하여 당원을 관리하라고 귓속말을 하였다.

「김삼룡은 일어나라!」

판사가 명령하였다.

「피고 김삼룡을 사형에 처함!」

그리고 방망이를 세 번 쳤다.

김삼룡의 얼굴은 창백하였으나 동요하지는 않았다. 이주하에게도 사형이 선고되었다. 정태식은 무기가 선고되었다. 이들은 사형이 선고되자 육군형무소에서 서대문형무소로 이감되었다. 서대문형무소에는 남로당원 약 9,000여명이 수감되어 이들은 인민군이 남침하여 오기만 두 손 모아 빌고 있었다. 김삼룡은 죽음을 앞에 두고 매일 밤 잠을 이루지 못하였다. 그는 삶도 혁명도 피의 투쟁도 공작도 죽음 앞에는 끝나는 것을 피부로 느껴야 했다. 잠깐 있다가 없어지는 들의 꽃과 같은 인생, 혁명에 청춘을 바쳤으나 좋은 세상 보지 못하고 결국 죽음만이 그를 기다리고 있었다. 인간의 꿈이 얼마나 헛된 것이라는 것을 깨닫는 시간들이었다.

그는 서대문형무소에 9,000여명이나 되는 남로당원이 수감되어 있는 것을 알고 있었다, 이 모든 사람들이 혁명 완수를 위해 목숨을 아끼지 않고 투쟁을 했지만 결국 형무소에서 초조하게 북한의 인민군이 남침하여 해방시켜주기를 기다리고 있었다. 이들은 형무소에 들어갈 때마다 "두고 봐라. 조금만 기다리면 세상이 뒤집어질 것이다."라고 고함을 질렀다.

이주하 김삼룡의 사형집행 허가를 참모총장 채병덕이 이승만 대통령에게 요청하였으나 이승만 대통령은 허가를 미루었다.

50년 6월 10일 평양방송에서 「김삼룡과 이주하를 조만식과 교환하자」라고 제의를 해왔다. 이승만은 조만식 선생을 살리기 위하여 김일성의 제의를 수락하고 교환 장소인 38선의 여현까지 둘을 데리고 갔으나 북한에서는 아무도 나오지 않아 허탕만 치고 돌아왔다.

50년 6월 25일 새벽4시 수감자들의 소원대로 38선 전역에서 인민군 10만 명이 일제히 38선을 넘었다.

50년 6월 27일 12시 육군특무대장 김창룡은 서대문형무소에 수감되어 있는 김삼룡과 이주하를 끌고 청계천과 을지로를 거쳐 남산으로 정신없이 도망쳐야 했다.

50년 6월 28일 새벽 2시 30분, 김창룡이 부하를 시켜 김삼룡과 이주하를 끌어내어 앞에 세우게 하였다. 이렇게 되니 이주하와 김삼룡은 질겁하였다. 그들은 사형언도를 받고 죽음을 각오하고 있었는데 인민군이 쳐내려와 다시 삶의 희망을 가졌다. 그런데 김창룡이 둘을 끌고 나와서 죽이려고 하니 놀라지 않을 수 없었다.

「김창룡, 너 우리를 죽이려고 하는 거야? 너 세상이 바뀐 것을 몰라? 너도 살고 우리도 사는 방법을 모색해야지!」

이주하의 이 말에 김창룡은 아무 말이 없이 두 사람을 쏘아 봤다. 김삼룡과 이주하의 얼굴은 가면같이 변해갔다. 김창룡의 입에서 "쏴!" 하는 말이 떨어졌다. 그러자 총소리가 남과 동시 이주하가 "풀썩" 하고 쓰러졌다.

「김창룡, 한 마디만 하자!」

김삼룡이 다급하게 외쳤다. 이때 요란한 소리를 내며 한강다리가 폭파되는 것이 보였다. 그러자 김창룡이 「아- 대한민국이 망하는가?」하고 탄식하였다.

「김삼룡, 네놈들이 대구 폭동과 제주도폭동과 14연대 반란을 일으켜 수많은 사람들을 죽이고 이제는 민족의 가슴에 총 뿌리를 대고 있는데 내가 너를 설려줄 것 같으냐? 내가 너의 가슴에 총 뿌리를 대는 것은 당연한 것이다. 너는 네가 심은 대로 대가를 받고 있으니 여러 말 하지 말고 조용히 죽을 준비나 해라!」

「김창룡, 김창룡, 그러지 말고 내 말 좀 들어 봐!」

김창룡은 김삼룡의 다급히 외치는 말을 들은 척도 하지 않고 그의 가슴을 향해 권총을 쏘았다. 김삼룡은 가슴에서 피를 품으며 풀썩 쓰러졌다.

4) 50년 3월 27일 밤 10시, 정태식과 박갑동은 김삼룡과 접선하기 위해 을지로 6가에서 신당동 쪽으로 깜깜한 밤길을 걸었다. 약속지점에서 담뱃불로 아무리 신호를 보내도 김삼룡은 나타나지 않았다.

50년 4월 4일 정태식 채항석 장택상의 딸 장병민 등도 체포되었으나 박갑동은 피하여 체포되지 않았다. 남로당은 공작비와 생활비를 전혀 공급받을 수가 없었고 총 지령 자가 없어 모든 일이 마비되었다.

50년 5월 15일 성시백, 군산경찰서장 남일우와 5월22일 부산기지사령관 안항도, 진해기지 공작창 채시도 대위, 302호 부장 김점복 등이 체포되었다.

시경 사찰과 부과장 차영환, 중부경찰서 사찰계장 박범서, 동대문경찰서 정보주임 김길중, 시경수사과 부과장 강경우, 해군본부 정보실 병조장 정광모, 남로당 군사부 해군총책 안전근, 해군 군수부 공작책 민병준, 해사2기 서문걸, 중부서 보안계장 한기벽, 해군 남로당 조직책 허만도, 서울지검 차장 김영재 등 수많은 남로당 공작원들이 체포되었고, 자수자가 줄을 이었다. 자수자가 보도연맹에 가입한 수는 33만이 넘었다.

남로당은 간부가 체포되어 당이 마비되었으나 세포활동은 여전하였고, 지리산 유격대 이현상, 경북도당 위원장 배철이 이끄는 팔공산 유격대의 유지는 계속되었다. 그러나 서울시 당, 경남, 전남, 제주도당, 경기도당, 충북, 강원 등은 붕괴되었고, 충남도당위원장 이주상만 살아서 대전에 숨어 있었지만 제대로 활동을 못하였다. 사실상 남로당은 붕괴된 것이었다. 그러므로 인민군이 38선을 넘을 때는 남로당원 20만이 총궐기할 것이라고 박헌영이 큰소리 쳤지만 결정적인 시기가 왔을 때 폭동이나 반란이 한 건도 없었다.

박헌영은 5.10선거와는 달리 5.30선거는 남로당이 적극 참여하라고 지령을 내려 남로당은 210개 선거구에서 당선 가능한 선거구를 30개 정도로 보고하고 조소앙, 윤기섭, 박건웅과 무소속 출마자들을 적극 지원하였다. 조소앙은 좌익의 대표이고, 조병옥은 우익의 대표로 성북구에서 대결하여 조소앙이 전국 최다득점으로 당선되어 남로당의 세를 만천하에 과시하였다. 윤기섭 박건웅도 당선되었다.

박헌영과 남로당이 대구 · 제주도 사건과 14연대 반란을 일으키지 않고 처음부터 5.10선거에 참여하였다면 남로당이 국회의원 과반수이상을 차지하여 다수당으로서 대통령도 당선시켜 합법적으로 남한의 정권을 장악할 수 있었다. 그러나 폭력을 통해 정권을 잡으려는 박헌영의 러시아식 극단적 혁명노선이 결국 남로당이 붕괴되는 원인이 되었고, 한반도에 비극이 오게 하였다.(창원사 오재호 저 특별수사본부 참고. 홍민표와 오제도 검사의 증언)

7. 권위 있는 선 성시백

강진 문갑송 한인식 등 장안파는 북로당의 지령을 받아 부산에서 인민혁명군을 조직하였는데 인민혁명군에 가담한 자는 무려 3,600여명이었고, 이 인민혁명군 총 책임자는 김일성 직계 김일광이었다. 이들은 경비대 이혁기, 박용국, 김철구, 오영주를 포섭하여 크게 활동하였으나 47년 경찰에 의해 토벌되었다.

성시백은 인민혁명군에서 토벌되지 않은 자들을 재조직하여 책임자가 되었다. 김일성은 "권위 있는 선"을 통하여 조직하였는데 그 선이 바로 이정윤, 이영, 서중석, 한인식 등으로 이들은 박헌영 노선을 반대하는 장안파였다. 또한 대동강 302호선을 통해 조직하였는데 이선은 김지회, 김광일, 김석, 이병주, 조병건, 최상빈, 이상진, 조암, 오규범, 안학선, 안영길, 김학림, 김창영, 최창근, 태용만 등이었다. 이들은 남한에서 김일성의 직계들로 군과 일반 사람들에 뿌리를 내리고 있었다. 남한에서 남로당과 북로당의 권력다툼은 치열하였다.

김일성은 「단선 반대를 남한 내의 단선을 반대하는 단체와 손을 잡아야 한다.」하면서 47년부터 남한의 정당 사회단체와 협상하기 위해 대남 연락부장 임해를 남파시켰고, 이때 대남 사업을 위해 김일성은 성시백에게 직접 지령을 하고 있었다.

성시백은 김일성의 후원으로 장안파 사로당을 흡수하여 북로당 남반부 정치위원회를 결성 공작하라는 지령을 받았다. 성시백 밑에는 200여명이 공작을 하고 있었고, 남로당 안에서 박헌영의 반대파들이 이에 합세하여 그의 세력은 엄청났다.

성시백은 서대문구 서소문동 지하아지트에서 평양에서 오는 암호를 해독하고 남한의 정세와 선거 결과를 평양으로 보고하였다. 그는 1905년 평산에서 태어나 서울 중동학교를 졸업하고 결혼하여 처가살이를 하면서 두 아들을 둔 가장이었으나 처남이 일본 경찰에 들어가 반역자 노릇을 하자 처남하고 같이 살 수 없어 1919년 3.1운동 후 가족을 두고 25세 때 상해로 떠나버렸다.

그는 중국으로 건너가 중국공산당에 입당하였고, 중국공산당이 첩보원으로 장개석 군대에 입대하게 하여 중령까지 진급하였으며, 장개석 군대를 대상으로 정보 수집을 하였다. 그는 팔로군에 이중간첩으로 체포되어 토굴 속에서 5년 동안 감옥살이를 하였다. 그는 감옥에서 배가 고파 자기 혁대와 구두도 잘라먹었다. 감옥 바닥에 깔아둔 지푸라기도 먹어야 했고, 동료가 죽으면 사람의 고기도 먹어야 했다. 그는 이중간첩 혐의가 풀려 석방되었으며, 모택동으로부터 신임을 받았다.

그는 다시 장개석 군대에 들어가 혁혁한 공을 세웠다. 그는 해방이 되자 46년 12월 연안 임정요인과 함께 배를 이용 부산에 왔다. 그가 장개석 정부에 있었기 때문에 상해 임시정부 요인들과의 사이는 매우 가까웠다. 임정요인들은 그의 정체를 알 리 없었고, 장개석 군대 중령으로 근무했다는 것만 가지고 존경하고 그를 열렬한 독립투사로 여겼다.

성시백은 서울로 올라와 사업가로 가장하여 공작에 들어갔다. 그리고 47년 5월 초순 5일 동안 평양에 있으면서 김일성과 김두봉의 극진한 대접을 받으며 공작에 대한 구체적인 계획을 세워 다시 서울로 잠입하였다.

공작의 목표는 남로당 합당에서 배제된 좌파와 중도파 인사들을 결집해 통일전선에 합류시키라는 내용이었고, 그 후에는 단선 반대세력을 규합하고 김구와 남북회담 주선 등을 지령 받았다.

성시백은 남한의 사로당(사회노동당) 책임자가 되었고, 김일성 연합공작당 총사령관이 되어 남조선에서 남로당보다 더 큰 사로당을 만드는 것이 목적이었다. 그는 북조선과 만주에서 쓰지 못하는 조선은행권 백 원짜리 지폐를 해주에서 인천으로 반입하였고, 48년 2월 남북교역이 중단될 때까지 56차례나 걸쳐 남북교역을 이용하였다. 김석원은 교역을 반대하였으나 채병덕이 이 교역을 찬성하였다. 성시백은 1억이 넘는 공작비를 사용하였다.

49년 6월 중국 청도에 주재한 북로당 직영 조선상사로 하여금 6,300불과 50년 12,000불을 반입하여 공작비로 사용함으로 남한의 경제는 통화가 팽창되어 날이 갈수록 어려워졌다. 그는 이 엄청난 자금으로 조선중앙일보(대표 이우적)와 우리신문(대표 고준석)등에 공작금을 대주어 언론을 장악 선동하였고, 경제적으로 어려움을 당하고 있는 공무원 회사원 일반인 남로당원 등을 돈으로 매수하였다. 공작원으로 그의 특징은 남로당과는 달리 돈으로 매수하고 입당을 요구하지 않고 협조만 부탁하여 부담이 없게 하였으므로 누구든지 부담 없이 협조를 받고 협조를 해주어 정부기관에 협조자가 없는 곳이 없었다.

성시백은 직접 남로당을 지원해주지 않고 조선은행 모 국장을 통해 남로당을 지원해 주었다. 그러면서 남로당에 대한 당성이 약하거나 박헌영의 노선에 불만을 품은 당원들을 돈으로 매수하여 사로당으로 빼돌려 흡수하였다. 그는 이렇게 하여 북로당 남반부 정치위원회를 조직하였다.

남로당에서는 성시백이 당원들을 빼 가는 것을 알고 성시백을 죽이기에 총력을 기울였다. 남한에서는 성시백의 얼굴을 아는 사람이 없어 경찰에서 그를 체포할 수 없었으나 남로당 간부 중에는 그의 얼굴을 아는 사람이 몇이 있어 남로당에서는 계획적으로 성시백의 얼굴을 아는 당원을 경찰에 자수하게 하였는데, 경찰에서는 성시백을 체포하기 위해 자수자를 경찰과 합동근무를 시켰다.

성시백은 6척의 화물선을 가지고 해주 중공 홍콩 등에서 카바이트, 명태, 양복지, 귀금속 등을 사다가 남조선에 팔아 엄청난 이득을 보았는데 이 돈은 모두 공작금이었고, 여기에 종사하는 사람 모두가 공작원이었다.

1947년 6월경 해군 방첩대에서 특별수사본부에 「부산에서 큰 것이 서울로 옮겨졌다.」고 정보를 제공하여 주었는데 특별수사본부에서는 "부산에서 큰 것"이 무엇인지 알 수가 없었다. 이 건을 맡은 곽묘득 수사관은 그 큰 것을 잡기 위해 정보망을 총동원하였어도 짐작조차 할 수 없었다.

서울 명동 모나리자라는 술집이 있었다. 술집 마담은 숙명여대를 중퇴한 박초윤이었고, 그의 남편은 김명용으로 성시백의 비서였다.

이 가게 주인은 성시백이었으나 성시백은 김명용에게 가게를 맡겼고, 김명용은 박초윤을 주인마담으로 들여앉혔다. 마담이 미인인 데다 지식인이었고 술집과 댄스홀까지 겸하고 있고 예쁜 아가씨들이 많아 모나리자의 인기는 날이 갈수록 대단해졌다. 술집은 마담의 인기에 가게의 인기가 상응하는 곳이다. 즉 마담의 인기가 높으면 그와 비례하여 손님들이 많아진다는 말이다. 하루는 곽 수사관이 이 모나리자의 인기에 대해서 듣게 되었다. 마담이 최고 미인인 데다 지성적이고 그 술집 주인이라는 말에 슬그머니 호기심이 생겼다. 곽 수사관은 김 형사를 불렀다.

「김 형사, 모나리자에 대해서 자세히 좀 알아 봐!」

곽 수사관의 명령을 받은 김 형사는 모나리자에 대해 조사하는 데는 별로 오랜 시간이 걸리지 않았다.

「곽 주임님, 이상합니다. 모나리자는 정식 등록이 되어 있지 않습니다.」

「아니? 그렇게 큰 술집을 허가 없이 운영하다니 김 형사가 잘못 안 게 아니야?」

「아닙니다. 틀림없습니다. 주인은 박초윤이라는 그 집 마담인데 아무래도 이상한 술집입니다.」

「그렇다면 이상하군.」

「더구나 마담은 술집 거실에 살고 있는데 거실이 좁고 살림살이도 별로 없습니다. 남편 김명용은 따로 사는지 집에 오는 일이 별로 없어 부부싸움을 자주하고 김명용은 무엇을 하는지 모르겠습니다.」

「그것 정말 이상하군. 그러면 김 형사가 김명용과 박초윤을 미행해 보면 어때?」

「예. 그렇게 하겠습니다.」

그 길로 김 형사는 이들 부부를 미행하기 시작하였다.

곽 수사관은 김 형사를 보내놓고 다시 고민하였다.

「참, 내가 봉사 문고리 잡는 식이구만. 도대체 부산에서 올라온 큰놈이 어떤 놈이야?」

그는 뒷짐을 지고 사무실을 왔다 갔다 하며 생각에 골몰하였다.

그 후 얼마 되지 않아서 모나리자의 주인이 바뀌어졌다. 박 마담은 술집이 잘 되는 데도 김시민이라는 사람에게 700만원이라는 거금에 가게를 넘겼고, 박초윤은 가게를 판 일 주일 뒤 모나리자의 내부 수리가 거의 끝나갈 때쯤 공덕동으로 거처를 옮겼다. 그런데 이상한 것은 박초윤이 옮겨간 공덕동 집이 전셋집이라는 것이었다.

김 형사는 이때까지 계속 김명용을 미행하였으나 김명용에게 의혹만 갈 뿐 이상한 점을 발견하지 못하고 있었다. 그런데 갑자기 박 마담이 가게를 판 것과 동시 김명용의 행방이 묘연하였다. 이 일을 이상하게 여긴 수사관들이 손님으로 가장해 박 마담을 만나 "가게가 잘 되는데 왜 팔았느냐?' 하고 물으면 박 마담은 신경질을 부리며 "여자 혼자 가게를 운영하기 벅차 팔았다."고 하였다. 수사본부에서는 박초윤이 거금을 받았는데도 전셋집에서 사는 것과 우연한 일인 것 같아도 잠적한 김명용의 행동이 더욱 이상하게 여겨져 김명용을 미행하고 박초윤을 감시하게 하였다.

성시백은 서울과 전국 36곳에 아지트가 있었다. 이런 곳들은 하나같이 많은 사람들이 드나드는 점포였기 때문에 좀처럼 정체가 들어 나지 않았다.

수사본부에서는 임시정부요인이며 독립운동의 투사라면 거의가 생활이 어려운데 성시백이라는 사람은 엄청난 재벌가로 그 돈의 출처가 이상하였으나 도대체 단서를 잡을 수 없었다.

49년 5월 12일 서울지방검찰청 회의실에서는 이태희 검사장, 장재갑 차장검사, 김태선 치안국장, 장영복 치안국 사찰과장, 최운하 시경부 국장, 장도영 육군 정보국장, 오제도 검사가 모여 성시백에 대한 수사방침을 세우고 합동수사 책임은 오제도 검사가 맡기로 하였다. 오제도 검사는 수사에 박차를 가해 국회의원 상당수가 성시백과 관련이 있는 것을 밝혀냈다.

모나리자를 인수한 김시민은 성시백의 국회 담당 책이었는데 성시백의 비서였던 김명용이 박 마담과의 사이가 좋지 않아 모나리자가 수사관들의 눈길을 끌게 되자 성시백은 김명용을 잠적케 한 다음 김시민으로 모나리자를 인수하게 하였다. 그런데 성시백의 이러한 계책이 수사관들로 하여금 더욱 의혹을 품게 하고 성시백이 체포되는 원인이 될 줄은 꿈에도 생각하지 못하였다.

김시민은 모나리자를 인수하자 내부를 최고급으로 고친 다음 완전 댄스홀로 만들고 술도 양주와 맥주만 팔았다. 그런데 아가씨들이 예쁘고 고급홀로 변했지만 손님들이 들지 않아 문을 닫아야 할 형편이 되었다. 그래서 성시백과 상담하여 박 마담을 다시 모나리자로 부르고 김명용도 지배인으로 채용하였다.

수사본부에서는 모나리자에 다시 박 마담이 나오고 잠적하였던 김명용이 지배인으로 들어오자 곽 수사관은 아예 박 마담의 공덕동 집 대문 앞에서 거지로 분장하고 매일 살다시피 하며 박 마담을 감시하였고, 수사관들이 돌아가며 김명용을 미행하였다. 이러한 일도 잠시, 박 마담이 김시민과 동거하게 됨으로 김시민과 김명용이 대판 싸움을 한 후 김명용은 다시 잠적하고 말았다. 김명용의 이런 돌발적인 행동으로 말미암아 수사관들은 더욱더 수상하게 생각하고 끈질기게 김명용을 추적하고, 미행하여 김명용이 자주 가는 흥국상회가 성시백이 운영하는 점포라는 것을 알게 되었고, 수사관들은 '모나리자의 주인이 성시백이 아닐까? 하는 의심을 가지게 되었다.

수사본부에서는 모나리자 박 마담과 김명용을 1년 가깝게 미행을 하였어도 확실한 단서를 잡지 못하였으나 체포하기로 하고 공덕동 박 마담의 집과 김명용이 숨어살던 집을 덮쳐 둘을 체포한 후 그들을 각각 따로 심문하였다.

「나는 죄가 없어요! 나를 내보내 주어요. 나는 아무 것도 한 일도 없고 아무 것도 몰라요!」

형사들이 아무리 고함을 치고 달래보아도 박초윤은 눈물을 흘리며 모른다고 하였다.

「김명용, 순순히 말해 봐! 다 알고 있으니까.」

「다 알고 있으면 그대로 처벌할 일이지 무엇 때문에 나에게 묻습니까?」

김명용이 오히려 큰소리를 쳐 김명용의 혐의를 찾지 못한 수사관들은 화가 났으나 어떻게 할 도리가 없었다. 김명용은 수사관들이 잠깐 쉬는 사이 양말을 연결하여 철책의자에 목을 매 자살하려 하였다. 깜짝 놀란 수사관들이 병원에 입원시켜 살려놓으니 이제는 혀를 깨물어 혀가 반이나 잘려 조사를 할 수 없었다.

　박초윤과 김명용을 체포하여 특별수사본부에서 조사를 하자 여기 저기에서 압력이 들어왔는데 특이한 것은 경무대에서도 압력이 온 것이다. 수사본부 사람들은 김명용이 말을 할 수 없으니 다시 박 마담을 설득하기로 하였다.

　「박 마담, 잘 생각해 봐요. 이곳에 들어오면 자수를 하든가 재판을 받던가 해야 하는데 당신이 재판을 받으면 징역을 몇 년을 살아야 하는 줄 알아?」

　「정말, 나는 술이나 팔았지 공산당이 무엇인지 공작이 무엇인지 아무 것도 모르고 한 일도 없고 아는 것도 없어요!」

　박 마담을 5일간 조사하였으나 "말하라" "모른다."하고 입씨름만 하였다. 수사본부 사람들은 기가 찰 노릇이었다. 박 마담이 수사본부에 끌려온 지 9일째 되던 날 심경에 변화가 있었는지 갑자기 「오제도 검사를 만나게 해 주세요!」하였다. 이 말을 들은 김임전 주임은 즉시 오 검사에게 연락을 하였다.

　김 주임은 박 마담이 오제도 검사와 면담을 요청하자 아직 오 검사와 만나지도 않았는데도 박 마담이 모든 것을 이야기나 한 것같이 기분이 좋아 박 마담이 좋아하는 음식들을 시켜다 주기도 하고 사이다 같은 음료수도 사다 주었다.

　곽 반장은 성시백을 잡으려고 박초윤의 집 앞에서 48년 1월부터 겨울이 지날 때까지 3개월을 거지로 분장하고 박 마담 집의 동태를 살펴 박초윤을 체포하였고, 지금까지 사용한 수사비도 1천만 원 이상 소모하였다. 그는 아들이 죽었어도 죽은 줄도 모르고 성시백의 체포에 몰두하였던 것이다.

　오 검사는 박초윤이 수감되어 있는 방으로 들어갔다.

　「박 마담, 고생이 많았어! 저 곽 반장이 1년 넘게 자네 집 앞에서 거지 행세를 하면서 담을 넘어 자네가 안방에서 한 이야기를 모두 메모하였고, 자네 하루의 모든 일을 미행하였어! 그러니 우리는 임자가 무슨 마음을 먹고 있는지, 핸드백 속에 무엇이 들었고, 호주머니 속에 무엇이 있는 것까지 알고 있으니 이제 모든 것을 다 털어놓아! 임자가 고생할 것 무엇이 있는가? 그리고 임자가 무슨 죄가 있는가? 여기 이렇게 데려온 것은 우리에게 협조해 달라는 것뿐이야. 신변 등 모든 것은 보장해 주겠어! 우리에게 협조해 주어요!」

처음 오제도를 본 순간 박초윤은 거부감을 느낀 듯하였으나 오 검사가 간절히 설득하는 말에 눈을 떨구며 고개를 끄덕였다.

「박 마담, 고맙소! 진작 이렇게 나와야지 무엇 때문에 고집을 부렸소? 나도 적극적으로 임자를 도울 것이요.」

그렇게 며칠 동안 심문하여도 "모른다."고만 하던 박초윤이 협조하겠다고 하자 곽 수사관은 뛸 듯 기뻤다. 이때 오 검사가 안주머니에서 사진 한 장을 꺼냈다.

「박 마담, 한 가지 부탁이 있어요.」

「……」

「여기 이 사진을 보고 이중에서 아는 사람 얼굴이 있는가 보시오.」

오 검사가 내민 사진은 임정요원 전체가 찍은 것이었다.

「저기, 이 사람이 그분 같아요. 홍국상회 사장님.」

사진을 한참 들여다보고 있던 박 마담이 손가락으로 한 사람을 가리켰다.

「이름이 무엇이라고 하던가요?」

「몇 번 뵌 적은 있으나 성함은 물어보지 않아서 모릅니다. 그러나 같이 오신 분들이 "성 사장님" 그렇게 불렀고, 어떤 손님들은 그가 많은 사업체를 갖고 있고, 부산에 큰 배가 있어 무역을 한다고도 하였습니다. 또 김명용과 김시민이 말하는 걸 엿들었는데 북로당 어쩌고 하면서 "성 사장님' 또는 "성시백 사장님"이라고 하는 것 같았습니다. 그들은 이분 밑에서 일하는 사람이구요, 모나리자에서 일하는 아가씨들과 저 같은 사람들은 손님들 심부름이나 한다고 했지요. 그 두 사람은 야속하게도 저에게는 전혀 이야기를 하지 않았어요. 김명용과는 꽤 오래 살았어도 그는 성 사장님에 대해 내색도 하지 않았습니다. 제가 이것을 안 것도 김명용과 헤어지고 김시민과 같이 살면서 싸움하며 알게 된 것으로 제 짐작뿐이지 정확한 증거가 있는 것이 아닙니다.」

「고맙소! 내가 적극 도우리다.」

오 검사는 박초윤의 말에서 중요한 단서를 잡았다. 사실 박 마담은 아무 것도 모르고 술만 팔았고, 그들에게 이용만 당하고 있었다.

수사본부 사람들은 박 마담으로 인하여 천신만고 끝에 성시백의 얼굴을 알게 되었고, 북로당원이라는 것도 알게 되었다. 수사본부에서 남로당원이나 북로당원들을 물증을 통해 잡는다는 것은 보통 어려운 일이 아니었다.

오 검사는 박 마담의 방을 나가면서 곽 수사관에게 귓속말로 "박 마담을 잘 대우해 주어" 하였다.

수사본부에서는 충무로에 있는 흥국상회를 급습하였으나 성시백은 도망치고 없었다. 성시백의 무역선이라고 하는 부산 앞 바다에 정박하고 있던 금비라호도 계속 감시하고 있었으나 감시자의 눈을 피해 감쪽같이 어디로 사라지고 없었다. 수사본부에서는 정보가 새나가고 있다고 판단하였다. 초조해진 곽 수사관이 박 마담의 방으로 찾아갔다.

「박 마담, 우리를 협조할 바에는 깨끗이 협조해 주시오. 성시백이 어디에 있소?」

「무슨 소리예요? 저는 그것까지는 몰라요! 흥국상회가 성 사장 것이라고만 알아요. 다만 김명용이 우리가 이곳으로 오기 전 "잘못하면 큰 코 다친다. 세상이 바뀐다."고 말했어요. 그래서 "무슨 세상이 바뀌느냐?" 하고 물으니까 "김일성이가 금명간 서울에 입성한다."는 것이에요.」

이 말에 곽 수사관은 깜짝 놀라 오 검사에게 보고하자 오제도 검사도 깜짝 놀랐다.

김일성이가 성시백에게 「혁명과업을 완수해야 한다.」라고 한 말은 인민군이 남침하여 남한을 점령한다는 의미요, 김일성은 이미 성시백에게 인민군이 남침하여 남쪽을 완전히 공산화시키겠다는 계획을 말하여, 성시백은 자기 밑의 200여명의 조직원들에게 「해방이 얼마 남지 않았으니 조직에서 이탈하지 말라!」고 하며 자기 일에 충성하게 하였다.

수사본부 요원들은 성시백이 운영하던 종로의 양품점을 기습하였다. 그들은 양품점 점원 이 양을 체포하여 수사본부로 연행하였다. 그리고 이 양이 살고 있는 청파동 집을 수색하니 아궁이에서 무전기 용 수철이 발견되었고, 양담배 은박지가 있는데 숫자가 잔뜩 적혀 있었으나 알 수 없는 암호였다.

「아가씨, 여기 은박지에 적혀 있는 숫자는 무슨 뜻이지?」

「제가 그걸 어떻게 압니까?」

「그럼 김시민은 아는가?」

「모릅니다.」

「김명용은?」

「몰라요.」

「그럼, 성시백은 알겠군.」

「몰라요.」

「그럼, 아가씨는 아무도 모른단 말이야?」

「예. 저는 옷만 팔았지 아무 것도 몰라요.」

「그래? 정말 몰라? 다 알면서도 모른다고 하는 것 아냐?」

「아니에요. 저는 진짜 몰라요.」

「너 혼이 나야 바른 말할 거야?」

「모르는 걸 어떻게 안다고 해요?」

이 양이 모른다고 시침을 떼는데 곽 반장은 어떻게 더 물을 수가 없었다. 곽 반장은 한 가지 꾀를 내어 박 마담을 이 양과 같은 유치장에 들여보내 이 양에게서 정보를 알아내라고 부탁하였다. 저녁때쯤 수사관이 박 마담을 유치장으로 들여보내며 「밀수품 장사로 잘 먹고 살았으니 이젠 여기서 고생 좀 해!」하였다. 이러한 수사관에게 박 마담은 유치장에 들어오면서부터 유치장 안이 시끄럽게 소리를 질러댔다. 이러기를 사흘이나 한 뒤, 그 사흘 동안 불려나가 취조를 받고 들어온 후 그 다음부터 차츰 수그러들었다.

「나 2-3일 후면 풀려날 것 같아. 아는 사람이 뒤에서 힘쓰고 있어!」

누구 들으라고 하는지 밖에 불려나갔다 들어온 박 마담이 유치장 안을 둘러보며 떠들어댔다. 그리고 나서 박초윤이 유치장에 들어온 지 8일째 되는 날이었다. 그 날도 박초윤은 나갔다 밝은 얼굴로 들어와 8일 동안 있으면서 가까워진 미스 리에게 떠벌렸다.

「미스 리, 나 오늘 저녁에 잘하면 나가게 될 것 같아. 부산에 사는 김명용이라는 사람하고 거래를 하였는데 그 사람이 손을 써서 나가게 되었지. 이제 이곳은 아주 징그러워. 꿈에도 나타날까 걱정되는데.」

이 말을 들은 미스 리는 박 마담이 부러웠다. 그리고 자기도 이곳에 들어와 매일 조사 받는 것이 지겨웠다. 다른 사람과는 달리 박 마담은 자기에게 잘 대해주었다. 그래서 박 마담에게 신세타령도 하였다. 그래서 그런지 미스 리는 박 마담이 나가면 그 동안 정이 들었는데 쓸쓸할 것 같았다.

「미스 리, 나만 먼저 나가게 되어서 미안해! 미스 리도 어디 연락할 곳이 있으면 내게 말해. 내가 나가면 찾아가서 힘 좀 써주라고 할께.」

「언니, 부산의 김명용이라고 했어요? 언니를 나가도록 뒷손 봐 준 사람 이름이? 그 사람 혹시 김 씨라고도 하지 않나요? 그렇다면 나도 그 사람 아는데.」

「어머 그래? 어떻게 알지?」

「우리 가게에 그 사람이 물건을 대주기도 했었어요.」

「그랬구나. 참 세상이 좁기도 하네. 어찌 그 많은 사람들 중에 미스 리와 내가 아는 사람이 있을 줄 알았겠어?」

「저- 언니, 말씀드릴 게 있어요.」

「응? 그래 말해 봐!」

「제 집이 청파동이에요. 언니가 나가셔서 부산의 김 씨를 만나게 되면 그 김 씨에게 종로 양품점 아가씨가 성 사장님께서 집을 사달라고 했다고 전해주셔요. 그리고 집을 사시면 벽지만 다른 것으로 바꾸시면 집은 쓸 만하다고 전해주십시오.」

「그럼 김 씨가 성 사장이란 분을 알고 있어?」

「예. 잘 알고 있어요. 그러니 그렇게 말씀드리면 되요.」

「음, 그럼 알았어. 내 꼭 전해줄게. 다른 말은 없어?」

「예. 없어요. 언니, 고마워요.」

미스 리는 진심으로 박 마담이 고마웠다.

그날 저녁 무렵 박초윤을 연행한 수사관이 와서 「박초윤 당신 재수가 좋은 줄 알아. 다음에 들어오면 이렇게 빨리 나가지 못해! 알았어? 빨리 나와 석방이야.」하고 다른 사람들도 다 들리게 큰 소리로 말하였다. 박초윤은 미스 리에게 한눈을 찡긋해 보이고 얼른 수사관을 따라 나갔다. 유치장을 나간 박 마담은 곧바로 곽 수사관에게로 갔다.

「미스 리가 청파동 집을 성시백에게 사게 하고 벽지만 새로 바르면 쓸 만하다고 했습니다.」

「수고하셨습니다. 아주 큰일을 하셨습니다. 고맙습니다.」

곽 수사관은 박 마담에게 침이 마르게 고맙다고 인사를 한 다음 수사관들을 동원하여 청파동 미스 리의 집으로 가서 벽지를 세밀하게 조사하였다.

「벽지가 상하지 않게 조심해서 뜯어 봐!」

곽 반장의 지시에 수사관들은 사면의 벽을 면도날로 조심스럽게 뜯어내었다.

「반장님, 이거 보십시오. 벽지와 벽지 사이에 이상한 종이가 있습니다.」

「그래? 조심해서 잘 꺼내 봐!」

벽지 속에서 나온 문서는 즉시 오제도 검사에게 넘겨졌다. 이 문서는 오 검사의 얼굴색이 변할 정도로 아주 엄청난 내용이었다. 그 문서에는

1. 49년 8월 6일~8일 진해에서 이승만 대통령과 장개석 총통과의 국가보안관계 비밀회담 내용이 기록되어 있었다.
2. 이승만 대통령, 육군참모총장, 정보국장과 극소수 육군 수뇌부가 알고 있는 원자모의전략 계획서가 있었다.
3. 38선 최전방 국군 배치상황도가 있었다.
4. 한국에 대한 ECA경제협조 내용이 있었다.

　오제도 검사는 '대한민국의 최고의 특급비밀이 어떻게 해서 성시백의 손에 들어갔고, 이 내용이 평양으로 보고되었을까?' 하고 생각하니 식은땀이 흘렀다. 경무대와 육군참모총장 방에 간첩이 있지 않고는 도저히 불가능한 일이었다. 나라가 온통 빨갱이 세상 같았고, 곧 국가가 무너질 것만 같은 위기감을 느꼈다. 오 검사는 여기저기에서 「오제도를 죽여라!」 「곽묘득을 죽여라!」고 공갈 협박을 받았다. 성시백은 경무대에서 상해임시정부 요인들과 정계요인들 100여 명이 초청 받아 연회가 있을 때 초청되어 이승만 대통령의 칭찬을 받을 정도였다.

성시백이 무역선으로 사용하던 금비라 호는 해군이 매각할 때 불하받은 것이다. 누구도 성시백이 북로당원이며 간첩이라고는 상상도 못하였다. 대구 3사단장 유승렬 장군도 성시백이 집을 사는데 협조할 정도로 가깝게 지냈다. 오제도 검사는 즉시 육군 특무대 장태준 중령을 불렀다.

「자, 이 서류를 보십시오. '원자모의전략'입니다. 이게 무슨 계획이지요?」

「저도 처음 듣는 말입니다.」

「38선 아군 배치도는 맞는가요?」

「예. 49년 5월 최근 군사배치도입니다. 어떻게 입수했을까요? 큰일 났습니다. 최근 군사배치도가 잉크도 마르기 전에 평양에 보고되었다니 기가 막힐 일입니다. 이 나라가 어떻게 될 지 걱정이 됩니다.」

경무대에서 오제도 검사의 보고를 받고 조사관이 헐레벌떡 뛰어왔다.

「이승만 각하와 장개석 총통의 비밀 회담이 사실인가요?」

「저는 모르는 일입니다. 이 극비회담을 어떻게 알고 입수했을까요?」

오제도의 물음에 경무대 조사관은 모른다고 하였다. 이 회담 문서에는 이 대통령과 장 총통이 기침을 하는 횟수까지 적혀 있었다.

「그러게 말입니다. 경무대 안방과 육본 채병덕 참모총장 안방에 간첩이 있기 전에는 빼낼 수 없는 기밀들입니다. 큰일 났습니다. 이렇게 김일성이가 정보를 수집하는 이유는 혹시 남침하는데 쓰려고 하는 것이 아닐까하는 판단이 듭니다.」

「그리고 남로당원들을 조사하면 한결같이 곧 38선이 무너진다, 곧 세상이 바뀐다. 우리는 곧 석방된다, 김일성 장군이 곧 서울에 온다, 고 하고 있어 인민군이 곧 남침할 것 같습니다.」

「만일 그렇다면 큰일입니다.」

「여하튼 국방을 튼튼히 해야 하겠습니다.」

육군 특무대 장태준 중령이 조사한 바에 의하면 '원자모의전략'은 이승만 대통령과 채병덕 참모총장 둘밖에 모르는 극비사항이었다 그렇다면 이승만 대통령은 아닐 것이며, 채병덕이 간첩행위를 했던가, 아니면 간첩이 채병덕 주위에 있어 몰래 훔쳤든가 둘 중의 하나인데, 어떻게 되었든지 채병덕의 협력이 없이는 불가능한 일로써 채병덕에게 간첩혐의를 두지 않을 수 없었다. 대통령의 집무실과 육군참모총장의 집무실이 김일성 안방 같았으니 김일성은 대한민국의 심장을 쥐고 있는 격이었다. 오제도 검사는 채병덕을 의심해서 조사를 하고 싶었으나 육군참모총장이라서 이승만 대통령의 허가 없이는 수사할 수가 없었다.

오제도 검사로부터 성시백을 잡아들이라는 지시를 받은 곽묘득 수사관은 모든 수사력을 집중하였으나 성시백은 땅으로 들어갔는지 하늘로 솟았는지 그림자조차 발견할 수 없었다. 곽 수사관은 할 수 없이 다시 박 마담을 찾아갔다.

「박 마담, 박 마담이 협력해 주어서 귀중한 증거를 찾게 되어 고마웠소. 그런데 성시백의 행방을 아무리 수색해 보아도 오리무중이어서 또 박 마담의 힘을 빌려야 하겠소. 성시백을 어떻게 하면 잡을 수 있겠소? 성시백에 대해 생각나는 것이 있으면 하찮은 것이라도 좋으니 말해 주시오. 평소 모나리자에 올 때 누구와 가장 자주 오던가요?」

박 마담은 곽 반장의 솔직한 이야기에 한참 깊이 생각하더니 고개를 들고 곽 수사관을 바라보며 입을 열었다.

「한 가지 생각나는 일이 있는데 이 일이 수사에 도움이 되는지는 모르겠군요. 성 사장이 성이 신이라는 대학생과 몇 번 왔었는데 그 청년을 굉장히 자랑스러워했어요. 저에게. 그 청년을 소개시켜 주었는데 키도 크고 인물도 잘 생겨 제가 한 눈에 반해버렸지요.」

박 마담의 말을 들은 곽 수사관은 수사관들을 서울에 있는 각 대학으로 보내 성이 신 씨인 학생을 찾게 하였다. 수사관들이 신재효 군을 찾는데 그리 많은 시간이 걸리지 않았다.

신재효 군은 서울대학교 상과대학에 재학 중인 천재라고 소문이 난 학생으로, 서울대학이 생긴 이래 최고의 머리를 가졌고, 7개 국어를 하며, 영어로 논문을 쓰고 서울대학교에서는 더 이상 신 군을 가르칠

교수가 없을 정도라고 하였다.

　신 군에 대한 보고를 받은 오제도 검사는 깜짝 놀랐다. 신 군은 오제도 검사 친구인 신 검사의 동생이었기 때문이었다.

　공안부에서는 예상외로 성시백 사건이 커지자 검사 하나로는 사건을 다 감당할 수 없다고 여겨 신 검사를 오 검사와 같이 일을 담당하게 하였다.

　오제도 검사는 나오느니 한숨뿐이었다. 형은 공안부 검사인데 동생은 빨갱이요, 장택상은 경찰청장인데 딸 장병민은 빨갱이요, 이호는 내무부장관인데 동생은 빨갱이요, 서울지검 차장이 남로당원이고, 공안검사 안에도 몇 명이 있다니 도대체 이 빨갱이들을 어떻게 모두 잡는단 말인가? 잡고 또 잡아도 끝이 보이지 않고 오히려 더 굵직한 사람들이 걸려드니 맥이 풀릴 지경이었다. 오 검사는 신재효 때문에 친구인 신 검사를 일이 있으니 좀 만나자고 오 검사 사무실로 불렀다. 이때까지 신 검사는 동생이 좌익에 관련되어 있는 줄은 꿈에도 생각을 못하였다.

　「신형! 성시백의 조사과정에서 동생 재효가 가담한 것이 밝혀졌는데 어떻게 하면 좋겠소?」

　오 검사의 말을 들은 심 검사는 기절할 듯이 놀랐다.

　「오형! 그런 일이 있으면 좀 빨리 말해주지 왜 이제야 말해 주는거요?」

　「이 일은 내가 안 즉시 신형과 의논하고 싶어 신형을 즉시 부른 것이요!」

　신 검사는 마음이 착잡한 듯 한숨을 푹 쉬며 일어나서 한참을 사무실 안을 서성거렸다. 이러한 신 검사를 오 검사는 딱하다는 듯 바라만 보고 있었다.

　「오형! 내가 죽으면 재효가 돌아설까?」

　「죽는다니?」

「내가 어떻게 얼굴을 들고 다니겠습니까? 집안에서 동생이 좌익인 줄도 모르고 좌익을 때려잡는다고 돌아다녔으니…… 허 참!」

이 말을 들은 오 검사도 신 검사 못지않게 마음이 착잡하였다.

「죽는다고 해결될 문제가 아니니 신형, 우리 이렇게 하면 어떻겠습니까? 재효군을 신형 손에 맡길 테니 신형이 설득하는 게.」

「오형! 너무 고맙소! 내 그렇게 하겠습니다.」

이틀이 지난 후 신 검사는 밝은 얼굴로 동생 신재효 군과 함께 오 검사를 찾아와 인사를 하였다. 형의 간곡한 설득에 재효 군도 어쩔 수 없었는지 마음을 돌렸다고 하였다. 그러면서 자신이 해주 있는 민족보위부와 직접 선이 닿고 있었지 성시백과 접선한 것이 아니라고 하였다. 그러면서 신재효는 성시백을 무척 존경하였다고 하였다. 이 말을 들은 수사본부 일행은 기분이 좋지 않았지만 신 검사가 있는데 기분 나쁜 표정을 할 수 없었다.

「저는 해주 민족보위로부터 성시백 씨를 보좌하라는 지령을 받았으나 성시백 씨는 자신이 좌익 활동을 하는 척도 하지 않았고, 보좌할 것도 없다고 접근을 못하게 하였습니다. 제가 성시백에 빠진 데는 돈과 의젓한 자세, 독립운동을 한 것과 그의 화술과 사상에 빠져 있었습니다. 특히 같은 민족이 서로 갈라 서 수단과 방법을 가리지 않고 맞서고 싸우는 일이 가장 괴로운 일이었다고 하며 그래서 자기는 국회의원 출마도 하지 않고 정치에는 애국자와 독립투사가 많아서 사업에만 열심을 다한다는 말에 저는 탄복하였습니다.」

그가 만주와 장개석 군대에 있을 때와 상해 임정에 있을 때 등의 풍부한 경험담을 하면 학생들은 깜박 죽어지면서 성시백을 흠모하였다고 하는 말을 듣고 있던 신 검사와 오 검사는 '참 사기꾼도 별의별 사기꾼이 다 있군. 사람의 마음을 빼앗는 사기꾼이라니!' 하고 참으로 어처구니없다는 얼굴을 하였다.

수사본부에서는 신재효가 돌아섰다고 해도 풀어줄 수 없었다. 그것은 해주에 있다는 민족보위부와의 연락 관계와 조직도 밝혀야 했기 때문이었고, 더 중요한 것은 지금까지 수사를 하였으나 성시백의 거처를 아는 사람이 없어 신재효를 체포한 이유가 성시백의 거처를 알아내기 위한 것이었기 때문이었다. 오 검사는 신 검사에게 재효에게 물어봐야 할 것이 있으니 신 검사가 입회하라고 부탁하고 신 검사의 승낙을 얻었다.

「재효야! 오 영감님이 묻는 말에 정성껏 대답해야 한다.」

「예.」

「이제 물어보시오!」

「고맙소. 신군, 성시백의 거처를 알고 있나?」

「모릅니다.」

「그러지 말고 잘 생각해서 대답하게. 성시백은 빨리 잡아야 할 사람이야!」

「저는 정말 모릅니다. 성시백은 절대 누구에게도 자기의 거처를 알려주지 않는데 하물며 저 같은 사람에게 알려주겠습니까? 그리고 성시백은 남로당이나 북로당에 가입하라고도 하지 않습니다. 그리고 협조하라고도 하지 않습니다. 다만 누구든지 그를 만나서 사귀면 그를 돕지 못해서 안달입니다. 그의 주변에는 엄청난 사람들이 협조하는 것 같았습니다.」

「그래? 그래서 자네는 정말 모른단 말이지?」

「네.」

「재효 군! 시간이 필요한가?」

「……」

신재효는 고개만 끄덕였다. 오제도 검사는 이러한 신재효를 매서운 눈으로 일별하고 신 검사와 함께 밖으로 나갔다. 오 검사는 다른 일들을 처리하고 돌아와 다시 신재효와 마주 앉았다.

「신군! 생각해 보았나?」

「저는 정말 성 선생님의 거처를 모릅니다.」

「그럼 안 되겠군. 형의 얼굴을 봐서 구속시키지 않으려 하였으나 할 수 없군.」

「……」

「곽 반장! 신군 데리고 나가 구속시켜!」

신재효는 즉시 수사본부 유치장에 유치되었다. 그런 후 몇 시간이 지나서 곽묘득 수사관이 밝은 얼굴로 오 검사 방에 나타났다.

「영감님, 신군이 말을 하겠답니다.」

「그래요? 그럼 데려오시오.」

「예.」

잠시 후 곽 수사관이 신재효를 데리고 오 검사 방에 들어왔다.

「거기 앉게. 어때? 이야기하겠다고?」

「네- 그런데 제가 성시백이 있는 곳은 정말 모릅니다. 대신 제가 알고 있는 사람을 말씀드리겠습니다.」

「그래? 말해보게.」

「이름은 모르지만 해주 민족보위부에서 파견된 대위와 강 중위라고 하는 두 사람입니다.」

「그들은 어디에 있지?」

「동대문구 신설동 122번지 한옥입니다.」

신재효의 말이 떨어지기 바쁘게 오 검사는 곽 수사관에게 눈짓을 하여 곽 수사관은 수사본부 요원들과 동대문경찰서 경찰들을 지원 받아 122번지를 완전히 포위하고 밤 12시경 기습하여 두 장교를 붙잡았다. 이들과의 격투에서 수사관 몇이 상처를 입을 정도로 이들의 폭력은 거셌다. 붙잡힌 두 사람은 오 검사 방에서 신재효와 대질을 하였다.

「재효군, 이들이 맞는가?」

「예. 맞습니다.」

「곽 반장, 이들을 극비에 처리하시오.」

오 검사의 지시에 곽 수사관이 극비로 하였으나 이 사건은 즉시 성시백에게 보고되었다.

여수 해군기지사령관 이용운 대령이 성시백에게 협력하고 있다는 것도 알아냈다. 그러나 성시백이 있는 곳을 알 수 없었다. 수사관들은 난감하였다.

그런데 남로당 서울시 당 위원장을 지낸 홍민표와 이중제와 오상직이 성시백을 잡으려고 밤과 낮을 가리지 않고 추적한 끝에 성시백이 서울에 있다고 곽 반장에게 알려 주었다. 이와 거의 동시 신제효도 곽 반장을 찾았다.

「날 찾았는가?」

「네. 갑자기 생각난 것이 있는데 제가 말씀드릴 일이 수사에 도움이 될지 모르겠습니다.」

「어서 말 해보게.」

제가 효제동 쪽 골목에서 성시백이 나오는 것을 본 일이 있습니다.」

「그래? 그러면 어떤다? 신군, 우리가 길을 잘 모르니 신군이 같이 가 주면 좋겠군.」

「좋습니다.」

곽 반장은 수사관 몇과 홍민표에게 연락하여 홍민표와 신군을 데리고 효제동으로 갔다. 신군이 성시백을 만났던 곳은 효제동 북부세무서 근방이었다.

「저기 담이 있고 골목이 있습니다. 저기요 큰 집!」

「음, 알았어! 이 형사 즉시 동사무소에 가서 누가 살고 있는지 알아 봐. 그리고 정 형사는 안마사로 변장하고, 강 형사는 두부장사로 변장하고 며칠 동안 잠복하여 이 집의 동태를 파악하시오!」

「예. 알았습니다.」

대답을 하는 세 형사는 이젠 죽었다는 표정이었다.

「홍 선생, 성시백의 얼굴을 아신다고 했지요? 죄송하지만 여기에서 잠복하고 있다가 성시백이 나오면 알려주시면 고맙겠습니다.」

「예. 그렇게 하겠습니다.」

일이 일사분란하게 돌아가고 있었다. 조금 있으니 동사무소에 갔던 이 형사가 돌아와 보고하였다.

「반장님, 조사해보니 식구라고는 넓은 집에 중년부인 한 사람과 꼬마 소녀 둘이 전부였고, 승용차가 있는데 덮어놓아서 번호는 알 수 없는데 남자가 없는데 승용차가 있는 것을 보아서 그 차가 성시백의 승용차 같아 오늘 저녁 담을 넘어가 번호를 확인하겠습니다. 확실히 냄새가 나는 집입니다.」

이 형사의 보고에 곽 반장은 그 집이 성시백이 살고 있는 집인 것 같아 너무 좋았다.

「아, 이것 성시백을 잡는 것 아니냐?」

「그러게요. 성시백을 잡으면 이 고생도 끝나는데 얼마나 좋겠습니까?」

「당신들 잠복근무 실수 없이 잘 해야 해!」

「걱정하지 마십시오!」

수사관들은 변장하고 3일을 지키고 있으면서 집안에까지 들어가 조사를 하였으나 남자는 그림자조차 보이지 않았다.

50년 5월 11일 효제동 이화예식장 근방에서 잠복근무가 시작된 지 3일째 되던 날 성시백이 그 집에서 나오고 있었다.

「홍 선생, 저기 나오는 사람이 성시백인지 확인해 주시오.」

「예. 틀림없습니다.」

「이 형사, 미행해!」

「예. 알았습니다.」

이렇게 형사들의 미행은 나흘간이나 계속되었다.

50년 5월 15일 미행을 끝내고 조사가 완벽하게 되자 오후 4시 경찰을 동원하여 성시백의 집을 2중, 3중으로 포위한 다음 급습하였다.

「여보세요. 등기편집니다. 도장 가지고 나오세요.」

수사관이 문을 두드리며 큰 소리로 몇 번을 외치자 안에서 중년 여자가 나왔다.

「누구세요?」

「예. 등기입니다. 도장 가지고 나왔지요?」

집배원으로 변장한 수사관이 문을 열고 내다보는 여자에게 도장을 받으려는 듯 문을 밀치고 집안으로 들어서서 안쪽을 보니 성시백이 한복을 입고 마루에 서서 이쪽을 보고 있었다. 수사관들은 우체부로 변장한 수사관의 눈짓으로 즉시 달려 들어가 성시백을 에워 쌌았다.

「당신들 누구요?」

「성 선생님, 저 홍민표올시다.」

「홍민표가 누구요?」

「홍민표가 홍민표지, 누구긴 누구란 말이요? 다 된 일인데 품위 사납게 굴 필요는 없겠지요?」

홍민표를 알면서도 모르는 척하는 성시백을 향해 홍민표는 야무지게 한 마디 하였다. 성시백은 속으로 '저 남로당 새끼가 경찰 앞잡이가 되어 나를 죽이다니, 이 남로당 놈들 두고 보자!' 하고 분을 참지 못하고 있었다.

「도대체 독립투사를 이렇게 잡아가도 되는 것이요? 하와이파가 상해 파를 다 죽이고 있고만! 쯧, 쯧. 얼마 전에는 김구 선생님을 죽이더니 이제는 나까지…… 음.」

「입 닥치시오! 우리가 영감님을 잡으려고 1년 넘게 고생한 줄이나 아시오! 나는 당신의 머리털까지 다 세고 있으니 가보면 당신도 기절할 것이니 떠들고 싶으면 거기 가서 떠드시오!」

성시백이 고함을 치니 화가 난 곽 반장도 맞고함을 쳤다. 곽 반장은 그 추운 겨울 박 마담의 집 앞에서 똥 벼락을 맞으며 잠복했던 일을 생각하면 지금 당장 성시백을 두들겨 패도 분을 풀 수 없을 것 같았다.

「이봐 뭣들 하고 있어? 빨리 차에 태우지 않고?」

곽 반장의 고함에 수사관들은 즉시 성시백을 차에 태워 수사본부로 연행하였다.

「이 형사, 성 사장을 잘 모시고 이 일의 관련자 모두를 성 사장에게 인사를 시켜!」

이 형사는 김명용, 김시민, 박초윤, 미스 리, 신재효 등 관련자들을 모두 데려와 설날 때 세배하듯이 한 사람씩 인사를 시켰다.

「성 선생님, 저 사람들이 누구인 줄 아시지요? 저 사람들이 모든 것을 자백했습니다. 돈암동에서 무전을 받고 미스 리가 암호 해독을 하고 수표 뒤에 연필로 숫자를 적어서 해독한 것을 보여주었습니다. 이게 미스 리가 작성하였다고 한 것입니다. 그리고 해석도 미스 리가 다 해주었습니다. 미스 리의 방 벽지 속에서 대한민국 최고 특급비밀문서까지 나왔습니다. 여기 보십시오.」

곽 반장은 성시백에게 증거물을 보여주었다. 그리고 그것들을 다시 조심스럽게 쌌다.

「이봐! 인민군 장교 2명도 성 동지에게 인사시켜야지!」

「예. 알았습니다.」

곧 이어 인민군 장교 두 명이 끌려와 성시백 앞에 섰다.

「야, 너희들의 왕초다! 인사해!」

「아니요, 우리는 저 사람을 모르오!」

「저 사람은 당신들에게 무인 포스터로 연락하던 사장님이야. 이제 얼굴을 보았으니 인사나 드려!」

이들은 자기들에게 지령을 내린 장본인이라는 말에 얼굴만 멀뚱거리고 쳐다볼 뿐 인사하려고 하지 않자 강제로 인사를 시켰다.

「성 선생, 당신하고 관련된 자, 그리고 당신이 돈을 주어서 국회의원에 당선시킨 62명과 관련된 자 112명을 지금 동시에 연행 중이오. 그들이 모두 연행되어 오면 모두 당신 앞에 데려와 인사를 시킬 것이오.

북조선에서는 김일성, 남한에서는 당신이 수상이라고 했다던데 그들을 당신한테 인사를 시키는 것이 당연하지 않겠소?」

곽 반장의 설명에 성시백은 기절하게 놀랐지만 겉으로는 태연하고 얼굴은 무표정하였다. 그리고 '저 놈은 아주 지독한 놈이구나. 수단이 보통이 아니야. 큰일이군!' 하고 곽 반장의 정확한 조사에 혀를 내둘렀다. 자기는 숨는데 전문가인데 저 놈은 잡는데 전문가인 것 같았다. 그는 '이쯤 되면 나는 사형이니 죽을 때 사나이답게 의젓하게 죽어야지.' 하고 마음을 굳게 먹고 곽 반장의 심문에 거물답게 전혀 입을 열지 않았다. 이후 성시백의 취조는 김임전 취조부장이 하게 되었다.

「영감님, 당신은 어떻게 한중회담 문제와 이승만 각하와 장개석 총통과의 회담을 그렇게 정확히 수집하셨습니까? 그리고 38선 군사배치도를 그린 것을 육본 작전과에 가서 대조해보니 대대CP 하나 틀리지 않았는데 어떻게 그렇게 정확히 그릴 수 있었습니까? 귀신이 아니고서는 불가능한 일인데 입을 다물고만 있지 말고 말을 좀 해 보시오! 영감님이 자백을 하든지 안하든지 다른 사람들의 증언과 증거물로 영감님이 자백하지 않더라도 유죄를 입증하기엔 충분합니다. 우리는 다만 영감님이 어떤 경로를 통해서 정보를 입수하고 배치도를 그렸는지 그게 궁금해서 그럽니다.」

「나에게서 무엇을 알려고 합니까? 묻지 마시오. 나는 누구에게 무엇을 시킨 적이 없고, 당신들이 조사해서 알고 있는 것처럼 내가 무슨 일을 하였소? 나는 아무 한 일이 없소! 또 나는 대한민국에 쌀 한 톨이라도 더 신세지고 싶지 않으니 나를 처형하시오.」

이후 성시백은 묻는 말에 부인하거나 눈을 감고 몸을 흔들고 일체의 대답을 하지 않았다. 대질심문에도 일체 "모른다!" 아니면 "아니다"라고 일관되게 대답하였다. 그러면서도 죽을 때까지 수사본부에서 특별대접을 받았다.

성시백은 자기 죄를 인정하지 않았으나 주위의 공작 방법과 인적관계, 증거물 등에 의하여 범죄를 입증하여 군법회의에 기소되었다.

성시백의 비밀아지트가 27개였는데 20개는 찾았으나 7개는 끝내 찾지 못하였다. 그리고 성시백 사건에서 공작비 1,230 달러, 아지트 구입비 6천 달러, 이발소 등 점포경영비 600달러, 선박 구입비 5천 달러, 운영비 3,500달러, 국회의원 후원회비 670달러 등 총 16,570달러가 지출되었다.

성시백 사건으로 검거된 자는 당원 60명, 사업 8명, 교원 7명, 학생 4명, 회사원 3명, 농업 9명, 직공 2명, 광업 1명, 의사 1명, 외국공관 직원 3명, 무직 7명 계 112명이 검거되었다. 또 그에게 협조한 자는 약2만여 명이었으나 이들을 모두 체포한다는 것은 불가능한 일이었다. 성시백 사건으로 압수된 물건은 순금 80돈, 선박 3척 등 다수였다.

김구 선생의 남북회담 때 김일성의 초청장을 김구에게 직접 전달해준 사람이 바로 성시백이었다. 그가 남북회담을 주선한 것이다. 성시백은 군대와 경찰 안에 공작원을 침투시켜 정보를 수집하였고, 군의 월북공작에도 깊이 관여하였으며, 국회 프락치사건에도 관여한 인물이었다. 인민군이 서울을 점령하자 성시백 부하들은 우익인사를 잡는 데 혈안이 되었다.

이승만 대통령은 오제도 검사가「경무대와 육군참모총장 안방에도 간첩이 있다.」고 말을 하여 화가 나 있는 데다, 정계 요인들과 지도급 인사들과 곳곳에 박혀 있는 남로당 프락치들이「오 검사를 갈아치우자!」고 아우성을 하니 오제도 검사에 대해 불쾌하게 생각하고 갈아치우려고 하였다.

오제도 검사가 성시백 사건의 보고 서류를 들고 경무대에 보고하러 갔다. 대통령 집무실에 국방부장관 신성모와 같이 들어선 오제도가 성시백 사건을 보고하려고 하자 이승만 대통령은 오제도의 보고를 들으려하지 않았다.

「오 검사, 보고는 그만 두고 자네는 돌아가서 좀 쉬게.」

「예, 알았습니다. 각하! 그렇지만 경무대 안에 공산당이 있는 것이 사실이니 이 서류를 참고하시고 꼭 읽어보십시오. 각하 신변이 불안합니다. 그럼 물러가겠습니다.」

오제도 검사는 들고 온 서류를 이승만 대통령 앞에 두고 인사를 하고 뒤도 돌아보지 않고 문 쪽으로 걸어 나갔다. 문 앞에 거의 다다랐을 무렵 이승만 특유의 떨리는 목소리가 오제도의 뒷덜미를 붙들었다.

「오 검사! 오 검사!」

오 검사가 돌아서니 이승만 대통령이 오라는 손짓을 하였다.

「경무대 안에 공산당이 있다니 그게 무슨 소린가?」

「그래서 보고하러 온 것입니다. 이 보고서를 보시고 증거가 확실하다면 모조리 체포하셔야 합니다. 경무대 안에서 매일 일어나는 일들이 그날로 평양 김일성에게 보고되고 있습니다. 경무대는 김일성의 안방입니다. 이 서류는 그것을 증명하고 있습니다. 국가의 존망이 걸려 있고 잘못하면 국가가 공산당한테 넘어갈 위기에 처해 있습니다. 우리들은 모두 허수아비입니다. 각하께서 이 일을 잘 처리하지 않으신다면 경무대에 계시기가 곤란할 것입니다. 문 수석비서관이 간첩입니다. 육군참모총장 채병덕도 간첩입니다! 체포해서 조사해야 합니다!」

이 말을 듣고 있던 이승만 대통령은 얼굴이 창백해지며 안면에 심한 경련을 일으켰다.

「신 서리! 이 일의 관계자들에 대해서는 고하를 막론하고 지금 즉시 잡아들이고 오제도 검사가 조사하여 즉시 보고하게 하시오.」

「옛. 각하! 즉시 분부대로 하겠습니다.」

이승만 대통령은 신성모 국방부장관에게 지시하였다.(신 서리는 신성모 국방부장관을 말함)

오제도 검사는 경무대를 나오면서 '이렇게 중요한 일을 소홀하게 다루려 하다니, 국가에 엄청난 일이 벌어지겠구나!' 하는 예감이 들었다.

1950년 6월 9일 성시백은 군사재판에서 사형을 선고받았다.

「영감님, 영감님에 대해서는 수사관들을 통해 말씀 들었습니다. 성경을 드릴 테니 읽으시고 마음의 평안을 얻으십시오.」

교도소에 근무하는 목사님이 성시백의 감방을 찾아가 성경을 내밀며 권고하였다.

「나는 대한민국에서는 역적이 되었소. 그래서 사형선고를 받았소. 내가 죄가 있다면 하늘나라 가서도 받아야지요. 자기가 지은 죄를 피하려고 하는 것은 잘못된 것이요. 나는 성경이 필요 없소. 그러니 나를 다시 찾아올 필요도 없소! 대신 나를 찾아와 주셔서 고맙소. 그 답례로 당신에게 해줄 말이 있소. 이제 곧 세상이 바뀔 테니 두고 보시오. 시간이 얼마 남지 않았소. 잘 가시고 몸조심하시오.」

「영감님, 세상이 바뀐다는 말씀이 무슨 말씀입니까?」

「그런 것을 설명을 해야 알겠소? 그런 건 묻지 말고 당신은 몸조심만 하면 돼!」

성시백은 몸을 돌리고 더 이상 말을 하지 않았다.

성시백이 세상이 바뀐다고 한 말은 김일성이 남침하여 남한을 점령한다는 말이었다.

50년 6월 12일 오후 4시 성시백은 감방에서 헌병에게 끌려나와 검은 천으로 얼굴을 가리고 형장에 섰다.

「마지막으로 할 말이 있으면 하시요!」

집행관이 물었다.

「내가 무슨 할 말이 있겠소? 앞으로 머지않아 세상이 바뀔 것이요.」

그는 고백 같은 말을 남겼다. 그의 말은 6.25를 말한 것이었다. 성시백은 체포되었으나 지금까지 자기가 죽을 것이라고 꿈에도 생각하지 않아 당당하였지만, 이제 형장으로 끌려나와 죽는다고 생각하니 공포가 밀물처럼 밀려들었다. 그때 갑자기 그는 북에 두고 온 어머니와 아내와 자식이 보고 싶었다. 해방되고 한 번밖에 찾아보지 못하고 김일성의 명령으로 남한에 와서 지금까지 생사가 궁금한 그 가족들의 얼굴이 그의 가슴을 가득 채웠다. 그때 수발의 총소리가 울리고 성시백의 가슴에서는 붉은 피가 터져 나왔다. 성시백의 죽음은 성시백이 그렇게 믿고 기다리던 인민군이 밀고 내려오기 13일 전이었다. 김일성은 그를 영웅이라 부르게 하였고, 애국열사릉에 가묘를 해주었다.

성시백이 죽었어도 사로당의 뿌리가 뽑히지 않고 있었고, 성시백의 사건으로 체포된 112명 중 다수는 전향하여 보도연맹에 가입하여 새로운 길을 걸었다. 김명용은 6.25 때 좌익들에 의해 서대문 형무소에서 풀려 나와 '이제 한 몫 하게 되었군.' 하고 좋아하던 차에 성시백의 직계인 30여명과 함께 인민군 정치보위에 끌려가 북아현고개에서 총살을 당하였으나 그만 기적적으로 살아나 전쟁이 끝난 후 남한에 남아 수사본부 오제도 검사를 찾아갔다. 그는 오제도 검사를 보자마자 전쟁통에서도 살아 있는 그의 손을 잡고 반가워하였다. 김명용은 성시백 사건으로 수사관들에 체포당한 당시 지독한 고문을 받았지만 끝까지 한 마디도 불지 않아 수사관들의 애를 먹였는데 그가 죽지 않고 나타나자 오제도 검사는 무척 궁금하게 여겼다.

「김 군, 용케 살아 있었구먼. 살아 있으면서 전쟁 때 왜 북으로 가지 않았나?」

「그 사연을 말하자면 먼저 성시백이 살아 있는지 궁금합니다.」

「왜? 성시백이 살아 있다면 두려운가?」

「아닙니다. 성시백이 살아 있다면 제가 직접 죽이겠습니다.」

「그건 또 왜 그런가?」

김명용은 서대문형무소에서 석방되면서부터 지금까지 있었던 일을 모두 말하면서 눈물을 뚝뚝 떨구었다.

「영감님, 영감님은 성시백을 어떻게 생각하실지 모르지만 그는 극에 달할 정도로 잔인한 사람입니다. 그는 당을 배반한 사람들을 린치하여 죽인 사람이 부지기수입니다. 어떤 사람은 거짓말한다고 열 개의 손톱과 4개의 발톱까지 직접 뽑아내며 고문한 사람입니다. 남한에서의 모든 일들은 성시백의 지령에 의해 움직였는데도 그는 자기는 관계가 없는 척하였습니다. 그리고 성시백이 이북에서 무엇으로 유명한 사람인 줄 압니까? 바로 사람고기 먹고 살아난 자로 유명합니다. 성시백이 전쟁으로 살아 있다가 북으로 갔다 해도 정치보위부가 우리를 죽인 것으로 봐 그도 죽였을 것입니다. 성시백이 우리에게 김일성이 전쟁을 일으킬 것을 알려주며 혁명 사업이 멀지 않았으니 참고 열심히 일하라고 하여 제가 이 꼴이 되었습니다.」

솔직하게 털어놓는 김명용을 오 검사는 다시 체포할 수 없었다. 그는 김명용에게 지금까지 궁금하게 생각하고 있던 38선 군사 병력배치도에 관하여 물어보았다.

「그러니까 그것을 누가 작성한 것인가?」

「그걸 지금까지 모르고 계셨습니까? 그건 이렇습니다. "개성 동남방 12마리 까마귀, 철원 댁 치마 자락 12폭, 들국화 3송이" 하고 누군가가 성시백에게 불러주면 성시백은 지도를 펴놓고 개성 동남방 12마일 하면 이것은 국군 1사단 12연대 주둔이라는 뜻이고, 까마귀는 1개 연대 병력을 의미한 것입니다. 이렇게 해서 38선 병력배치를 성시백이 직접 그린 것이지요.」

「그러면 성시백의 군사 책은 누구지?」

「그것도 모르고 계십니까? 제가 알기로는 김형육입니다.」

「아니, 뭐라고? 특별수사본부 특수경사인 김형육이란 말이야? 그 사람은 김삼룡의 제2비서였다가 전향하였는데!」 깜짝 놀란 오 검사가 자기도 모르게 의자에서 일어서며 소리를 질렀다.

「그렇습니다. 그런데 그것을 여태까지 모르고 간첩을 잡는다고 하였습니까? 이해가 가지 않습니다. 검사님은 천재적인 머리를 갖고 계신다고 소문이 났는데 말입니다. 수사본부의 비밀활동 진행과정을 김형육을 통해서 성시백은 자기 손금을 보듯이 알고 있었는데 그런 것을 모르셨다니요? 곽 반장이 박 마담을 꼬이려고 탕수육을 사다주면 즉시 보고되어 거기에 대해 대책을 세울 정도였지요.」

이 말에 오 검사는 할 말을 잃고 신음하였다.

「검사님이나 여기 수사요원들이 다치지 않은 것만도 천만다행으로 알아야 합니다. 성시백은 검사님 호주머니에 돈이 얼마나 들어 있는 것까지 알고 있었습니다.」

「그것을 어떻게……」

「사모님이 검사님에게 용돈 주시는 것을 검사님 집에서 일하는 가정부가 매일 성시백에게 보고하기 때문입니다. 검사님을 살해하는 것은 식은 죽 먹기였습니다.」

이 말에 오 검사의 얼굴이 창백해졌다. 오 검사는 혹시나 해서 가정부의 신원을 철저히 조사해서 채용하였는데 그런 사람이 성시백의 프락치란 말에 한숨이 절로 나왔다. 이승만 대통령이나 채병덕 참모총장 안방에만 간첩이 있는 것이 아니라 오제도 검사 안방에도 빨갱이가 있었다니……

「세상에 이럴 수가, 기절할 일이구만.」

오 검사는 넋이 나간 사람처럼 중얼거렸다.

이후 김명용은 전향하였다. 그는 가끔 「인민군 정치보위부에서 왜 우리들을 죽이려 하였는지 알 수 없다.」고 중얼거렸다.

성시백은 김일성을 통하여 50년 6월 25일 인민군이 공격해 올 것을 알고 있었는데 그 내용을 수사과정에서도 알게 되어 오제도 검사는 상부에 보고하였으나 「그럴 리 없다.」고 묵살하였고, 채병덕 육군참모총장을 체포하여 조사를 해야 하는데 신성모와 이승만 대통령의 반대로 끝내 조사하지 못하여 6.25를 사전에 막지 못하였다.

「김일성이 곧 내려올 것 같습니다.」라고 높은 분에게 보고하면 「유언비어를 날조하여 사회를 혼란시킬 것인가?」하며 오히려 호통을 치고 오히려 나쁜 사람 취급을 하였다. 도둑을 맞으려면 개도 짖지 않는다고 한다.

성시백의 큰아들은 북한 제련소에서 일하다가 전쟁 때 폭격으로 죽고, 둘째는 인민군으로 낙동강 전선에서 전사하였다. 성시백 사건에 연류 된 북로당원 112명을 체포하였으나 이것은 5%도 안 되는 숫자였다.

박헌영과 이승엽은 남조선에서 남로당 간부 김삼룡, 이주하, 김수임, 도상익, 정태식, 채항식 등 많은 간부가 체포되었다는 보고를 받고 탄식하였다.

박헌영은 이승엽에게 「월북한 당원들을 훈련시켜 남파하여 인민군이 38선을 넘어 남조선을 해방시킬 때 후방에서 무장봉기 하게 하시오.」하고 지시하였다.

「예, 알았습니다.」

이승엽은 박헌영의 지시로 월북한 당원들을 남파시켰다.

50년 6월 초 이중업 안영달 조용복 백형복을 서울에 침투시켜 서울시 당을 재건하게 하였다.

전남도당위원장 김백동에게 조형표 이강진 이담래 김상하 송금애 등 16명을 데리고 영광 법성포를 통해 상륙하여 광주에 침투, 전남도당을 재건하게 하였다.

전북도당위원장 박승원을 전주에 잠입시켜 전북도당을 재건하게 하였다.

충남도당위원장 여운철에게 이주상 곽해봉 등과 같이 대전에 잠입시켜 충남도당을 재건하게 하여 인민군이 서울을 점령하면 전국에서 동시에 봉기하게 하였다.

정부에서는 이때 남로당 자수자와 체포하여 전향한 사람들을 보도 연맹에 가입시켰는데 이 보도연맹 가입자는 무려 33만 명 이상이 되어 이들이 오히려 남로당원 잡는데 앞장을 섰다. 이미 남로당은 지도부가 완전히 붕괴되었고, 연락망이 끊겨 대구 폭동이나 제주도 4.3폭동이나 14연대 반란 같은 대규모 무장폭동은 꿈도 꿀 수 없을 정도로 변하였다. 남로당은 6.25를 맞아 인민군이 38선을 넘을 때 민중봉기를 선동하려 하였으나 결정적인 시기에 전혀 도움을 주지 못하였고, 인민군 남침 시 후방교란도 일으키지 못하였다.

박헌영이 「인민군이 서울만 점령하면 남로당원 20만이 봉기하여 남조선을 해방하겠다.」고 김일성과 모택동과 스탈린을 선동하여 전쟁을 충동질하여 막상 인민군이 서울을 점령하였으나 남로당은 20만 당원을 움직일 수 있는 지도부가 붕괴되고 연락망이 끊어짐으로 하부조직을 선동할 수 없어 박헌영은 뜻을 이루지 못했을 뿐만 아니라 김일성이로 하여금 대노하게 하여 56년 4월 죽음을 재촉하였으며, 남로당이 북에서 숙청을 당하는 원인이 되었다.(창원사 오재호 저 특별수사본부 참고. 홍민표와 오제도 검사의 증언)

제 2 장
적화통일과 북진통일

2장 적화통일과 북진통일

1. 적화통일 배경

48년 9월 10일 북한 조선민주주의 인민공화국 내각수상이 된 김일성은 조선민주주의 인민공화국 정부의 8개 강령 즉 지도노선을 발표하였다.

「첫째, 분단은 남조선 민족반역자들 때문이며, 남조선 정부는 미 제국주의의 괴뢰정부다. 북조선은 북남 전 인민의 총의로 수립된 중앙정부로써 통일에 전력을 다할 것이다. 통일 방법은 남조선이 북조선의 체제를 이식하여 국토안정과 조국통일의 가장 절박한 조건이다.

우리는 남조선에 대해 참을 수 없는 적개심, 통일에 대한 열망, 그리고 남한 인민의 지지에 대한 확신을 얻었다. 남조선은 정부가 아니다. 북조선의 일부인 남반부이다. 그러므로 남반부는 북조선에 편입되어야 할 대상이다.

평화적 수단이 통일의 방법에서 배제되고 오직 군사적 수단에 의해서만 조국통일은 가능하다. 우리의 수도는 서울이다.」

김일성은 남한 정부를 인정하지 않고 남한을 북한의 한 지역으로 주장하였고, 서울을 북한의 서울이라고 하였으며, 남한을 무력으로라도 통일시켜야 한다고 하는 것이 그의 지도노선이었다. 이 노선은 현재까지 변함이 없다.

48년 10월 20일 이승엽은 급히 박헌영의 사무실을 찾았다.

「부수상동지, 여수에 있는 14연대가 혁명에 성공했다고 합니다. 우리 지창수 동무가 혁명을 일으켜 14연대를 완전히 장악하고 여수를 점령하였다고 합니다. 곧 순천도 점령하고 벌교 광양으로 진격하고 구례를 거쳐 남원까지 진격할 것이라고 합니다. 혁명군이 가는 곳마다 우리 당원들이 열렬히 환영해주고 있고, 출동한 4연대 일부와 15연대장이 혁명에 가담하여 국방 반동분자들을 참패시키려 하고 있다고 합니다.」

박헌영은 흥분하여 보고하는 이승엽의 말을 밝은 얼굴로 듣고 있었다.

「그래요? 그러면 나와 같이 김일성 수상에게 보고하러 갑시다.」

둘은 남한의 중앙방송 뉴스 등을 종합하여 김일성에게 보고하러 갔다.

「수상동지, 여수에 있는 14연대 2,500여명의 국방군이 혁명전사가 되어 지창수 상사 김지회 중위를 중심으로 혁명을 일으켜 연대를 완전히 장악하고 여수를 점령하고 현재 순천을 점령, 구례를 향해 서울로 진격중이라고 합니다. 여기에 광주의 4연대 일부와 마산 15연대 일부가 가담하여 국방군을 참패시키고 있다고 합니다. 군내의 전사들을 동원 여기에 협조하게 하여 혁명을 완수시키려 합니다.」

박헌영이 흥분하여 일사천리로 보고하였다. 김일성은 남한의 중앙방송을 통해 14연대 반란사건을 알고 있었으나 박헌영의 세밀한 보고를 받으니 실감이 났다.

「박 동지, 혁명과업을 위해 수고가 많습니다. 인민과 전사들이 목숨을 걸고 인민해방을 위해 투쟁하고 있는데 우리가 여기에서 가만히 있으면 되겠습니까? 우리도 적극 지원을 해야지요. 수고하셨습니다.」

「격려해 주시니 감사합니다. 그리고 해주에 있는 우리 전사 동무들이 남반부 해방을 위해 남조선으로 가겠다고 하여 곧 출발하려고 합니다. 그리고 수상동지, 남반부 인민들만 가지고는 인민해방을 시킬 수 없으니 조선민주주의 인민공화국 인민군이 해방을 시키기 위해 내려가야 합니다.」

「그래야지요. 남조선 해방이 무르익었습니다. 그러나 우리의 무력 가지고는 남반부를 해방시키기는 어렵습니다. 그러므로 소련과 중공의 지원을 받아야 하고 내부를 더욱더 결속해야 합니다. 이 일을 위해서 부수상 동지의 협력이 절대 필요합니다.」

「수상 동지가 그렇게 생각해 주시니 감사합니다. 배급제도와 토지개혁 문제로 남조선 인민이 미군에 의해 고통 받고 국방군과 경찰에 탄압 받는 인민을 생각하면 한시가 바쁘게 남조선을 해방시켜야 하는데 수상동지께서도 그렇게 생각해 주시니 감사합니다. 적극 협력해서 남반부를 속한 시일 내에 이승만 독재의 탄압에서 해방시켜야 하겠습니다.」

박헌영은 김일성과의 회담에 만족스러워하며 수상 관저를 나왔다.

김일성은 남한을 남반부공화국이라고 하면서 남한을 인정하지 않고 북한의 일부로 생각하였다. 즉 그는 언젠가는 남한이 북한에 흡수되어야 한다고 생각하였다. 그런데 이승만 정부도 북한을 인정하지 않고 언젠가는 북진통일을 해서 북한을 남한에 흡수해야 한다고 서로가 주장하고 있었다.

김일성이나 박헌영이나 이승만 대통령은 평화적인 통일은 생각조차 하지 않고 오직 무력통일만 주장하였다. 그것은 평화통일은 불가능하다는 것을 대구 폭동, 제주도 4.3폭동, 여수 14연대와 대구 6연대 반란을 보고 양측은 너무 잘 알고 있었기 때문이었다.

김일성과 박헌영과 스탈린은 14연대 반란사건을 매일 보고 받았고, 소련 신문과 북한의 노동신문도 매일 기사를 실어 관심을 나타냈다.

김일성은 제주도폭동과 14연대 반란을 보고 인민군이 내려가면 승산이 있다는 확신을 갖게 되었다. 그리고 하루속히 남조선을 해방시켜야겠다고 결심하고 그는 전쟁준비를 서두르고 있었다.

박헌영은 14연대 반란군이 여수 순천을 끝까지 장악하지 못하고 백운산을 거쳐 지리산으로 들어갔다는 이승엽의 보고를 받고 아쉬워하였다. 14연대 반란군이 구례에서 12연대를 대파하고 연대장이 자살했다는 보고를 받을 때는 금방이라도 남조선이 해방되는 것 같았으나 증강된 국군에 의해 견디지 못하고 지리산으로 들어갔다는 보고를 받고는 또 한 번 아쉬워하였다.

그는 또 제주도에서는 48년 6월에는 박진경 연대장을 암살하고, 11월에는 국군 중대장 이하 21명을 사살하였다는 보고를 받을 때는 금방이라도 대한민국이 무너지는 것 같았으나, 11월 17일 들어 계엄령이 선포되어 9연대 송요찬 연대장의 진압작전으로 많은 사람들이 죽어가고 있다는 보고를 받고는 매일 밤잠을 이루지 못하고 있었다. 이러한 내용들은 이승엽이 즉시즉시 박헌영에게 보고하였고, 서울중앙방송을 듣고 남한의 신문을 통해 세밀히 알고 있었다.

2. 북한에 유리한 정세

49년 1월 15일 중공군 제4야전군과 양득지와 양성무가 지휘하는 병단은 합동으로 국부군 52만 명을 섬멸하고 북경과 천진을 평정하고 1월31일 중공군은 총 한 방 쏘지 않고 북경에 무혈입성 하였다.

49년 4월 21일 중공군 100만 명은 양자강을 도강하여 2일만에 남경까지 점령하여 중국 전역을 장악하고 장개석 국부군을 대만으로 몰아내고 천하통일을 하였다.

49년 10월 1일 천하를 통일한 중국공산당은 중국 인민공화국으로 정식 정부가 출범하였다. 이에 김일성과 박헌영 북한 수뇌들과 전사들까지 「다음 차례는 남조선이다.」하고 흥분하였다. 그들은 남조선에서 미군도 철수하고 중국의 천하통일도 하여 때는 왔다고 외쳤다.

49년 8월 6일부터 8일 진해에서 장개석 총통과 이승만 대통령이 회담을 하였다. 여기에서 이승만 대통령은 외국에 대해 특히 미국에 대해 북진통일을 외쳐 공산주의자와 끝까지 싸우겠다는 투쟁의지를 보여주었다.

3. 북진 통일

49년 9월 30일 이승만 대통령은 외신기자회견에서 「우리는 북한의 실지를 회복할 수 있으며, 북한의 우리 동포들은 우리들이 소탕하는 것을 희망하고 있다.」라고 하였다.

49년 10월 7일 이승만 대통령은 UP통신사 부사장과의 인터뷰에서 「우리는 3일 이내에 평양을 점령할 수 있다. 나는 확신한다.」라고 하였다.

49년 10월 21일 이승만 대통령은 기자회견에서 「피를 흘리지 않고는 통일은 있을 수 없으며, 오래 유지한다는 것도 불가능하다.」라고 하였다.

49년 10월 31일 이승만 대통령은 외신기자와 인터뷰에서 「우리가 전쟁으로서 이 사태를 해결할 때는 필요한 모든 전투는 우리가 행할 것이다.」라고 하였다.

이승만 대통령이 기자들과의 인터뷰에서 계속 북진한다는 신문기사와 방송이 나가자 소련과 중공, 북한은 긴장하였고, 국군 장교들은 불안하여 투덜거렸다.

「아니, 이승만 대통령이 조금 이상한 것 아니요? 그렇지 않아도 김일성이 남조선을 해방한다고 떠드는데 저렇게 북진한다고 김일성을 자극하면 김일성이 만일 진짜 내려오면 어떻게 하려고 저러지? 북진통일은 소련이나 중공에 지원 요청하는데 명분을 주지 않겠어요? 인민군이 남침한다면 우리는 실탄이 6일분밖에 없는데 이거 난리 아니요? 이제 북침한다는 소리는 그만 했으면 싶소. 아주 불안해서 못살겠구먼!」

「옳은 말이요. 방구가 자주 나오면 무엇이 나온다는 속담이 있는데 이러다가 진짜 터지면 큰일이요.」

「정말 걱정됩니다!」

4. 인민군 남침 정보 묵살

49년 12월 17일 육군본부 정보국에서는 연말 종합보고서를 제출하였다.

〔1950년 봄을 계기로 하여 적정의 급진적 변화가 예상된다. 적이 후방을 교란한 것은 전면남침을 위한 것이며, 전 기능을 동원하여 전쟁준비를 갖추고 나면 전면공격을 할 것으로 본다.〕

이와 같은 보고서는 신태영 참모총장에게 보고되었다.

1950년 1월 5일 육군본부 정보국에서는 「북한의 병력 이동사항으로 보아 북한은 남침의 시기를 3월~4월로 정한 듯 판단된다. 북한 3사단은 원산에서 철원방면으로, 북한 2사단은 함흥에서 순천방면으로 이동하였으며, 38경비대가 강화되었다.」라는 내용을 긴급 보고하였다.

5. 미국의 한국에 대한 입장

50년 1월 12일 미 국무장관 에치슨은 내셔널 프레스클럽에서 「알류샨열도, 일본열도, 오끼나와, 필리핀 등을 미국의 극동방위선으로 한다.」라고 성명을 발표하였다. 이 성명에는 한국과 대만이 빠졌다.

50년 2월 미 상원 외교위원장 톰 코널리 의원은 미 국회 연설에서 「소련은 원한다면 미국의 저항을 받지 않고 한국을 점령할 수 있을 것이다. 그 이유는 미국이 한국을 전략적으로 중요하다고 보지 않기 때문이다.」라고 하였다.

코넬리 의원의 연설을 청취한 김일성과 북한 수뇌들은 용기백배하여 「미군은 인민군이 전면 대남 공격을 해도 개입하지 않는다.」라고 하면서 전쟁을 하면 승리한다는 확신을 가져 전쟁준비에 더욱 박차를 가하였다.

1949년 미국의 회계연도의 한국 원조자금인 1억 4천 4백만 달러를 49년 7월 1일 미군이 한국에 주둔할 때까지만 사용할 수 있고 7월 1일 이후 미군이 철수한 후에는 새로운 한국 원조자금을 할당받아야 했다.

49년 트루먼 대통령은 6월 7일 미 국회에 한국 경제원조안을 상정하였으나 미 국회는 6개월을 질질 끌다가 50년 1월 19일 표결 결과 192대 191로 부결되었다. 이로 인해 49년 7월1일부터 49년 12월까지 미국은 한국에 대해 전혀 원조를 할 수 없었다. 그 후 변칙과 절충으로 50년도에는 9천만 달러를 지원 받을 수 있었는데 6.25 전까지 4천 5백만 달러만 지원하였다. 이러한 내용을 김일성과 북한 수뇌부는 입수하여 확실하게 미국이 한국을 돕지 않고 있다는 것을 알게 되었다.

미국의 한국에 대한 정책은 국무부 국방부 안에 있는 공산주의자들에 의해 좌우되었다. 특히 알저 히스라에 의해 외교정책이 수립되었다. 루즈벨트 대통령 때도 이 사람에 의해 얄타회담 내용이 거의 결정되었고, 해방 후 미군정 때 좌우합작이나 남북협상이나 사상은 자유다해서 경비대 내 공산분자들이 파고들어 간 것도 모두 알저 히스라의 외교정책에 의해서였다. 알저 히스라는 간첩죄로 감옥에 가게 되었으나 한국은 이 자에 의해서 친일 반역 세력이 살아났고, 이 친일 반역세력을 규탄하다 남한이 혼란의 도가니에 들어가게 되었다.

이승만 대통령은 이러한 미군에게 군원을 조금이라도 더 받으려고 외친 것이 북진통일이었고, 이 북진통일이 모택동과 스탈린을 자극하여 김일성이 지원을 받는데 도움이 되었다.

6. 김일성의 적화통일 선언

1950년 김일성은 신년사에서 「이승만 도당의 반대 때문에 49년에는 우리의 사명인 조국통일을 달성할 수 없었다. 우리는 언제든지 적을 섬멸할 각오와 준비를 하고 있지 않으면 안 된다. 공화국 남반부의 인민들은 조국 통일을 위한 투쟁을 확대하지 않으면 안 된다. 1950년은 조국 통일의 해이고, 승리를 위해 전진하는 전 조선인민의 해가 되기를 바란다.」고 하였다.

인민군은 1950년 1월이 되면서부터 사단 급 전투훈련을 실전같이 하였고, 보병, 포병, 기갑의 합동훈련을 밤낮없이 하였다. 인민군은 전시체제로 바꾸었다.

50년 1월 17일 박헌영의 관저에서 주중 북한대사 이주연의 환송연이 베풀어졌다. 김일성은 이 자리에서 「중국 해방이 이루어진 현재 이제는 남조선 해방의 차례가 왔다. 남조선 인민의 열망을 저버리지 않아야 된다. 통일이 늦어지면 남조선 인민은 이에 대해 대단히 실망할 것이다.」라고 소련 이그나체프와 펠류엔코 참사관에게 호소하였다. 박헌영과 김일성은 「남조선을 해방하지 않으면 남조선 해방을 위해 수많은 피를 흘리고 감옥에서 투쟁하는 동지들에게 배신자가 된다.」라고 하면서 무력 남침을 설득하였다.

7. 스탈린의 동의

김일성은 스탈린과의 회담을 신청하였다.

50년 1월 19일 슈티코프는 스탈린에게 김일성의 요청을 보고하였다.

50년 1월 30일 스탈린은 「김일성의 불만은 이해가 가나 북조선의 지도자는 남조선에 대해 하려고 하는 대사에 대해 치밀한 준비를 하여야 하며 이를 실현하기 위해 지나친 모험을 해서는 안 된다.」라고 가능성을 보였다. 김일성은 이 회담에 만족하였다.

50년 2월 4일 김일성은 슈티코프를 만나「10개 사단의 증강을 위해 3개 보병사단을 추가로 창설하려고 합니다. 이를 위해 51년도로 예정된 원조를 50년도에 소급해 주었으면 합니다. 이것을 스탈린 동지에게 요청해 주시요.」하고 부탁하였다.

스티코프가 즉시 스탈린에게 요청하자 50년 2월 9일 스탈린은 이에 동의하였다.

50년 3월 9일 김일성은 스티코프에게「1억 3천만 루불 상당의 무기 구입을 원한다.」라고 요청하자 스탈린은 3월 17일 이에 동의하였다.

50년 4월부터 엄청난 양의 군사장비가 육로와 해상을 통해 북한에 반입되었다. 북한에서는 보위성 부참모총장 최인을 단장으로 무기 접수단이 구성되고 나남의 15사단이 하역을 맡았다.

군사물자는 청진, 나진, 원산 등에서 소련에서 오는 군수물자를 하역하여 열차로 38선 근방으로 운반하였다. 최신형 122밀리 곡사포 등 각종 포와 T-34전차, 트럭 등 각종 군수물자를 밤낮 쉬지 않고 실어 날랐다. 화천에 태산같이 쌓여 있는 군수물자를 본 사람들은 누구든지「곧 전쟁이 나겠구나.」하고 직감할 정도였다. 전쟁이 날 것을 북한 사람들은「삼척동자도 알 수 있었다.」라고 하였다.

1950년 3월 20일 김일성은 스티코프를 만나 스탈린과 4월 회담을 요청하였다. 회담은 비밀로 하고 의제는 통일방안이었다.

50년 3월 23일 스탈린이 동의하여 김일성은 3월 30일 모스크바에 도착하겠다고 전달하였다.

김일성과 박헌영은 50년 3월 24일 문일을 데리고 극비에 평양을 떠나 예정대로 3월 30일 모스크바에 도착하였다. 김일성과 박헌영 문일은 스탈린을 만나「인민군이 38선만 넘으면 남조선 인민은 폭발적으로 일어나고, 서울만 점령하면 인민의 힘으로 남조선은 해방된다. 그러므로 남조선 해방전쟁을 승인해 주시요.」라고 요청하였다. 이때 스탈린이 「시기상조다.」라고는 했으나 김일성과 박헌영의 전의를 반대할 수는 없었다. 그것은 남조선 인민이 남조선을 해방시킨다는데 누가 막을 수 있겠는가? 그래서 스탈린은 「나 혼자 독자적인 결정은 곤란하니 정치위원회에 회부하겠다.」하며 확답을 미루었다.

김일성은 3일째 되는 날 스탈린 별장에서 스탈린을 만나 「인민군이 남조선을 해방하기 위해 38선만 넘으면 빨치산들이 같이 공격하고 인민봉기가 일어나 이승만 괴뢰정부는 전복됩니다.」하고 설득하였고, 스탈린도 제주도 폭동과 14연대 반란 소식과 표무원 강태무의 2개 대대가 월북한 것을 보고 받아 김일성의 말에 동감하였다.

「남조선에는 20만에 달하는 남조선 저항세력이 있는데 북조선으로부터 38선만 넘으면 항쟁을 일으킬 준비가 되어 있고, 또한 남조선 인민들은 북조선에서 실시한 토지개혁과 민주적 변화를 소망하고 있습니다. 이승만의 독재 탄압에서 인민을 해방시켜야 합니다.」라고 박헌영이 강력하게 설득하자 스탈린은 정치위원회에서 결정된 사항 - 인민군이 38선을 넘는 것을 동의 한다 - 을 동의해 주었다. 결국 김일성은 3차 회담 후에야 스탈린의 동의를 얻어냈다. 스탈린이 동의한 까닭은 미군 철수와 중공이 해방되어 협력할 수 있기 때문이었다. 스탈린은 김일성에게 「미군이 개입한다면 어떻게 할 것인가?」하고 질문하였다.
「미군은 개입하지 않습니다. 만일 개입한다면 미군이 개입하기 전에 남조선을 해방시킬 것입니다. 모택동 동지도 우리의 해방전쟁을 지지했습니다. 그러나 우리의 해방은 우리 힘으로 이루겠습니다.」라고 강조하였다.
스탈린은 김일성에게 「소련이 직접 개입하는 것에는 기대하지 마시오. 소련은 외교 정치 경제만 지원하겠소.」라고 못을 박았다. 그러면서

스탈린은 공격 방법은

   1단계 : 38선으로 병력 집결

   2단계 : 평화통일 제안

   3단계 : 평화통일이 거부되면 즉시 명분을 내세워 공격개시 하라고 하였다. 그는

「전쟁은 기습적이고 신속해야 하며 남조선과 미국이 정신을 차릴 틈을 주어서는 안 된다.」고 김일성에게 조언하였다.

「예. 알았습니다. 전쟁은 3일 안에 끝낼 것입니다. 그리고 남조선 내 빨치산이 증강되어 대규모 항쟁을 일으킬 것이며, 미국이 개입하기 전 전쟁을 끝낼 것입니다.」라고 강조하였다.

「북조선 인민군은 동원태세를 갖추고 인민군 참모부가 소련 고문단의 지원을 받아 구체적인 공격 계획을 수립하시오.」

「예. 그렇게 하겠습니다.」

스탈린의 주문에 김일성은 경쾌하게 대답하였다.

50년 4월 25일 김일성은 스탈린의 대남 공격의 동의를 얻어 만족한 마음으로 극비에 평양에 도착하였다.

8. 적화통일 계획서

스탈린의 대남 공격 승인으로 소련 고문단과 인민군 지휘부가 작전 계획을 세웠다.

참모총장 강건, 포병사령관 김봉률, 포병참모장 전학준, 해군사령관 한일무, 해군 참모장 김원무, 작전국장 유성철, 작전국 부국장 윤상열, 공병국장 박길남, 통신국장 이용일 병기국장 서용선, 후방국장 정복, 정찰국장 최원 등 거의 소련계 출신이 선서를 한 후 한 달 동안에 걸쳐 작전계획을 세웠다.

소련 고문관들이 작전계획을 세우면 최종적으로 바실리에프 중장과 뽀스트니꼬프 소장이 수정하여 김일성과 박헌영에게 보고하여 결재를 받았다.

작전의 핵심은 서울을 인민군이 점령하면 남한의 남로당이 총궐기하여 전쟁을 끝내고 남반부를 해방시킨다. 서울 점령을 중점으로 세웠다. 서울 점령 후 패잔병은 인민군과 남로당 유격대가 합세하여 괴멸시켜 미군 개입 틈을 주지 않고 해방시킨다.

인민군은 전차 258대, 중포와 박격포 1,600문, 군용기 172대, 병력 18만으로 한국군과의 전력 차이는 병력 1.4배, 화기 1.5배, 전차는 국군에 전혀 없음, 항공기 4배의 차이로서 승리를 장담하였다.

대남 작전계획 시 전투경험이 많은 연안계 출신이 한 명도 없는 것이 잘못이었고, 미군이 만일 참전한다면 어떻게 할 것이며, 남한에서 남로당이 봉기하지 않을 경우도 대비하여 작전을 세웠어야 하는데 만일에 대해서는 작전을 전혀 세우지 않았다.

작전계획

1) 전투명령서 - 3일 안에 서울점령
2) 육 해 공군과 각 부대 이동 - 대이동의 통신은 암호문이 아닌 평문으로 유선 하달하여 국방군이 의심하지 않게 한다. 훈련 평가서도 유선으로 보고한다.
3) 6사단, 1사단, 4사단, 3사단으로 하여금 서울을 문산과 의정부에서 공격하고, 춘천의 2사단, 7사단이 조공한다.
4) 부대이동은 6월17일부터 군사훈련을 위장 이동한다
5) 병참 보급 계획 - 현재 30만 배럴 기름 저장. 이것은 부산 편도 사용량임.

9. 육군참모총장 채병덕의 정보보고 묵살

50년 3월 25일 육군본부 정보국에서는 「북한의 수 개 사단이 38선에서 39선 사이에 전진배치 되고 있으며, 인적자원의 보충을 위해 만주에서 입북한 전사들이 각 사단에 배속되어 그 수가 증가하고 있음. 강제 징집이 북한 전역에서 강행되고 있으며, 그 동원 수는 10만-15만 명으로 추산된다. 북한은 3월 중순경 38선 일대의 주민들에게 5킬로 북쪽으로 소개 령을 내렸다.」라고 참모총장에게 보고하였다.

1950년 인민군은 송악산에서 치열한 쟁탈전을 벌였고, 인민유격대를 보내 경북의 태백산백과 보현산을 그들의 아지트로 삼아 국군을 괴롭혀 왔는데 3월에 접어들면서부터는 이상하게 조용하였다. 채병덕 총장은 이러한 일과 정보를 미 고문단장 로버트에게 보고하였다. 그러나 미 고문단장 로버트 준장은 「인민군 남침은 있을 수 없다.」고 한 마디로 부인하였다. 그리고 「인민군은 절대 남침하지 못한다.」고 못을 박았다. 로버트는 한국에서 임무를 마치고 떠나는 길에 기자들에게 「한국은 미국 밖에 있는 군대 중에서 가장 훌륭한 군대다.」라고 허풍을 쳤다.

미군은 한국을 떠나면서 전차나 로켓포나 전차지뢰나 현대 무기는 일절 제공하지 않고 M1소총, M3형 105밀리 곡사포 등 미국에서 이미 폐물이 된 무기를 제공하였으나, 소련은 북한을 떠나면서 전차와 122밀리 신형 곡사포를 제공하였고, 신형 전차 T34를 지원해 주었다. 로버트가 한국군을 가장 훌륭한 군대라고 하면서도 미군은 고문단 487명만 남기고 한국을 떠나면서 고문단을 미 국무성 직할소속으로 해 놓았다.

미국이 한국에 대해 무기를 원조하지 않은 이유는 미 정부에서 무초 대사에게 「한국 정부에서 북한의 공산주의자들을 공격할 기회를 주어서는 안 된다.」라고 하였기 때문이었다. 이승만대통령은 시간만 있으면 기자들에게 북진한다고 선언을 하여 미국 정부에서는 골치 아픈 인물로 판단하였기 때문이다.

미국은 1948년 9월에 한국 정부와 군사협정을 맺어 38선으로부터 남쪽 5마일 이내의 전 지역을 위험지역으로 하고 미군에 넘겨주어 미군이 감시하게 하였다. 이것은「한국군이 이승만 대통령의 명령에 38선을 넘어 북진할지 모른다.」라는 미국의 염려 때문이었다.

50년 4월 15일 육군본부 정보국에서는 북한의 군사동정을 채병덕 참모총장에게 보고하였다.

「소개된 집에서는 유격대가 거주하고 있는데 그 목적은 전쟁준비를 비익하고 이쪽 정보활동을 방해하기 위한 데 있다.」

「3월 하순, 제10차 인민유격대 김상호 김무연 부대 700명이 한국군 10연대 경계망을 강행 돌파하여 태백산을 통과 남하하였습니다. 이 유격대가 한국군 8사단에 포착되어 그중 1개 중대 정도가 행방을 감추었습니다. 포로의 진술을 종합하면 7월20일까지 대구 등촌비행장을 폭파할 임무를 띠고 있었다고 하였습니다. 그들은 4월 초순에 82밀리 박격포 4문, 기관총 6정, 폭파자제 등을 가지고 제지 없이 남하하였습니다. 이 징조는 전면남침 전조가 됩니다.」

「4월 중순 대형화물선 7척이 청진을 비롯한 나진 동북부 여러 항구에 입항하였다. 하역은 나남의 인민군 15사단이 비밀리에 실시하여 철원 연천 복계 평양 숙천 회령 등 철도로 수송하고 있는데 철도는 무기 수송으로 초만원이었다. 소제 신품 122밀리 곡사포, 76밀리 자주포, 45밀리 대전차포, 기관총, 통신장비, 차량, 공병용 자제 등이었다. 전투기는 조종사가 직접 신포 미림 등의 기지로 공수하고 있습니다.」

위와 같이 장도영 정보국장의 보고를 받은 채병덕 참모총장은 이러한 보고를 받으면 신성모 국방부장관, 이승만 대통령에게 보고하여 준비를 해야 하는데 채병덕 총장은 큰 반응이 없었다. 참으로 이상하였다.

50년 4월 29일 북한 공군 중위 이건준이 YKA-9형 전투기를 몰고 월

남하였다. 그는 심문에서 「북한 인민군은 전쟁준비에 광분하고 있습니다. 그래서 이것을 알려주려고 저는 월남하였습니다. 긴급준비를 하는 것으로 보아서 몇 개월 사이 전쟁이 발생할 것입니다.」라고 진술하여 지금까지 육군본부 정보국 소속 정보원들이 북한에 가서 정보를 수집한 것이 거의 정확한 정보임을 뒷받침하였다. 이건준의 진술은 인민군 남침이 거의 확실하다는 중요한 증거였다.

50년 5월 10일 오후 3시 신성모는 기자회견에서

「북한 괴뢰집단은 군사력 강화에 힘쓰고 있다. 금년 정월 이후로 3만 명의 모병을 하였으며, 또한 비행기와 탱크도 상당수 증가하고 있다. 그들은 군사력 증강과 아울러 그 병력을 38선에 집중시키고 있는데 그 실지 예로 한만국경에 배치되었던 부대를 38선으로 이동 중에 있다. 그리고 38선상에는 강력한 유격대를 배치하여 남침을 기도하고 있다. 우리는 이러한 제반 사정을 잘 알고 있어 이에 대한 만반의 준비를 갖추고 있으니 국민 제위는 두려워 말고 정신적 무장을 공고히 하는 동시에 국군을 절대 신뢰하기 바라는 바이다. 현재 우리 해군은 유사시에 동서 이북에 대한 하고싶은 행동을 언제든지 할 수 있는 힘과 태세를 갖추고 있다.」라고 하였다.

같은 날 신성모는 AP외신기자와 회담에서

「정보에 의하면 북한 괴뢰군은 대거 38도선을 향하여 이동하고 있다. 북한 괴뢰군은 현재 총18만 3천 명의 병력을 가지고 있는데 이들은 비행기와 전차 173대, 군함 37척의 협조를 받고 있다. 이 외에 유격대 9천명과 보안대 청년단이 있다. 북한 인민군을 지원하기 위해 중공군에 가담하였던 약 2만5천명의 북한인이 북한으로 귀환한 바 있다.」라고 하였다.

국민들은 38선 분단을 선거 때나 정치적 위기가 있을 때마다 악용하여 「또 그 소리, 5.30 선거가 돌아오는구먼.」하고 귀담아 듣는 사람이 없었다. 인민군의 남침설에 대해서는 하도 많이 들어서 감정이 무디어졌고, 믿으려 하지도 않았다. 또 38분쟁도 많아서 어지간한 포성에는 놀라는 사람도 없었다. 그리고 인민군 남침 이야기를 하면 유언비어를 퍼트려 사회를 혼란시키는 빨갱이로 의심받기도 하였다. 그런데 5월 들어서부터 갑자기 인민군의 남침설이 본격화되었고, 위기설마저 돌고 있어 국민들을 불안하게 하였다.

　50년 5월 13일 육군참모총장 채병덕 소장은 기자회견에서 「북괴군은 38선에 집결하고 있으며, 정보에 의하면 5월 30일 2대 민의원 선거일을 기해 대규모 공격에 나설 것으로 예상된다.」라고 경고하였으나 국민들은 「선거가 돌아오니 또 그 소리야?」하고 귀담아 듣는 사람이 없었다.

　50년 5월 11일 이승만 대통령은 외신기자 회담에서

「북한 괴뢰집단의 침범 위협은 우리의 신경을 날카롭게 하고 있다. 여러분은 우리의 우려를 이해할 것이다. 우리의 생명은 위협을 받고 있고, 우리의 백성은 위험에 빠져 있다. 미국의 모든 원조는 북한을 침범하기 위한 것이 아니고 다만 방어를 위해서만 사용될 것이다. 나는 5월과 6월이 위기의 달이며 무엇이 일어날 지도 모른다고 생각하고 있다.」하고 처음으로 허풍만 치던 이승만 대통령이 국군이 약함을 고백하였다.

10. 박헌영의 낙심

「부수상동지, 김삼룡 이주하 김수임 도상익 채항석 정태식 등 남로당 간부들이 체포되었다는 보고입니다.」
　이승엽은 박헌영이 소련에서 도착하자마자 박헌영에게 보고하였다.
「뭐라고? 김삼룡 이주하가? 이런……」
　박헌영은 이승엽의 보고를 듣자마자 벌떡 일어섰다가 맥없이 풀썩 주저앉았다. 박헌영이 할 말을 잃고 넋이 나간 듯 있을 때 이승엽의 목소리가 다시 박헌영의 귀를 울렸다.

「이호제도 사살되었다고 합니다.」

박헌영은 소련에서 스탈린의 남침 동의를 어렵게 얻고 이제 남한으로 쳐 내려가기만 하면 되었다고 들뜬 마음으로 돌아오니 호사다마라고 청천벽력 같은 일이 기다리고 있었던 것이다.

'김삼룡 이주하 그 사람들이 어떤 사람들인가? 내 손과 발이 아닌가! 이제 다 되어 가는데 하늘도 무심하다!

박헌영은 한숨을 쉬고 탄식하였다. 그는 더 이상 보고를 듣고 싶지 않았다.

「아니, 어찌하다 김삼룡 이주하 동지 둘 다 잡혔단 말이요? 김 동지는 며칠만 더 견디지 어찌 붙잡혔단 말이오? 아! 이 일을 어쩌면 좋단 말인가!」

박헌영은 충격이 컸는지 정신이 나간 사람처럼 소리를 지르다 혼잣말로 중얼거려 그를 지켜보는 사람들의 마음을 안타깝게 하였다.

김삼룡 이주하가 잡힘으로 사실상 남로당은 붕괴된 것이다. 남한에 남로당원이 20만 정도 있다고 할 수 있으나 조직을 움직이는 지도부와 연락망 조직이 없어져 버려 20만이 있다 해도 이들을 움직일 수 있는 구심점 역할을 할 사람이 없어 아무 일도 할 수 없었다. 그리고 하부조직인 33만 명이 자수하였다. 박헌영은 남한의 군대 안에 남로당원 5천 명이 숙청되고 5천명이 탈영하여 인민군이 남침해도 크게 협력할 수 없다는 것을 알고 김삼룡과 이주하에게 크게 기대하였는데 이제 둘이 다 잡혔다고 하니 박헌영은 크게 충격을 받고 고심하였다.

「어찌 결정적인 시기에 이런 일이 있을 수 있을까? 이 날을 내가 얼마나 기다렸고 준비를 하였는데 어찌하여 하늘은 나를 돕지 않은가!」

박헌영이 괴로워하고 있을 때 김일성에게도 청천벽력 같은 소식이 전해졌다.

「수상동지, 성시백 동지를 비롯하여 112명의 동무들이 모두 체포되었습니다.」

이 보고로 말미암아 김일성 역시 큰 충격을 받았고, 박헌영은 또 다른 고통을 당해야 하였다.

11. 모택동의 동의

50년 5월 13일 김일성은 박헌영과 같이 중공을 방문 북경에 도착하였다.

모택동은 김일성과의 회담에 앞서 4월 조선인 병사들을 귀국시키는 데 동의하여 북한은 김광협이 인수단장이 되어 50년 4월18일 중공군 139, 140, 141, 156사단에 속하여 장개석 군대와 전쟁을 치른 만주의 조선족 12,000명을 인수받아 원산에 도착하여 10사단 13사단 15사단의 예비사단을 편성 증강하였고, 곧이어 7사단을 편성 증강하였다. 그리고 내무성 소속 경비 3개 여단을 사단으로 승격 7, 8, 9사단을 증강시키고 있었다. 50년 4월 국군과 인민군의 군사력 격차는 인민군이 병력은 2배, 화력은 4배, 전차는 100% 우세하였다. 이러한 군사력의 격차는 균형이 깨지면서 곧 무력행사를 할 수 있게 하였다.

김일성은 13일 저녁 모택동을 만나 「무력으로 남조선을 해방시킬 것입니다.」하며 모택동을 설득하였다. 이에 모택동은 「남조선 통일은 무력에 의해서만 가능하며 미국이라는 대국이 남조선 같은 소국에 개입하여 3차 대전을 시작하겠는가? 미국은 중국과 같이 큰 나라도 적극적으로 개입하지 않고 도망쳐 버렸다. 그러므로 미국의 개입은 희박하다. 그러나 언제든지 만일에 대비하는 것이 좋다.」하는 조언을 해 주자 김일성은 참으로 감사하였다. 곧이어 모택동이 「스탈린은 어떻게 하기로 하였느냐?」하고 질문하자 김일성은 「전적으로 동의하였습니다.

대남 공격작전계획도 합의를 보았습니다.」고 하자 모택동은 「직접 확인하겠다.」하고 스탈린과 연락을 하여 확인한 다음 동의하였다.

49년 10월 1일 모택동은 예상을 뒤엎고 중국 천하를 통일하고 중국인민공화국을 세웠다. 스탈린은 모택동이 장개석을 몰아내고 천하통일을 하는 것을 원치 않았다. 그래서 크게 협조도 하지 않았고, 장개석 정부와 국교도 맺었는데 모택동이 통일하여 서먹서먹하였다.

모택동은 러시아와 국교를 맺기 위해 49년 12월 16일 모스크바에 도착하여 중·소 조약을 체결하려 하였으나 스탈린은 아무런 반응이 없었다. 모택동은 화가 나 귀국하고 싶었으나 각료들이 만류하여 소련에 계속 머물면서 끈질기게 요구하여 50년 2월 4일 비로소 스탈린이 중·소 조약에 서명하였다. 모택동은 중국을 떠난 2개월 28일 만인 3월 4일 북경에 도착하였다. 그는 대만으로 도망친 장개석 군대를 완전히 소탕해야 후환이 없을 것이라 판단하고 대만을 공격하려 하였으나 해군과 공군이 없어 공격을 못하고 초조해 하고 있었다. 그는 대만을 공격하기 위하여 스탈린에게 항공모함과 해군의 지원을 요청해도 스탈린은 중공이 점점 강해지자 국경분쟁이 있을 지도 모른다고 판단하고 들은 척도 하지 않고 있었다. 이런 때에 김일성과 박헌영이 모택동을 방문해 남조선 공격에 협조를 요청했던 것이다. 모택동은 대만 문제로 아무 정신이 없었으나 박헌영과 김일성의 간절한 요청이요, 「남조선 인민이 해방투쟁을 하고 있는데 북조선에서 협력을 해야지 어찌 보고만 있을 수 있느냐?」는 식으로 박헌영이 설득하자 모택동도 거절할 수 없었다. 그래서 이 문제를 스탈린과 의논하였을 때 스탈린이 모택동에게 협조를 부탁하여 모택동은 스탈린의 협조를 거절할 수 없어 김일성에게 협조하겠다고 동의한 것이고, 그 동안 김일성이 모택동을 도와 천하통일 하는데 협조를 해주어 「이제는 김일성에게 협조할 때가 왔다.」고 생각하였던 것이다.

인민군의 반 이상이 중공군에 편입하여 장개석 군대와 전투를 한 전사들이고, 장교들도 반 이상이었다. 그리고 최용건, 김책, 김일성, 박일우, 김일, 강건, 이상조, 안길 최현, 김무정 등 북한 인민군의 핵심은 만주 항일 빨치산과 조선의용군 출신들이었다. 남로당이나 국내파나 소련파는 거의 없고 빨치산파와 연안파가 인민군을 장악한 것이다.

모택동과 김일성은 그런 관계에서 모택동은 중국을 해방시킨 여세를 몰아 김일성을 도우려 하였다.

50년 5월16일 김일성과 박헌영은 회담에 만족하고 평양에 도착하였다.

스탈린과 모택동과 김일성과 박헌영이 남조선 무력통일에 완전 합의를 보았고, 이제는 날짜를 정하여 공격하는 일만 남았다.

제3장
인민군 남한 공격준비 완료

3장 인민군 남한 공격준비 완료

1. 모란봉 회의

　50년 5월 17일 오후 1시, 김일성은 모란봉극장에서 회의를 가졌다. 모란봉극장 주변에는 내무서원이 삼엄한 경계를 하고 있었다. 극장 앞에는 「조국의 평화적 통일달성을 위한 회의장」이라는 현수막을 걸어놓았다. 수상 김일성, 부수상 박헌영, 내무상 박일우, 국가계획위원장 정춘택, 상업상 장시우, 문화선전상 허정숙, 민족보위상 최용건, 부상 김일, 인민군 포병사령관 무정, 인민군 참모장 강건, 해군사령관 한일무, 공군사령관 김원무, 1사단장 최광, 2사단장 이청송, 3사단장 이영호, 4사단장 이권무, 5사단장 김창덕, 6사단장 방호산, 10사단장 이익성, 12사단장 최춘국, 105기갑여단장 유경수 등이 참석하였다.

　김일이 사회를 보았다.

　「오늘 모임은 김일성 수상동지의 긴급소집에 의한 것입니다. 우리는 남반부를 무력으로 통일할 수 있는 강력한 군사력을 갖는데 성공하였습니다. 이제는 남반부 해방에 대해 결론을 내릴 때가 온 것 같습니다. 여러분들의 기탄없는 의견을 말씀해 주십시오.」

　김일이 모인 취지를 설명하였다.

　「남반부에 주둔하고 있는 미군은 철수하였으며 남반부는 미국의 방위선에도 제외되어 미군이 돕지 않을 것입니다. 남반부의 군사력은 보병 8개 사단, 포병 5개 대대밖에 없습니다. 그리고 남반부에서는 우리가 그렇게 호소한 평화통일도 거절했습니다. 이제 우리는 남반부 인민을 위해 정의의 해방을 시켜야 한다는 결론에 도달하였습니다. 인민해방전쟁을 시작한다면 우리 내무서원만 가지고도 20일이면 부산까지 갈 수가 있습니다. 우리는 오늘 결정을 내려야 할 것입니다.」

내무상 박일우의 말에 박수소리가 극장을 진동시켰다. 이어 김무정이 일어났다.

「현재 인민군은 20만이며 국방군이 갖고 있지 않는 전차도 우리는 갖고 있습니다. 그리고 소련과 중공이 지원하고 있습니다. 이제 우리는 결정의 시기만 남아 있습니다.」

박수가 또 터져 나왔다. 박헌영이 일어났다.

「남조선에 있는 남로당 20만 당원이 탄압을 무릅쓰고 지하에서 투쟁하고 있습니다. 인민군이 38선만 남하하면 이 20만 당원이 총궐기하여 인민군을 환영하고 남조선을 해방시킬 것입니다.」

박헌영의 말에 우렁찬 박수소리가 극장 안을 진동시켰다. 방호산, 최광 이영호, 유경수, 허정숙 등 한 사람씩 모두 나와 「무력통일만이 유일한 통일방안입니다. 오늘 결정해야 합니다.」하는 내용으로 한 마디씩 하였다. 그러나 최용건은 「미군의 개입이 우려된다.」하면서 전면전을 반대하였다. 그러자 김일성이 최용건의 말에 대노하여 벌떡 일어나 최용건을 향해 손가락질하며 호통을 쳤다.

「패배주의자! 이런 패배주의자 하고는 아무 일도 못한다. 최용건을 일체의 직무에서 정권처분 한다.」

이후 최용건은 조선인민군 총사령관이자 민족보위상에서 해임되고 부상인 김무정이 대리근무를 하였다. 그는 대남 공격 시 아무 일도 하지 못하고 평양에 있다가 미군이 인천 상륙작전을 하자 이때 김일성은 최용건을 방어총사령관에 임명하여 서울로 내려 보냈다.

2. 주전파와 소극파

남침을 반대하는 사람은 최용건, 김두봉, 홍명희, 장시우 등이었다. 그들은 「미군이 가만히 있겠는가? 미군과 싸워 승산이 있겠는가? 승산이 없는 전쟁은 아예 시작하지 않는 게 좋다.」하면서 전쟁을 반대하였다.

김일성과 박헌영, 남침 찬성자들은 「미국 에치슨 국무장관의 성명에도 나타났듯이 미국은 남반부 이승만 정권을 절대 돕지 않는다. 만일 미국이 개입한다고 해도 미군이 본토에서 부산까지 오는 데는 빨리 와도 한 달은 걸린다. 그래서 우리는 27일 만에 남조선을 해방시킨다. 미군이 개입하기 전에 남조선 인민과 함께 봉기하여 남조선을 해방시킨다.」고 주장하였다.

그러나 전쟁 반대자들은 「남조선 군대가 아무리 썩었다 해도 한 달을 저지하지 못하겠는가? 그리고 남조선의 인민이 봉기한다는데 이미 14연대 혁명군과 제주도 항쟁도 진압되었고, 유격대 이호재 동무가 사살되고 유격대도 진압되었으며, 남조선에서 당원들을 움직이던 김삼룡 이주하 성시백 동지들이 체포되었는데 누가 어떻게 인민을 선동할 것입니까? 남조선 인민에 기대한다는 것은 무럽니다. 남조선의 남로당이 대구나 제주도에서 항쟁을 하지 않고 또 14연대가 혁명을 일으키지 않아서 남조선 군부 안의 남로당원 10,000명이 그대로 있고, 전국의 60만 남로당원과 중앙당 도당의 간부들이 그대로 있어 인민군의 대남 공격과 군부 안의 10,000명과 남로당원 60만이 동시에 일어난다면 아닌 게 아니라 열흘 안에 끝낼 수 있고 미군이 개입하기 전에 남조선을 해방시킬 수 있습니다. 그리고 전 세계에 "남조선 인민이 해방투쟁을 해서 북조선에서는 그들을 조금 도운 것뿐이다. 미군은 여기에 간섭하지 말라" 하면 명분도 있지 않은가? 그런데 남조선 인민은 가만히 있는데 북조선이 무력으로 38선을 넘으면 침략자로 몰려 전 세계의 비난을 면치 못할 것입니다.

대구나 제주도와 14연대에서 항쟁을 하여 수만 명이 죽었는데 얻은 것이 무엇입니까? 남로당이 뿌리까지 뽑힐 위기에 처하게 된 것뿐입니다. 그리고 일본에는 맥아더 사령부가 있습니다. 맥아더 사령부의 항공기와 함대는 즉시 출동이 가능합니다. 그리고 일본에 있는 미 육군도 즉시 부산항으로 출동하여 미 본토에서 미군이 올 때까지 충분히 저지할 수 있을 것입니다. 미군은 일본군과 독일군을 동시에 공격해서 패전시킨 군대입니다. 그래서 소련도 두려워하고 있습니다. 미 공군과 해군의 공격을 어떻게 방어할 것입니까? "미군이 참전하지 않을 것"이라는 주장은 우리들의 희망사항이지 미국은 그렇지 않을 것입니다. 미군은 천사가 아닙니다. 우리가 남반부 해방을 결행한다면 미군도 즉시 개입할 것입니다. 왜냐하면 세계적인 이목이 있는데 미군이 주둔하고 있는 나라에서 싸움이 나면 체면상으로라도 가만히 있겠습니까? 그렇게 되면 우리는 엄청난 희생을 각오해야 합니다. 그러므로 남조선을 해방시키려면 38선에서 대군을 가지고 일제히 공격하지 말고 송악산을 완전히 점령하고, 개성을 점령하고, 옹진반도를 점령하고 그리고 쉬었다가 주둔지 강릉을 점령한 후 여론을 잠재운 후 춘천을 점령하고 그리고 순식간에 서울을 점령하고 쉬었다가 여론이 잠잠하면 또 내려가고 하여 전쟁을 하는 것 같지 않게 유격전을 해서 내전인 것으로 위장하여 남조선을 해방시킬 때 미군도 개입할 명분이 없습니다. 아니면 대구, 제주도, 14연대 항쟁같이 남로당이 일어나 준다면 우리는 협조한다는 명분으로 내려가는 것은 가능합니다. 미군은 종전 후 6년밖에 되지 않아 인민들이 전쟁을 싫어하기 때문에 이를 이용해야 합니다. 시간이 걸리고 지루할 것 같지만 손실을 적게 보면서 오히려 시간을 단축해서 남조선을 해방시킬 수 있습니다.」하고 게릴라전을 하며 차츰 해방을 시키자고 하면서 전면전을 반대하였다.

최용건은 정치적으로 북한에서 가장 영향력을 가졌다. 그는 김일성을 지도자로 만드는데 결정적인 영향을 끼쳤고, 그의 판단은 정확하였으나 김일성은 최용건의 말보다 박헌영의 말을 더 믿었다.

주전파가 논리에 몰리자 박헌영이 설득에 나섰다.

「미군은 절대 개입하지 않습니다. 지금 남조선에 있던 많은 동지들이 체포되었지만 아직도 20만 남로당원들이 있고 이들은 인민군이 38선만 넘으면 총궐기합니다. 왜냐하면 그들이 인민군이 38선을 넘기를 학수고대하고 있기 때문입니다. 그리고 미군이 개입하더라도 전쟁은 미군이 개입하기 전 27일 안에 끝낼 것입니다.」

이와 같은 박헌영의 억지 장담에 전쟁 반대자들은 고개를 내저었다.

「저 박헌영이 문제야! 큰 일 났어!」

그들은 논리적으로 남조선 해방을 반대하였지만 전쟁을 막을 만한 힘이 없었다. 최용건은 김일성과 친한 사이어서 적극적으로 반대하지 못하였고, 임꺽정을 저술한 홍명희와 김두봉은 소극적인 사람이었으며, 장시우는 일개 상업상이다. 김일성에게 적극적으로 반대할 힘을 갖고 있지 못하여 결국 남침이 결정되고 말았다.

3. 정치학습

북한 인민군 정치위원회에서는 소좌 이상 군관들에게 특히 부대 지휘관들에게 본격적으로 정치학습을 시켰다. 정치학습에서는 남조선 국군에 대한 부대배치였다.

「38선 부근에 4개 사단, 후방에 3개 사단, 서울 수도사단 등 8개 사단이 있다. 지리산 덕유산 오대산은 인민유격대가 점령하고 있는 해방구이다. 그래서 대전의 2사단, 광주의 5사단, 대구의 3사단의 발을 묶어놓았다.」라고 설명하고 군 지휘관들의 성명, 출신지역, 성격 등을 설명해 주었다.

임진강, 소양강, 한강, 금강 등 강의 높이, 도섭지점, 도하 시 유의사항 등을 교육하였다. 국군의 장단점을 파악하고 공격 방법도 설명해 주었다. 이때 북으로 간 남로당 간부들이 빠지지 않고 전 부대에서 사상교육을 시켰다.

「군관동무들, 여러분도 말을 들어서 어느 정도 아실 줄 압니다. 14
연대 전사들이 혁명을 일으켰을 때 14연대 전사들은 무기를 들고 있으
니까 국방군 반동들이 죽이는 것은 그런 대로 이해가 가지만 제주도
항쟁은 많은 양민이 죽었습니다. 그들은 총도 없고 무기를 들지 않은
사람들까지 무참히 죽이고 마을 전체를 흔적도 없이 불을 질렀습니다.
조천면의 한 마을 사람들을 조천초등학교에 집합시킨 후 경찰과 국방
군 반동분자들이 포위를 한 후 무조건 총살해 죽였습니다. 여러분 이
게 사람들이 할 일입니까? 믿어지지 않은 현실입니다. 이렇게 이승만
독재정부에 시달리고 탄압받고 죽어가는 남조선 인민들을 해방시키
는 것이 우리의 의무요 사명입니다. 그들은 우리가 내려가 해방시켜
원수를 갚아주기를 학수고대하고 있습니다.」

남로당 간부들의 말을 들은 군관들은 자기도 모르게 두 주먹을 불끈
쥐며 적개심에 불타 「원수를 쳐부수러 가자!」하고 외쳤다. 여수 14연
대 반란과 제주도 4.3폭동은 그들에게 사상교육을 시키는데 둘도 없는
좋은 자료였다.

4. 위장 평화통일

김일성은 무력 대남 공격의 모든 준비를 끝내고 이것을 은폐하기 위
하여 조통위원장 김달현에게 남한에 평화통일을 제안하게 하였다.

50년 6월7일 김달현은 평양방송을 통하여

「작년 6월에 조통 중앙위원회가 조국의 평화적 통일방안을 제시하
였는데도 현재까지도 이 제안에 아무런 실현도 보지 못하고 있는 그
책임은 전적으로 남조선에 있는 것이며, 이 조국의 평화적 통일을 방
해하고 있는 자는 바로 미국과 인민의 의사를 거역하고 있는 이승만과

그 일당이다. 그러므로 다음과 같이 평화통일을 제의한다.

1. 1950년 8월 5일부터 8일 사이 통일 입법기관을 위한 총선거를 전국에서 실시한다.

2. 1950년 8월 15일 서울에서 신설한 입법기관을 개회한다.

3. 1950년 6월 15일 17일 해주나 38선 근처에 있는 개성에서 남북한 대표가 회담한다. 이 회의에서는 다음과 같은 사항을 토의한다.

   1) 평화적 통일을 위한 제 조건.

   2) 선거를 관리하는 중앙위원회의 기관

4. 조국통일을 방해한 자들은 민족반역자로써 제외되어야 하며, 국제연합 한국위원단의 개입은 용서할 수 없다. 조통의 중앙위원회는 남북한의 민주적 정당과 사회단체의 대표자, 회담에 참가할 수 있는 조건을 다음과 같이 제시한다.

   1) 조국의 평화적 통일을 방해하였거나 이승만 이범석 김성수 신성모 조병옥 장택상 배성옥 윤치영 등의 반역자들은 이 회담에서 제외된다.」하고 제시하였다.

50년 6월 8일 김달현은 어제에 이어 다시 평양방송을 통해 「우리 조통 중앙위원회는 진정한 조국의 평화적인 통일 달성을 위하여 다시 남반부의 반 이승만과 반 김성수 계 정치인들에게 호소한다.

조통 중앙위원회는 1950년 6월 10일 오전 10시부터 오후 5시까지 남반부 정당 사회단체의 여러 지도자와 국제연합 한국위원단에게 전달한 조통위원회의 호소문을 지참한 세 사람의 북반부 대표자 이인규 김태홍 김재창을 여현으로 파견할 것이니 남반부에서는 이 대표들이 목적을 달성할 수 있도록 행동의 자유를 보장해 주기를 바란다.」하고 일방적으로 제시하였다.

이 방송을 듣고 있던 당사자들은 「아니, 내가 반역자야? 나를 제외하고 한다고? 저런 죽일 놈들이 있는가! 평화통일을 제의하자면 용어부터 평화로워야지. 하여튼 빨갱이들과는 절대 협상이나 회담이나 상의는 할 수 없어! 죽이든지 죽든지 둘 중 하나 뿐이야.」하고 이승만 대통령부터 흥분하였다.

50년 6월 9일 남한의 이철원 공보처장은

「모략과 선전과 허위라는 전술로써 세계를 정복하고 인류를 멸망과 암흑의 길로 몰아넣으려는 소련제국 독재의 원흉 스탈린의 명령에 굴종함으로써 괴뢰적인 임무를 완수하려는 북한 김일성 도배들은 작년 6월말에 소위 조국통일 민주주의전선을 만들어 작년 9월내로 남북을 통한 총선거로써 입법부를 구성한다는 허무맹랑한 선동을 일삼아오던 그들은 이번에 또 남북 각 정당 사회단체 대표에게 소위 호소문이란 것을 날조하여 6월 15일부터 해주나 개성에서 대표자회의를, 8월5일 8일 총선거를 실시하자는 또 하나의 가소로운 광상극을 연출하려 들 하고 있다.

이미 5월 30일 총선거로 신성한 자유분위기 속에서 거행된 이 역사적 사실에 당황한 북한 괴뢰집단은 자기들의 얼마 남지 않은 여명의 구명책으로 이와 같은 살육적 주문을 퍼뜨리는 추태를 연출하고 있는 것이다. 이에 속아 넘어갈 단 한 사람의 대한민국 국민이 있으리오. 해방 이후 우리의 뼈저린 경험과 상식으로 판단되려니와 소위 공세니 뭐니 하고 1년 동안이나 계속하는 이 읍소야말로 비겁하기보다는 오히려 죄악에 대해서 벌을 주어야 할 일이라고 하겠다.」라고 한 마디로 거절하였다.

50년 6월 10일 조통 사무국장 김창준은 평양방송을 통해

「현재 북조선에 감금되어 있는 조만식 선생 부자와 남조선에 체포되어 있는 남로당 지도책인 김삼룡과 이주하를 1주일 내에 38선상에서 맞교환 하자!」라고 제의하였다.

이 내용이 방송되자 남한 국민들은 두 세 사람만 모이면「북한에서 정말 응할까? 어째서 자꾸 저러는 것이 수상한데. 모택동이 장개석에

게 양자강을 사이에 두고 평화적으로 하자고 해놓고 뒤통수를 쳐 장개
석이 망하지 않았는가? 48년 봄 김구 선생이 모든 사람의 반대를 불구
하고 남북협상을 하겠다고 북한까지 갔는데 협상은 그만두고 멸시천
대를 받고 왔지 않았소? 그런 것을 보면 북한에서 응할 것 같지 않아.
그리고 무슨 꿍꿍이속이 있는 것 같아 불안하구만.」하며 조만식 선생
과 김삼룡 이주하 두 사람과의 교환은 전 국민들의 화재였다.

50년 6월 18일 북한 내무상 박일우는

「남반부에서 1주일 이내에 조만식 동무 부자를 개성까지 보내면 건
강을 진단한 후에 김삼룡과 이주하를 월북시켜 주겠다고 하였지만 남
반부에서 지정한 개성은 위치적으로 적합하지 않을뿐더러 교환자들
의 신변보호가 곤란함으로 장소를 변경해야 한다. 그러므로 북반부에
선 교환 장소를 38선 북방에 위치하고 있는 여현으로 지정하니 6월 20
일 정오에서 오후 4시까지 조만식 동무와 김삼룡 이주하를 현지에서
교환하기를 바란다.」라고 제의하였다.

이승만 대통령은 조만식 선생을 살리려고 이를 허락하였다.

6월 20일 특별수사본부의 장호식 수사관은 방첩대의 김창룡의 요구
대로 김삼룡과 이주하를 데리고 여현에 가서 북쪽 사람들이 조만식 선
생을 데리고 오기를 약속시간인 4시가 넘어서까지 기다려도 북쪽의
길에는 개미새끼 한 마리도 보이지 않았다. 연천과 개성과 서울 사람
들은 태극기를 준비해서 조만식 선생 환영을 위해 도로 주변에 줄을
지어 있었으나 해가 기울어도 조만식 선생의 소식은 감감하였다. 한밤
중 조만식 선생을 기다리다 집으로 돌아가는 국민들의 발걸음에는 분
노와 쓸쓸함이 그지없었다.

1950년 6월 8일 조국통일 민주전선 중앙위원회는 「해방 5주년이 되
는 8월15일에는 여하한 일이 있어도 서울에서 국회를 소집한다.」하고
성명을 발표하였다. 이 성명은 50년 8월 15일까지는 남조선을 무력으

로 해방시키겠다는 것이었으나 남한에서는 이 성명에 대해서 관심도 없었고 무슨 뜻인지도 몰랐다.

5. 인민군 부대이동

50년 5월 26일 인민군 참모장 강건은 대남 공격 작전계획을 수립하고 50년 6월9일 "하기 각종병 합동작전을 실시한다."라는 지령문을 전군에 하달하여 이것을 조선어로 번역하여 명령하였다.

부대 이동 작전계획서는 러시아어로 되어 있는 것을 인민군에 전달하여 이것을 조선어로 번역하여 명령하였다.

전선사령부를 조직하고 사령관에 김책, 참모장 강건, 군사위원 김일, 후방국장 김영수, 안전국장 석산, 검찰국장 김학인, 문화국장 김일, 1군단장 김웅, 2군단장 김광협(후 김무정), 전선사령부 평양 남쪽 서포 천연동굴, 1군단 사령부 김천, 2군단사령부 화천, 김일성 최고사령부 대성산 지하벙커에 두어 대남 공격준비는 예정대로 착착 진행되었다.

최고사령관 : 김일성, 부사령관 : 최용건, 전선사령관 : 김책,

참모장 : 강건, 군사위원 : 김일성, 김 일,

부수상 : 박헌영, 홍명희, 김책, 민족보위상 : 최용건,

내무상 : 박일우, 국가계획위원장 : 정준택

1군단장	김 웅 중장
군단군사위원	김재욱 소장
군단 참모장	황성복 소장
공병부장	김시웅 중좌
2군단장	김광협 소장
문화부 군단장	임 해 소장

군단 참모장　　　최　인 소장
군단 작전부장　　이학구 총좌

　북한 인민군 최용건, 김책, 김일성, 강건, 안길, 김일, 최현, 김광협, 이영호, 유경수, 오진우, 최춘국, 최광, 박성철 등은 만주 항일연군 출신들로 똘똘 뭉쳐 북한 당·정·군을 장악하고 있었다.

　김무정, 김웅, 방호산, 이권무, 김창덕, 박일우, 장평산, 박훈일, 김창만, 이상조, 박효삼, 이일성, 김강, 전우 등은 조선의용군 출신으로 인민군 안에서 만주항일연군 다음을 이루었다. 남로당 인맥이 인민군 안에 전혀 없는 것이 앞으로의 문제였다. 소련군 출신은 남일 뿐이었다. 전사들은 거의가 조선의용군 출신이었으며, 이들이 주축이 되어 38선을 넘기 위해 준비하고 있었다.

　남한 국군은 일본군 출신, 만주군 출신, 독립군 출신으로 구성되었으나 독립군 출신은 5%도 되지 않으며 주로 만주군과 일본군 출신이었다. 이들은 서로 알력이 많았고, 특히 만주군 출신 중에는 많은 수가 좌익이어서 갈등이 심하였다.

　1950년 5월 말이 되자 북조선에서는 갑자기 「815일 5주년 기념일까지 남북 총선거를 실시하여 평화적으로 조국을 통일하자」하고 평화통일을 외치고 나왔다. 신문과 라디오와 벽보에는 온통 북한이 제시한 평화통일뿐이었다.

　북한의 부대마다 문화부에서는 「이승만 도당을 타도하자.」라는 정치학습을 매일 밤 내무반에서 하여 인민군 전사들로 하여금 이승만에 적개심을 품게 하였다.

　6월 9일 전 인민군에 비상이 내려졌다. 김일성은 참모총장 강건에게 6월 10일까지 전투부대를 38선까지 이동시키라고 명령하자 강건은 각 사단장과 여단장을 소집하여 「각 부대는 6월 10일까지 38선으로 이동하시오. 전사들에게는 대 기동연습이라고 하시오.」하고 명령을 내렸다. 그리고 부대 이동시 주의사항, 출발과 도착 시 주의사항과 특히 극비로 하라는 지침서도 보냈다.

각 부대에 출동명령이 내려졌다. 이 명령에 따라 신의주 강계 나남 회령 원산 등지에 있는 부대들이 38선을 향해 부대이동을 하였다. 북한에서도 일요일은 쉬었는데 6월 11일은 일요일인 데도 부대이동은 북한 전 지역에서 이루어지고 있었다.

6사단   6월 23일 사리원 → 학정 도착

1사단   6월 23일 남 천 → 구화리 도착

3사단   6월 23일 평 양 → 운천 도착

4사단   6월 23일 진남포 → 평강 → 연천 도착

5사단   6월 22일 나 남 → 원산 → 양양 도착

7사단   6월 18일 양구 도착

2사단   6월 12일 원 산 → 철원 → 금화 →화천 도착

766부대   6월 12일 회 년 → 간성 도착

105전차여단, 109전차연대   6월 22일 평 양 → 남천 도착

203전차연대   6월 22일 회년 → 철원 도착

6사단 14연대와 제3여단   6월 23일 해주 도착

김일성은 모란봉극장 회의 후 50년 6월 10일 '하기 각 병종 합동작전'을 한다고 속이고 비상사태를 명하여 6월 23일까지 전투태세 완료를 명하였다. 6월 10일은 기동명령이 예하부대에 하달되었고, 6월 18일 공격 작전계획이 하달되었다.

부대이동 명령이 떨어져 개인 소지품을 준비하고 휴지와 낙서한 모든 것을 소각하고 오후 7시 30분부터 6월 18일까지 거의 모든 부대가 출발하여 목적지에 도착하자마자 호를 깊이 파고 중포와 전차와 차량을 은폐하였으며, 경계를 철저히 하였다. 그들은 부대이동, 장비이동, 보급수송을 하느라 밤낮없이 도로와 철도마다 북한 전역은 북새통을 이루었다. 그러므로 누구나 쉽게 생각하기를 「전쟁이 곧 시작될 것 같다」고 하였다. 모든 준비는 6월 23일 완료되었다.

6. 1차 작전계획

1차 작전계획은

★ 하루에 20킬로 이상 공격하여 27일 이내로 남조선을 완전히 해방한다.

★ 서울은 1, 3, 4, 6, 105전차여단을 주력으로 공격하고, 6사단 14연대로 하여금 옹진을 거쳐 김포비행장을 점령, 영등포를 공격한다.

★ 인민군 2사단은 춘천을 점령한 후 광주를 거쳐 수원 남쪽에서 국군2, 3, 5사단의 북상을 차단하고 협공하여 국군을 한강 이북에서 3일 안에 괴멸시킨다.

★ 공격의 주력은 1-6사단이며 7사단은 조공한다.

인민군 남침 주공은 포천방면이었다. 그것은 문산 방면은 임진강이 있고 춘천은 소양강이 있어 공격하기 어렵다. 동두천 위 38선의 한탄강 다리는 이북이 점령하고 있었으나 동두천에서 의정부까지는 고지가 많아 전차 공격이 어려운 곳이다. 그러나 포천방면은 38선의 양문교가 북한에 속하였고, 양문에서 포천을 거쳐 의정부까지는 축석령 고개가 어려우나 이곳만 잘 넘기면 쉽게 의정부를 점령할 수 있다. 그러므로 인민군은 포천방면의 주공 계획을 은폐하기 위해 개성근방 송악산에서 많은 전투를 하여 국군이 그곳에 관심을 갖게 하고 포천에서는 전혀 도발하지 않아 평온하게 하였다. 이것은 국군이 방어를 허술하게 하도록 한 작전이었는데 국군은 인민군의 이 작전에 말려들어 전략에 가치가 없는 옹진반도 17연대에는 100여대의 차량을 보유하게 하였고, 평온하게 보이는 양문리 38선을 방어하는 9연대에는 5대의 차량밖에 없어 초전에 장병들의 발을 묶어놓아 작전에 엄청난 지장을 주는 졸속방어를 하여 인민군이 남한의 심장부를 단숨에 관통하여 국군을 괴멸시키게 하였다.

인민군 남침 공격사단 배치
1. 옹진방면
   38경비대 제3여단 여단장 최현
   전차 8대   계 10,000명
2. 문산방면
   제1사단 최광 소장   고랑포 → 문산 → 서울
   제6사단 방호산 소장   개성 → 문산 → 영등포 → 인천
   203전차연대
   206기계화부대
   38경비대 7여단
   전차 40대   계 21,000명
3. 의정부방면
   제3사단 이영호 소장   포천 → 의정부 → 서울
   제4사단 이권무 소장   초석리 → 동두천 → 의정부 → 서울
   105전차여단 유경수 소장
   전차 150대   전곡에 122곡사포부대 배치   계 34,000명
4. 춘천방면
   제2사단 이청송 소장   춘천 → 가평 → 수원
   제7사단 최인(후 오백용)소장(후 12사단이 됨)
   인제 → 홍천 → 원주
   전차 40대   연대장 김철우 대좌   계 24,000명
5. 강릉방면
   제5사단 마상철(김창덕)소장 : 주문진 → 강릉 → 포항 · 부산
   제766부대 오진우 대좌 : 강릉 밑 정동진, 옥계 상륙.
   국군8사단 후방차단.
   제549부대 : 표무원 · 강태무(49년 5월 월북한 대대장)
   삼척 밑 임원 상륙, 태백산에서 후방 교란.

　　전차 10대　　　　　　　　계 22,000명

　　총 병력 111,000명　　전차 240대

7. 작전명령

　　인민군 대남 공격사단은 보병 7개 사단과 2개 여단, 2개 전차연대, 1개 기계화 부대였다.

　　1) 공병부대는 보병사단에 배속되어 소속 사단 전면에 있는 지뢰지대를 해제하고 장애물을 철거할 것.

　　2) 공병부대는 상기 임무수행 외에 23일까지 완전 전투태세를 갖추고 다음 명령을 기다릴 것.

　　3) 진지에 대한 강행 돌파가 필요할 때는 공병 특수돌파부대를 투입할 것.

　　4) 전진 방향에 하천이 있을 시는 즉시 도하지점을 구축하고 도하보장과 도하지점을 유지할 것.

　　이와 같은 작전명령이 러시아로 내려져 이것을 번역하여 예하부대에 명령하였다.

　　1) 포병부대는 포탄에 신관을 결합시켜 사격에 지장이 없게 할 것.

　　2) 결과를 23일까지 보고할 것.

　　3) 군수품 수송일지를 비치하여 매개화차 또는 자동차에 적재된 내용에 대하여 명확히 기록할 것.

　　포병사령관 김　무　정

　　1950년 6월22일 14:00 전투명령(극밀)

　　1) 아군의 공격정면에는 국방군 1, 7, 6, 8 보병사단이 있다.

　　2) 각 사단은 군단의 공격전면에서 가장 중요한 방향인 ~에서 적의

방어를 돌파하고 최근 임무처로 계선을 점령한 뒤 최후임무로 ~ 을 점령하고 차후로는 경선 방향에 한다. 공격준비 완료는 50년 6월 2×일까지이다.

3) 포병 준비사격은 30분간이며 그중 15분은 폭격, 15분은 파괴사격을 한다. 포 사격 준비 완료는 50년 6월 23일 24:00까지 한다.

4) 공격명령은 전화, 무선, 신호탄, 총, 포 사격으로 한다.

5) 공격개시 암호 CO333

6) 인민해방전쟁 암호 폭풍.

7) 공병부대는 50년 6월 25일 04시전까지 지뢰를 제거할 것.

이 작전명령은 50년 6월 24일 12시 각 중대장까지 하달되었다.

50년 6월 23일 인민군의 대남 공격준비는 완료되었다.

이날 오후 6시부터 각 부대의 관측장교들은 부대 지휘관들에게 국군의 부대와 병력배치, 지리 등을 설명하기 시작하였다.

「국방군 10연대와 12연대가 개성을 방어하고 있습니다. 개성시 동쪽으로 12연대 2대대가 있으며 292고지 남경사로부터 대월리 오위 일선에 1개 중대와 2개 소대가 배치되어 있습니다. 좌표 0486에 대대본부와 연대본부가 있습니다.」

38선에 배치된 인민군부대 참모들은 6월 24일 일제히 지도를 들고 나뭇잎과 나뭇가지로 위장하고 전방관측에 나섰다.

「저기 보이는 곳이 38선이고, 저기 보이는 전사가 국방군이요.」

이들은 관측장교의 지시에 따라서 주문진, 양구, 화천, 연천, 전곡, 개성 등 38선 부근을 관찰하였다. 관측군관은 앞에 보이는 지형과 도시 명, 지리와 국군의 부대배치 상황을 세밀하게 설명해 주었다.

6월 23일 김두봉은「그 동안 공화국에서는 조국의 평화적 통일을 위해 갖은 노력을 다하였다. 그리고 공화국 최고인민회의와 남조선 제2대 국회와 합작제의도 하였다. 그러나 모두 거절되었다. 이제 더 이상 앉아서 기다릴 수 없다. 우리의 동포들을 해방시켜야 한다. 이제 부득이 해방전쟁을 개시하게 되는데 일주일 동안만 서울을 점령 해방시킨다면 남조선 심장을 장악하게 되어 전국을 장악하게 될 것이다. 그때 남조선 국회를 소집해서 남조선의 대통령을 새로 선출하여 인민공화국과 대한민국 정부가 합동으로 통일을 결의 세계만방에 알리면 어느 외국도 우리를 간섭 침범하지 못할 것이다.」라고 하면서 지휘관들에게 남조선 해방에 도취되게 하였다. 이렇게 할 바에야 남로당에서 홍민표 주장대로 5.10선거를 반대하지 말고 참여하여 국회에서 조선공산당이 다수의원을 확보 김삼룡을 대통령으로 선출하여 북한과 남한을 합해버렸으면 오히려 쉬운 일이었을 것을, 김일성과 박헌영은 5.10선거를 반대하고 이제 와서 무력으로만 통일하려고 몰두하여 어리석은 일을 하고 있었다.

50년 6월 24일 각 부대 문화부 군관은 군관들을 모아놓고 정치학습을 하였다.

「군관 동무 여러분!

이승만 괴뢰도당은 우리의 평화통일 제안을 거부하고 실지회복을 한다면서 북진통일 준비에 혈안이 되었소. 미국 무기로 무장하고 그들은 악질경찰과 협력해서 38경계선에서 무장을 도발하더니 이제는 북진하려 하고 있소. 북조선 인민공화국은 수립 이래 가장 큰 위험에 직면해 있소. 인민군 전사 동무 여러분! 지금 서부에서 국방군이 38선을 넘어 공화국을 향해 북진하고 있다고 합니다. 동부에 있는 우리 전사들이 가만히 있으면 우리는 위기에 처하게 됩니다. 신속한 행동으로 적의 침공을 반격하여 응징하지 않으면 안 됩니다. 우리는 남반부를 미제의 식민지로부터 해방시켜야 합니다. 남반부 인민해방전쟁은 우리가 서울만 가면 됩니다. 그것은 남반부 인민들이 혁명에 동참하여 봉기를 하기 때문입니다. 1군단은 서울을 반격하고, 2군단은 수원으로 진격해서 서울을 포위하여 개승만를 비롯한 각료들과 군관나리들을 서울에서 궤멸시켜 해방전쟁을 조기에 끝낼 작전입니다. 우리는 8월

15일 서울에서 공화국 수립 3주년 환영대회를 열렬히 할 것입니다. 우리 모두 일어나 싸우러 갑시다.」

2군단 문화부장 임해는 「우리는 남조선을 해방하여 조국을 통일하는 역사적 과제를 지고 있으며 이에 힘을 쏟아 영광스러운 과업을 수행하고자 한다. 이에 적극 호응을 바란다.」라고 역설하였다.

문화부 군관들은 국군이 북침하였으니 이것을 되받아 치되 동부에서는 서부에서, 서부에서는 동부에서 국군이 북진 중이라고 속여 국군이 북진했으니 반격해야 한다고 하였다. 문화부 군관의 설명을 듣고 있던 인민군 군관이나 전사들은 「국방군이 북침을 하였다. 돼지새끼들을 까부시자! 남조선을 해방시켜야 한다.」하며 흥분하여 적개심을 품고 38선을 넘기 위해 명령만 기다리고 있었다.

8. 스탈린의 위장

「미국에 빌미를 주어서는 안 된다. 필립 포프.」

50년 6월 22일 스탈린은 자기 이름을 필립 포프라는 가명을 써서 북한 인민군에 「우리의 고문을 현지에 두는 것은 너무 위험하다. 포로가 될지 모른다. 포로에 의해 소련이 가담했다는 비난을 초래할만한 증거를 남겨두어서는 안 된다. 이 전쟁은 오직 김일성의 문제이다. 절대 필요한 전쟁지도를 위한 고문관만 남기고 소련군을 철수시켜라.」는 명령을 내렸다. 그것은 소련 장교가 한 명이라도 체포되면 그것을 이유로 「소련이 전쟁에 개입하였다. 그러므로 미군도 개입한다.」하며 미군이 개입할 명분을 주어서는 안 된다는 이유에서였다. 소련은 미국이 두려워 끝까지 북한 인민군에 협력하지 않은 것으로 은폐하였다. 스탈린과 김일성과 박헌영은 남한에서 대구 폭동, 제주도 4.3폭동, 여수14연대 반란사건과 같은 인민해방투쟁이 있든가 아니면 국군이 먼저 38

선을 넘어 공격하면 「자위행위다. 그러므로 미군은 조선의 내전에 개입하지 말라.」는 명분을 세우려 하였다. 그래서 스탈린과 김일성과 박헌영은 남한에서 대구 제주도 14연대 반란사건과 같은 폭동과 반란을 두 손 모아 기다렸다. 스탈린은 미군의 개입을 얼마나 두려워했는지 자기 이름을 암호로 하여 "필립포프"로 지령을 내렸고 또 이 암호 외에 "핀" "비신스키" 라는 암호를 쓰면서 비밀지령을 내릴 정도였다. 소련 고문관 250여명은 신문기자로 위장하여 인민군 1개 사단에 15~17명씩 배속되어 작전을 지도하였다 이것은 인민군의 훈련이 부족했기 때문이었다. 실은 인민군 4만 정도는 불과 2-3개월의 훈련을 받고 전투 현장에 오게 되었다. 기술을 요하는 포병과 전차병에는 훈련 부족으로 문제가 있었다.

인민군 각 사단의 연대장들은 공격준비를 완료하고 시계만 보고 있었고, 주문진앞 바다에서는 766부대와 549부대가 24일 자정을 기해 38선을 넘기 시작하였다.

제4장
육군참모총장 채병덕의
간첩행위

4장 육군참모총장 채병덕의 간첩행위

1. 신성모와 채병덕의 간첩행위

50년 6월 8일 신성모는 「현하 긴박한 사태에 대비하여 국가 총동원령을 발표할 것을 고려중이다.」라고 하여 인민군의 대남 공격이 임박한 것을 알고 있는 것 같았다.

50년 6월10일경 북한 인민유격대가 4월부터 지금까지 조용하였는데 춘천 오대산, 강릉 해상을 통해 일제히 침투해 들어왔다. 강릉 8사단장 이형근 준장은 다시 인민유격대를 소탕하기 위하여 이들을 추격하였다. 그런데 포로를 잡아 문초하니 하나같이 「인민군의 전쟁준비는 완료되었다. 명령만 하달되기를 기다리고 있다. 우리는 선발대로써 주력 침입에 호응하라는 명령을 받고 왔다.」라고 진술하여 이형근은 깜짝 놀랐다. 이형근 사단장은 즉시 채병덕 참모총장에게 보고하였다.

「채 총장, 큰일 났소!」

「무엇이 또 큰일이요?」

「인민유격대 포로를 잡아 조사하니 지금까지의 포로들과는 달리 인민군이 전쟁준비를 완료하고 38선에 집결, 각 부대는 명령만 기다리고 있다고 합니다. 국군도 즉시 비상을 걸어 후방 3개 사단을 전방에 배치하고 동원령을 내려 전시체제를 갖추고 인민군의 공격에 준비하여야 하겠습니다.」

「인민군 남침 소리는 어제 오늘의 이야기입니까? 수도 없이 들었으니 그런 것은 걱정하지 말고 당신 경계나 엄중히 하시오.」

채병덕은 불쾌하다는 듯 말을 씹어 뱉듯이 하고 전화를 철컥 끊어버렸다.

「아니, 뭐 이런 사람이 있어? 이 자식 빨갱이 아니야? 전방 사단장이 보고하면 현지에 와서 확인을 하고 여기에 대해 대책을 세워 인민군 공격에 대비해야 하는데 대책은 세우지 않고 경계만 잘 하라니? 이거 나라 망쳐먹을 사람이야! 이런 인간이 어떻게 일국의 참모총장이야? 틀림없이 이상한 사람이야!」

이형근 사단장은 화가 나 수화기를 내동댕이치며 소리를 질렀다. 그는 채병덕이 옆에 있으면 금방이라도 죽일 자세였다. 그는 씨근거리더니 다시 수화기를 들고 채병덕에게 전화를 걸었다.

「채 총장, 나 사단장 못하겠어! 인민군이 남침한다는데 국군은 준비도 하지 않아 이를 막지 못할 줄 뻔히 알면서 무슨 사단장을 하겠는가? 나 8사단장직 사표 내니 당신이 알아서 하시오!」

「여보시오! 여보시오!」

채병덕이 놀라 소리쳐 불러도 수화기를 놓아버린 전화에서 대답소리가 날 리 없었다. 채병덕은 확실히 이상하였다.

50년 6월 20일 임영신 전 장관이 이승만 대통령을 찾아왔다.

「임자가 어쩐 일이요?」

「각하! 큰일 났습니다.」

「무어가 또 큰일이야?」

「각하! 사람들이 요즘 인민군이 곧 남침한다고 하며 하도 세상이 뒤숭숭하여 제가 북한 실정을 잘 아는 김기회라고 하는 분에게 사비 60만원(오제도 특별검사 월급 6,000원)을 주어서 3월경 북한을 자세히 탐지해 오라고 하였습니다. 그랬더니 그가 자기 사람 12명을 데리고 북한 지역의 군부대가 있는 곳에 가서 인민군의 동태를 정탐하여 5월 말 38선을 넘어와 저에게 보고하였습니다.

그의 보고에 의하면 전차와 각종 포와 수많은 병력이 38선으로 이동하고 있다는 것입니다. 북한 전 지역은 비상사태에 들어갔고, 밤낮없이 38선으로 남하하는 군용열차 군용트럭은 줄을 이었고, 외금강에서 급수 급탄 등을 하느라 기차가 밀려 있는데 그 끝이 보이지 않았다고 합니다. 북한 주민들은 곧 전쟁이 발생하겠구나 생각하며 북한 주민들은 오히려 좋아했다고 합니다. 그것은 남한 중앙방송에서 "점심은 평양에서, 저녁은 신의주에서 먹는다."라고 수없이 방송하여 전쟁이 나면 국군이 승리해서 공산주의자들의 탄압에서 벗어날 것 같아서 좋아한답니다. 인민군의 남침에 대해 빨리 준비해야 하겠습니다.」

「그래, 임자 고맙소! 내가 즉시 조치를 취하지. 인민군 그놈들 그렇게 하고도 남을 놈들이야!」

「각하! 감사합니다.」

이승만 대통령은 즉시 황규만 비서를 불러 신성모 국방부장관과 무쵸 대사를 불러오라고 하여 이들은 즉시 불려왔다.

「각하! 부르셔서 왔습니다!」

「거기들 앉게!」

「예, 각하!」

「신 국방! 여기 임 여사가 하는 말이 세상이 하도 뒤숭숭하여 60만원의 사비로 12명의 정탐꾼을 북한에 보내 정탐하였는데 북한은 비상사태이며 열차와 군용차량이 군수물자를 38선 가까이 실어 나르느라 밤낮 줄을 지어 있다고 해. 그러니 즉시 인민군의 남침에 대비하게.」

「예. 각하! 하지만, 그 첩자들이 이북에 갔다 왔는지 어디에서 놀고 왔는지 무엇으로 증명하겠습니까? 38선에서 서성대다가 돌아왔는지 어떻게 알겠습니까? 이렇게 유언비어가 많을 때 우리가 무슨 준비를 한다면 그 유언비어가 진짜인 줄 알고 더 시끄럽지 않겠습니까? 육군이 튼튼하게 잘 방어하고 있으니 염려를 안 해도 될 것 같습니다.」

신성모는 임영신이 수집해온 정보가 허위라고 이승만을 설득하였다.

'아니, 저 사람 빨갱이 아니야? 일국의 국방부장관이 저 따위 소리를 해? 저 사람 나라 망쳐먹겠네. 큰일 났구먼 큰일 났어!

임영신은 신성모의 말에 화가 났으나 신성모의 억지논리에 어떻게 반박할 말이 없었다. 화가 나서 집으로 돌아온 임영신은 도저히 가만히 있을 수 없었다.

이때 이승만은 신성모 국방부장관과 로버트 미군 고문단장을 불러놓고 이 문제를 다시 거론하였다. 이때 결론은 또 허위였다. 임영신은 이 소식을 듣고 다음 날 또 이승만을 찾아갔다.

「각하! 제가 제공한 정보를 묵살하시면 훗날 크게 후회하실 것입니다. 아니, 후회가 아니라 이 나라가 크게 위험할 것입니다!」

「임자, 나라는 여기 있는 사람에게 맡기고 임자는 미국에 가서 무기나 좀 얻어 와!」

「예, 각하. 미국으로 떠나는 것은 어렵지 않으나 나라가 걱정이 됩니다.」

임영신은 경무대를 떠나면서 이승만 대통령의 말하는 것으로 보아 나라가 걱정되지 않을 수 없었다.

'신성모와 채병덕 그 사람들이 이상한 사람들이야! 어떻게 한 나라의 국방부장관과 참모총장이라는 사람들이 그렇게 말할 수 있지? 내가 위험하다고 보고를 하였으면 위험하던지 안하던지 철저히 준비를 해야지, 38선 이북에 가서 놀다와? 그 사람 확실히 이상한 사람이야! 나라 망쳐먹을 사람이야! 이것 어떻게 하지? 큰일 났는데!'

임영신은 불안하였으나 이승만 대통령의 요청을 뿌리칠 수 없어 군원을 요청하기 위하여 미국으로 향하였다. 임영신은 미국에서 6.25소식을 듣고 통곡하였다.

이 일로 볼 때 인민군의 남침정보를 육본 정보국 장도영 정보국장이 채병덕 총장에게 수없이 보고하였으나 채병덕과 신성모는 이 내용을 이승만 대통령에게 보고하지 않은 것이 확실하였다. 그래서 정보는 정보국장이 대통령에게 직접 보고해야 한다.

2. 공작

이승만 정권 사법 최고지도자 이인의 동생 이철은 열렬한 남로당원이었다. 이철은 일본 중앙대 법학부를 졸업하고 한국으로 돌아와 형님 이인을 업고 한국의 사법부를 공작하면서 남로당원이 검거되면 빼주는데 앞장섰다.

수도경찰청장 장택상의 딸 장병민은 남로당 간부 채항석의 부인이었다. 정태식은 채항석의 집을 아지트로 삼아 경찰의 보호를 받으며 경찰을 장악하고 모든 정보를 빼냈다.

49년 진해 해군사령부 간부 아들인 이재웅은 서울대 상과대학 재학 중이었다. 이재웅은 정태식의 연락원이었고, 이재웅의 집이 정태식의 접선장소였다.

간첩 성시백은 김구 선생을 비롯하여 경찰과 군부 안을 공작하여 군 특급비밀을 빼내었으며, 군 수뇌부를 공작하여 육군을 자기 마음대로 움직이고 있었다.

남로당 이론진 안에는 특공부가 있는데 제1특공과에서는 정부 내 거물프락치 공작을 하였다. 이론진 부장은 동경 상과대학을 졸업한 서울대 상대 교수 김창환이었다. 그의 밑에는 동경대 출신 신진균, 경성대를 졸업한 보성전문학교(현 고대전신) 교수 김해균, 경성제대 출신 정해진, 합동기자 형인식 등 지식층이 많이 몰려 있어 정부 각 기관에 프락치를 심고 모든 정보를 수집하여 북한으로 보내고 또 지령을 받아 남침하는데 유리하게 공작을 하였다.

이론진 1특공과 공작원은 치안국에 있었다. 치안국은 각 도에서 그 날그날의 관내 치안상황을 무전으로 보고 받아 전국 치안일지가 내무부장관을 통해 이승만 대통령에게 보고되는데 이론진 공작원은 치안일지를 빼내어 이승만 대통령에게 보고되는 그 시간에 그도 김삼룡에게 보고하였다. 이는 경찰만 그런 것이 아니라 군 내부도 마찬가지였다. 그래서 경찰과 군을 실제로 움직이는 사람은 남로당과 성시백의 공작원으로 경찰 지도급이나 국군의 수뇌는 허수아비였다. 이러한 공작원은 약 360여명이었다.

공작원들은 공무원의 약점을 중점으로 수집하여 협박을 하여 남로당원이 되게 하든지 아니면 남로당에 협조하게 하였다. 다음은 친일파를 민족반역자로 몰아 매장시키겠다고 협박을 해 협조하게 하고, 그래도 거부하거나 반대하면 가족을 위협하여 협조하게 하거나 남로당에 가입하게 하였다. 그들은 포섭인물이 설정되면 공작에 실패하는 일이 없었다.

참모총장 채병덕의 주위에는 남로당 비밀당원이 그림자처럼 따라다니고 있어 채병덕의 집 금고에 누구에게서 뇌물을 받아 얼마의 돈이 들어 있는지, 침실에서 누구와 자는지, 무슨 요일에 어떤 여자의 집에서 잠을 잤는지 등 그의 일상생활이 남로당에 정확히 보고되었다.

신성모도 채병덕과 같이 남로당원이 그림자처럼 따라다녔고, 매일의 일상생활이 남로당에 보고되었다.

49년 육군 안의 남로당 숙청 때 남로당의 뿌리를 뽑았다고 하였으나 남로당의 뿌리를 뽑는다는 것은 어려운 일이었다. 그 증거로 조암 중령, 장은산, 이영순 같은 고급장교들은 여전히 남아 공작을 하였고, 주문진 방첩대 대원 김규용도 남로당원으로 계속공작을 하고 있었다.

50년 6월 현재 국군 내부에 남로당 군사부의 비밀당원 장교와 장병들이 많이 있었고, 남로당 특수정보 공작부도 국군 내부에 많은 비밀당원을 침투시켜 공작을 하고 있었다.

의정부 주둔 7사단 공병대장 최정훈 소령은 1950년 6월 25일 오전 9시 운현궁에서 결혼식을 한다고 주위 사람들에게 알려 최 소령의 결혼식에 참석하러 공병대대와 7사단 참모들은 24일 모두 외출하였다. 공병대대 장병들도 경계령이 해제되어 외출도 하고 상관이 결혼식을 하니 참석하기 위하여 모두 부대를 떠나 서울로 왔다. 공병대대는 텅 비어 있었다. 그런데 이 결혼식은 7사단이 작전을 하지 못하게 하기 위한 위장결혼식으로 남로당의 공작이었다. 그때나 지금이나 아침 9시 일찍 결혼식을 하는 일은 없었다.

인민군의 남침으로 부대에 비상이 걸렸으나 최정훈 소령은 영영 나타나지 않고 행방불명되었다. 7사단의 공병대대는 완전히 마비되어 인민군의 전차 진입로의 교량 폭파, 장애물 설치 등을 해야 하는데 전혀 하지 못하였고, 또 미리 했어야 하는데 동두천에서 의정부, 양문리에서 의정부까지 한 곳도 장애물 설치를 해놓은 곳이 없어 초전에 대패하는 원인이 되었다. 이것은 계획적인 최정훈 소령의 남로당 공작이었다.

3. 채병덕 참모총장은 간첩이었다. 그 증거는,

1) 군 인사이동
채병덕은 양국진 군수국장을 총장실로 불렀다.
「현재 육군의 차량 보유 수는 얼마요?」
「예, 1,350대입니다.」
「그럼 이중 500대를 정비하게 부평으로 수송하고, 또 중화기도 수리해야하니 부평으로 후송하시오.」
「예. 알았습니다.」
채병덕은 군수국장을 보내고 인사참모를 불렀다. 인사참모 강영훈 대령이 즉시 총장실에 도착하였다.
「강 대령, 지금 즉시 다음과 같이 인사이동을 하는데 명령은 6월 10일부로 하시오.」
「예!」

이형근 준장	8사단장 → 2사단장	
유재흥 준장	2사단장 → 7사단장	
김종오 대령	참모학교 → 6사단장	
이성가 대령	16연대장 → 8사단장	
이종찬 대령	국방부 1국장 → 수도경비사령관	
신상철 대령	6사단장 → 인사국장	
강문봉 대령	작전국장 → 미 참모대학	
장창국 대령	참모학교 부교장 → 작전국장	
박림항 대령	3연대장 → 작전국 차장	
정래혁 중령	참모학교 → 작전과장	
김홍일 소장	육사교장 → 참모학교장	
이준식 소장	제7사단장 → 육사교장	
김점곤 중령	12연대 부연대장 → 정보국 차장	

채병덕 총장은 강영훈 대령이 나가자 작전참모를 불러 다음과 같이 부대 이동을 명령하였다.

2사단 25연대 　 온양 → 6월 20일 → 7사단 배속 → 의정부

7사단 2연대 　 의정부 → 6월 15일부로 → 수도사단 → 6사단 배속 6월 23일 홍천으로

6사단 8연대 　 홍천 → 수도사단 배속 → 서울

「이 소령님, 이거 어떻게 되는 것입니까?」

작전국 박 대위가 물었다.

「그러게 말이야. 총장이 이상해! 저러시면 안 되는데.」

「안 되는 것만이 아니지요. 육본에서는 50년 3월 25일 방어계획을 세우지 않았습니까? 방어계획은 '인민군이 남침한다면 일단 후퇴 후 반격한다. 전방 1사단, 7, 6, 8사단이 방어하고 후방 2, 3, 5사단이 증원부대가 된다. 국군의 중점 방어지역은 의정부방면이며, 국군은 의정부

정면에서 적을 격멸한다.' 로 되어 있지 않습니까?」

「그렇지!」

「인민군이 남침하면 인민군의 주공격 지점이 의정부방면이며 특히 동두천과 포천방면인 것을 누구나 다 알고 있지 않습니까? 즉 김화 → 포천 → 의정부 → 서울이 한 공격로이고, 둘째는 철원 → 연천 → 전곡 → 동두천 → 의정부 → 서울 등으로 2개 방향으로 보고 있는데 인민군이 남침한다면 제일 공격하기 쉬운 곳을 포천으로 보고 있지 않습니까? 문산 방면은 임진강이 있고, 춘천 방면은 소양강이 있으나 동두천 위와 포천 위의 38교는 모두 북한 땅에 속하여 인민군이 공격하기가 쉽다는 것이지요. 그 중에서도 초성리 동두천 의정부는 도로 양쪽에 작은 고지가 많아 공격하기 어려우나 포천 방면은 양문리 포천 의정부까지 축석령 고개 하나 뿐이고 고지가 얼마 없어 제일 공격하기가 쉬운 곳이지요. 이렇게 대한민국에서 제일 중요한 의정부 방어지역을 방어하는 7사단 사단장을 6월 10일부로 교체한 점과 그리고 2사단 소속의 온양의 25연대를 7사단에 배속 교체하고 중화기 차량 등 절반 이상을 부평 병기창으로 후송하여 현재 9연대는 차량을 파악하니 5대밖에 없어요. 아무리 작전을 모른다 해도 이게 말이나 됩니까? 그리고 6월 20일까지 도착하라고 명령한 25연대는 23일 현재까지도 도착하지 않았으니 이게 이상하지 않습니까? 4월 위기설이니, 5월 위기설이니, 인민군이 내일 온다느니 오늘 온다느니 해서 국군에 경계령을 내려 비상을 걸어놓고 채병덕 총장의 이러한 처사는 아무래도 이상한 것을 넘어 간첩행위 같아요. 잘 보세요. 전군에 차량이 1,350대인데 500대 이상을 수리한다고 병기창으로 후송하였으면 수리하는 대로 차량을 보내주어야 하는데 23일 현재까지 한 대도 보내주지 않고, 또 중화기도 빨리 수리해서 부대에 보내주어야 하는데 3개월이 지난 지금까지 각 부대에 보내주지 않고 있는 것은 이상한 일입니다. 그리고 6월 10일 인사이동을 보십시오.

　유재홍 7사단장, 김종호 6사단장, 이성가 8사단장, 이종찬 수도사단장 등 전방 4개 사단 중 3개 사단장과 서울을 방어할 사단장을 교체한 것은 이상한 일입니다. 그리고 의정부 방어 7사단 2연대 교체, 수도사단 2연대가 바로 홍천의 6사단 소속으로 교체하여 서울 방어의 가장 중요한 부대인 7사단과 수도사단 연대만 교체하여 부대를 혼란하게 한 것이 이상한 일입니다. 틀림없이 이것은 계획적인 것으로 보아 남로당의 공작임이 틀림없습니다.

　장창국 대령이 참모학교 부교장에서 작전국장으로, 박림항 대령이 3연대장에서 작전국 차장으로, 정래혁 중령이 참모학교에서 작전국 과장으로 6월10일부로 새로 임명을 받았습니다. 만일 전쟁이 발생하면 제일 중요한 부서가 작전국인데, 작전국에서 한 명을 교체하는 것도 이해할 수 없는데 작전국 국장, 차장, 과장을 전부 교체하였으니 만일 인민군이 남침하면 작전국 직원들이 업무파악도 못하고 작전국 직원들을 장악하지 못한 채 작전을 수행해 나가게 생겼는데 이게 큰일 아닙니까? 이것은 틀림없이 남로당의 공작입니다. 큰일 났습니다. 무엇인가 현재 급하게 돌아가고 있는 것 같습니다. 채병덕을 연행하여 조사하지 않으면 대한민국은 살아남기 어려울 것입니다.」

　「자네 지금 무슨 말을 그렇게 하는가? 채 총장을 연행하여 조사하다니? 자네 지금 제 정신이야? 이 말이 다른 사람들에게 알려져 봐! 자네나 나나 살아남을 것 같아? 말조심하게!」

　「이 소령님, 만일 이때 인민군이 남침한다면 인민군 전사 여러분, 서울을 빨리 점령해 주십시오! 하고 인민군보고 빨리 서울을 점령하라고 대문을 열어놓은 상태입니다. 제가 죽어서라도 채병덕 총장의 이 조치를 저지한다면 저는 할 것입니다. 이런 것을 보고도 장교들이 자기 몸만 사리면 무슨 일을 하겠습니까? 채병덕에게 잘 보이려고 예, 예하고 대답만 하지, 이건 남로당 공작이 틀림없는데 누구 한 사람 반대한다든지 저지하려고 하지 않으니 이놈의 군대가 이렇게 썩어 가지고 되겠습니까? 저 혼자는 힘이 드니 이 소령님이 저하고 같이 가주시면 제가 할 테니 같이만 해 주십시오.」

「아니 자네 제 정신이야? 나 지금 바쁘니까 가 봐야 해!」

「이 소령님! 이 소령님!」

이 소령은 박 대위가 불러도 뒤돌아보지도 않고 도망쳤다. 박 대위는 그러한 이 소령의 뒷모습을 허탈한 눈으로 바라보았다.

2) 채병덕 숨 가픈 상황 묵살

문산의 1사단 12연대 1대대 7중대 중대장 김영선 중위는 38선에서 5킬로를 방어하고 있었다. 인민군의 진지는 100미터 전방 고지에 있었다.

6월 22일 인민군들은 김영선 중위가 진지 순시 중 나타나자 「야! 국방군 놈들아! 3~4일 뒤에 보자!」하고 외쳤다. 그러자 국군 장병들도 맞고함을 질렀다.

「야 이놈들아! 보아봤자 인민군이지 뒤에 보자고 한 놈 겁 안 난다!」

양쪽은 서로가 농담이라고 여겼는지 낄낄거렸다.

6월 24일 다시 인민군들이 소리 질렀다.

「국방군 놈들아! 내일 아침 좋은 소식 있을 테니 기다려라!」

「야 이놈들아! 좋은 소식이 뭐냐? 김일성이 죽었다는 소식이냐?」

국군의 이 말에 인민군 쪽에서 뭐라고 시끄러웠으나 누가 말을 못하게 하는지 금방 수그러들었다. 국군은 시원스런 농담을 하였다는 듯 즐거워하였다.

50년 6월 22일 동두천에 있는 국군1연대에 인민군 전사가 귀순하였다. 그의 진술에 의하면 「나는 공병인데 지뢰매설을 해체하라는 명령을 받고 무서워서 탈출하였다.」고 하였다. 이 진술을 확보한 7사단에서는 즉시 육본 정보국에 보고하였다. 그러나 채병덕은 아무런 조치를 취하지 않았다.

화천 전면의 국군7연대에 인민군 전사가 귀순하였다. 그의 진술에 의하면 「전차병으로 화천지구에 1개 대대의 전차가 집결하고 있다.」고 하여 임부택 연대장이 관측소에서 직접 정찰을 해보니 유천면의 인민군 부대에 지금까지 보이지 않던 포진지가 보이고 포신이 모두 남쪽을 향하고 있는 것을 보고 깜짝 놀랐다. 망원경으로 유심히 관찰하니 차량의 움직임이 빈번하여 일이 터지고 있다는 것을 직감하였다. 그는 즉시 연대에 비상을 걸고 외출 외박을 금지시키고 3일분 식량과 실탄과 연료를 준비하게 하고 24시간 대기하게 하였다. 그리고 즉시 육본 정보국에 보고하였다.

「나 7연대장이요. 큰일 났습니다! 화천 근방을 보니 곧 인민군이 남침할 것 같습니다! 전군에 비상을 걸고 전투태세에 들어가야 하겠습니다!」

그러나 육본은 이러한 보고를 받고도 아무런 대책을 세우지 않고 있었다.

강릉 위 해안에서 국군10연대에 인민군 전사가 귀순하였다. 그의 진술에 의하면 「일 주일 후면 전면남침이 시작될 것이다. 엄청난 인민군이 후방에서 38선 가까이 와서 남침 명령을 기다리고 있다.」라고 결정적인 정보를 제공하여 주었다. 고근홍 연대장은 깜짝 놀라 육본 정보국에 즉시 보고하였다. 그러나 채병덕 참모총장은 아무런 조치를 취하지 않고 있었다.

6월 24일

옹진반도의 국군17연대 전면에 인민군이 증강되었고, 모든 포신이 남쪽을 향하여 깜짝 놀랐다.

「육본 정보국이요? 나 17연대장 백인엽이요. 인민군이 17연대 정면에 엄청나게 증강되어 있고 모든 포신은 남쪽을 향하여 있으며, 군관들이 남쪽을 관찰하느라 정신이 없소! 아마도 25일 일요일 새벽이 위험할 것 같소!」

백인엽 연대장의 보고는 정확하였다. 그는 육군 중에서 몇 안 되는 아주 똑똑한 연대장이었다. 그는 육본에 보고한 후 부대의 휴가 외출을 금지하고 비상을 걸고 전투태세에 임하게 하였다.

6월 24일 토요일 국군 9연대가 방어하고 있는 양문리의 38선 2킬로 전방 고지에 인민군 군관들이 모여 지도를 펼쳐들고 남쪽을 관찰하고 있었다. 틀림없이 공격하기 위하여 지형을 관찰하고 있는 모습이었다. 오후1시경 윤춘근 연대장은 즉시 육본 정보국으로 보고하였다.

「육본 정보과요? 나 9연대장 윤춘근이요. 38선 북방에서 인민군이 남침하기 위해 관측을 하고 있소. 큰일 났소!」

전방에 있는 각 사단에서는 현재 돌아가고 있는 긴박한 상황을 육본에 계속 보고하였다.

6월 24일 12시경 국군 1연대 정면 초성리 북쪽 고지에서 인민군 군관들이 남쪽의 지형을 관찰하고 있었다. 연대장은 이 사실을 즉시 육본 정보과에 보고하였다.

50년 6월 22일부터 24일 오후까지 육본 정보과는 전방부대에서 오는 전화를 받느라 24시간 정신이 없었고, 전화벨은 불이 나게 울렸다.

장도영 국장은 옹진의 17연대, 동두천의 1연대, 포천의 9연대, 춘천의 7연대, 강릉의 10연대의 보고를 종합 분석한 결과「이것은 인민군의 전면남침이 아닐까?」생각하고 채병덕 참모총장에게 보고하였다.

「그럴 리 없다. 인민군의 남침은 불가능하다. 미국도 인민군의 남침은 불가능하다고 했다.」

채병덕은 미군의 말을 인용하며 서울에 가만히 앉아서 전방에서 들어오는 긴급한 보고를 한 마디로 묵살하고 인민군 공격을 방어할 수 있는 마지막 기회를 거절하고 있었다. 뿐만 아니라 그는 인민군의 공격에 대해서는 전혀 준비하지도 않고 오히려 망할 짓만 하고 있었다. 그는 정보국장이나 다른 지휘관들이 인민군 남침을 걱정하자 「남한을 돌보는 미국이 있다. 그런데 감히 김일성이 남침하겠는가? 어림도 없는 생각이다. 괜한 것을 가지고 유언비어만 생겨 사회에 혼란을 야기시켜서는 안 된다.」하고 모든 정보 보고나 건의를 묵살하였는데 심지어 정보국에서 모든 물적 증거를 제시하여 보고하여도 「그럴 리 없다.」하고 채병덕은 「인민군 남침은 불가하다.」라며 계속 잠꼬대 같은 소리만 하고 있었다.

「채병덕이 때문에 나라가 망하고 우리 다 죽게 생겼다.」고 정보장교 김 대위가 화를 내고 있었으나 그 혼자 어떻게 할 방법이 없었다.

3) 휴가와 외출

전방의 연대장들은 「인민군이 곧 쳐내려올 지 모른다.」고 불안하여 인민군을 경계하고 있는데, 50년 6월 23일 오후 채병덕 총장은 김백일 참모부장을 불렀다.

「요즘 농촌에서는 한참 농번기인데 군이 농사일을 돕는 것은 국가 경제를 위해 중요한 일이니 장병들에게 농촌에 가서 모 심는 일을 도우라고 24일 12시를 기해 경계령을 해제하고 휴가와 외출을 보내는 것이 어떻소?」

「예. 그것도 괜찮겠습니다.」

「그러면 즉시 24일 낮 12시를 기해 경계령을 해제하고 휴가와 외출을 보내도록 하시오.」

「예. 그렇게 하겠습니다.」

김백일 참모부장은 참모총장 사무실을 나오자마자 즉시 전군에 모내기를 돕도록 경계령을 해제하고 15일씩 휴가와 외출을 보내도록 명령하였다.

「아니, 갈수록 태산인데요. 이제 경계령을 해제하고 휴가와 외출을 보내다니요? 전방 연대에서는 인민군이 곧 온다고 22일부터 정보국에 전화가 빗발치고, 정보국에서는 24시간 잠을 자지 못하고 전화를 받으며 왜 육본에서는 인민군 남침에 대한 대책을 세우지 않느냐고 아우성을 하는데, 인민군의 남침에 대한 대책은 하나도 세우지 않고, 이제는 4월 7일부터 인민군 남침의 징조가 노골적이라고 경계령을 내려 지금까지 전 장병이 잘 참고 철통같이 경계를 하고 있는데, 하필이면 오늘내일 하는 이때 경계를 해제하는 것도 엄청난 문제인데 거기다가 휴가와 외출을 보낸다니 이것은 틀림없는 남로당의 공작이요. 채병덕은 간첩임에 틀림없어! 채병덕을 처치해야지 이러다가는 남한이 북한에 먹히고 말겠어! 중국 봐! 모택동이 장개석을 먹어버렸지 않아! 우리 다 죽게 생겼어!」

「박 대위님, 고정하세요. 누가 들으면 어떻게 하시려고 그러십니까?」

「들으면 어때? 이거 보통 문제가 아니야. 잘못하면 채병덕 때문에 나라가 망하고 우리 다 죽게 생겼다고!」

「박 대위님, 무슨 일이든지 혼자는 못하는 것입니다. 사람을 규합해야 하니까 시간을 두고 윗분들부터 설득을 해서 채병덕 총장을 물러가게 하면 되지요. 무엇이든지 지혜롭게 하여야지 화가 난다고 "욱" 하면 박 대위님 뜻도 이루지 못하고 어려움을 당합니다. 그러니 한 사람 한 사람씩 설득을 하고 이해를 시켜 물러나게 해야 됩니다. 저도 협조할 테니 지금 채 총장에게 가시는 것은 삼가 주십시오!」

「지금 그렇게 할 시간이 어디 있어?」

「그래도 그 방법이 사람들이 다치지 않고 가장 좋은 방법입니다.」

「정말 지금 해치우지 않아도 될까?」

「그렇습니다!」

박 대위는 부하인 이 중위의 말도 일리가 있다고 생각하고 지금 당장 채 총장을 찾아가는 것을 뒤로 미루었다.

4) 장도영 국장의 경계령을 부활해 주시오!

50년 6월 24일 오후 3시 정보국에서 채병덕 참모총장에게 긴급 보고를 하였다.

「참모총장 각하! 북한 인민군은 전면공세로 나올 가능성이 임박했습니다. 그 공세의 시기는 금명간 일지도 모릅니다. 내일은 일요일이어서 위험합니다. 오늘 저녁이 위험함으로 비상경계령 만이라도 부활시켜 경계령을 내려주십시오!」

「오전에 경계령을 해제하였는데 어떻게 오후에 다시 경계령을 내리겠느냐? 재차 명령은 내릴 수 없다!」

채병덕은 정보국의 간절한 건의에 화를 벌컥 내며 거절하였다. 이소식을 들은 정보장교들은 「참 이상한데. 국가의 운명이 달려 있는데 왜 경계령을 해제하였으며, 다시 경계령을 내리면 되지 왜 못 내리고, 그런 것 가지고 왜 화를 내? 틀림없이 채 총장은 간첩이야! 큰일 났어! 우리 다 죽게 생겼어!」

김 대위는 씩씩거리며 한 길은 뛰었다. 여기 정보국 실장이 박정희이며, 북한 반장은 김종필이었다. 이들은 채병덕에 대해 말 한 마디 없었다. 일이 이렇게 되자 장도영 정보국장은 자기가 할 수 있는 일을 속히 준비하였다. 그는 즉시 인사국장 강영훈 대령, 작전국장 장창국 대령, 군수국장 양국진 대령 등을 정보실에 모이게 하였다.

「인민군은 공격 준비를 완전히 끝내고 내일 일요일 새벽에 공격해 올지도 모릅니다. 저들의 공격은 부산을 향해 전면침공이 예상됩니다.」

정보국장의 보고에도 국장들은 별 반응이 없었다. 그 이유는 「인민군이 남침하니 준비하자」고 하면 채병덕 총장이 「유언비어를 퍼트려 사회를 혼란시킬 작정인가?」하고 혼을 내기 때문이었다. 하여튼 인민군이 남침할 것 같으니 준비해야 한다고 하면 오히려 빨갱이로 몰리는 때였다.

「연락처를 남기고 대기하여 주시오.」

장도영 국장은 할 수 없이 이 한 마디를 하고 국장들의 회의를 마쳤다. 국군이 인민군을 방어할 수 있는 마지막 기회를 총장과 국장들은 스스로가 포기하고 헤어졌다.

채병덕 총장은 마음에 걸렸던지 24일 오후3시 조금 지나 정보국에 들러 장도영 국장에게 「정보국 직원들을 동두천과 개성 정면에 파견하여 정보를 수집해서 25일 오전 8시까지 보고하시오.」하고는 나가버렸다.

정보국에서는 동두천 정탐 책임자에 김정숙 대위를 임명하여 전곡까지 침투하여 정보를 수집하게 하였고, 개성은 김경옥 대위를 보냈다. 오전 8시면 인민군이 남침한 후여서 효과가 없다.

5) 1950년 6월 24일 오후 술을 마시다니

24일 오후 6시 육군회관 개관연회에는 참모총장 채병덕 소장, 육군본부 각 국장, 실장, 각 사단장, 재경 부대 지휘관, 주한 미 고문단 등 50여명이 모여 밤10시까지 술을 마시고 춤을 추느라 정신이 없었다.

「세상에, 인민군이 남침하는 것에 대해 밤이 새도록 준비를 해도 늦은 시간인데 정보국에서 일요일인 내일이 위험하다고 보고를 했는데도 총장이나 국장들이 뻔히 알면서 전쟁 방어준비는 하지 않고 술만 처먹고 있으니 이 나라는 망하고 말겠다. 신라가 초석 정에서 술 때문에 후백제 견훤에게 망하였듯이 남한은 육군회관 개관파티의 술 때문에 망하게 생겼어! 군 수뇌부가 저렇게 썩었으니 어떻게 인민군을 막을 것인가? 전쟁은 일어나기 전에 벌써 끝났다. 개관파티 이것은 남로당 빨갱이의 공작이다. 이거 시간은 없고 큰일인데!」

정보장교 김 대위는 안절부절 하였다. 개관파티는 빨갱이 정 모 씨의 공작으로 김창룡은 그를 현장에서 사살하였다.

파티에 참석한 사람들은 밤 10시가 되자 회관 연회는 끝나고 끼리끼리 모여 2차 3차로 25일 새벽 2시까지 술을 먹고 집에 가지 않고 여관에 들어가서 자는 장교도 있었다.

육본 정보국에서는 전방 10개 첩보대에 「1시간 간격으로 적정을 보고하라!」고 명령하였다.

24일 23시 주문진 첩보대에서 보고가 왔다.

「동해바다에 상당수 선박이 남하 중임. 민간 고기잡이 어선은 아닌 것 같음. 그러나 확실한 것은 확인할 수 없음.」

남하 중인 선박은 인민군 766부대와 549부대가 옥계와 임원에 상륙하기 위해 38선을 넘어 동해바다로 남하 중이었다.

「정보국, 정보국, 여기는 옹진 파견대입니다. 현재 25일 새벽1시, 인민군 대군이 국사봉을 오르고 있습니다.」

「정보국, 여기는 문산 파견대. 현재시간 25일 새벽3시. 인민군은 구화리로부터 도하용 쩡을 운반하고 있습니다.」

「정보국, 여기는 의정부 7사단 정보처. 현재시간 25일 새벽4시. 양문리 38선을 넘어서 인민군 전차의 엔진 소리가 요란하게 들리고 있습니다.」

「정보국, 여기는 의정부 7사단 정보처. 어- 어- 떨어집니다. 떨어지고 있습니다! 지금 사정없이 떨어지고 있습니다!」

7사단 일직 장교는 숨이 넘어갈 정도로 급하게 전화를 하고 있었다.

「무엇이 떨어지고 있단 말이요? 자세히 말씀해 보시오!」

「포탄이 우박같이 떨어지고 있고, 엄청나게 많은 인민군이 아군을 향해 공격 중이요! 인민군의 전면공격이요! 현재시간 25일 아침 5시15분입니다. 이상!」

4. 설마 인민군이

육군참모총장 채병덕 소장은 어제 육군회관 파티에 참석하고 술이 만취된 채 25일 새벽2시에 갈월동 총장공관으로 돌아와 잠에 골아 떨어졌다.

새벽 참모총장 공관에 전화벨 소리가 요란하게 울렸다.

「여보세요! 참모총장 공관입니다.」

「나 6사단 7연대장 임부택 중령이요. 지금 화천근방 전면에서 인민군이 엄청난 포격을 하면서 38선을 넘어 남침 중이요. 지금 즉시 참모총장을 바꾸어 주시오.」

25일 아침 5시 10분 임부택 연대장은 귀를 찢는 포탄소리에 한쪽 귀를 손으로 막고 한 손으로는 수화기를 바짝 잡고 목청이 찢어져라 고함을 질러대며 참모총장에게 직접 보고하기 위해 전화를 걸었다.

「예. 알았습니다.」

채병덕 총장 부관 라엄광 중위는 급히 안채로 들어갔다.

「사모님, 인민군이 남침하고 있답니다. 총장님을 깨워주십시오!」

「알았어요!」

총장 부인 백경화는 얼른 방에 들어가 채병덕을 흔들어 깨웠다.

「여보! 인민군이 남침하고 있대요. 어서 일어나 임부택 연대장의 전화를 받아 봐요!」

「무슨 소리야? 그놈의 자식들 항상 38선에서 분쟁을 일으키는데 새삼스럽게 오늘은 왜 이렇게 새벽부터 소란이야? 알았다고 해!」

채병덕은 소리를 꽥지르고는 돌아누워 버렸다. 이렇게 되면 총장 부인도 어떻게 할 수 없었다. 총장과 부인과의 대화를 밖에서 듣고 있던 부관이 달려 나가 수화기를 들었다.

「지금 총장님은 주무서서 전화를 받을 수 없습니다.」

「뭐야? 지금 어느 땐데 잠을 자서 바꿀 수 없다는 말이야? 빌어먹을……」

임부택 연대장은 할 수 없이 전화를 끊었다.

정보국 전화는 전방의 4개 사단으로부터 쉴 새 없이 전화가 걸려와 벨 소리와 고함지르듯 전화 받는 소리로 요란하였다.

「인민군의 전면전이다. 즉시 일직사령관과 작전국장과 채 총장에게 보고해야 한다.」

정보국 장교들은 숨쉴 틈이 없이 바빴다.

「일직 사령관님, 인민군의 전면남침이 확실합니다. 전군에 비상을 걸어주십시오!」

「뭐야? 인민군의 대규모 공격이라니? 이거 큰일이구만. 그러나 나는 전군에 비상을 걸 권한이 없으니 총장에게 건의하러 공관으로 가겠다.」

일직사령관은 참모총장 공관을 향해 달렸다.

「국장님, 인민군의 대규모 공격이 시작되었습니다.」

「뭐라고? 인민군이? 알았다. 곧 육본으로 가겠다.」

정보국으로부터 보고를 받은 장도영 정보국장은 정신없이 서둘러 육본에 도착하니 5시 40분경이었다. 정보국에서는 집에서 대기하라고 요청한 장창국 작전국장, 강영훈 인사국장, 양국진 군수국장 등에게 아무리 전화를 걸어도 연락이 되지 않았다.

「빌어먹을. 어제 대기하라고 그렇게 부탁했건만 어제 저녁 육군회관 낙성식에 참석하고 코가 삐뚤어지게 술을 처먹고 어디 가서 잠을 자기에 이렇게 난리가 났는데 연락이 되지 않는단 말이야? 경계령을 해제하지 말아야 하는데 이렇게 경계령을 해제하고 휴가 외출을 보내버려 부대에 장병들이 없으니 어떻게 싸움을 한단 말이야? 국군이 경계령을 해제하고 휴가 외출을 보냈는데 다음 날 인민군이 공격하다니, 이것은 삼척동자도 채병덕이 간첩이라고 알 수 있는데 그는 간첩이 아니라고 변명할 것인가? 하여튼 이거 큰일 났는데.」정보국 김 대위는 한길은 뛰고 있었다.

정보국 직원들도 고급장교들을 원망하며 발을 동동 굴렀다.

「정보국입니다. 이 대령이십니까?」

「그렇습니다.」

「지금 즉시 육본으로 출근해 주서야 하겠습니다. 인민군이 대규모 침공을 하고 있습니다.」

「뭐? 인민군이? 큰일 났구먼!」

작전국 차장 이치업 대령은 정신없이 두 번째로 육본에 도착하였다.

「총장님 계십니까?」

채 참모총장 공관으로 뛰어간 육본 일직사령은 숨을 가쁘게 쉬며 채 총장 부인에게 물었다.

「지금 주무시는데요!」

「빨리 좀 깨워주십시오! 인민군이 대규모 공격을 했습니다. 큰일 났습니다. 시간이 없습니다.」

「알았습니다.」

부인이 채 총장을 깨웠다.

「여보, 인민군이 대규모 공격 중에 있답니다.」

「왜 그래? 누가 왔어?」

「예. 육본 일직사령입니다. 총장님, 인민군이 대규모로 공격하고 있습니다. 전군에 비상을 걸어야 하겠습니다.」

「그래? 정보국 북한 반장 오라고 해!」

조금 있으니 중위 한 사람이 들어왔다.

「정보국 북한반장 김종필 중위입니다. 참모총장님 부름받고 왔습니다.」

「현재 상황은 어떤가?」

「현재 상황은 옹진에서부터 주문진까지 걸쳐 38선 전역에서 대규모 공격을 하고 있습니다.」

「음, 알았다. 전군에 즉시 비상을 걸고 국장들을 즉시 본부로 소집하라.」

「예, 알겠습니다.」

김종필 중위가 채 총장에게 보고를 마치고 나니 6시였다. 김 중위는 육본에 도착하여 작전국 차장 이치업 대령에게 보고하였다. 이치업 대령은 즉시 「전군에 비상! 전군에 비상! 인민군이 대규모로 공격하고 있다!」하고 전군에 비상 제1호를 내렸다.

채 총장은 즉시 일어나 신성모 국방부장관에게 전화를 걸었으나 전화를 받지 않았다. 채 총장은 할 수 없이 국방부장관 비서실장 신동우 중령에게 전화를 걸었다.

「여보세요! 신동우 중령입니다.」

「나 채 총장이요. 급한 일이 있어 장관에게 전화를 아무리 해도 받지 않으시니 즉시 장관을 깨워 통화하게 해 주시오! 인민군의 대규모 공격이요!」

「인민군이요? 그런데 장관님께서는 공관에 계실 것이지만 오랫동안 영국에서 생활하셔서 일요일은 아무도 면회를 하지 않고 전화도 받지 않으십니다.」

「그럼 신 중령이 지금 즉시 총장 공관으로 오시오.」

「예, 알겠습니다.」

신동우 중령은 즉시 총장 공관으로 왔다.

「신 중령, 나하고 같이 장관 공관으로 갑시다.」

「예.」

채 총장은 신 중령과 같이 신성모 국방부장관 공관으로 달렸다.

「장관님, 인민군이 38선 전역에서 대규모 공격이 시작되어 비상을 내렸습니다. 재가를 바랍니다.」

「비상을 내린 것은 잘했소!」

신성모는 잠 가운을 입은 채 채 총장의 보고를 받았다. 이때가 아침7

시경이었다. 이때 신성모는 채 총장에게 작전지시를 해주어야 하는데 신성모 국방부장관은 선장 출신으로 군 작전에 대해서는 전혀 모르는 무능한 사람이어서 채 총장에게 어떻게 하라고 지시를 내리지 못하였다. 채 총장은 7시 30분경 육본에 도착하였다.

거리는 어수선하였고, 군 차량은 서울 시내를 다니며 「휴가병들과 외출 병들은 즉시 귀대하라! 휴가병과 외출 병들은 즉시 귀대하라!」하며 요란하게 소리를 질렀다.

「아니, 어제 휴가 외출을 보내주고 오늘은 인민군이 대규모 공격을 하고 있다고 귀대하라고 하니 정신이 돌았구먼. 인민군이 대규모 공격을 하였다면 38선 근방에 집결해 있었을 것인데 그것도 모르고 휴가와 외출을 보냈단 말이야? 미친놈들!」

장병들은 불평하면서도 부랴부랴 소속 부대로 귀대하였다.

육본은 사무실마다 동대문 시장같이 요란하였다. 채 총장은 육본에 도착하였으나 무엇을 어떻게 해야 할지 몰랐다. 그것도 그럴 것이 채 총장은 보병이나 포병의 전투병과 장교 출신이 아니라 비 전투장교인 병기장교 출신이었다. 지금까지 한 번도 전투를 해본 일도 없고, 보병 중대장도 해본 일이 없어 전투가 벌어지면 무엇을 어떻게 하는 것인지 전혀 알지 못하는 간첩이면서 무능한 인물이었다. 참모회의를 하려고 해도 어제 저녁 육군회관 낙성식에 참여한 장교들이 술을 처먹고 어디에서 자는지 연락이 안 되어 참모회의도 할 수 없었다. 미 고문관 하우스만 대위는 벌써 육본에 나와 있었다. 확실히 선진국인 미국인의 정신 상태는 우리와 달랐다.

「하우스만 대위 나와 같이 의정부에 갑시다.」

채 총장이 겨우 하는 일이 정보장교가 해야 할 일인 하우스만 대위와 같이 의정부로 가는 일이었다. 의정부에 도착한 채병덕 총장을 유재홍 준장은 반갑게 맞았다. 채병덕은 유재홍 준장을 재촉하여 상황을 설명하게 하였다.

「인민군은 새벽 4시를 기해 엄청난 양의 포격으로 동두천과 포천 위 38선 이남 국군 진지에 포 공격을 한 후 전차를 앞세워 진격 중입니다. 아군은 바주카포와 57밀리 대전차포로 아무리 공격해도 적 전차는 끄 덕도 하지 않아 국군이 가지고 있는 무기로는 전차를 막을 길이 없어 저지하지 못하고 속수무책입니다.

1연대는 동두천에, 9연대는 포천에서 인민군을 저지하고 있으나 어 제 휴가와 외출을 보내 장병이 적어 더욱더 인민군을 저지하지 못하고 있습니다. 7사단 예비연대인 25연대는 온양에서 아직 출발하지 않아 예비연대가 없어 불안합니다. 현재 제일 급한 곳은 포천 근방입니다. 현재 인민군은 38선을 넘어 양문리를 점령하고 포천을 향해 남하 중인 데 9연대가 몇 시간을 견딜 지 의문입니다. 포천과 의정부는 국군이 전혀 없고 의정부에서 수유리를 거쳐 서울을 방어할 부대도 없습니다. 인민군은 현재 전면남침을 하고 있는 것 같습니다. 전과 같이 소부대 의 38선 분쟁이 아닌 것 같습니다.」

7사단장 유재흥의 보고를 받은 채 총장은 그때서야 전방상황을 알 게 되었다.

「의정부를 방어하지 못하면 서울은 어렵소. 유 장군, 전차를 육탄으 로라도 막으시오. 내가 가서 곧 증원군을 보내겠소. 증원군이 올 때까 지 인민군을 저지하시오.」

「옛. 알았습니다!」

채 총장이 즉시 육본으로 돌아오니 오전 9시 30분이었다. 이때 참모 회의를 하력 하였으나 어제 저녁 술을 처먹고 어디서 자는지 연락이 되지 않아 두 번째로 참모회의를 할 수 없었다. 김백일 참모부장이 육 본에 도착하였다.

「김백일 부장!」

「예」

「후방 3개 사단을 모두 24시간 안에 서울에 도착하게 하시오. 그리

고 수도사단의 3연대는 포천에, 18연대는 동두천으로 가서 인민군을
저지하게 하시오. 2개 연대는 7사단에 배속하여 유재홍이 지휘하게 하
시오. 그리고 대전 2사단을 포천 정면을 방어하게 하고 5사단은 문산
을 방어하게 하시오.」

　채 총장이 명령을 내려 김백일이 채 총장의 명령을 지시하러 나가자
김백일 부장 옆에서 채 총장의 명령을 듣고 있던 장교 한 사람이 고개
를 갸웃하며 김백일을 따라 나가며 말하였다.

　「부장님, 총장님의 명령이라 해도 수도사단장 이종찬 대령과 의논
해서 명령을 내려야 할 것입니다.」

　「지금 그럴 시간이 어디 있어? 즉시 출동시켜!」

　이 말에 그 장교는 「수도경비사령관 이종찬 대령은 허수아비인가?」
하고 중얼거리며 김백일의 뒤 꼭지를 한참이나 노려보았다.

　「총장님, 전면전쟁인가요?」

　「그렇소! 인민군이 38선 전역에서 일제히 공격한 전면남침이요.」

　이 말을 들은 육본 장교들은 깜짝 놀랐다. 「설마 인민군이」하였는데
전면남침이 현실이라니 모두 정신이 나간 듯하였다. 이때가 50년 6월
25일 오전 10시였다. 이때는 국군1사단 12연대가 방어하는 개성이 함
락되었고, 포천을 방어하는 국군 7사단 9연대가 인민군에 의해 2대대
가 만세교에서 참패하여 포천 위 탄장에서 인민군을 방어하다 대패하
고 퇴계원 쪽으로 도망쳐 인민군 3사단이 포천 점령을 눈앞에 두고 있
을 때였고, 인민군이 240킬로 38선 전역에서 30분 동안 포탄을 우박같
이 퍼붓고 전차를 앞세워 공격한 지 6시간이 지난 후였다.

　「도대체 인민군이 전면공격한 지 6시간이 지나서야 전면공격이라
는 것을 알다니 이런 한심한 군대가 어디 있는가? 술이나 처먹고 놀기
나 좋아할 줄 알지 도대체 이게 뭐야? 인민군이 남침할 것 같으니 준비
해야 한다고 하면 유언비어를 조성하여 사회를 혼란시킬 거냐? 하면서

금방이라도 죽이려 하고 정신이상자로 취급하더니 이제 뜨거운 맛을 보아야 하겠구먼! 이제야 인민군이 전면남침을 하였다고 정신없이 뛰어 다니는 이런 놈의 군대가 어디 있어? 어제 오후 3시 인민군이 남침할 것 같으니 국장들은 대기하라고 하였는데 술이나 처먹고 지금까지도 나오지 않고 있으니 그런 놈들이 국가를 지키는 장교란 말이야? 이런 썩어빠진 장교를 가지고 어떻게 인민군을 막아?」

하급 장교들은 두 주먹을 불끈 쥐고 채병덕, 김백일, 강영훈, 장창국, 양국진 등 육군본부 지휘관들에게 분노하였다.

채 총장이 뒤늦게 이리 저리 뛰느라 자리에 없어 김백일 참모부장이 주로 명령을 내렸으나 채 총장이나 김백일 부장이나 마찬가지로 어떻게 해야 할지 몰라 지휘부는 우왕좌왕하였고, 참모회의를 해서 결정하지 않고 즉흥적으로 명령을 내렸다.

25일 11시 정훈국장 이선근 대령이 기자들을 모아놓고 전황을 발표하자 각 신문사에서는 서둘러 호외를 돌렸다. 서울시민들은 호외를 받아보고서야 인민군의 남침을 알았는데 그때는 인민군이 포천을 점령하고 의정부를 향해 진격태세를 갖추고 있을 때였다.

제5장
한반도 비극의 시작

5장 한반도 비극의 시작

1. 인민군 총공격

50년 6월 22일 인민군 전선사령관 김책은 군단사령부에 전투명령 제1호를 하달하였다. 이 명령서에 따라 군단장들은 군단 참모와 사단장을 집합시켜 명령서를 극비에 하달하게 하고 주의사항을 주었다. 군단장들은 참모와 사단장들에게

「현재 인민군 전사들은 하기 훈련인 줄 알고 여기까지 왔소. 현재로 보아서는 남반부에서 곧 북침을 해서 공화국이 심히 어려울 것 같소. 그러니 사단장들과 문화부와 정치위원들은 24일까지 군관들과 전사들을 철저히 학습을 시켜 우리가 반격할 때 불평을 하거나 반대하는 전사가 없도록 하시오. 김광협 장군은 2사단으로 춘천을 25일 안으로 점령하고 양평을 거쳐 수원으로 직행하여 국방군의 북상을 막아야 하오. 그리고 김웅 장군은 공화국 1, 6, 4, 3사단으로 서울을 공격하되 공화국 3, 4사단의 의정부가 주공이므로 전력을 다해 공격해야 하고, 공화국 6사단 1개 연대는 김포를 공격하여 서울을 완전히 포위하여 3일 안에 서울을 점령하여 이승만과 각료들과 국방군 주력을 서울에서 괴멸시켜야 하오. 그러면 전쟁은 15일이면 끝납니다. 여하튼 서울만 점령하면 전쟁은 끝나며 남조선은 해방됩니다. 각 사단장들은 공격 목표 지점을 24일 12시까지 확인해 보고해 주시오. 오늘의 지시사항을 즉시 예하 부대에 하달해 주시오.」 하고 회의를 끝냈다. 군단장들은 사단장들에게 지시하고, 사단장들은 연대장들에게 지시하였다.

인민군은 50년 6월 23일까지 11만 대병을 38선으로 이동하고 모든 포와 차량과 전차와 장갑차에 연료와 포탄을 만재하고 있었다. 6월

24일 군관들은 자기가 공격해야 할 지점과 지리를 익히느라 정신이
없었다.

24일 12시 공격 작전명령이 내려졌다. 240킬로 38선의 인민군 공격
준비는 100% 완료하였다.

50년 6월 24일 오후 3시 박헌영은 급히 김일성을 만났다.

「수상동지, 기뻐하십시오!」

「무슨 일이요?」

「드디어 국방군이 오늘 전후방 전군에 경계령을 해제하고 휴가와
외출을 허락하였답니다. 이것은 전쟁 전에 절반은 승리한 것입니다.」

「아! 그렇습니까? 이 모든 것은 박동지가 수고한 대가입니다. 참으
로 반가운 소식입니다.」

「그렇습니다!」

박헌영과 김일성은 두 손을 마주잡고 만세를 불렀다. 김일성은 즉시
이 사실을 전선사령관 김책에게 알렸고, 김책은 즉시 김웅 1군단장과
김광협 2군단장에게 알려 24일 밤에는 전방사령관들이 알게 되어 인
민군 사단장들은 싸우기도 전에 사기가 올라 만세를 불렀다.

6월 24일 오후 7시부터 인민군 공병부대는 내일 새벽에 보병과 전차
가 가는데 지장이 없도록 지뢰제거에 나섰다. 25일 새벽 4시까지 보병
이 공격하는데 지장이 없도록 완료하였다.

50년 6월 24일 38선에 배치된 전 인민군 군관과 전사들에게 정치학
습이 시작되었다.

「전사 여러분! 정보에 의하면 국방군은 25일 새벽3시 우리 북조선
인민공화국을 공격한다고 한다. 우리는 그들의 공격을 기다렸다가 일
제히 반격하여 남조선을 개승만의 괴뢰로부터 해방을 시켜야 한다. 북
조선 인민군 만세!」

각 사단장들은 참모와 연대장들에게 교육시켜 연대장은 연대 군관
들에게 교육시키고 군관들은 전사들에게 교육을 시켰다.

50년 6월 24일 밤 10시 간성 앞 바다에서는 오진우의 766부대와 표무원 549부대가 옥계와 임원에 상륙하기 위하여 항구를 출발하고 있었다. 인민군의 대남공격은 6월 24일 오후 10시부터 시작되었다.

2. 방어중인 동두천 국군7사단

1) 유재흥 7사단장에 부임
「7사단장으로 부임을 축하합니다.」
50년 6월 10일 의정부 방면을 방어하는 사단장으로 유재흥 장군이 부임하자 참모들이 모두 나와 인사를 하였다.
참모장 김종갑 대령이 미리 준비한 상황판 앞에 서서 부대 위치와 부대 현황을 보고하였다.
「7사단 소속 1연대는 동두천 정면에, 9연대는 포천 정면을 방어하고 있으며, 사령부에는 25연대와 같이 의정부에 있습니다. 병력은 7,500여 명이며, 57밀리 대전차포 12문, 바주카포 128문, 105밀리 포 15문, 61밀리 박격포 26문, 60밀리 박격포 54문이 있으며, 제8포병대와 공병대대가 있습니다.」
「수고했습니다. 그러면 지금 전방을 시찰합시다.」
「옛, 준비하겠습니다.」
사단장 이하 일행은 동두천 1연대에 도착하였다.
「1연대장 함준호 대령입니다. 1연대의 부대 현황을 보고하겠습니다.
2대대는 초성리에서 38선을 경계하고 있으며, 연대 주력은 의정부 서쪽의 덕정에 있습니다. 연대는 주로 서북출신들로 편성되었습니다. 그리고 철원에는 적의 신예 전차부대가 집결 중에 있어 이에 대한 대책이 요망됩니다!」
「그래요? 수고하셨소! 철저히 경계하시오!」
사단장 일행은 1연대를 떠나 9연대가 있는 포천으로 달렸다. 9연대에 도착하니 연대장 윤춘근 중령이 대기하고 있었다.

「9연대장 윤춘근 중령입니다. 9연대 부대 현황을 말씀드리겠습니다.

2대대는 양문리에서 38선을 경계하고 있으며, 1대대는 포천에 있고, 3대대는 의정부 북쪽 3킬로 지점인 금오리에 연대본부와 같이 있습니다.」

「수고했소! 더욱 경계를 철저히 하시오!」

유재흥 사단장이 시찰을 마치고 사령부로 돌아오자 김종갑 참모장은 사단장에게 7사단 내 연대 이동상황을 보고하였다.

「사단장님, 육본에서는 6월 15일부로 저희 사단 소속 예비연대인 3연대를 수도사단 소속으로 하고, 온양에 있는 2사단 25연대를 7사단 소속으로 6월 20일까지 도착하도록 명령을 받았습니다.」

「그래요? 그러면 김병휘 25연대장에게 즉시 의정부로 부대를 이동하게 하고 25연대가 오면 호원동에 배치하시오.」

「옛, 알았습니다.」

7사단장 유재흥 준장은 즉시 육본으로 달려가 「지금 일선에 필요한 것은 대전차 방어의 강화에 있다. 시간이 없으니 우선 대전차지뢰를 지급해주지 않으면 큰 문제가 일어난다.」라고 정보국장 장도영, 작전국장 장창국, 군수국장 양국진, 그리고 미 고문관들을 만나 설득하였다. 그러자 미 고문관들은 「한국에서는 전차가 활동할 수 없는 지형이다. 전차를 겁낼 필요가 없다. 2.36인치 바주카포가 있다. 염려 안 해도 된다.」 고 하며 대전차 지뢰는 주지 않고 잠꼬대 같은 소리만 계속 하였다.

이준식 전 사단장은 1년 6개월 동안 7사단장에 있으면서 진지 구축 하나 해놓지도 않고 7사단장을 떠나면서 38선 이북의 적정에 대해 말한 마디 없이 떠나버려 유재흥 사단장은 정확한 상황 파악을 못하고 있었다.

유재흥 사단장은 6월 16일 육본으로부터 「6월 18일 일요일 미 국무장관 델레스 씨가 7사단을 방문할 것이니 안내에 만전을 기하라!」는 명령을 받았다.

6월 18일 아침, 델레스, 무초 주한 미 대사, 라이트 미 군사고문단 참모장, 신성모, 임병직 외무부장관, 채병덕 총장, 미 고문관 그리고 육본 국장들이 의정부 7사단 사령부에 도착하였다.

유재홍 사단장은 이들에게 현재 상황을 설명하였다. 이들은 즉시 동두천 위 초석리 38선의 전초진지에 도착하였다.

38선 이북을 시찰한 델러스는 「제1선의 긴장상태를 잘 보게 해 줘서 고맙소! 모든 것이 평온하기를 바랍니다!」라고 인사를 하였다.

이때 유재홍 사단장은 「인민군의 움직임이 심상치 않습니다. 대전차 지뢰가 절대 필요합니다! 그리고 105밀리 산포 1개 대대가 사단에 있지만 탄약은 1문 당 3탄씩뿐입니다. 만일 무슨 일이 나면 탄약이 절대 문제입니다!」하고 건의를 하였다. 그러나 이 말에 누구 한 명 신경 쓰는 사람이 없었다.

델러스는 한국 국회에서 「만일 한국이 외부로부터 침략을 받을 경우 미국은 물심양면으로 원조하겠으니 안심해도 좋다!」라고 연설을 하여 국회의원들로 하여금 우레와 같은 박수를 받았다. 미국은 처음으로 '한국이 외부로부터 침략을 받을 경우' 라는 용어를 쓰고 있었고, 침략을 받을 경우 원조하겠다고 하였다. 미국은 혹시 인민군이 공격할지 모른다고 판단한 것 같았다. 그러나 미국은 끝내 한국에 대전차 지뢰 한 개도 제공해주지 않았다.

2) 포천의 9연대

「연대장님, 철원에 전차부대가 나타났다는 정보입니다!」

5월 중순경 일선 수색대에 의해 전차부대가 철원에 나타난 것을 보고 받고 윤춘근 9연대장은 즉시 육본에 보고하였다.

「연대장님, 인민군 38경비대를 정규사단으로 교체하고 있습니다!」

일선부대에서 보고가 들어오자 9연대장은 즉시 육본에 보고하였다.

「연대장님, 양문리 북방에 중전차가 우리들의 눈에 목격되고 있습니다!」

2대대장의 보고에 연대장은 또 즉시 육본에 보고하였다.

「아니, 인민군이 심상치 않은 움직임을 하고 있는데 사단에서나 육본에서는 아무런 대책을 세우지 않고 있고, 특히 육본에 상황이 변하는 즉시 보고하였어도 아무 말이 없으니 더욱 큰일이야!」

윤춘근 연대장은 걱정하고 있었다. 그래서 그는 6월 18일부터 퇴근하지 않고 영내에서 근무하였다. 9연대는 제주도 4.3폭동 때 초기진압작전에 참가한 부대로 제주도에서 창설한 부대였다.

「연대장님, 2대대장 전순기 소령입니다. 23일 밤 9시경 30여대의 트럭이 보성산 뒤로 이동하고 있습니다. 24일 오전에는 인민군 군관들이 지도를 펴놓고 이곳을 가리키며 무엇인가 이야기하고 있습니다. 아무래도 무엇인가 일이 벌어질 것 같습니다!」

「알았소! 계속 주시하고 경계를 철저히 하시오!」

전순기 소령의 전화를 막 받고 나자 참모장이 「육본에서 경계령을 해제하고 장병들에게 휴가와 외출을 보내라는 명령입니다!」하고 보고하였다.

「참 이상한 일이구만! 전방에서는 인민군의 움직임이 심상치 않다고 보고하는데도 대책을 세우지 않고 오히려 경계령을 해제하고 장병들에게 휴가와 외출을 보내라니 이상한 일이 아니요?」

윤춘근 연대장은 육본의 지침이 이상하다고 하면서도 「다른 부대 장병들도 휴가 외출을 가니 우리 부대도 보내야지!」하여 참모장은 6월 24일 토요일 오후부터 휴가 외출을 30%나 보냈다. 이렇게 되어 6월 24일 오후 9연대는 장병들이 30%이상 외출을 나갔고, 동료들이 휴가와 외출을 나가자 잔류 병력은 오랜만에 경계령이 해제되어 경계근무가 엉망이었다. 그리고 9연대는 차량이 수리 차 후송되고 5대 뿐이었고,

중화기도 수리 차 후송되었고, 7사단 한태원 중령, 안문일 소령, 정보 참모 이세호 소령, 부관 최세인 소령이 후방에서 교육 중이었다. 6월 24일 오후 장병들을 휴가 외출을 보내 부대에 잔류 7사단 병력은 약 4,000여명이었다.

3) 북한 인민군의 남침
전투명령 제1호
인민군 1군단 사령부 김웅 군단장은 서울을 공격할 4개 사단을 6월 22일까지 '하계기동작전' 훈련이라고 속이고 계획대로 38선에 도착시켰다. 각 사단은 공격임무를 명령받았다.

조선인민군 총사령부
4사단장 앞
공격 정찰명령서 제1호   1950년 6월 18일

1. 야포대를 포함한 적 제7사단 제1연대는 임진강으로부터 588.5고지에 이르는 지역에 방어진을 치고 있다. 38선 방어 전초는 동선상의 고지 북방 서면 일대에 포진하고 있다. 적 저항의 주력선은 217고지와 411고지의 북방 측면인 색교리 및 630고지 서북방과 북방 측면에 걸쳐 포진하고 있다. 38선에서 강산리 및 동진리에 이르는 계곡은 강력한 무기로 방어되고 있다. 좌익면의 적 방어진은 제1보병사단 13연대에 의하여 방어되고 있다. 그 좌익 측면에는 7사단 9연대가 포진하고 있다.
2. 공격태세가 완벽하게 되면 공격에 앞서 다음의 항목을 필요로 한다. …생략
3. 24시간 동안의 정보개요를 기필코 매일 19시까지 전화 혹은 무전으로 정보본부로 발신할 것 일반 보고서 및 적군의 서류 그리고 심문

서 등을 입수할 경우에는 매일 8시와 20시까지 정보본부로 제출해야 한다.

4. 1/3의 공격부대를 관측소 부근에 배치하고 나머지 2/3는 적의 주공격을 완수하는 병력으로 배치할 것 각 분대는 3인 내지 5인으로 구성된 분대를 구성하여 전선에서 노획한 적의 문서를 수집케 할 것.

조선인민군 최고사령부
최고사령관 김   일   성

이어서 전투명령 제1호를 4개 사단장 앞으로 하달하고, 김웅은 이영호 소장과 이권무 소장을 특별히 불렀다.

「인민군 4사단은 동두천을 거쳐 의정부와 서울을 해방한다. 3사단은 포천과 의정부를 거쳐 서울을 해방한다. 문산 방면은 임진강이 있고, 춘천방면은 소양강이 있어 다리가 폭파되면 인민군의 공격 속도가 늦어질 것이다. 그러나 의정부 방면을 공격하는 4사단의 동두천 방면의 전곡천 다리는 우리가 점령하고 있고, 양문리 위의 38교도 우리가 점령하고 있어 우리는 6월 25일 순간적으로 이 다리를 건널 것이다. 그러므로 서울을 점령하기가 제일 좋은 곳이 바로 의정부방면이다. 그 중에서도 동두천은 야산이 많아 전차공격하기가 불편하나 포천은 38교에서 의정부까지 축석령 고개만 어렵지 나머지는 공격하기가 어렵지 않기 때문에 우리 인민군은 포천 방면에 최대 전력을 다하고 있소! 그러므로 이영호 소장 여하에 따라 이 전쟁이 얼마나 빨리 서울을 점령하느냐 결정되기 때문에 우리 모두는 이영호 소장에게 기대를 걸고 있소! 그러니 서울을 제일 먼저 점령하는 부대는 3사단과 4사단이 되어야 하고, 서울을 한 시간이라도 빨리 점령해야 임진강이 있는 문산과 소양강이 있는 춘천에서 국방군이 빨리 무너지는 것이요. 이영호 소장과 이권무 소장의 선전을 부탁하오!」

김일성 김책 김웅은 간곡히 부탁하면서 특명을 내렸다.

의정부를 공격할 인민군은 4사단, 3사단, 105전차연대, 계 34,000 여명과 전차150대, 자주포 32대, 45밀리 대전차포 96문, 122밀리 곡사포 24문, 76밀리 포 72문, 120밀리 박격포 36문, 82밀리 162문, 61밀리 수백 문으로 공격준비를 끝냈다. 인민군은 의정부 공격에 전력의 30%였다.

「전사들을 38선 이곳까지 하계훈련이라고 속여서 끌고 왔는데 25일 아침 갑자기 남조선을 향해 돌격명령을 내리면 전사들을 속였다고 반대할지 모르니 23일과 24일 저녁까지 사단장들은 책임지고 전 사단의 전사들에게 "동부전선에서 국방군이 38선을 넘어 인민공화국을 공격하고 있는데 우리가 가만히 보고만 있으면 되겠는가? 우리가 돌격하자!"라고 전 전사들에게 교육을 철저하게 시켜 군관과 전사들의 마음이 하나가 되어야 하오. 이 점 철저히 교육하시오!」

김웅 군단장은 두 사단장에게 명령하였고, 두 사단장은 각 연대장들을 불러 철저하게 명령을 내려 24일 저녁에는 비가 오는 데도 천막 속에서 교육을 철저하게 시켰다.

「국방군은 경계령을 해제하고 오늘 오후부터 국방군이 30%이상 휴가와 외출을 보내 부대 안에는 상당 이상 비어 있다는 정보요. 3일 안에 서울을 해방시켜 국방군을 서울 안에서 괴멸시켜야 하오! 3일이요, 3일!」

이와 같은 김웅 군단장의 말을 들은 두 사단장은 만세를 불렀다. 군관들과 전사들은 곧 남조선을 해방시킬 것 같이 흥분하였다.

4) 포탄이 떨어져 후퇴한 국군 1연대 포대장 김한규 중위

6월 24일 오후 국군7사단 1연대 함준호 연대장은 참모들을 집합시켰다.

「육본에서 경계령을 해제하고 24일부터 휴가와 외출을 보내라고 명

령이 내려왔는데 여러분들의 의견은 어떻습니까?」

휴가와 외출을 육본에서 명령을 내렸다 해도 이것은 어디까지나 전방사단장과 연대장의 권한이었다. 그래서 함 연대장은 참모들에게 물었다.

「휴가와 외출을 보내서는 절대 안 됩니다. 육본에서도 3월 위기설이니 5월 위기설이니 떠들어 경계령을 내렸고, 인민군 전차가 철원과 연천에 모였다느니, 인민군의 움직임이 심상치 않은데 어째 하필이면 이런 때 경계령을 해제하고 또 휴가와 외출을 보냅니까? 절대 안 됩니다! 육본은 참으로 이상합니다!」

정보주임 김명선 대위가 절대 반대하였다.

「장기에 걸친 비상 경계령으로 장병들이 지루해 하고 지쳐 있는데 경계령을 해제도 하였으니 장병들의 사기를 생각해서라도 휴가와 외출을 보내야 합니다.」

인사주임 김만진 대위가 보내야 한다고 주장하였다.

「그러면 3중대와 중화기 중대 일부를 비상 대기시키고 다른 부대는 휴가와 외출을 허가한다!」

함 연대장은 두 사람의 말을 듣고 절충하여 결정하였다.

동두천을 공격할 인민군 4사단 이권무 소장은 25일 새벽 3시 참모와 연대장들을 전곡 협곡리 사단사령부에 집합시켰다.

부사단장 박금철 총좌, 포병부사단장 노식송 총좌, 사단참모장 허봉학 총좌, 16연대장 최인덕 대좌, 17연대장 김관대 대좌, 18연대장 김희준 대좌가 모였다.

「현재 동두천 정면에는 국방군 1연대가 방어하고 있는데 어제 휴가와 외출을 보냈기 때문에 병력은 70%밖에 없어 기회는 좋다. 그리고 의정부를 방어하는 국방군 7사단은 예비연대가 없어 만일을 대비하지 못하고 있다. 그러므로 우리가 먼저 동두천의 1연대를 격파하고 의정부를 점령, 예비연대가 없을 때 여세를 몰아 서울을 점령해야 한다. 김일성 장군님께서도, 그리고 김책 사령관, 김웅 군단장이 나에게 제일 먼저 서울에 입성해야 한다고 부탁하셨고, 3일 안에 서울을 점령해야 한다고 하셨으니 여러분들이 협조하여 우리 사단이 제일 먼저 서울에 입성해야 하겠소! 그리고 나는 어느 연대가 먼저 서울에 입성하는가 볼 것이요! 먼저 입성하는 연대장에 대해서는 내가 할 수 있는 힘을 다해 도울 것이요!

18연대는 전차 1개 대대, 야포 1개 대대, 45밀리포 1개 중대, 로켓포 1개 대대, 공병 1개 대대, 대전차포 2개 소대를 지휘하여 사항리와 마지다를 거쳐 의정부를 공격해 주시오. 13야포연대, 대전차포 중대, 76밀리포 1개 중대, 45밀리포 1개 중대, 82야포중대의 엄호를 받을 것이요.

16보병연대는 전차 1개 대대, 사단 야포연대, 45밀리 야포 1개 중대, 박격포 2개 대대, 대전차포 2개 분대, 45밀리 야포 1개 대대, 공병 1개 중대를 지휘하여 사항리, 패기리, 양원리를 거쳐 의정부를 공격하시오.

17보병연대는 사단 예비대로 한다.

107전차연대가 선두에서 공격한다. 25일 의정부를 점령하고, 26일 수유리를 점령하고, 27일 미아리고개를 넘는다. 오늘 정각4시에 30분 동안 포부대가 공격한 다음 탱크가 선두에 서서 진격하고 보병이 뒤를 따르고 각종 야포대는 연대장의 지휘에 따라 뒤를 따른다. 13사단이 우리를 지원한다. 이상!」

6월 25일 정각 4시, 「폭풍 333, 발포하랏!」하는 사단장의 명령에 따라 각종 포병들은 국군이 잠자고 있는 내무반, 초소, 진지 할 것 없이 무차별 포격을 시작하였다.

「아니, 이게 무슨 소리냐? 인민군의 포탄 터지는 소리 아니야?」

경계령이 해제되어 마음 놓고 잠을 자던 장병들은 포탄 터지는 요란한 소리에 놀라 잠을 깨었다.

「비상! 비상! 인민군의 공격이닷!」

자다 일어난 국군은 정신이 없었다. 함준호 연대장은 2대대로 38선을 경계하고 주력은 의정부 위 덕정에 있었다. 38선을 경계하는 2대대는 초성리 양원 봉암을 지키고 있었다.

「연대장님, 2대대장 이명 소령입니다. 인민군이 엄청난 포격을 하고 있습니다. 전에 하던 포격하고는 전혀 다릅니다! 전면공격입니다. 이상입니다!」

정각 4시, 포성과 동시 2대대장은 연대장에게 보고하였다.

「비상! 비상! 3중대는 지금 즉시 동두천에서 인민군을 방어하랏!」

함준호 연대장은 4시 30분에 3중대를 출동시켰다. 3중대는 탄약을 보급 받아 6시에 동두천에 도착하였다. 3중대장은 초성리 말고개에 병력을 배치하고 조금 있으니 인민군 4사단 16연대가 2열종대로 도로를 따라 남하하여 왔다.

「엎드렷!」

한 중대장은 장병들을 도로 양쪽에 매복시켰다가 인민군이 가까이 오자 인민군을 공격하게 하였다. 곧 인민군과 국군과의 총격전이 벌어졌다. 함준호 연대장의 명령으로 8포병대 제2포대가 현지로 달려왔다.

「계곡의 인민군을 공격하랏!」

2포대장 김한규 중위가 밀집되어 있는 인민군 16연대에 집중으로 포격하게 하였다.

「앗! 전차닷!」

포격을 하고 있던 포대원이 전차를 발견하고 놀라 소리쳤다.

「겁내지 말고 유탄으로 전차를 향해 공격하랏!」

김한규 중위가 명령하자 2포대원들은 정신없이 전차를 향해 공격하였다. 그러자 집중포격에 놀란 전차가 허겁지겁 도망쳤다. 인민군 16

연대는 개전 몇 시간도 못 되어 1개 대대가 전멸할 정도로 피해가 많았다.

「포병들은 내 말을 잘 들어라! 잘못하면 우리 다 죽는다. 전차는 앞의 철판이 두껍고 뒤는 얇고 배는 더 얇다. 현재 우리 포 가지고는 이 두꺼운 철판을 뚫을 수 있을지 의문이다. 그러므로 정면을 공격해서 전차가 파괴되지 않으면 바퀴줄을 공격한다. 바퀴줄은 우리의 대전차포나 바주카포로도 얼마든지 끊을 수 있다. 그러므로 S자형의 도로에서 전차가 나타나면 몸을 숨겼다가 정면을 공격해서 안 되면 바퀴줄을 연속해서 공격하여 바퀴줄이 끊어지면 전차는 전진하지 못하고 멈추면 다음 전차는 도로가 좁아 비껴가지 못하고 서 있게 된다. 그러면 전차 옆의 바퀴줄을 모두 끊어버리면 된다. 우리 포병이 전차를 막지 못하면 이 전투는 이길 수 없다! 국가에서 많은 돈을 들여 그 동안 우리를 먹여 살린 것은 이때를 위한 것이다. 우리가 전차를 막다가 죽는다면 이보다 큰 영광이 어디 있겠는가? 너희들은 살려고 생각하지 말고 죽어서라도 전차를 막아야 한다! 지금 즉시 도로 양쪽에 호를 깊이 파고 인민군 전차가 오기를 대비하라! 즉시 행동한다. 이상!」

김한규 중위는 다음 공격 준비를 철저히 하였다.

「전차가 온다! 준비하랏!」

준비를 끝내고 얼마 있으니 전차와 자주포, 장갑차가 뒤섞여 일렬종대로 오고 있었다. 이 모습은 장관이었다.

「코앞까지 가까이 끌어들여 공격하랏!」

김한규 중위는 전차가 가까이 오자 공격명령을 내렸다. 그러자 2포대원들은 쉴 새 없이 전차의 바퀴줄을 향해 집중적으로 포탄을 퍼부었다.

시간이 얼마나 지났을까, 「인민군이 도망친닷! 공격하랏!」김한규 중위가 명령을 내렸다. 2포대원들은 도망치는 전차부대 뒤를 향해 정신 없이 포탄을 퍼부었다.

「와- 전차 8대가 움직이지 않고 있다! 저것은 파괴된 것 같다! 만세! 만세!」

포대원들은 서로 얼싸안고 좋아하였다. 2포대원들의 사기는 충천하였고 자신감이 넘쳤다. 그들은 이때같이 군대에 들어와 포대원이 되었다는 것이 기쁠 수가 없었다.

국군의 바주카포나 대전차포로 정면을 공격해서는 실패하여도 100-200미터 앞에서 바퀴줄을 공격하면 어떤 전차도 파괴시킬 수 있었다.

「중대장님, 탄약이 떨어졌습니다!」

실탄 공급계가 보고하였다.

「뭐라고? 실탄이 떨어져? 그러면 즉시 연대나 사단에 보고하여 먹을 것과 실탄을 보내달라고 해!」

「그런데 무선도, 유선도 연락이 안 됩니다!」

「그러면 어떻게 해? 실탄이 없으면 인민군이 공격하면 우리는 다 죽는데?」

「차량을 가지고 가서 실어올까요?」

「차로 실으러 간 사이에 인민군이 공격하면 우리는 어떻게 해? 도대체 사단이나 연대에서 이런 것도 준비해주지 않고 우리보고 싸우라고 했어? 빌어먹을. 포대 철수한다! 우리가 여기에서 개죽음을 할 수 없다! 덕정으로 철수한다! 그런데 인민군 그놈들이 우리가 철수하는 걸 알면 우리를 즉시 공격할 것이니 쥐도 새도 모르게 철수하는데 차량을 한 번에 떠나지 말고 한 대씩 한 대씩 철수하고 장병들은 산에 붙어서 철수한다!」

이렇게 하여 잘 싸우고 있던 2포대원들은 탄약이 없어 덕정으로 후퇴하였다. 2포대원들이 잘 싸워서 인민군의 공격이 주춤한 사이 함준호 연대장은 1대대의 휴가병들을 모아 마차산에 배치하였다. 이들은 인민군이 덕정과 동두천으로 남하하려는 인민군을 잘 막고 있었다.

함준호 연대장은 3대대 휴가병들을 모아 소요산에 배치하였다. 1연대는 전투배치를 거의 끝내고 인민군과 싸울 준비가 잘 되어 있었다.

「국방군 포부대가 철수하였다!」

인민군 4사단 16연대 연대장은 국군 포병대가 후퇴한 것에 놀라며 한편으로는 이상하게 생각하였다. 그는 국군 포병대가 없는 이상 공격 명령을 내려 속전속결하게 하였다.

25일 오후 3시, 인민군의 공격이 일제히 시작되었다. 인민군은 적성 에서 간파리로 일부는 청산리를 지나 남진하고 있었다. 인민군 4사단 은 정면공격을 피하여 우회공격을 병행하고 있었다.

함준호 연대장은 3대대 1개 중대로 안흥리에서 인민군을 방어하였 다. 인민군과 1연대 사이에 치열한 전투가 벌어졌다.

「연대장님, 탄약을 보내주십시오!」

각 부대에서는 탄약을 보내달라고 아우성이었다. 그러나 연대에는 기본 실탄 밖에 없었다.

「아니, 실탄이 없다니? 이거 어떻게 된 거야?」

연대장은 "아차!" 하였다. 문산의 1사단과 춘천의 6사단, 강릉의 8사 단 등은 실탄 때문에 어려움은 없었는데 서울방어에 가장 중요한 7사 단에는 한바탕 싸우고 나니 실탄이 없었다. 이것은 7사단 내의 남로당 원의 공작임이 틀림없었다.

7사단에는 7일분의 실탄밖에 없었다. 실탄을 실으러 부평으로 가려 고 해도 차량이 없고, 차량이 있다 해도 운전병이 휴가 외출이라 갈 수 가 없었다. 연대는 위기를 맞게 되었다.

「전차가 온다!」

안흥리에 도착한 인민군 전차는 동두천을 향해 사정없이 갈겨댔다.

「연대장님, 인민군이 동두천을 점령하면 마차산과 소요산 등에 있 는 아군이 포위됩니다. 안흥리의 전차를 막든지 아니면 장병들을 철수 시키든지 해야 할 것 같습니다.」

참모가 건의하였다.

「현재로써는 안흥의 전차를 막을 길이 없다! 그러면 각 대대는 덕정으로 후퇴시켜라!」

전투 2시간만인 오후 5시, 1연대 장병들은 덕정으로 후퇴하였다. 2대대, 3대대 장병들은 25일 밤을 이용하여 무사히 덕정초등학교에 모였다. 그러나 마차산에 있는 1대대에는 연락할 방법이 없어 후퇴명령을 내리지 못하였다. 유선도 무선도 안 되었고, 안흥은 이미 인민군이 점령하여 연락병을 마차산까지 보낼 수가 없었다. 인민군은 이미 동두천까지 점령하여 더욱더 연락할 길이 없었다. 김봉룡 대위는 1연대가 후퇴한 줄 모르고 해발 587고지 마차산에 있었으나 탄약과 먹을 것이 없어 배가 고파 견딜 수가 없었다. 현대전은 전차전인데 전차전은 도로에서 막든가 전차가 도로를 뚫고 나가든가의 싸움이었다. 1연대의 마차산과 소요산, 9연대의 왕방산, 문산의 파평산에 있던 대대는 자동 포위되어 산 정상에 있던 부대는 전차를 막는데 아무런 도움이 되지 못하였고, 오히려 포로가 되는 위기를 맞게 되었다.

「사단장님, 큰일 났습니다! 적이 남침하고 있습니다!」

작전참모 이영규 중령이 유재흥 사단장에 보고하였다. 시간은 오전 5시 15분이었다.

유재흥 사단장은 어제 육군회관 낙성식 파티에 참석하고 2차 3차를 가지 않고 비교적 일찍 집으로 돌아왔기 때문에 전화를 받을 수 있었다. 유재흥 사단장은 약수동 집에서 30분 만에 의정부 사령부에 도착하였다.

「적은 정각 4시, 30분 동안 포 사격을 한 다음, 전차를 앞세워 공격해 와 최전방의 중대 진지는 무너지고 대대진지는 고수되고 있는 것 같습니다! 그리고 전차의 공격은 국군의 어떤 무기로도 파괴되지 않는다고 합니다. 여기에 대한 대책이 시급합니다!」

작전참모 이영규 중령이 급하게 보고하였다.

전황은 국군에 불리하였고, 상황판은 문산의 1사단, 춘천의 6사단, 강릉의 8사단도 공격을 받고 있어 유재흥 사단장은 전면전인 것을 즉시 알 수 있었다.

「사단장님, 1연대 6중대장 최춘정 중위, 3중대장 안태섭 중위가 전사했다는 보고입니다!」

「사단장님, 만세교에서 57밀리 대전차포대장 허현 대위와 포대원이 전차를 공격하다 전원 전사하였다는 보고입니다!」

전쟁은 심각한 상태였고, 계속 불리한 보고만 들어와 유재흥 사단장은 불안하였다.

3. 6.25 초전 참패의 원인 포천 국군9연대, 3연대

1) 양문리 2대대장 전순기 소령의 참패

25일 새벽, 1년 반 동안 대남 공격을 하기 위해서 밤낮으로 준비한 김일성, 김책, 김웅, 각 사단장들은 25일 밤을 꼬박 새우며 25일 4시가 되기를 초조하게 기다렸다. 정각 4시가 되었다.

「폭풍 333!」

「각 포대는 국방군 진지를 향해 공격하랏!」

이영호 사단장의 명령이 떨어지자 인민군의 모든 포는 국군의 초소, 내무반, 진지를 향해 소나기같이 30분 동안 퍼부은 다음, 인민군 3사단 7연대 김창봉 대좌는 영중교 38선을 넘어 양문리의 7중대와 외가양리 6중대를 포위하였다.

국군 장병들은 모두 잠에 취해 있다가 포 소리에 놀라 일어났다.

「이게 무슨 소리야? 대포소리 아닌가!」

「비상! 비상! 인민군의 기습이닷! 완전무장하고 각자의 위치로 가서 인민군을 방어하랏!」

만세교에 있는 9연대 2대대장 전순기 소령은 양문리에 있는 7중대와 가양리에 있는 6중대에 비상을 걸고 즉시 전투태세를 갖추어 응전하라고 명령하였다.

「박격포로 전차를 공격하랏!」

전차가 공격해오자 7중대장이 고함을 쳤지만 박격포 가지고는 전차를 파괴할 수 없었다. 전차는 박격포탄을 맞고도 끄덕도 하지 않고 38교에서 양문리로 남하하며 7중대를 향해 사격하니 7중대는 견디지 못하고 239고지로 후퇴하였다.

「연대장님, 큰일 났습니다! 인민군이 엄청난 화력을 동원하여 4시 정각 38교를 넘어 양문리까지 공격해 왔습니다. 저놈들이 전차를 앞세워 공격하는데 아군을 이것을 막을 무기가 없습니다!」

오전 4시 30분, 2대대장 전순기 소령은 숨이 넘어갈 듯 급하게 윤춘근 연대장에게 상황을 보고하였다. 이때 「탱크닷!」하는 장병들의 보고가 들렸다. 어느 새 인민군의 전차는 만세교 앞 2대대 정면에 나타났다. 전순기 2대대장은 전차를 막지 못하였고, 전차는 후방에서 2대대 장병들을 향해 사격하니 2대대는 견디지 못하였다.

「2대대는 탄장으로 후퇴하랏!」

2대대는 순식간에 붕괴되었고, 대대장이 탄장으로 철수하라는 명령에도 불구하고 장병들은 탱크에 놀라 아예 의정부로 도망쳤다.

6월 25일 새벽 4시 30분에 급보를 받은 윤춘근 9연대장은 비상을 선포하고 장병들을 깨웠다. 장병들은 5시 30분에 탄약과 비상식량을 지급 받고 연병장에 집합하여 출동준비를 끝냈다.

「인민군이 엄청난 화력을 가지고 38교를 넘어 양문리를 향해 오고 있다고 하며, 인민군은 전차를 앞세우고 남진 중이라고 합니다.」

윤춘근 연대장은 사단사령부에 보고하고 즉시 1대대를 지휘하여 출동하려고 하니 차량이 5대 밖에 없었고, 휴가와 외출을 한 장병들이 많아서 출동할 병력이 적었다.

「헌병! 헌병! 의정부에 가서 차량을 징발해 와!」

윤춘근 연대장은 차량을 징발하러 헌병을 의정부로 보내고 병력을 집합시켰다.

「집합! 완전무장하고 집합하랏!」

금오리에 있는 1대대는 승차하기 위해 집합을 끝냈다. 그러나 그 때까지 징발하러간 차량이 도착하지 않아 차량이 없어 생명같이 귀중한 시간을 허비해야 하였다.

「오늘 인민군이 이렇게 쳐내려오는데 어제 경계령을 해제하고 외출과 외박을 보내는 참모총장이 어디 있어? 혹시 채병덕 총장이 김일성과 내통한 것 아니야? 그러지 않고서야 어떻게 오늘 인민군이 쳐들어오는데 어제 장병들을 휴가와 외출을 보낼 수 있단 말이야? 그리고 우리 연대장은 인민군 동태가 이상하다고 하여 육본에 보고하고 18일부터 영내에서 근무하면서 어째서 휴가와 외출을 보냈느냐 말이요? 그리고 전쟁 준비를 전혀 하지 않고, 특히 차량 준비도 하지 않고 있다가 귀중한 시간에 장병들을 이렇게 연병장에서 기다리게 만든단 말이요?」

중대장들과 하사관들의 불평이 이만저만이 아니었다.

「입 좀 다물어! 큰 일 나려고! 남로당으로 몰리면 현장에서 죽는지 몰라?」

「아니, 인민군이 쳐들어온 것이 큰일이지 바른 말 하는 것이 무엇이 큰일이란 말이요? 언제 죽을지 모르는데 말이나 하고 죽어야지 말도 못해? 그리고 1개 연대에 차량이 5대라니 이게 될 말이요? 포천이 뚫리면 의정부와 서울이 뚫리는데 우리가 인민군을 막느냐 못 막느냐에 따라 서울이 점령되느냐 방어하느냐 하는 중요한 부대인데 차량 5대 가지고 어떻게 하겠단 말이요?」

중대장 한 사람이 목소리를 높였다. 그러자 여기저기에서 「맞다!」

「정말 그래!」하며 중대장의 말에 긍정하는 장병들이 많았다. 1대대는 아침 5시 30분에 집합이 끝나 차량 12대를 징발해 와 승차하였다. 연병장에 대기하고 있던 장병들은 불평하지 않은 장병들이 없었다. 이 일로 사기는 이미 저하되었다.

「썩었어! 썩어! 이런 썩은 지휘관들 가지고 어떻게 인민군을 막을 수 있단 말인가?」

장병들은 생각하면 생각할수록 화가 나서 견딜 수 없었다. 30분이면 도착할 수 있는데 차량이 없어 생명같이 귀중한 3시간을 허비하였으니 어떻게 인민군의 공격을 막겠는가?

윤춘근 연대장이 1대대를 지휘하여 현장에 도착하니 9시 30분이었다.

「대전차포를 준비하랏!」

연대장은 1대대 전차포 중대장에게 명령하였다. 전차포 중대장은 대전차포 3문을 가지고 도로변 양쪽에 진지를 만들고 인민군 전차가 300미터 전방에 오고 있을 때 공격하려고 기다렸다.

전차 굴러오는 소리가 "우르릉, 우르릉"하고 들렸다. 전차가 300미터 가까이 이르렀을 때「발사!」하는 명령과 거의 동시 국군 대전차포 3문이 공격하자 포탄이 전차에 명중되었다. 장병들은 "되었다!" 하고 소리를 질렀으나 잠시 후 전차는 아무 일없이 전차포문을 국군에 돌리고 사격하여 국군은 몰살 직전에 놓이게 되었다.

「조준구를 벗기고 후퇴하랏!」

이들은 포 3문을 버리고 후퇴하였다.

12문의 바주카포 중대가 양쪽 도로에 배치되어 인민군 전차에 집중 공격을 퍼부었다. 그러나 전차는 끄덕도 하지 않고 바주카포 부대를 향해 공격하니 바주카포 부대는 견디지 못하고 후퇴하였다.

바주카포나 대전차포 가지고 전차의 바퀴줄을 공격해야 하는데 2대대장이나 1대대장이나 윤춘근 연대장 등은 이것을 모르고 전차 몸통만 공격하니 전차가 파괴될 리 없었다.

　1사단 15연대 최영희 연대는 포 부대를 동원하여 공격하고 안 되면 수류탄으로 육탄공격을 하게 하여 인민군 전차를 꼼짝 못하게 하였고, 1사단 13연대 1대대장 김진위 소령도 포부대로 공격하고 육탄으로 공격하여 전차가 얼씬도 못하게 하였고, 전차 13대를 파괴하였다. 그런데 9연대는 전차를 저지하는 기술과 방법이 전혀 없으면 윤춘근 연대장은 육탄 특공대를 조직하여 전차를 저지했어야 하는데 그렇지 않고 그는 1대대를 탄장 방어선으로 후퇴하여 배치하였다.

　9시 30분, 인민군 전차는 탄장을 향해 오고 있었다. 인민군 전차를 본 8포병대장 이규삼 소령은 천 미터 앞에 전차가 나타나자 105밀리 곡사포로 직격탄을 쏘아댔다. 그래도 전차는 끄덕도 하지 않고 공격해 왔다.

2) 전선을 무단이탈한 포천의 9연대장 윤춘근 중령

　10시가 조금 지나자 인민군 전차는 장사진을 이루며 탄장(현재 신북면사무소 근방)으로 오고 있었다. 9연대 1대대는 화력을 총동원하여 전차를 향해 집중 공격하였다. 그러나 효과가 없었다. 전차는 탄장을 지났고, 전차 뒤에는 오토바이 부대와 기마부대가 따르고 있었다. 다급해진 윤춘근 중령은 직접 바주카포를 들고 공격하였으나 전차는 끄덕도 하지 않았다. 사단 포병대장 이규삼 소령도 105밀리 곡사포로 근접사격을 퍼부었으나 역시 마찬가지였다.

　「공병대에 포천교를 폭파하라고 그러지 왜 다리를 그냥 두고 탱크가 넘어오게 하지?」

　「공병대원이 다 외출 나가서 기술자가 없는데 어떻게 폭파시켜?」

　그래도 도로를 절단하여 함정을 파놓고 위장해 놓으면 전차가 오다가 선두 전차가 처박히면 후미 전차가 앞 전차에 걸려 전진을 못하고 전차가 줄지어 서 있을 때 땅에다 TNT를 매설하였다가 TNT 한 방으로 날려버리면 통쾌하게 탱크를 파괴할 텐데.」

「야 임마, 연대장이나 사단장이나 참모총장이 그 정도 준비하였으면 우리가 이렇게 당하겠냐? 어제 휴가 외출 보내는 것 봐! 높은 놈들은 자기들이 직접 싸우지 않는다고 그따위 짓거리를 하는가 봐! 미쳤지, 미친놈들이야!」

1대대 장병들은 왕방산 고지에서 포천으로 들어오는 인민군들이 끝이 보이지 않을 정도로 장사진을 이룬 것을 보고 자기들과 비교해보면서 한탄하였다. 조금 있으니 포병과 보병과 전차가 1대대 정면과 배후에서 공격하자 국군은 더 이상 견디지 못하고 9연대 1대대와 2대대 장병들은 의정부 방면으로 후퇴해야 하는데 광릉방면으로 모두 도망치고 말았다. 인민군 전차와 자주포는 종대를 이루어 끝이 보이지 않았다. 인민군 전차는 11시에 힘들이지 않고 포천을 점령하였다. 공격을 시작한 지 7시간 만에 국군9연대를 붕괴시키고 11킬로를 손실 없이 진격하여 포천을 점령한 것이다.

유재흥 사단장은 윤춘근 연대장에게 「지금 3연대가 포천으로 출동하니 이와 협조하여 탄장선을 확보하라!」고 명령을 하였는데 9연대장 윤춘근 연대장은 유재흥 사단장에게 보고도 없이 무단으로 광릉내 방향으로 도망쳤다. 그는 증원 오는 국군과 합세하여 인민군 공격을 저지해야 하는데 사단장의 후퇴명령도 없는데 장병들을 이끌고 광릉내로 도망쳐 전선을 이탈하여 송우리와 축석령을 비워 국군이 위기를 맞게 하였고, 3대대에는 후퇴명령도 내리지 않아 3대대는 오후 1시까지 포천 뒤 왕방산에서 이 광경을 구경하고 있다가 금오리 쪽으로 후퇴하였다.

2대대장 전순기 소령은 산 속으로 숨어 밤이 되기를 기다려 제9, 10중대를 인솔하여 적진을 돌파하여 서울로 철수하려고 밤 9시 30분 행동을 개시하였으나, 부대가 인민군에 저지되면서 장병들은 분산하여 포위망을 뚫다 거의 전멸되었다.

이렇게 하여 9연대는 9시간 만에 붕괴되고 말았다.

「연대장이나 대대장들이 송우리나 축석령으로 후퇴하여 육탄으로라도 전차를 저지하고 3연대가 증원 온다고 하니 증원 오면 함께 인민군을 저지해야지 어떻게 하려고 전선을 이탈하여 광릉방면으로 도망쳐서 송우리, 축석령을 텅텅 비우는 무책임한 짓을 연대장이나 참모들이 할 수 있는가? 군인은 죽어서 나라를 지키고, 죽으면서 적을 물리치고, 죽으면서 자기 위치를 지켜야지 자기 한 목숨 살겠다고 도망치다니 그게 군인 정신인가? 이 길로 인민군이 의정부를 공격하면 어떻게 하려고 광릉으로 도망친단 말이야? 큰일 났구먼, 큰일 났어! 포천에서 의정부는 25킬로이니 두 시간이면 충분히 갈 수 있는 거리가 아닌가? 그런데 이렇게 텅텅 비우다니? 이러다가 나라가 망하겠는데. 인민군 전차가 이 길로 의정부를 공격하면 의정부에는 국군이 없어 바로 점령되지 않겠는가! 그렇게 되면 동두천의 1연대가 포위되어 7사단도 순간적으로 붕괴되고 의정부에서 서울까지는 20킬로인데 오늘 저녁 안으로 인민군이 도착할 가능성이 있는데 그렇게 되면 서울은 수라장이 되고 문산의 1사단이 포위가 되고 나라는 망하는데 어떻게 하면 좋단 말인가?」

중대장 하나가 땅이 꺼지게 걱정을 하였다.

「우리가 이렇게 도망쳐서야 되겠는가? 육탄으로라도 싸우자!」

중대장이 부하들에게 아무리 싸우자고 하여도 어느 누구도 싸우려 하지 않았다.

「오늘 이렇게 인민군 놈들이 쳐 내려오는데 채병덕 참모총장은 왜 경계령을 해제하고 휴가 외출을 보냅니까? 그리고 사단장이나 연대장도 사병들을 휴가 외출을 보내고 전쟁 준비는 왜 하지 않고 있다가 이렇게 당하게만 합니까? 도로에 함정을 만든다든지, 포천교를 폭파하든지 했어야 이런 것들은 얼마든지 우리가 할 수 있는 것들이었는데 하지 않고 있다가 이제야 우리보고 육탄공격을 하자고 하시는데 그 높은 양반들보고 하자고 하시요!」

장병들은 중대장에게 군 수뇌부와 사단장과 연대장을 힐난하며 산으로 도망쳐 버렸다. 이렇게 되어 포천에서 의정부 사이는 방어할 국군이 없어 텅텅 비어 있었다. 이때 인민군 전차가 쉬지 않고 공격하였으면 오후 1시경에는 쉽게 의정부에 도착하였을 것이고, 25일 오후까지는 서울도 어렵지 않게 점령할 수 있었다. 그것은 7사단에는 예비연대가 없었고, 후방 3개 사단이 서울까지 온다 해도 26일 아침 정도 되어야 도착할 수 있었으며, 후방 3개 사단은 화력이 약하여 인민군의 적수가 될 수 없었다. 인민군은 미군이 한반도에 상륙하기 전에 부산과 목포를 점령하여 남한을 8월 15일까지 해방시킬 절호의 기회였고, 국군은 첫 번째 위기를 맞게 되었다. 그러나 포천을 11시에 점령한 인민군 3사단은 오후 4시 30분까지 5시간 30분 동안 공격하지 않았다. 이것은 참으로 이상한 일로 진실로 하나님의 도움이었다.

「사단장님, 포천의 9연대가 인민군 전차를 막지 못하여 11시에 인민군이 포천을 점령하였다고 합니다.」

「그럼 9연대는 어떻게 되었는가?」

「후퇴중인 것 같습니다!」

예비연대인 25연대가 온양에서 왔어야 하는데 예비연대가 없어 이거 큰일인데.」

9연대의 후퇴를 보고 받은 유재흥 사단장은 예비연대가 없어 걱정을 태산같이 하였다.

「이런 때 예비연대가 있으면 즉각 포천으로 출동시켜 방어하게 할 것인데, 6월 20일부로 온양의 25연대가 7사단 소속 부대이동을 명령받고도 아직까지 의정부에 도착하지 않았으니 어떻게 인민군을 이기겠는가? 인민군은 의정부 방면에 전력을 다해 공격해 오는데 국군은 의정부를 방어하는 7사단에 예비연대도 없는 데다 장병들은 휴가와 외출을 보내 방어력이 가장 약할 때였는데 이것은 인민군이 서울로 빨리 들어오라고 성문을 활짝 열어준 것과 다름없지 않는가? 채병덕과 김일성이 서로 내통하지 않고서야 어떻게 남침 며칠 전에 부대이동을 시켜 예비대가 없게 하고, 사단장을 바꾸어 부대 파악을 못하게 하고, 장병들을 휴가와 외출을 보내 전투력을 약화시켜 의정부를 이렇게 방어할 수 없게 한단 말인가? 세상에 실탄이 없어 전투를 못하다니 이럴 수 있습니까? 참으로 한심한 나라입니다. 채병덕이가 빨갱이가 아니고서야 어찌 이렇게 할 수 있어? 채 총장 부관 라엄광 중위, 그 새끼는 육군 장교 명단에도 없는 가짜 대한민국 장교인 남로당 공작원이 아닌가! 그 자가 채병덕 총장을 조종하여 이렇게 된 것이 아닐까?

각 연대와 연락하려해도 유선도 무선도 안 되니 연대의 상황을 알 수 없지 않아! 실탄이 벌써 떨어져 부천 병기창고로 가지러 가려고 해도 차량도 없고 운전병이 휴가나 외출을 가서 운전병도 없지 않은가. 옹진의 17연대는 차량이 100대 이상인데 대한민국에서 방어를 가장 튼튼히 해야 할 의정부 9연대에 차량이 5대라니 도대체 있을 수 있는 일이야?」

참모 중 하나가 포천의 상황을 알고는 탄식하였다.

3) 수도사단 3연대 혼성부대의 송우리 전투 패전
「수도사단 3연대는 즉시 7사단에 배속되어 포천에서 인민군을 막아라.」

오전 10시경 3연대에 명령이 떨어지자 이상근 연대장은 비상을 선포고 장병들에게 "집합하라"고 명령하였지만 많은 장병들이 휴가나 외출을 하여 전원 집합이 불가능하였고, 부대 이동명령을 받은 수도사단 8연대 예비연대가 홍천에서 아직 도착하지 않았다. 7사단 25연대와 수도사단 8연대만 부대 이동명령을 받고 아직 도착하지 않아 서울 방어에 가장 중요한 사단들만 예비연대가 없게 하여 인민군이 서울을 단숨에 점령하게 하였다. 이것이 채병덕 총장이 간첩이라는 증거이다.

「연대장님, 부대에는 장병들이 휴가와 외출을 나가 얼마 없습니다!」

인사계가 부대 상황을 보고하였다.

「그러면 현재 부대에 있는 장병만이라도 집합시켜!」

「옛!」

수도사단 3연대는 부대에 있는 1, 2, 3대대 장병들을 집합시켜 혼성 부대를 만들었다.

「연대장님, 휴가와 외출 갔던 장병들이 속속 들어오니 기다렸다가 3 개 대대가 동시에 출발하는 것이 좋을 것 같습니다. 이대로 혼성부대 되어 출발하면 누가 누군지 몰라 손발이 맞지 않아 전투를 할 때 효과 적인 전투를 할 수 없습니다. 그리고 명령계통도 서지 않습니다!」

「지금 그럴만한 시간이 없다. 즉시 집합시켜!」

「옛, 알겠습니다.」

3연대는 우선 내무반에 있는 장병들만 모아 3대대에 편성하여 혼성 부대를 만들었다. 그러나 차량이 없었다. 이상근 연대장은 헌병에게 시내에 나가 차량을 징발해오게 하여 헌병이 20여대를 징발해오자 3 대대장 김창봉 소령에게 지휘하게 하여 포천으로 떠나게 하였다. 서울 시민들은 이들에게 「이기고 돌아오라!」고 열렬히 만세를 불러주었다.

「제기랄, 4월 위기설이니, 5월 위기설이니 하면서 인민군이 곧 침공 할 것이라고 경계령을 내려놓고 막상 인민군이 침략하기 전날 경계령 을 해제하고 휴가 외출을 보내는 참모총장이 어디 있단 말이야? 채병 덕이 간첩이 아니고서야 어떻게 이럴 수 있어?」

차를 타고 가면서 장병들은 지휘관들의 무능에 불평을 하였다.

「야 임마! 너 입 조심해!」

「입 조심하라니? 그럼 지금 상황이 그렇게 생각하지 않게 생겼어? 간첩이 아니고서야 이럴 수가 있느냐 말이요! 채병덕 그놈부터 죽여 야 해!」

「입 조심하라니까!」

「나는 입 조심 못하겠어! 무능한 지휘관은 적보다도 무서운 적이다! 무능한 지휘관 때문에 만만한 쫄짜들이 다 죽게 생겼는데 왜 말 못해?」

차안에서 상사 하나가 분노를 참지 못하고 조용히 하라는 장교에게 대들었다.

3연대 3대대는 전속력으로 의정부 축석령을 거쳐 포천으로 가려고 하였는데 포천근방에 가자 패잔병들이 의정부 쪽으로 도망치고 있었다.

「아니, 국군 9연대가 싸우고 있다고 하여 왔는데 9연대는 없지 않아!」 3대대 장병들은 9연대가 포천에서 싸우고 있는 줄 알고 왔는데 9연대는 없고 패잔병만 의정부를 향해 도망치고 있는 것을 보았다.

「너희들 연대장은 어디에 있는가?」

「모른다!」

「인민군은 어디까지 왔는가?」

「포천을 점령하는 것을 보았다.」

3연대 장병들은 패잔병들을 보고 싸우기도 전에 기가 죽었고 인민군의 수와 무기 등에 대한 정보를 얻을 수 없어 불안하였다.

「윤춘근 연대장과 대대장들은 송우리로 후퇴하여 우리에게 정보를 주고 패잔병을 모아 우리와 같이 힘을 모아 싸워야지 어디로 도망쳤단 말인가? 어떻게 하려고 이곳을 이렇게 텅텅 비워 놓았단 말이야? 이거 역적 아닌가?」

3연대 장교들은 화가 났고 패잔병들을 보니 싸울 용기가 없어졌다. 패잔병들을 붙들고 「같이 싸우자!」해도 들은 척도 하지 않고 9연대 장병들은 죽자 살자 도망쳤다.

김창봉 3대대장은 송우리 동쪽 고지를 점령하고 방어준비를 하고 있었다. 이상근 연대장도 휴가병들을 모아 1대대 혼성부대를 편성하여 오후 2시 30분 경 송우리에 도착하여 3대대와 합류하였다.

「금방이라도 공격해올 것 같더니 인민군이 왜 공격해오지 않을까?」

3연대 2개 대대는 기다려도 인민군이 오지 않아 이상하게 생각하였다.

오후 4시 30분, 인민군은 전차를 앞세우고 지프차와 트럭이 종대를 이루어 전차 뒤를 따랐고, 전차 뒤에는 보병이 오고 있었다. 전차가 나타나자 국군은 아연 긴장하였다.

이상근 연대장은 「장병들은 인민군이 코앞에 올 때까지 기다려라!」 하고 명령을 내리고 전차와 트럭이 국군 코앞까지 오자 공격명령을 내렸다.

연대장의 공격명령이 떨어지자 긴장하고 있던 3연대 2개 대대는 전 화력을 동원하여 선제공격을 하였다. 전차는 끄떡하지 않고 남하하였으나 트럭들은 박살났다. 포병학교 교도대는 대전차포와 바주카포로 전차를 맹공격하여 여러 발이 명중되었으나 전차는 끄덕도 하지 않았고 전차 한 대가 회전하면서 도랑에 빠졌을 뿐이었다.

인민군 전차 7대가 포신을 3연대가 있는 방향으로 돌린 후 3연대를 향해 포탄을 발사하였다. 그러자 3연대는 순식간에 수라장이 되었다. 3연대 장병들은 전차의 공격을 막을 수 없자 하나 둘씩 죽자 살자 의정부로 도망치기 시작하였다. 이러한 장병들을 향해 이상근 연대장이 「축석령으로 후퇴하라!」고 명령을 하였지만 장병들은 들은 척도 하지 않고 의정부 쪽으로 도망쳤다.

「사단장님, 연대 화력을 총집중하여 전차에 공격하여 수발을 명중시켰으나 전차는 끄덕도 하지 않고 오히려 연대에 공격을 하여 아군이 전차의 공격을 막을 수 없어 축석령으로 후퇴하여 사수하겠습니다!」

이상근 연대장은 사단장에게 보고를 하고 축석령으로 후퇴하였다. 3연대는 한 시간도 싸우지 못하고 붕괴되었다. 오후 6시경 이상근 연대장은 축석령에 도착하여 장병들을 모았다.

인민군은 송우리에서 국군 3연대를 대패시켰다. 그 여세를 몰아 국군을 추격하여 공격하였다면 25일 오후 9시경에는 의정부에 도착하여 동두천에서 싸우고 있는 국군 7사단을 포위하고 25일 밤 12시경에는 서울에 도착할 수 있었다. 그런데 인민군은 이 좋은 기회를 버리고 오히려 포천으로 되돌아가는 진풍경이 벌어졌다.

4) 전선을 무단이탈한 축석령의 3연대장 이상근 중령

「집합하라! 축석령으로 집합하라!」

도망치는 장병들을 장교들을 동원하여 축석령으로 모이라고 호소하였다.

「집합하라니? 오늘 인민군이 쳐들어오는데 어제 휴가와 외출을 보낸 놈이 어떤 놈인지 그 놈보고 집합해서 탱크를 막으라고 하지. 3개 대대를 뒤섞어서 데려오니 자기 소대장이나 중대장이나 대대장이 누구인지도 모르고, 옆에 있는 놈이 누구인지도 모르는데 명령을 내린다고 듣겠소? 그리고 탱크를 막을 수 있는 무기를 준비하든지, 도로를 파서 전차 함정을 만든다든지 다리를 폭파해서 전차를 이길 수 있는 대안을 가지고 싸우라고 해야지, 대안도 없이 싸우라고 하면 누가 듣겠소? 지휘관들이 돌대가리들만 모여 탱크에 대해서는 전혀 준비도 않고 모여라! 모여라! 한다고 우리가 모이겠소? 가자!」

장병들은 장교들에게 불만을 토로하며 의정부 쪽으로 도망쳤다. 이상근 연대장은 목이 터지게 호소해서 집합을 끝내니 겨우 2개 중대가 모였다.

「연대장님, 여기 축석령은 죽어도 사수해야 합니다! 여기가 뚫리면 의정부는 순식간에 점령됩니다. 그렇게 되면 서울이 위험하여 큰일 납니다. 여기 축석령은 150고지로 인민군 전차가 이곳을 지나려면 도로 폭이 5미터 정도이고, 왼쪽은 20여 미터의 절벽으로 된 계곡이며, 우측은 30도경사인 산이어서 여기를 막으면 천하 없는 전차도 여기를 넘지 못합니다. 천연 요새입니다. 우리가 이곳에서 인민군 전차를 막아야 합니다. 그렇지 않으면 서울까지 전차를 막을 곳이 없고 병력도 없어 오늘 안으로 서울이 점령될 위기에 처하게 됩니다. 여기에서 죽더라도 인민군 전차를 막아야 합니다.」

참모가 조언을 하였다.

「그것 좋은 의견인데 송우리에서 철수하면서 대전차포나 바주카포를 한 문도 가지고 오지 않고 다 놓고 왔으니 무엇으로 공격할 것이요? 전차 함정을 만들려 해도 도로를 팔 수 있는 연장도 없지 않소?」

연대장의 말을 들으니 참모도 기가 막혔다. 3연대 장병들은 중화기를 모두 버리고 소총 한 자루씩만 들고 죽자 살자 도망쳐온 것이다.

축석령 이곳은 계곡으로 도로가 나 있어 이곳에 전차 함정을 만들고 도로 중앙에 TNT를 장치하고 양쪽으로 바주카포와 대전차포를 배치하고 조금 떨어진 곳에 105밀리 곡사포를 대기시키고 육탄조를 준비하였다가 선두전차가 함정에 빠지면 후미전차가 줄지어 정지했을 때 TNT로 전차를 폭파시키고, 이것이 실패하면 105밀리 곡사포 직격탄으로 공격하고, 이것이 실패하면 육탄조가 공격하였다면 어떻게 감히 인민군 전차가 축석령을 넘겠는가?

이러한 준비는 전혀 하지 않고 이상근 3연대장은 오후 8시가 되어 해가 지려고 하자 사단에 보고도 없이 금오리 동쪽 고지로 도망쳐 버렸다. 그래서 방어하기 제일 좋은 대한민국의 목줄이요 천연요새인 축석령에는 국군이 한 명도 없어 두 번째 포천 도로가 뻥 뚫려 위기를 맞이하였다.

인민군 3사단이 뻥 뚫린 이 길을 진격해 왔다면 싸움 한 번하지 않고 쉽게 저녁 8시경이면 의정부를 점령할 수 있었다. 이때에는 의정부에도 국군이 없었고, 의정부에서 서울까지도 없었다. 그 길로 의정부를 거쳐 서울로 진격하였다면 25일 밤 12시경에는 인민군은 서울을 만세를 부르며 점령할 수 있었다. 그렇게 되면 문산의 1사단이 포위되어 전멸할 수 있고, 후방 3개 사단은 화력이 약하여 인민군의 적수가 되지 못하였다. 인민군이 그 여세를 몰아 쉴 사이 없이 한강을 건너 진격하였다면 미군은 한반도 상륙을 엄두도 내지 못하고 인민군은 7월 10일까지는 남한을 완전히 점령하여 한반도를 통일할 수 있었다. 인민군의 첫 번째 기회였다.

　국군은 두 번째 위기가 왔다. 그런데 송우리를 점령한 인민군 전차부대는 국군 3연대를 격파한 후 8킬로 떨어진 포천으로 다시 후퇴하는 해괴한 일이 벌어졌다. 이 때문에 인민군은 절호의 기회를 놓쳤고, 대한민국은 두 번째 위기를 넘기게 되었다. 이것은 진실로 전쟁을 주관하시는 하나님의 도우심이 아닐 수 없었다.

　출장 중이던 사단 참모장 김종갑 대령, 교육 중이던 1연대 1대대장 한태원 중령, 임백진 소령 등이 의정부사령부에 도착하였고, 장병들도 속속 귀대하였다.

5) 채병덕 총장의 반격명령

「비상! 비상! 장병들은 집합하랏!」

　수도사단 18연대장 임충식 중령은 휴가 외출 병들을 모아 25일 오후 6시경 용산을 출발하여 오후 8시경 덕정에 도착하였다.

　25일 밤 채병덕 총장은 7사단 사령부에 도착하였다. 7사단장 유재흥 장군과 2사단장 이형근 준장, 그리고 5연대 차갑준 소령이 있었다.

　「7사단은 1연대와 18연대로 하여금 26일 미명에 덕정에서 동두천을 거쳐 38선을 향해 진격하고, 2사단은 16연대와 5연대로 하여금 26일 미명에 축석령에서 포천을 향해 공격하시오!」

　「아니, 5연대 2개 대대로 어떻게 인민군 1개 사단을 축석령에서 포천까지 몰아낸단 말이요? 내일 오전 중에는 16연대와 25연대가 도착할 수 있기 때문에 기다렸다가 병력을 모아 한 번에 공격하여야 효과가 있지 부대가 포병과 공병도 없는데 어떻게 적을 막습니까? 조금씩 병력을 투입하면 모두 전멸하고 맙니다!」

이형근 사단장이 채 총장의 무모한 공격명령을 강력히 반대하고 나섰다.

「무슨 소리요? 축석령이 돌파되면 내일 적은 의정부에 들어온단 말이요! 명령이요. 내일 미명에 즉시 공격하시욧!」

채 총장은 이형근 사단장에게 명령하였다. 그러나 이형근 사단장은 명령을 거역하였다. 그러자 채 총장은 이형근 사단장과 같이 온 5연대 2대대장 차갑준 소령에게 명령하였다.

「차 소령, 대한민국의 운명은 이번 의정부 확보 여하에 달려 있다. 특공대를 편성하여 포천에서 축석령으로 지향할 것으로 보이는 적 전차 30대를 파괴하라! 성공하면 중령으로 특진시켜 주겠다. 축석령에는 국군 3연대가 있다!」

「옛! 총장 각하 명령대로 하겠습니다!」

채병덕은 차갑준 소령의 대답에 만족하며 이형근 사단장에게 일별하고 차에 올랐다.

「이 장군님, 축석령에는 이 장군님 동생 이상근 연대장이 방어하고 있습니다. 적은 내일 아침 공격하려고 준비하고 있는지 퇴각하였는지 확실하지 않아 위력 수색과 적의 공격준비를 수색하는 뜻에서 공격하여 주십시오!」

유재홍 사단장이 이형근 사단장에게 부탁하였다.

「유 장군, 이 전쟁은 전면전이요. 그러므로 지금 병력을 서서히 한강을 건너 한강에서 적을 막아야 합니다. 그래서 나는 우리 연대를 한강을 건너지 않고 노량진에 있게 하고 싶은데 이런 작전을 채 총장에게 건의하니 채 총장은 나를 군법회의에 넘긴다느니, 권총으로 쏘아 죽인다느니 하며 조금 전에 육본에서 고래고래 고함을 질러 옆에 있던 사람들이 말려 여기까지 온 것이요! 그러나 유 장군의 이야기를 들으니 일리가 있습니다!」

이형근 사단장이 유재흥 사단장의 의도를 이해하여 26일 미명에 동두천과 축석령을 동시에 공격하기로 결정하였다.

대전의 2사단 5연대 연대장 백남권 대령은 일본에 있는 미군에 배속되어 있었고, 부연대장 박기성 중령은 부산에 출장 중이었다. 5연대는 북상하라는 명령을 받았으나 휴가와 외출자가 많아 부대에 있는 장병과 휴가와 외출에서 돌아온 장병들을 우선 모아 혼성부대를 만들어 제2대대장 차갑준 소령이 열차 편으로 용산역에 도착하여 육본으로부터 의정부로 급행하라는 명령을 받았다. 2대대는 25일 오후8시 의정부에 도착하여 금오리 9연대 본부에 도착하였던 것이다.

6) 한심한 수뇌들

이승만 대통령은 창덕궁 비원에서 한가롭게 낚시질을 하고 있었다.

「인민군이 대거 남침하고 있다.」고 내무부 치안국과 육본에서 경무대 경찰서장에게 보고하였다.

「각하! 인민군이 전면남침 하였다고 합니다!」

「무엇이 어째? 인민군이 남침했다고? 어서 경무대로 가자! 그리고 신 국방 즉시 경무대로 오라고 해!」

「옛! 각하!」이때가 10시경이었다.

신성모 국방부장관은 즉시 이승만 대통령 앞에 불려왔다.

「도대체 인민군이 오는 것도 모르고 어떻게 된 것이야?」

「예, 오늘 새벽 4시에 38선 전 전선에서 인민군이 대거 남침하였습니다. 그러나 수일 이내로 평양을 향한 각하의 명령을 받으려고 합니다!」

신성모는 이승만 대통령의 물음에 엉뚱한 대답을 하였다.

「경찰의 보고에는 국군이 고전하고 있다던데 어서 미국에 긴급 군사원조를 요청하시오!」

「예. 각하!」

「임시 국무회의도 소집하시오!」

「예, 각하!」

이승만 대통령의 요청으로 국무회의가 열렸다. 여기에서 채병덕 총장의 보고가 있었다.

「적의 전면남침이라고 하기보다는 이주하와 김삼룡을 돌려받기 위한 것으로 판단됩니다. 후방에 있는 3개 사단을 즉시 출동시켜 반격하여 이를 격파할 것입니다.」라고 이승만 대통령에게 허위보고를 하고 있었다.

채병덕 총장이 전면남침이 아닌 것으로 허위보고를 하여 장관들은 상황을 파악할 수 없었다.

「그러면 적을 몰아내는 거야? 아니면 서울을 지키는 거야? 뭐야?」

이승만 대통령이 채병덕 총장에게 질타하였다. 채 총장은 땀을 뻘뻘 흘리며 「몰아내겠습니다!」하고 겨우 대답하였다. 그리고 각료회의를 마쳤다.

이승만 대통령은 전사에 대해 아무 것도 모르고 있었고, 국방부장관이라는 신성모도 선장출신으로 전사에 대해서는 전혀 백지였고, 참모총장이라는 채병덕마저 보병이나 포병이나 전투병과 출신이 아니고 병기장교 출신이어서 지금까지 한 번도 전투를 해본 경험도 없고, 중대 정도의 전투도 지휘해 본 일이 없는 인물로 막상 11만 대군으로 인민군이 남침하자 무능한 이 세 사람들은 어떻게 해야 할지 몰라 속수무책이었다. 전문가와 비전문가는 하늘과 땅의 차이였다. 채 총장은 국군 10만 대병을 가지고 어떻게 방어하고 어떻게 격퇴해야 할 것인가를 계획조차 세우지 못하였다. 총장 자신이 계획을 세우지 못하면 참모회의에서 작전을 세워야 하는데 계획적인지 아니면 몰라서 그런 것인지 간첩이어서 그런지 그것마저도 하지 않았다. 이승만 대통령도 중국의 유방이 장량의 조언으로 중국 천하를 통일했듯이 군사전문가를 불러 대책을 의논해야 하는데 그런 일이 전혀 없었다.

25일 오후 2시가 되어서야 개전 10시간 만에 어디서 처박혀 잠자던 참모들이 나타나 채 총장은 처음으로 참모회의를 할 수 있었다. 어제 저녁 취하도록 술을 먹어 이처럼 초전 작전에 엄청나게 영향을 주었다. 그런데 이렇게 어렵사리 모인 참모회의는 참모들의 의견을 묻고 수렴하는 회의가 아니라 채 총장이 일방적으로 지시사항을 전달하는 식으로 끝났다. 다시 말해 참모회의가 아니라 채 총장의 일방적인 사항을 전달받는 모임이 된 것이다.

6월 25일 밤 10시, 이승만 대통령은 무쵸 대사를 불렀다.

「무쵸 대사, 정부를 대전으로 옮길 생각이요!」

「각하! 정부가 서울을 떠나면 한국인의 사기에 치명적인 영향을 줄지 모릅니다.」

「아니요! 그것은 나 개인의 안전보다 정부의 안전을 위해서요.」

이렇게 이승만 대통령이 무쵸 대사를 불러 대전으로 정부를 이전하겠다고 말한 것은 이승만 대통령이 미국의 원조를 얻기 위한 하나의 수단이었다. 이 대통령은 한국이 이렇게 된 데는 미국의 책임이 크다고 하면서 미국의 군사원조를 간절히 요청하고 있었던 것이다.

6월 25일 오전 11시, 육본 정훈국장 이선근 대령은 기자회견을 하였다.

「금일 오전 5시부터 8시 사이에 북한 괴뢰 집단이 38도선 전 지역에 걸쳐 불법 남침을 감행하여 이 시간 현재 국군과의 전투가 계속되고 있습니다. 옹진 개성 장단 의정부 동두천 춘천 강릉 등 38선 전면에 걸쳐 괴뢰집단은 거의 같은 시각에 남침을 개시하였고, 동해안으로 상륙하였습니다.

아군은 전 지역에 걸쳐 이를 격퇴하고 긴급히 적절한 작전을 전개하고 있습니다. 동두천 정면에서는 적은 전차까지도 투입하여 도발해 왔지만 아군은 대전차포로 이를 격퇴하였다. …… 중략 …… 전 국민은 군을 신뢰하고 조금도 동요하지 말고 각자 맡은 직장에서 군의 작전에 적극적으로 협력 있기를 바랍니다. 이상입니다!」

정훈 국장은 말을 마치자 기자들의 질문도 받지 않고 회견장을 떠났다. 이 내용이 신문에 보도되자 서울 시민들은 금세 흥분의 도가니가 되었다.

서울시민들은 아무 것도 모르고 있었는데 11시가 되자 일간지의 호외가 시내에 뿌려졌다.

《북한 괴뢰군은 금일 미명을 기하여 38도선 전역에 걸쳐 남침을 개시하였다. 아군은 즉시 적과 교전하여 이를 격퇴 중이다.》

오후가 되자 인공기가 그려진 전투기가 서울 상공에 나타나 〈국방군이 먼저 38선 이북으로 공격을 가했기 때문에 보복하는 것이다!〉라는 삐라를 뿌리고 용산의 육본, 여의도 비행장. 김포비행장, 중앙청, 성동경찰서 등에 기관총을 쏘아대자 서울시민은 기절하게 놀랐다. 중앙방송에서는 정훈국 보도과장 김현수 대령이 계속 행진곡을 섞어가면서 방송을 하였다.

50년 6월 25일 오후 육군본부 정훈국 보도과장 김현수 대령은 중앙방송국에서

「북괴군은 옹진으로부터 개성 장단 동두천 포천 춘천 강릉 등의 각지의 전면에서 남침하였고, 동해안에서는 상륙을 기도하였다. 아군은 이를 반격하여 긴급 적절한 작전을 전개 중에 있다. 동두천 정면에는 적이 전차를 앞세우고 대응해 왔으나 아군은 이를 격퇴하였다. 전과는 옹진지구에서 전차7대를 격파하고 따발총 72정, 소총 132정, 기관총 5정, 대포 2문을 노획하고 1개 대대를 완전히 섬멸하였다. 삼척지구에 상륙한 공비 연대장은 부대를 이끌고 귀순하여 왔다. 또한 동해해상에서는 북괴군을 만재한 대형선 1척을 격침시켰다.

또 옹진지구의 아군 17연대는 해주시를 점령하였고, 38선 일대의 국

군 주력 일부는 38선으로부터 20킬로 지점까지 진격 중에 있다.」

이 방송을 들은 서울시민들은 「잘 되었다. 이번 기회에 국군이 항상 외쳤듯이 점심은 평양에서 저녁은 신의주에서 먹고 압록강에서 달구 경하겠지!」「이번 기회에 아예 북진을 해서 통일을 해야 한다.」하고 내심 좋아하며 한 마디씩 하였다. 국군들도 신이 났다. 군 차량이 전속력으로 서울 시내를 거쳐 북쪽으로 올라가면 도로 양쪽에 서서 서울시민들이 「이기고 돌아와라!」고 목이 터지게 외치며 박수를 쳐주었다. 트럭 안의 군인들도 군가를 부르고 금방이라도 인민군들을 전멸시킬 기세였다.

김현수 대령이 하는 방송을 후방에서 듣고 있던 많은 부대 지휘관들은 방송을 그대로 믿고 서울에 가서 탄약을 지급 받아도 되겠다고 생각하고 기본 실탄 15발씩 만 가지고 서울로 오게 되어 전투에 엄청난 차질을 가져왔고, 6사단 김종오 사단장은 참모가 「소양강 다리를 폭파해야 합니다.」할 때 「우리도 북진해야지!」하면서 소양강 다리를 폭파시키지 못하게 하여 인민군은 이 다리를 만세를 부르며 건넜다. 13연대장 김익렬 대령은 이 방송을 들은 대로 장병들에게 연설하였다가 망신을 당하였다. 또 온양의 25연대는 칼빈총에 탄창도 끼우지 않고 실탄도 기본실탄 외에는 준비하지도 않고 어슬렁거리며 서울까지 올 정도였다.

1950년 6월 24일 미 고문단의 장교들은 서빙고에 있는 사격장에서 민간인과의 사격대회가 있었다. 그런데 영국인들은 영국 영사관 홀드 대위의 충고에 의해 서울 밖으로 피난을 하였다. 홀드 대위는 인민군이 오늘 남침할 것이라는 정보를 입수했던 것이다. 실은 이 사실은 서울 주재 미 정보부에서도 정보를 입수하였으나 「그까짓 것들.」무시해버렸다.

6월 25일 인민군의 공격이 확실해지자 미군은 한국에 있는 미국인들을 철수시키는데 정신이 없었다. 미군 전투기들은 미국인이 인천항을 통해 일본으로 철수하는 것만 보호하였지 북한의 공군이 2회나 걸쳐 서울 근방에 나타나 공격해도 전혀 상대하지 않았고, 미 공군이 인민군 보병도 공격하지 않자 북한에서는 미군이 개입하지 않는다는 확신을 가졌다.

주한 미 고문단 참모장 라이트 대령은 6월 26일 아침 4시 동경에서 서울에 도착하여 한국군에 배속된 미 고문단을 "전원 철수하라"고 명령하였다. 미 고문단 487명은 라이트 대령 외 32명을 제외하고 모두 일본으로 철수하였다. 그는 「미군은 아시아의 분쟁에 결코 휘말려서는 안 된다. 그 때문에 한국이 북진할 뜻을 가질만한 군사 원조를 해주어서는 안 된다.」라고 떠들어댔다. 라이트의 말에 미국만 의지하고 있던 이승만, 신성모, 채병덕, 국군 수뇌 어용 장교들은 얼굴이 노래져 안절부절못하며 기절할 지경이었다.

6월 25일 주한 미 대사 무쵸는 「지금 10일분의 보급품을 보내지 않으면 한국은 위급하다!」라는 급전을 미 국무성과 동경의 맥아더 사령부에 쳤다. 이 전보를 받아본 미국 정부와 맥아더 사령부는 즉시 승인하였다. 그래서 6월 27일 밤 11시 제1차로 한국으로 갈 보급품을 선적한 배가 요코하마를 출항하고 시급한 군수품을 항공기로 공수하여 수원비행장에 풀었다.

미국은 인민군의 공격을 유엔에 제소하였다. 유엔 안전보장이사회는 25일 밤 「북한의 인민군은 즉시 전투를 중지하고 38도선 이북으로 물러가라.」고 북한에 권고하였으나 북한은 들은 척도 하지 않았다.

6월 26일

7) 축석령에서 탄약이 없어 참패한 국군2사단 5연대와 16연대

2사단 5연대 2대장 차갑준 소령은 채병덕 총장의 명령을 받고 새벽3시 중대장들을 집합시켜 훈시를 하였다.

「인민군들이 전차를 앞세워 어제 하루 사이 38교에서 양문리 만세

교 포천 송우리까지 진격해 왔고, 9연대가 붕괴되고 3연대가 여기에서 얼마 멀지 않은 축석령에서 인민군을 저지하고 있다 하니 우리는 3연대를 협력하여 인민군을 막아야 한다. 이상 출발!」

「대대장님, 우리는 기본실탄 15발 밖에 없습니다!」

「아! 그것은 염려 말아라! 총장님께서 직접 우리가 도착하기 전에 보급해 주겠다고 약속하였으니 지금쯤 오고 있을 것이다. 어서 출발하라!」

2대대와 1대대는 금오리에서 축석령을 향해 3키로 정도 행군하였다. 축석령 밑 자일리 마을에 도착했을 때 총소리가 나며 선발대 장병들이「탱크다! 탱크다!」하고 소리쳐 차 소령이 앞을 보니 탱크가 일렬 종대로 축석령에서 자일리로 내려오고 있었다.

「공격하랏!」하고 차 소령이 명령을 내리자 2대대와 1대대 장병들은 언덕에 붙어 전차를 향해 집중적으로 소총을 쏘았다. 그러나 전차는 끄덕도 하지 않고 오히려 국군을 향해 전차포와 기관총으로 갈겨댔다. 국군은 바늘로 코끼리를 잡으려고 달려드는 격이었다.

「대대장님, 포탄을 주어야 공격을 하지요! 수류탄이라도 있으면 육탄공격이라도 할 수 있는데 아무 것도 없지 않습니까? 금방 탄약이 도착한다고 해놓고 이렇게 오지 않으면 어떻게 방어합니까? 포탄을 주십시오! 그리고 축석령에 3연대가 있다고 하시더니 개미새끼 한 마리 없지 않습니까? 3연대 그놈들은 다 도망친 게 분명합니다!」

중대장들은 탄약이 있어야 싸움을 하니 탄약을 주라고 아우성을 쳤다.

「대대장님, 우리 다 죽게 생겼습니다. 빨리 철수해야 하겠습니다. 어느 나라 군대가 전방 싸움터에 보내는 장병들에게 실탄도 주지 않고 보냅니까? 정신들이 다 썩어빠져 버렸습니다. 빨리 철수하지 않으면 우리 다 죽게 생겼습니다.」중대장들은 탄약이 없어 싸움할 수 없으니 인민군이 와서 몰살시키기 전에 철수하자고 대대장에게 호소하였다.

중대장들의 말을 듣고 있던 차 소령은 앞이 캄캄하였다.

「2대대와 1대대가 한꺼번에 의정부로 철수할 수 없으니 퇴계원으로 철수하랏!」

반란군 토벌에 용맹을 날리고 실전경험이 풍부한 그도 탄약이 없는 한 해볼 수 없어 2개 대대를 퇴계원 쪽으로 후퇴하자 금오리와 의정부 사이는 또 한 번 방어하는 국군이 없이 텅 비게 되었다.

「도대체 서울에는 차량도 많고 사람도 많고 육본에는 장교도 많고 헌병도 많은데 지금까지 무엇을 했기에 전방에 실탄이 없다니 이게 말이나 되느냐 말이요! 또 7사단은 그 동안 무엇을 하였기에 전쟁 하루만에 실탄이 다 바닥이 나도록 준비를 하지 않고 있었고, 육군 지휘관들은 도대체 이런 것 한 가지도 준비하지 않고 무엇을 했단 말이요? 보병 2개 대대가 실탄이 없어 적과 싸워보지도 못하고 후퇴하는 것은 세계 역사에 없는 사건일 것이요! 병든 호랑이는 개한테도 물려 죽듯이 부패한 민주주의는 공산당의 밥이 되지 않을 수 없어! 공산당의 밥이야 밥!」

후퇴하며 중대장들은 육본과 7사단에 대한 원망이 하늘까지 닿았다.

2사단 16연대는 청주에 주둔하고 있었다. 문용채 16연대장은 육본으로부터 「급히 서울로 출동하라!」는 출동명령을 받고 청주 시내를 다니며 「휴가와 외출 장병들은 즉시 귀대하라! 비상이다! 즉시 귀대하라!」하고 목이 터지게 고함을 질렀으나 휴가병들이 좀처럼 모이지 않자 우선 25일 부대에 있는 장병들을 모아 1개 대대의 혼성부대를 만들어 이들을 지휘하여 열차로 서울에 도착하여 26일 새벽 4시 창동역에 도착하였다. 창동에서 방학동, 호원동, 의정부 시내를 거쳐 금호리로 도보행군을 하였다.

「연대장님, 장병들이 행군으로 가면 시간도 걸리고 지쳐서 싸움을 하는데 지장이 많을 것인데 트럭을 타고 가면 좋겠습니다.」

「그렇지 않아도 육본과 2사단과 7사단에 트럭을 준비하라 하였는데 트럭이 없는 모양이야! 장병들을 설득해서 행군합시다!」

「도대체 육본에는 장교도 많고 서울시는 차량도 많은데 트럭을 징발하여서라도 준비하여 싸움을 해야지 천금같이 중요한 시간에 몇십 리를 걸어가라고 아무런 대책을 해주지 않으니 양국진 군수국 장과 헌병과 육본 장교들은 도대체 무엇을 하는 것들이야? 개새끼들. 우리가 공비 토벌하러 가는 것인가? 지리산 공비 토벌 때도 이러지는 않았다!」

중대장들은 불평이 이만 저만이 아니었다. 이들은 3시간을 걸어 아침 7시에 2사단 사령부가 있는 금오리에 도착하여 문용체 연대장이 이형근 사단장에게 도착신고를 하였다.

「즉시 전진하여 축석령을 확보해 주시오!」

문용채 연대장의 신고를 받은 이형근 사단장은 즉시 명령을 내렸다.

「사단장님, 조금만 있으면 2대대와 3대대가 올 것입니다. 2개 대대가 도착하면 3개 대대가 합동하여 방어해야 효과적이지 1개 대대 가지고 어떻게 방어하겠습니까? 그리고 장병들은 어제부터 지금까지 밥을 먹지 못하였고, 창동에서 여기까지 13킬로를 3시간이나 걸어와서 지쳐 있습니다. 조금 쉬었다가 가야지 또 걷게 하면 싸우려하지 않습니다. 그러니 2개 대대가 올 때까지 기다리게 해 주십시오!」

「시간이 없습니다. 즉시 축석령으로 전진하시오. 거기에는 3연대와 5연대가 있습니다. 합동해서 방어하시오!」

이형근 사단장은 문용채 연대장의 간청을 들은 채도 않고 엄명을 내려 문용채 대령은 1개 대대를 지휘하여 무거운 발걸음으로 축석령으로 향하였다.

문용채 연대장은 금오리에서 조금 올라가다 후퇴하는 장병들을 만났다.

「너희들은 왜 후퇴하느냐?」

「인민군 탱크가 오는데 박격포나 바주카포나 대전차포가 있으면 무엇 합니까? 실탄이 한 발도 없는데요! 그래서 5연대는 퇴계원 쪽으로 후퇴하였고, 우리는 후미부대라 의정부로 후퇴하는 중입니다.」

「세상에 이럴 수가. 인민군 탱크가 어디까지 왔느냐? 그리고 싸울 때마다 탱크가 있느냐?」

「그러면요! 탱크는 저 위에 마을이 있는데 거기 있습니다.」

「연대가 그래도 기본 탄약은 가지고 와야지 국가의 운명이 달려 있는 전투에서 실탄이 없어 1개 연대가 후퇴를 하다니 말이나 되느냐!」

이 말을 하고 문용채 대령은 아차! 하였다. 그의 16연대에도 탄약이 기본실탄밖에 없기 때문이었다. 그는 즉시 금오리로 되돌아가 이형근 사단장에게 탄약을 간절히 부탁하였다.

그러자 이형근 사단장은 「실탄은 걱정하지 마시오! 지금 곧 도착할 것이요! 16연대는 즉시 동쪽 산으로 올라가 개인호를 파고 인민군의 전진을 막아주시오!」하고 명령을 내려 문 대령은 장병들에게 개인호를 파게 하였다.

아침 8시, 「탱크가 온다! 탱크가 온다!」하고 장병들이 고함을 쳐 내려다보니 탱크가 일렬종대로 자일리에서 금오리를 향해 장사진을 이루며 내려오고 있었다.

「이거 큰일 났는데! 탄약이 있어야지!」

문 연대장은 안절부절 하였다. 그런데 16연대가 있는 바로 위에 포병학교 제2교도대 제2포대가 105밀리포 5문을 가지고 어제부터 진지를 구축하고 인민군을 기다리고 있다가 「2포대는 전차를 향해 공격하랏!」하는 김풍익 대대장의 명령에 일제히 발사하여 1,000미터 앞의 전차에 명중하여 "텅" "텅" 하고 터졌으나 전차는 끄떡없었다.

「몸통을 쏘니 끄떡도 않지! 탱크의 바퀴줄을 향해 직격탄을 쐈!」

「옛!」

김풍익 소령은 직접 지휘하며 포를 조준하여 쏘았다.

「쿵!」

발사된 포탄이 전차의 바퀴줄에 명중되자 바퀴줄이 끊어지면서 벗겨졌고, 전차는 제자리에 서서 움직이지 않았다. 앞의 전차가 고장이 나서 길을 막게 되자 뒤에 오던 전차들은 전진하지도 못하였고, 도로가 좁아 비껴가지도 못하고 줄줄이 서 있게 되었다.

「만세! 만세!」

16연대 장병들이 너무 좋아 만세를 부를 때 인민군 2번째 전차가 김풍익 소령이 쏘고 있던 포에 전차포를 발사하였다. 그러자 김풍익 소령, 장세풍 대위, 포대원들과 포가 공중에 날렸다. "앗!" 하는 순간이었다. 순간적으로 국군의 남은 포 4문이 불을 품자 인민군 전차는 축석령 쪽으로 도망쳤다.

「포대장이 전사하였으니 이제 우리는 어떻게 하는가?」하며 포대원들은 오열하였다.

「여러분, 슬퍼만 하고 있을 때가 아닙니다. 인민군이 다시 올 테니 호를 깊이 파고 인민군이 지금과 같이 코앞에 올 때 탱크의 바퀴줄을 공격합시다.」

문용채 연대장이 장병들에게 위로하며 지시하였다. 한 바탕 전투를 치르고 난 포대원들은 탱크를 파괴하는데 자신감을 얻었으나 어제부터 지금까지 탄약과 먹을 것이 오지 않아 싸울 힘이 없었다. 문용채 연대장도 이형근 사단장이 탄약을 도착한 즉시 보내준다고 하여 출발하여 이곳에 왔으나 아무리 기다려도 탄약도 먹을 것도 오지 않아 걱정이 태산이었다.

「연대장님, 왜 탄약이 오지 않습니까? 빨리 좀 보내달라고 하십시오!」

중대장들은 장병들을 보면 안타까워 연대장에게 아우성을 하였다.

「도대체 전쟁을 하는 것이야? 어린애들 병정놀이를 하는 것이야? 탄약을 주어야 싸울 것이 아닌가! 7사단은 그 동안 무엇을 하느라고 탄약 비축도 해놓지 않았단 말이야?」

시간이 지남에 따라 장병들은 불안하여 안절부절 하였다. 9시가 지나고 10시, 11시가 지나도 곧 뒤따라온다던 탄약차는 오지 않았다.

12시경, 「탱크가 온다! 탱크가 온다!」하고 장병들이 고함을 쳤다. 16연대는 이때까지 탄약이 오지 않아 장병들은 싸울 수 없어 후퇴해야 했다.

「16연대 2대대는 퇴계원을 거쳐 태릉으로 철수하라! 1대대는 금오리 북쪽 산으로 해서 의정부로 철수하라!」

문용채 연대장은 후퇴명령을 내리고 1대대와 같이 금오리 산 속으로 숨어야 했다.

「사단장님, 16연대는 실탄이 없어 싸워보지도 못하고 퇴계원과 금오리 뒷산으로 후퇴하였습니다. 3연대와 5연대는 흔적도 없었습니다. 인민군 전차가 곧 여기에 도착할 것입니다!」

16연대 연락장교가 2사단 사령부까지 마라톤을 해서 2사단 사령부에 보고하였다.

「뭐가 어째? 3개 연대가 후퇴하였다고? 이거 큰일이 아닌가! 전 장병은 창동으로 후퇴하라!」

이형근 사단장은 후퇴명령을 내리고 창동으로 후퇴하였다. 참모장 최창언 대령, 작전참모 오창근 중령, 정보참모 빈철현 소령, 군수참모 차광전 소령 등은 창동으로 도망치는데 정신이 없었다.

「도대체 육군 본부 안에는 장교만 해도 60여명이 넘는데 탄약보급을 해주지 않아 2개 연대가 싸움을 못하고 2사단을 이렇게 붕괴시키다니 어찌 그럴 수가 있단 말이야?」

2사단 참모들은 후퇴하면서 육군 본부 수뇌들을 규탄하였다.

인민군 전차는 금오리 2사단 사령부 근방에 도착하여 사령부를 향해 사정없이 전차포를 쏘아댔다. 2사단 사령부를 방어하고 있던 김계원 대령은 105밀리 곡사포 5문으로 전차를 막으려 하였으나 포 부대는 전차포에 의해 순식간에 붕괴되었다. 이형근 사단장도 사단장

차를 버리고 죽자 살자 도망쳐야 했다.

  8) 인민군 3사단 50년 6월 26일 13시 의정부 점령. 동두천의 국군7사단 포위됨

  인민군 전차와 122밀리 곡사포는 후퇴하는 국군과 의정부에 쉴 새 없이 폭탄을 퍼부었다. 그리고 26일 오후 1시 인민군 3사단 7연대는 전차를 앞세워 의정부를 점령하여 인정사정없이 사격을 하였다. 인민군 보병도 박격포와 기관총으로 패잔병들을 사정없이 공격하였다. 인민군 전차10대가 7사단 사령부가 있는 덕정을 뒤에서 공격하였다. 7사단은 퇴로가 차단되었고, 후퇴할 수 없었다.

  「사령부는 덕정 1연대 본부로 이동하랏!」

  유재흥 장군은 퇴로가 차단되어 의정부 밑 서울로 후퇴하지 못하고 오히려 의정부 위 덕정으로 옮겼다. 7사단은 퇴로가 완전히 차단되어 포위되고 말았다.

  「사단장님, 전차가 계속 우리를 뒤따라오면서 공격하고 있습니다. 덕정으로 가지 말고 도봉산 쪽으로 후퇴해야 하겠습니다!」

  김종갑 참모장이 건의하였다.

  「그렇게 합시다. 그러면 1연대에 연락하여 창동선으로 철수하게 하시오!」

  「동두천에서 싸우고 있는 18연대에는 어떻게 후퇴명령을 내리지요?」

  「현재로는 방법이 없소!」

  7사단 사령부는 전력을 다하여 창동으로 철수하였다. 7사단은 순식간에 붕괴되었고, 사단사령부는 연락할 수 없어 예하 부대를 지휘할 수 없게 되었다.

  유재흥 사단장은 18연대와 1연대가 걱정이 되었다. 그것은 26일 새벽 1시 채병덕 총장으로부터 「반격하라! 오늘 미 B-29기 100대가 출격한다!」는 명령을 받고 18연대를 적성을 향하여, 1연대는 동두천을 향

하여 공격명령을 내렸기 때문이었다.

유재흥 사단장으로부터 명령을 받은 임충식 18연대장은 아침 일찍 적성을 향해 2대대는 좌측에, 3대대는 우측으로 공격하게 하였다. 휴가와 외출병 때문에 병력이 아직 보충되지 않아 1대대는 예비대로 하여 덕정 연대본부와 같이 있었다.

한신 부연대장은 수색대를 지휘하여 최 일선에서 부대를 선도하였다. 아침7시, 수색대가 한산리에 도착하였을 때 인민군 전차를 보았다.

「즉시 2대대에 인민군 전차를 공격하게 하라!」

한신 부연대장은 명령을 내렸다. 이 연락을 받은 2대대는 전 화력을 동원하여 공격하였으나 전차공격이 서툴러 실패하였고, 오히려 2대대가 전차포 공격을 받아 장춘권 2대대장은 「망석산으로 후퇴하라!」고 명령을 내렸다.

214고지 망석산을 점령한 장춘권 소령은 한 시간이 다 되도록 지나가는 전차와 차량행렬을 보고 기절할 정도였다.

「세상에! 언제 인민군이 저렇게 많은 전차와 차량을 준비하여 공격해오고 있지? 그런데 우리는 이게 뭐야? 전차 하나 공격할 무기도 없고. 더군다나 장병들을 휴가 외출을 보내 병력도 없고, 혼성부대라 손발이 맞지 않아 제대로 싸우지도 못하고 세상에 이럴 수가 있나?」

그는 탄식하였다. 장병들도 인민군의 전차행렬을 보고 부럽기도 하고 자기들이 처량하기도 하고, 겁이 나기도 하였다.

인민군은 남침하기 위해 저렇게 철저히 준비해서 내려오고 있는데, 인민군이 침략하기 전날 경계령을 해제하고 휴가와 외출을 보내 부대마다 장병이 없어 휴가 외출 병을 오는 대로 편성하여 혼성부대가 되어 싸울 수 없게 만들고, 전차에 대한 포병의 공격 방법이나 전차호나 전차 벽이나 다리폭파 등 방어준비를 하나도 하지 않아 국군이 참패하게 한 채병덕 참모총장이 한없이 원망스러웠다. 중대장들은 생각하면 할수록 화가 나서 견딜 수 없었다.

「언제 저 많은 전차를 파괴하고 인민군을 38선 이북으로 몰아낸단 말이야?」

장병들이나 장교들은 인민군을 몰아내기란 꿈같은 일이라고 생각하였다.

이렇게도, 저렇게도 못하고 산에 있을 때 오후 1시경, 인민군 보급부대의 마차 12량이 오고 있었다.

「우리 저것들이나 해치우자!」하고 급히 산을 내려가 도로 두렁에 숨게 하였다. 장 소령은 2대대 장병들에게 인민군이 코앞까지 올 때까지 기다리게 하였다. 인민군들은 국군이 다 도망간 줄 알고 한가롭게 보급품을 싣고 오고 있었다.

2대대 장병들은 그들이 50미터 앞에 나타나자 장 소령의 「포위하랏!」하는 고함소리와 함께 재빨리 뛰어나가 포위하자 인민군들은 갑자기 1개 중대의 국군이 나타나자 기절하게 놀랐다.

「모두 손들엇!」

인민군 군관이하 11명의 사병들이 손을 들었다. 마차에는 각종 포탄이 가득 실려 있었다.

「이것들을 꽁꽁 묶어 산으로 데리고 가서 지켜! 조금 있으면 틀림없이 보병이 올 것이다! 이놈들을 또 한 번 박살내자!」

장춘권 소령은 중대장들에게 명령하였다. 아니나 다를까 조금 있으니 보병이 2열종대로 깃발을 들고 오고 있었다.

「인민군이 온다. 전부 산 속으로 분산하여 매복하고 인민군이 코앞에 올 때까지 기다려라!」

이 명령에 장병들은 숨을 죽이고 산 속에서 기다렸다. 인민군이 코앞까지 오자 장병들은 소총, 기관총, 박격포, 대전차포 등 있는 화력을 다하여 순식간에 퍼부었다. 인민군은 순간적인 기습을 받고 많은 피해를 입고 죽자 살자 도망쳤다. 국군 2대대가 노획한 포탄을 모두 폭파시키자 천지가 진동하였다. 이 폭탄이 폭발하는 소리에 놀라 의정부를 쉽게 점령한 이영호 소장이 서울 공격을 서두르지 못하였다.

2대대 장병들은 사기가 올랐지만 이미 인민군 전차가 남진하여 자기들은 포위되어 포위망을 뚫을 일을 생각하면 큰일이었다. 장 소령은 생각 끝에 적성과 법원리를 통해 후퇴해야 하겠다고 생각하고 밤을 이용 이동하기 시작하였다.

한편, 동두천을 공격한 1연대 1대대는 도로를 따라서, 3대대는 서쪽으로, 2대대는 동쪽으로 동두천을 향해 조심해서 공격해 들어갔다. 그런데 1연대는 동두천 시내까지 싸움 한 번하지 않고 10시에 안전하게 도착하였다.

「연대장님, 이상합니다! 동두천에 인민군들이 바글거릴 줄 알았는데 이상하게 한 놈도 없습니다!」

「인민군 이놈들이 우리 1연대를 무서워해서 38선 이북으로 도망친 것이 아닐까요? 이놈들을 때려잡아야지!」

참모와 연대장이 하는 말을 듣고 있던 장병들은 만세를 부르며 좋아하였다.

「각 대대는 즉시 38선에 진출할 것을 준비하라!」

1대대장 한태원 중령은 각 중대장들에게 38선을 향해 진출할 것을 명령하였다.

그러나 함준호 연대장은 사단으로부터 「적이 의정부에 돌입하였다. 1연대는 만난을 극복하고 창동으로 후퇴하라!」는 명령을 받고 38선으로 진출하겠다는 기쁨은 눈 녹듯 사라지고 오히려 앞이 캄캄하였다.

「아니, 2사단은 어떻게 싸웠기에 벌써 인민군이 의정부에 진격하게 해? 이거 큰일인데! 우리 모두 포로가 되는 것 아니야?」

그는 불안하여 안절부절 하였다.

임충식 18연대장은 참모에게 「한산리에 있는 3대대에 즉시 후퇴하라 하시오!」하여 3대대에는 후퇴명령을 내렸으나 망석산의 2대대에는 연락할 방법이 없었다. 임충식 연대장은 어쩔 수 없이 3대대를 지휘하여 양주를 거쳐 북한산으로 들어가 고양으로 철수하였다.

망석산의 장춘권 2대대장은 전령을 연대본부와 사단본부에 보냈는데 전령의 보고는 「연대본부나 사단본부가 다 철수하고 의정부는 인민군이 점령하고 있습니다!」하였다. 이 말을 들은 장 대대장은 하늘이 캄캄하였다.

「아니, 국군 2사단은 어떻게 싸움을 하였기에 벌써 인민군이 의정부에 들어오게 하였고, 어찌 연대와 사단은 우리에게 말 한 마디 없이 도망쳤단 말인가?」

그는 부하들을 데리고 포위망을 뚫고 모두가 살아서 후퇴해야 할 것을 생각하니 큰일이었다.

「여러분, 의정부는 인민군이 점령하였다! 우리는 적성과 법원리를 통하여 철수한다!」

장병들은 대대장의 명령에 살지 죽을지 알 수 없는 운명에 놓인 것을 알고 불안하였다. 그들은 26일 밤과 27일 새벽에 산길을 따라 철수하느라 고생이 이만 저만이 아니었다.

동두천의 1연대는 「만난을 극복하고 창동으로 철수하라!」는 명령을 받고 함준호 연대장과 한태원 대대장은 기가 막혔다.

「아니, 어찌 이럴 수가? 조금만 진격하면 38선에 도착하는데 철수라니? 도대체 어떻게 된 일일까?」

그는 전황이 어떻게 되어 가는지 궁금하였다.

「각 대대는 창동으로 철수하라! 즉시 철수하라! 인민군이 의정부를 점령하였다고 한다!」

연대장의 명령을 들은 장병들은 「철수하다 죽으니 차라리 여기에서 싸우다가 죽자! 죽더라도 38선에 진격하다 죽자!」하고 후퇴하려 하지 않았다.

「여기에서 죽으면 개죽음 당한다! 우선 덕정으로 철수하여 상황을 보고 다시 싸우자!」

연대장이 간절히 설득하자 장병들은 후퇴하여 덕정에 와서 보니 덕정에는 이미 인민군이 들어와 인민군 전차가 꽉 차 있는 것을 보고 기겁하였다.

1연대 장병들은 밤을 이용하여 의정부를 거쳐 창동으로 철수하면서 엄청난 희생을 당하였다. 장병들은 죽어가면서 「방어도 못하는 주제에 역습을 시켜놓고 우리들을 다 죽여? 천벌 받을 놈!」하고 채병덕 참모총장을 원망하였다.

「도대체 포천의 상황이 어떻게 돌아가는지도 모르고 동두천을 역습하라, 38선으로 진격하라고 하다니? 채병덕은 2개 연대의 장병들을 죽음의 길로 몰아넣어 다 죽게 만든 역적이 아닌가!」

겨우 목숨을 건져 창동에 도착한 장병들의 채병덕에 대한 불만은 이만저만이 아니었다.

「채병덕은 우리들을 완전히 전멸시킬 작정이었나 봐! 그러지 않고서야 이럴 수 있어? 26일 하루 만에 국군7사단과 2사단과 수도사단이 채병덕의 명령으로 가능성도 없는 역습을 하다가 붕괴되었고, 25일과 26일 2일 동안 국군 7사단, 2사단, 수도사단 등 3개 사단이 붕괴되었고, 의정부가 점령되어 국군에 위기가 몰려오게 하다니, 어찌 이럴 수 있어?」

참모들과 장교들의 불만도 이만저만이 아니었다.

9) 국군 25연대의 백석천교 전투(6월26일 오후 2시 40분)

7사단 예비연대인 25연대는 6월 20일 온양에서 의정부에 도착하라는 명령을 받았으나 24일까지 도착하지 못하였다.

25일 오전 김병휘 연대장은 비상을 선포하고 장병들을 집합시켰으나 장병들이 휴가와 외출을 나가서 우선 2대대와 3대대를 지휘하여 온양에서 26일 아침에 용산역에 도착하였다.

김병휘 연대장이 명령을 받기 위해 육본에 들리자 김백일 참모부장이「즉시 금오리로 직행하여 포천 탈환전에 참가하라!」고 명령하였다.

「참모부장님, 그런데 탄약과 장비가 없으니 지원해 주십시오!」

「아니, 출동 부대들마다 왜 탄약을 가지고 오지 않아 이렇게 보급해 달라고 아우성을 치는가?」

전쟁하러 가는 장병들에게 탄약을 보급해 달라고 하였는데 김백일 부장이 화를 내자 김병휘 연대장은 김백일 부장이 화를 내는 것을 이해할 수 없었다.

「부장님, 제가 탄약을 가지고 오지 않은 것은 내 책임이 아닙니다! 중앙방송에서 김현수 대령이 옹진의 17연대는 해주를 점령하였다. 국군의 주력은 평양과 원산을 향해 북진 중이다 하여 저는 '서울은 안전하고 후방이구나' 판단하고 서울에서 탄약을 보급 받으려고 기본실탄 15발씩만 가지고 왔습니다! 그런데 제가 무엇을 잘못하였다고 화를 내십니까? 평양과 원산은 그만 두고 포천을 탈환하라니, 포천도 빼앗기고 그렇게 거짓방송을 하여 후방의 연대장을 골탕 먹이는 김현수 대령이 잘못이지 제가 왜 잘못입니까?」

김병휘 연대장의 항의에 김백일 부장은 어색한지 혼잣말처럼「김현수 대령은 무엇 때문에 그런 거짓방송을 해서 이 난리를 피우는지 모르겠구먼! 손발이 맞아야지 해먹지!」하며 화를 누그러뜨렸다. 이때 양국진 군수국장이 나서며「김 중령, 의정부에 도착하기 전에 내가 책임지고 탄약을 보급해 줄 테니 어서 가 보시요!」하며 두 사람 사이를 말렸다.

「그러면 양 국장님이 책임지셔야 합니다!」

「그럼요! 탄약이 없으면 어떻게 싸웁니까? 걱정하지 마시고 어서 출발하서요!」

양 국장이 탄약을 보내준다는 약속한 말을 믿고 김병휘 연대장은 용산역으로 와서 부대를 지휘하여 10시에 용산역을 출발하였다.

김병휘 연대는 창동역에 도착하여 의정부를 향해 행군하였다. 의정부 4킬로 밑 백석천교에 도착하자 채병덕 총장이 패잔병을 모으고 있었다.

채병덕 총장은 「후퇴하지 마랏! 후퇴하는 자는 총살하겠닷!」하며 후퇴하는 장병들을 제지하고 있었는데 장병들은 참모총장을 보고도 인사를 하거나 말을 듣는 장병들이 없었다.

「장병 10만을 지휘하는 참모총장이면 전군을 지휘하여야지 헌병이나 할 일을 하고 있으니 군이 이 모양이지. 또 미군 비행기 100대가 온다고 떠들어보시지! 실탄도 없이 전선에 보내 역습하라고 명령을 내려 하루만에 3개 사단을 개죽음 당하게 해놓고 이제 와서 후퇴하지 말라고 하면 누가 그 말을 듣겠어? 혼자 인민군 막으라고 내버려 두어!」

장병들은 채병덕의 말과 행동을 비웃으며 죽자 살자 도망쳤다.

채병덕은 장병들이 말을 듣지 않고 도망치자 화가 났다.

「이형근을 2사단장직에서 해임한다. 대신 유재흥 장군이 의정부지구 전투사령관이 되어 2사단을 7사단에 배속 통합 지휘한다. 그리고 5연대장 대리 박기성 중령은 해임하고 2사단 참모장 최창언 대령을 5연대장에 임명한다!」

그는 미친 사람처럼 인사국장과는 의논도 없이 노상에서 즉흥적으로 사단장과 연대장을 갈아치웠다.

김병휘 연대장이 채병덕 가까이 가서 인사를 하자 「너는 누구냐?」하고 물었다. 김병휘 연대장은 채 총장이 자기를 알아보지 못하자 어리둥절하였다.

「총장님, 제가 온양에 있는 25연대장 김병휘 중령입니다!」

김 중령이 자기를 소개하고 나니 그때서야 알아보았다.

「너희 부대는 어떻게 되었느냐?」

「그러면 즉시 이 백석천교를 사수하라!」

「옛! 알겠습니닷!」

김병휘 연대장은 즉각 백석천교를 중심해서 2대대와 3대대를 종대로 배치하였다. 배치를 마치고 나니 26일 오후 1시경이 되었다. 2대대장 배운용 소령이 행방불명되어 선임중대장 라희필 대위가 2대대장 대리로 지휘하였다.

라희필 대위가 수색대를 의정부역 부근에 출동시켜 알아보니 많은 전차가 있고 보병은 없었다. 그러나 국기 게양대에는 벌써 인공기가 펄럭이고 있었다. 라 대위는 바주카포 4문을 도로 양쪽에 배치하였다.

「포병들은 내 말을 잘 들어라! 지금 곧 탱크가 올 것인데 이것을 잡지 못하면 탱크는 서울까지 갈 것이다. 여기에서 방학동 창동 수유리 미아리 서울까지는 국군이 없다! 여기에서 탱크를 막지 못하면 인민군 탱크는 오늘 저녁 서울을 점령한다. 그렇게 되면 오늘 저녁으로 대한민국은 끝난다. 대한민국 국민이 죽고 사는 것은 너희 4명에게 있다. 탱크는 정면이나 측면을 쏘아서는 절대 파괴되지 않는다. 전차 바퀴나 배를 쏘아야 한다. 그래서 앞의 전차 한 대만이라도 파괴되면 길이 좁아 뒤의 전차가 가지 못하면 탱크를 저지할 수 있다. 우리는 이곳에서 죽더라도 탱크를 막아야 한다. 성공을 바란다!」

라 대위는 포대원들의 어깨를 두드려 주었다.

25연대가 준비를 끝내고 쉬려고 할 때인 오후 2시 40분 경 인민군 전차가 장사진을 이루면서 백석천교를 향해 오고 있었다.

「탱크가 온다!」

장병들이 고함을 질렀다. 전차가 다리 위를 오르자 바주카포 사수들이 공격을 하였다. 그러나 전차는 끄덕도 하지 않았다. 그러자 화기소대 분대장이 바주카포를 빼앗아 도로 옆 개천 둑에 가서 전차를 조준하였다. 그는 1번 전차가 지나가고 2번 전차가 다리를 오르려고 할 때 전차가 약간 들려서 배가 보이자 개천 둑에 바짝 엎드려 전차 배를 향해 쏘았다. 이 한 방에 전차는 "꽝" 하고 터지고 더 이상 가지 못하고 다리를 막고 멈추었다. 바주카포 한 방에 전차 한 대가 파괴되자 25연대원들은 「만세」를 부르며 환호하였다. 이때 6번 전차가 바주카포를 쏜 분대장을 공격하여 그를 공중에 날려 그의 시체는 흔적도 없이 분해되었다.

「인민군 전차가 돌아간다!」

25연대 장병들이 개천 둑에 엎드려 인민군 전차가 돌아가는 광경을 보고 만세를 부르며 환성을 질렀다.

「인민군 저것들 아무 것도 아닌데 왜 2사단은 막지 못했지?」

둑에 엎드려 있던 장병들은 이상하게 생각하였다.

오후 3시가 지나고 4시가 지나고 5시가 되어도 인민군은 좀처럼 내려오지 않고 있었다. 라희필 대위는 수색대를 의정부 시내에 파견하여 알아보게 하였더니 "탱크가 의정부역에 꽉 차 있다."는 보고를 받았다. 라 대위는 호를 깊이 파고 다음 공격에 더욱 철저하게 대비하였다.

대대장님, 어제 저녁부터 지금까지 밥을 먹지 못했습니다. 밥과 탄약을 보급해 주십시오!」

중대장들이 호소하였다. 라 대위는 중대의 상황을 즉시 김병휘 연대장에게 보고하였다. 김병휘 연대장은 육본에 수차에 걸쳐 「밥을 달라!」「탄약을 달라!」「양국진은 약속을 지켜라!」「공병대로 하여금 백석천교를 폭파시켜 달라!」하고 애원도하고 호소도 하고 위협도 하고 공갈도 쳤다. 그래도 육본에서는 묵묵부답이었다. 오후 8시가 되었다. 이때까지 25연대에는 탄약이나 먹을 것이 보급되지 않았다.

「대대장님, 지금 국군은 전쟁을 하는 것입니까? 병정놀이를 하는 것입니까? 국가의 운명을 걸고 있고 서울 시민 150만의 희생을 막기 위해 싸우고 있는 장병들에게 밥도 주지 않고 실탄도 주지 않고 싸우라고 하니 이게 도대체 있을 수 있는 일입니까? 육본은 무엇을 하고 있답

니까? 서울에는 차도 많고 먹을 것도 많은데 이런 것들을 징발해서라
도 보내주어야지 너무들 합니다! 이런 사람들을 위해서 우리가 죽어야
합니까? 대대장님, 우리 후퇴합시다! 여기에서 우리만 개죽음을 당할
수는 없습니다! 육본은 온통 남로당 빨갱이들뿐인 것 같습니다. 5연대
16연대 25연대가 실탄을 보내달라고 애원해도 보내주지 않고 전멸하
게 만들지 않습니까! 도대체 믿을 놈이 있어야지요! 물이라도 보내주
셔야지 목이 말라 죽을 지경입니다!」

　중대장들뿐만 아니라 장병들까지 나서서 라희필 대위에게 항의하
였다. 그는 이들의 말에 할 말이 없었다. '참으로 이 나라는 망하게 생
겼다.' 는 독백을 하며 참담한 심경으로 장병들 앞에 섰다.

　「장병 여러분! 여러분들만 배가 고픈 것이 아니라 나도 배가 고파 걸
어 다니기 힘들 정도다. 육본에서 먹을 것과 탄약을 주지 않는다고 지
금 철수하면 인민군은 만세를 부르며 서울을 점령하게 되고 그러면 너
도 죽고 나도 죽는다. 내가 죽어서 국가가 산다면 그렇게 하는 것이 군
인의 정신이다. 우리가 지금 배가 고프고 탄약이 떨어졌으나 맨몸으로
라도 죽으면서 여기를 지키는 것이 우리의 본분을 다하는 것이다. 사
나이로 태어나서 이것보다 더 영광스러운 것이 없으니 기다리기 바란
다. 만일 먹을 것과 탄약이 오늘밤까지 오지 않는데 인민군이 공격해
온다면 우리는 즉시 방학동, 수유리를 거쳐 한강을 건너 후퇴한다. 그
러니 조금만 더 기다리기 바란다.」

　라희필 2대대장은 장병들을 향하여 설득할 때 목이 메어 말을 못하
였다. 밤중이 되도록 기다려도 끝내 먹을 것과 탄약은 오지 않았다. 지
친 장병들은 국군 지휘부를 한없이 원망하였다.

　만일 이때 인민군이 쉬지 않고 공격하였다면 의정부에서 서울까지
는 20킬로이며, 인민군 3, 4사단 그리고 전차 150대가 공격하였다면
국군은 막을 부대가 없어 26일 오후 8시까지는 충분히 서울을 점령하
였을 것이다. 그리고 인민군은 7월 10일까지는 남한을 완전히 점령했

을 것이다. 그 이유는 남쪽의 3개 사단은 25일 오후 서울과 춘천 쪽으로 증원 차 출동하여 후방은 국군이 없어 인민군을 방어할 수 없었기 때문이다. 그리고 미국은 이때까지 한국전 참전에 대해 결정을 하지 못하고 있었다. 인민군은 세 번째 좋은 기회를 놓치고 있었다.

10) 미국 참전 결정(6월 27일 12시)

27일 오전 미국 대통령 트루먼이 각료들을 소집하여 한국전에 대해 의견을 묻자 「미군은 한국전에 참가해야 한다.」는 각료와 「미군은 한국전에 참여해서는 안 된다.」라는 각료들로 나누어졌다. 이때 「서울이 인민군에 의해 점령되었다.」라고 하면 미국은 한국전 참전을 포기했을 지도 모른다. 이유는 미군이 부산에 상륙하기 전에 인민군이 부산을 점령하면 미군이 한반도에 상륙하기가 심히 어렵기 때문이다. 또 참전을 결의하였다 해도 인민군이 빠른 속도로 부산과 목포까지 진격하면 한반도에 상륙해도 승산이 없다고 포기했을 가능성이 많다. 그러므로 26일 백석천교 전투에서 인민군을 막은 것은 미군이 참전할 수 있는 여유를 주어 대한민국을 살렸고, 인민군은 대승의 절호의 기회를 놓쳤다. 국군은 세 번째 최대위기를 맞이하였는데 인민군은 여기에서도 공격하지 않았다. 전투는 상대방이 준비하기 전 전격작전을 하는 것이 상책인데 인민군은 그렇게 하지 않았다. 인민군의 패전의 가장 큰 원인은 낮에만 공격하고 밤에는 공격하지 않고 놀고 있었기 때문이었다. 26일 오후에 인민군이 공격하지 않은 것은 김일성의 무능한 작전 때문이다.

「사단장님, 18연대는 장흥, 송추, 벽제를 통해 많은 희생을 치르며 철수하는 것 같고, 1연대는 의정부를 거쳐 방학동으로 오고 있는 것 같은데 거의 희생된 것 같고, 16연대장 문용채 대령은 겨우 밤을 이용하여 의정부를 빠져 나온 것 같습니다. 5연대는 퇴계원 쪽으로 후퇴한 것 같습니다.」

26일 밤 김종갑 7사단 참모장은 현재 2사단, 7사단, 수도사단의 부대 상황을 유재홍 사단장에게 보고하였다.

「반격을 하지 않고 덕정에서 방어를 하다 문제가 있으면 바로 철수하여 백석천과 수유리에서 방어하였으면 7사단과 수도사단은 온전히 보존할 수 있었고, 2사단도 후방에서 병력이 오는 중이니 16연대, 5연대 25연대가 다 도착할 때까지 의정부를 방어하다 불리하면 이곳으로 후퇴하여 방어했으면 7사단과 2사단과 수도사단은 부대가 온전히 보존되어 서울을 방어할 수 있었는데, 채 총장이 역습을 명령하여 26일 하루만에 3개 사단을 괴멸시켜 서울을 방어할 수 없게 만들었으니 큰일입니다. 하여튼 채병덕 때문에 나라가 망하게 되었습니다. 큰일 났어! 역적은 바로 채병덕이야! 채병덕이가 빨갱이가 아니고서야 어떻게 이럴 수가 있단 말이요?」

장교들은 채병덕을 죽이고 싶을 정도로 증오하였다.

「국민은 대통령을 잘 만나야하고, 군인은 지휘관을 잘 만나야 하는데 채병덕 같은 인간이 육군참모총장이 되었으니 이 나라가 망하지 않겠습니까? 이제 다 끝났어요! 내일이면 서울이 인민군에 의해 점령되고, 서울이 점령되면 문산의 1사단, 춘천의 6사단, 강릉의 8사단이 아무리 싸움을 잘해도 후퇴를 해야 하는데 3개 사단 가지고 인민군을 막을 수 있겠습니까? 개전 2일 만에 이미 전쟁은 끝났습니다! 이범석 씨가 국방부장관을 할 때 예비군 4만 명을 양성한 것을 그냥 두었으면 지금쯤 얼마나 잘 써먹었겠어요? 그런데 신성모가 국방부장관이 된 후 다 해체해 버려서 어려울 때 후방에서 방어할 병력이 없지 않습니까? 신성모와 채병덕이 남로당의 조종을 받지 않고서야 어떻게 이럴 수가 있겠습니까? 적은 인민군뿐만 아니라 우리 안에 있습니다! 이런 것들이 적이 아니고 무엇입니까?」

밤을 이용하여 의정부 포위망을 겨우 뚫고 나온 장교들은 창동에 모여 하루만에 3개 사단이 없어진 것에 대해 분개하면서 채병덕을 원망하지 않은 장교와 장병이 없었다.

(1) 자문회의
6월 26일 오전 10시 군사경력자 자문회의가 국방부에서 열렸다.
신성모 : 현 국방부장관, 전 선장(좌파)
예비역
유동열 : 상해임시정부 군사부장, 전 통위부장
이범석 : 광복군 참모장, 전 국방부장관
이청천 : 광복군 군사령관
김석원 : 전 1사단장
현 역
채병덕 : 현 참모총장, 전 병기장교(좌파)
김홍일 : 현 참모학교 교장, 전 중국군 소장
송호성 : 현 청년방위대 고문단장, 전 광복군 지단장, 경비대 사령관
       (좌파)

「현재 상황을 제가 먼저 설명하고 채 총장이 설명을 한 다음 여러분들의 건의를 듣겠습니다!」
신성모가 먼저 말을 하고 전황 보고를 하였다. 이어 채병덕 총장이 보고하였다.
「현재 국군은 반격 중입니다. 전황은 아군에게 유리하게 진행되고 있습니다.」
「의정부나 문산에서의 반격은 매우 위험합니다. 현재 한강 이북에 있는 부대를 가지고는 지연을 하고, 남부의 3개 사단은 한강에 진격하여 방어태세를 갖추어 한강 북에 있는 부대가 안전하게 한강을 건너 천연적인 요새인 한강에서 결전을 벌려야 합니다. 만일 그렇지 않고

후방 3개 사단을 축자투입하면서 반격을 한다는 것은 엄청난 희생이 따를 것입니다.」

김홍일 장군은 채 총장의 반격을 강력히 반대하였다. 김홍일 장군의 작전에 이형근 이범석 김석원 이용문 등이 지지하였다. 그러나 이종찬 수도사단장은 「한강에서의 격전은 6일 정도는 방어할 수 있으나 그 이상은 견디지 못하여 여기에서 패하면 국군은 인민군을 막을 길이 없습니다. 그러므로 서울 이북에서 인민군을 막아야 합니다. 한강에서의 방어 작전은 위험한 작전입니다.」하고 반대하였다.

신성모는 인민군이 이미 의정부까지 왔는데도 「17연대는 해주를 점령하였습니다. 적의 공격은 위력정찰적인 것입니다. 우리 군은 이윽고 적을 격퇴한 후 끝내 북진작전으로 옮길 것입니다.」라고 잠꼬대 같은 소리를 하였고, 채병덕은 「반격해서 북진하겠습니다.」라고 여전히 허풍만 쳤다. 그래서 자문회의에 참석한 원로들은 국군의 위기를 잘 모르고 있어 작전에 대한 조언을 할 수 없었다.

「이범석 장군이나 김홍일 장군이 국방부장관을 하고 이형근 사단장이 참모총장을 했어야 인민군을 막을 수 있었고 난국을 풀어갈 수 있는데 군사에 대해서는 아무 것도 모르는 무능한 신성모와 채병덕이 있으니 어떻게 인민군을 막을 수 있단 말인가? 큰일 났구먼! 나라가 망하게 생겼어! 저러니 후방에서 심각하게 생각하지 않아 전쟁준비를 하지 않고 먹을 것과 실탄도 보내주지 않고 있어! 이제 전쟁은 끝났어! 나라는 망했어!」

이 회의에 보좌관으로 참석했던 장교들이 이구동성으로 신성모와 채병덕의 허풍 치는 것을 보고 탄식하였다.

6월 26일 11시 국회에서 임시국회가 열렸다. 국회의원들은 신성모 국방부장관에게 질문하였다.

「왜 기습을 당했는가?」

인민군이 침략하는 것을 왜 사전에 몰랐는가?」

「어째서 인민군을 격퇴하지 못하였는가?」

이 질문에 신성모가 대답하였다.

「여러분, 여러분이 방송을 통해서도 아시겠지만 옹진의 17연대는 해주를 점령하고 북진 중에 있습니다. 5일 이내에 평양을 향하여 북진할 것입니다.」

이러한 신성모의 허풍이 국회의원들에게는 듣기가 좋았다. 그러나 일부 의원들은 「우리 국군이 그렇게 강할까?」하고 의심하였으나 국방부장관의 말이니 믿지 않을 수 없었다. 그러고는 일부 의원들은 「안심해도 되겠구먼!」하고 인민군의 공격을 대수롭게 생각하지 않았다.

「얼마 후 남쪽의 3개 사단이 도착할 것이므로 국군은 반격하여 반드시 적을 격퇴할 것입니다. 안심해도 될 것입니다.」

신성모의 해주 점령 발언에 이어 채병덕 참모총장의 안심해도 된다고 하니 긴가민가했던 의원들까지 가슴을 쓸어 내렸다.

「그러면 그렇지! 점심은 평양에서 저녁은 신의주에서 먹고 압록강에서 달구경하게 생겼구먼!」

국회의원들은 안심하며 오히려 이번 기회에 북진통일을 하자고 떠들어대었다.

6월 26일 밤 10시경, 경무대 이승만 대통령이 동경의 맥아더에게 전화를 하자 맥아더의 보좌관 호잇트니 준장이 받아 「원수께서는 벌써 잠자리에 드셨습니다.」하고 맥아더를 바꾸어주지 않았다. 그러자 이승만 대통령은 「원수가 일어나거든 만일 미군이 빨리 우리를 도와주지 않는다면 한국에 있는 미국인은 모두 죽임을 당할 것이라고 전해주시오!」하였다.

이승만은 국군으로 국방을 해결하려 노력하지 않고 기껏 한다는 일이 미군을 의지해 인민군을 막으려고 하였다. 이승만 대통령의 전사 지도는 고작 미군을 끌어들이는 것뿐이었다. 사대주의가 국가를 망치고 있었다.

(2) 거짓방송

50년 6월 26일 중앙방송은 「7사단은 의정부에서 반격을 하였고, 1,500여명의 괴뢰군을 죽였으며, 58대의 탱크를 파괴하였다. 그리고 전리품은 산더미 같다.」고 방송하였다. 이 방송을 들은 서울시민과 전국 국민들은 환호하였다. 그리고 국민들은 이번 기회에 공산군들을 혼내주고 아예 북진하여 통일해야 한다고 말하면서 국군이 꼭 그렇게 할 것이라고 믿었다. 그러나 자고 일어나니 서울에는 피난민이 줄을 이었고, 포성이 은은하게 들려와 서울시민은 불안하였다.

6월 26일 밤 국무회의에서

정부가 수원으로 옮겨갈 것을 결의하였다.

26일 오후 9시, 서울시경국장 김태선이 이승만 대통령에게 「서대문 형무소에는 9천여 명의 남로당원이 잡혀 있습니다. 그들이 인왕산을 넘어 제일 먼저 이곳으로 올 것입니다. 피신하셔야 합니다.」하고 피할 것을 건의하였다.

6월 27일 새벽 신성모, 이기붕, 조병옥 등이 이승만 대통령을 권하여 새벽 3시 이승만 대통령은 비서 황규만과 경호원 3명과 함께 경무대를 나와 서울역에서 기차를 타고 대구까지 갔다. 인민군 남침 3일만의 일이다.

이승만 대통령은 대구에서 남로당 위조지폐 사건 때 검사로써 이름을 날렸던 조재천 경북지사와 대구 3사단장 유승렬 장군에게 잘 싸우라고 격려하고, 대구까지 내려온 것이 민망했던지 27일 낮 12시경 차를 타고 5시경 대전에 도착하였다. 이승만 대통령은 이때 미군의 개입 보고를 들었다. 대통령이 서울을 떠나자 13명의 장관들도 27일 오후 서울을 떠났다. 장관들의 가족들은 시민들의 이목을 피하여 서울역이 아닌 용산역에서 장관들보다 먼저 오전에 서울을 떠났다.

6월 26일 밤 12시, 국방 수뇌연석회의가 열렸다.

국방부장관　　　신성모

육군 참모총장　　채병덕 소장
육군 작전참모부장　김백일 대령
공군 참모총장　　　김정열 준장
해군 참모총장　　　손원일 총장대리, 김영철 대령

「의정부가 인민군에 의해 실함이 되어 전쟁지도방책을 논의하기 위해 이렇게 모였습니다.」

신성모 국방부장관이 모인 목적을 설명하고 개전 후 처음으로 전쟁 상황을 설명하였다.

「미 공군의 B29기 100대가 지원할 것이라고 들었는데 미군기가 날아온 것은 거류민 철수를 엄호할 목적뿐이었습니다. 미국이 오늘까지 약속하여 준 것은 10일분의 탄약을 공급하여 준다는 것뿐이었습니다. 미군이 직접 지원하여주지 않는다면 사태는 절망적입니다. 그런데 미국은 아무런 약속도 해주지 않습니다. 이제는 어떻게 할 수 없습니다. 육군은 주력이 상실되면 게릴라전으로 최후까지 항전할 것입니다. 해군과 공군은 이러한 육군의 작전에 협조하여 최종단계에 이르면 망명정부 요인의 수송을 담당하여 주시기 바랍니다. 유감이지만 각 군은 독자적인 행동을 취해주시기 바랍니다.」

채병덕이 보고하자 참석자들은 울음바다를 이루었다. 「이제 전쟁은 끝나고 나라는 망했구나!」하고 참석자들은 비통해 하였다. 이 회의는 채병덕의 보고를 듣고 채병덕의 건의를 이행하기로 결의하고 회의는 27일 새벽 2시에 끝났다.

채병덕이 처음으로 전황을 사실대로 보고하였다.

27일 새벽 3시, 비상국무회의가 이범석 장군의 요청으로 열렸다. 이 회의에서 신성모 국방부장관의 전황보고 내용은 여전히 허풍이었다. 이때 이범석 장군이 신성모의 보고를 제지하였다.

「그런 분대장이 보고하는 식의 내용은 더 이상 들을 필요가 없습니다. 국방부장관으로부터 방금 들은 전황보고는 분대장의 보고와 같습니다. 우리에게는 전반적인 상황을 알려주지 않고 있습니다. 전반적인 상황이 어떤가? 거기에 어떻게 대처할 것인가가 핵심입니다. 여기에서 우리가 결정해야 할 것은 항전을 계속해야 할 것인가, 서울을 버릴 것인가, 서울을 포기한다면 서울 시민들은 어떻게 할 것인가, 서울을 포기하면 어디에서 지구전을 할 것인가, 한강교는 언제 폭파할 것인가, 18개 열차로 정부와 군의 중요 물자를 수송할 수 있는가 등을 의논하고 결정해야지 문산에서 국군이 잘 싸운다느니, 국군이 해주를 점령했다느니, 어디서 인민군을 이겼다느니 하는 식을 가지고 되겠습니까?」

이범석 장관은 신성모가 생각하지 못한, 국무위원들이 무엇을 해야 할 것인가를 지적해 주었다. 이에 대해 어느 누구도 아무런 말을 하지 않고 있었다. 결국 「정부는 수원으로 옮긴다.」고 국무총리 겸 국방부장관 신성모가 선포하고 끝났다. 참으로 한심하고 무능한 인간들이었다. 저런 인간들 가지고 어떻게 나라를 지킨단 말인가! 해방된 지 5년 만인데 저렇게 정신을 차리지 못한다니 나라가 망하지 않겠는가!

6월 27일 새벽 1시, 비상국회가 소집되어 210명 정원 중 절반이상이 참석하였다. 여기에서 채병덕의 전황보고가 있었다.

「3일 내지 5일 안에 평양을 점령할 수 있는 만반의 준비와 강력한 군대를 갖고 있으므로 서울만큼은 지키겠습니다. 마침내는 반격하여 백두산에 태극기를 꽂아 보이겠습니다.」

이렇게 허풍을 치는 채병덕의 말을 듣고 국회의원들은 열렬한 박수를 보냈다.

「여러분, 우리가 서울을 사수합시다!」

어떤 국회의원의 발언에 참석자들은 만장일치로 찬성하여 국회는 서울사수를 결의하였다. 이 결의문을 가지고 국회의장 신익희, 부의장

조봉암 등이 즉시 경무대 이승만을 찾아갔다. 이들을 비서가 맞았다.

「대통령 계시는가?」

「각하는 밤중에 서울을 떠났습니다! 어디로 가셨는지 저희들은 모릅니다.」

「뭐라고? 각하가 밤중에 서울을 떠나다니? 채병덕 이놈이 국회의원들에게 허풍을 친 게 아니야? 세상에 이럴 수가……」

이들은 비서의 말에 할 말을 잃고 경무대를 나오니 새벽 4시였다. 채병덕의 말을 믿고 피난을 하지 않은 국회의원 55명, 채 총장의 말을 믿지 않고 잽싸게 도망친 국회의원은 151명이었다. 피난하지 않은 국회의원 55명 중 28명은 인민군에 납치되어 북으로 끌려가 죽음을 당하였다.

6월 27일 아침 5시, 신성모는 정훈국장 이선근 대령을 불렀다.

「이 대령, 정부가 대전으로 옮기니 방송하시오!」

「그런 것은 정부의 공보관이 하여야지 육군의 정훈국장이 할 성질의 것이 아닌 것 같습니다.」

「제가 방송하겠습니다!」

신성모의 명령에 망설이고 있는 이선근 대신 옆에 있던 보도과장 김현수 대령이 참견하였다.

아침 6시, 중앙방송에서는 김현수 대령이 하는 특별방송으로 「정부가 수원으로 옮긴다.」는 보도가 전파를 타고 전국에 퍼졌다. 이 방송을 들은 서울시민들은 이상하게 생각하였다. 그런데 방송은 여전히 「국군은 반격중이다. 국군은 서울을 사수한다. 시민은 안심하십시오.」라고 하며 우렁찬 승리의 행진곡과 같이 나왔다.

11) 수뇌회의

6월 27일 아침 7시, 국방부 수뇌회의가 열렸다.

국방부장관 신성모, 차관 장경근, 국방부 제1국장 손성겸 대령, 제2국장 이선근 대령,
제3국장 김일환 대령, 육군참모총장 채병덕 소장, 작전참모부장 김백일 대령, 인사국장 강영훈 대령, 작전국장 장창국 대령, 군수국장 양국진 대령, 전 작전국장 강문봉 대령, 공군참모총장 김정열 준장.
이 회의는 국방부장관 신성모가 주도하였다.
「비서실장, 참석자들에게 위스키 한 잔씩 따르시오!」
신성모의 지시에 비서실장 신동우가 술을 한 잔씩 따랐다.
「애국 충정에 불타고 있는 여러분! 조국의 운명은 장군에서부터 사병에 이르기까지 이제는 개개의 방식에 따라야 할 때가 되었습니다. 국가와 군의 지도자가 이 난국을 수습할 수 있는 길은 이미 남아 있지 않습니다. 지금까지의 모든 일은 착오였습니다. 미국의 특별 긴급지원이 없는 한 우리들의 손으로 수도 서울을 지켜내기는 불가능합니다. 그러나 폴란드 정부는 영국에 망명하였다가도 얼마 후 조국에 개선하였습니다.」
신성모의 발언이 계속되는 중 참석자들은 말없이 훌쩍거리고 있었다.
이때 정훈국장 이선근 대령이 절규하며 항변하였다.
「지금까지 우리들은 옹진의 17연대는 해주를 점령하고 북진 중이다, 국군은 의정부를 탈환하고 북진 중이다, 하고 방송하였습니다. 또한 어제 26일에는 참모총장이 직접 보도과장 김현수 대령에게 지시하여 27일부터 미 공군기 100대가 지원하러 온다고 보도하게 하였습니다. 전 국민은 지금도 북진통일을 기대하고 있습니다. 이렇게 오보를 발표한 군은 그 책임을 면할 수 없습니다. 군이 서울을 사수하겠다고 국민에게 약속해 놓고 시가전 한 번 없이 철수한다는 것이 허용되며, 장관이나 참모총장이 부대를 버리고 벌써 도망칠 채비를 한다는 것이 있을 수 있는 일입니까?」

그러자 여기저기에서 「옳은 말씀입니다!」하며 이 대령의 말에 동의하였다. 그러자 채병덕이 책상을 "탁" 치며 「좋소! 정부는 천도하더라도 군은 서울을 사수합시다!」하였다. 이 말에 「또 저 소리!」하며 여기저기에서 야유하였다.

어떤 장교는 「현재 문산 국군 1사단, 춘천 6사단, 강릉 8사단은 인민군과 전투를 잘 하고 있어 아직 대한민국이 망하지 않았는데 끝까지 게릴라가 되어서라도 국가를 지켜야지 국방부장관이라는 사람이 대한민국 패망을 선언하다니 어찌 이럴 수가 있습니까?」하며 통곡을 하였다.

「저런 인간이 국방부장관이 되었고 참모총장이니 인민군을 어떻게 막을 수 있겠는가?」

이렇게 노골적으로 수군거리는 소리에 채병덕의 얼굴은 벌겋게 달아올랐으나 참는 눈치였다.

김현수 대령은 「국군이 인민군에 패하고 있다는 사실이 전국에 퍼지면 남로당원들은 전국에서 일제히 봉기할 것이며, 인민유격대와 지방유격대가 극성을 부릴 것입니다. 이들이 전국적으로 봉기한다면 현재로서는 경찰이나 국군은 도저히 막을 길이 없었습니다. 그래서 그렇게 방송한 것입니다. 용서해 주십시오!」하면서 그래서 거짓말을 하였다고 실토하였다.

「그 따위 헛소리는 그만하시오! 남로당원이 자수하여 보도연맹에 가입한 자가 33만이며, 국군 안의 빨갱이 5,000명을 숙청하였소! 김삼룡 이주하, 이재복, 성시백이 체포되었는데 어떻게 반란이나 봉기가 일어납니까?」

김현수의 말을 듣고 여러 사람들이 이구동성으로 반박하였다.

「국방부와 해군과 공군본부는 수원으로 이동한다.」

신성모는 일방적으로 선언하고 아침 9시 회의를 끝냈다.

6월 27일 오전 10시부터 12시까지 트루먼 대통령은 백악관에서 한국전 개입 여부를 가지고 회의를 하였다. 이 회의 때 일부 장관들이 「한국전에 개입을 해서는 안 된다」고 주장하자 6월18일 한국전선을 시찰한 국무장관 델러스가 「한국을 도와야 한다.」고 강력히 주장하였다. 트루먼은 반대자들을 설득하여 참전하기로 결정하되 미 해군과 공군만 참여하기로 하고 지상군에 대해서는 보류하였다. 12시경 결정이 나자 트루먼 대통령은 합참의장에게, 합참의장은 맥아더에게, 맥아더는 주한 미 고문단 참모장 라이트 대령에게 즉시 전달되었다.

7사단 25연대가 26일 오후 2시 30분 백석천에서 인민군을 막지 못하고 26일 오후 인민군이 서울을 점령하였다면 27일 각료회의를 할 때 반대자들을 설득할 수 없어 트루먼은 미군의 한국전 참전을 포기했을지도 모른다. 그것은 어느 군대이던지 수도가 점령되면 전쟁은 거의 끝난 것으로 판단하며 또한 미군이 부산에 상륙하기 전 인민군이 남한을 점령하면 승산이 없다고 판단하기 때문이었다.

26일 오후 2시 30분, 25연대가 백석천 싸움에서 인민군 2개 사단을 13시간 저지한 것이 한국을 살리게 되었다.

12) 김일성과 박헌영의 기쁨

「이영호 소장, 축하합니다. 대단히 싸움을 잘 하십니다.」

김일성이 만면에 웃음을 띠고 김웅 김책과 함께 의정부 입성을 무전으로 축하해 주었다. 오후4시, 이권무와 이영호는 의정부에서 얼싸안고 기뻐하였다.

「국방군은 보병도 약하고 특히 전차를 막을 무기가 없습니다. 국방군이 의외로 약했습니다. 미군이 남조선에 주둔하고 있어 대전차 지뢰나 로켓포나 전차를 공격할만한 무기를 지원해주고 간 줄 알았는데 전혀 그런 지원이 없어 쉽게 의정부까지 왔습니다.」

이영호 소장이 지금까지의 작전 상황을 간단히 설명하였다. 이때 이권무는 이상하다는 듯 고개를 갸우뚱하였다.

「4사단 선두전차부대는 동두천 위에서 국방군 포병대에 엄청난 공격을 받고 동두천으로 오지 못하고 적성에서 한산리로 해서 덕정으로 돌아서 왔는데 이상하군요!」

이권무 소장이 의외라고 대답하였다.

「우리 3사단이 선두에 서서 미아리를 거쳐 서울로 들어갈 테니 4사단은 퇴계원과 망우리로 해서 청량리로 진격합시다. 보병 전투는 가급적 피하고 전차를 선두에 세워 진격합시다. 그리고 국방군 진지가 강하면 포병으로 공격한 다음 전차로 공격합시다. 이런 속도면 내일까지는 서울에 도착하고, 2주 내에는 부산까지 갈 수 있을 것 같습니다. 국방군이 얼마나 빨리 도망치는지 도망치는 뒤를 따라가기도 힘들군요. 내일은 새벽4시에 의정부에서 출발합시다!」

인민군 3사단장과 4사단장은 승리에 도취되어 있었다. 이들 부대는 내일 공격을 위해 모든 차량을 점검하고 기름을 채우고 탄약을 보충받는 등 준비에 정신이 없었다.

남로당은 즉시 인민위원회를 조직하고 인민군을 열렬히 환영하고 전쟁에 필요한 모든 물건을 공급해 주었다. 그리고 인민재판을 실시하여 경찰·군인 가족들과 우익인사들을 잡아 인민재판에 붙여 즉시 처형하였고 행정을 보았다.

13) 실탄이 없어 후퇴하는 국군 25연대(6월 27일)

새벽 4시, 인민군 전차는 선두에서 백석천을 향해 진격하였다.

「탱크다! 탱크다!」

장병들의 고함소리에 졸고 있던 25연대 3대대와 2대대 장병들이 깜짝 놀라 앞을 보니 다리 위에 걸쳐 있던 고장 난 전차를 밀어내고 남진하기 시작하였다. 라희필 대대장은 탄약이 없는 한 어떻게 해볼 수가 없었다.

「해도 너무하구나! 밤이 새도록 눈이 빠지게 기다려도 실탄 한 발 건빵 한 봉지도 보내주지 않다니! 이런 육본은 있으나마나지. 어찌 이럴 수가 있단 말인가? 26일 아침부터 27일 새벽까지 부천 병기창에서 실탄을 실어와도 수십 번 올 수 있는 거리이며 먹을 것도 수십 번 올 수 있는 거리이다. 이것은 육본 수뇌에 간첩이 있어 계획적으로 실탄을 보내주지 않고 있지 않다면 어찌 이럴 수가 있겠는가? 이런 인간들 가지고 어떻게 인민군의 공격을 방어하여 나라를 지키겠는가? 이것으로 대한민국은 망하는 것이 아닌가?」하며 라희필 대위는 하늘을 향해 탄식하였다.

「2대대는 도봉산을 끼고 후퇴하라!」

할 수 없이 그는 후퇴명령을 내렸다. 그리고 고동석 소령 3대대는 창동으로 철수하였다.

전차가 의정부 밑 호원동을 지나가고 있었다. 이어서 인민군 보병이 2열종대로 전차 뒤를 따르고 있었다.

「전차는 어떻게 해볼 수가 없어도 저 보병들은 한 번 붙어보고 가야 하지 않겠나?」

라희필 대대장이 중대장들에게 명령하였다.

「좋습니다. 한 번 해봅시다!」

2대대는 있는 탄약을 모두 긁어모았다.

「인민군이 코앞에 올 때까지 기다렸다가 내 신호에 의해 공격한 다음 인민군이 흩어지면 우리도 즉시 후퇴해야 한다! 우리는 탄약이 없기 때문에 저놈들과 대항해서 싸울 수 없고, 전차가 180도 회전하여 우리에게 공격하면 우리는 다 죽는다! 그러니 치고 빠지는 작전이니 이 점 명심하라! 그리고 실탄이 없으니 낭비하지 말고 정조준 한다!」

「옛! 알았습니닷!」

2대대는 방학동 도로 옆 은폐물에 숨어 있다가 전차를 보낸 후 대대장의 「사격개시!」명령에 일제히 인민군 보병을 정 조준하여 공격하였다. 인민군들은 국방군들이 벌써 철수한 줄 알고 무방비상태로 오다가 기습을 받고 질겁하였다. 국군의 공격에 인민군은 순식간에 소대 정도가 쓰러졌다. 인민군은 즉시 흩어지고 후퇴하였다. 인민군 보병은 전투력이 약하고 전투는 전차만 의지하고 있는 것 같았다.

이 싸움으로 2대대 장병들은 자신감을 가졌으나 실탄이 없어 더 이상 인민군을 저지하지 못하고 번개같이 후퇴하였다.

앞서가던 인민군 전차는 뒤에서 총 소리가 들리며 인민군들이 도망치고 흩어지자 즉각 포신을 회전시켜 국군을 공격하려 하였으나 도망치는 인민군들만 보일 뿐 국군은 아무도 보이지 않았다. 인민군 보병과 전차는 공격을 하지 못하고 한참이나 걸려 부대를 수습하였다.

「대대장님, 이제는 탄약이 한 발도 없습니다. 육본에서는 왜 먹을 것도 주지 않고 실탄도 공급해 주지 않고 무엇을 한답니까? 그 새끼들 우리를 죽이려고 작정한 빨갱이들 아닙니까?」

「알았다! 따지는 것은 나중에 하고 빨리 여기를 떠나자!」

2대대는 북한산을 넘어 벽제로 빠져 28일 행주나루터에서 한강을 건너니 170여명뿐이었다. 한강을 건넌 이들은 거지가 되어 「밥! 밥! 밥!」하고 먹을 것만 찾았다. 그도 그럴 것이 25일 저녁부터 28일까지 밥 한 술 먹지 못했기 때문이었다.

인민군은 25연대 2대대에 기습을 받고 놀라 새벽 4시 공격하였다가 공격을 8시간이나 멈추고 12시에 다시 공격하였다.

국군 공병학교 교장 엄홍섭 중령은 부하들을 데리고 방학교, 노원교, 창동교 등을 폭파하여 인민군 전차를 저지하려고 하였으나 폭약이 없었다.

「도대체 호랑이에 물려가도 제 정신을 차려야 하는데 전쟁준비를 이렇게 하지 않을 수도 있단 말인가?」

그는 비통해 하였다.

1연대, 18연대, 9연대, 5연대, 16연대, 25연대, 3연대, 육본직할대 등의 패잔병과 피난민들이 창동으로 몰려와 걷잡을 수 없는 대 혼란이 시작되었다. 부대장들은 유선도 무선도 없어 어느 부대가 어디에 있는지 지휘관이 어디 있는지 알 수 없어 대 혼란에 빠졌다. 부대장들은 부대를 도저히 지휘할 수 없었고, 패잔병들을 수습할 수 없었다.

대구 3사단 22연대 2대대가 방학동에 배치되어 인민군을 저지하라는 명령을 받았으나 2대대는 포병부대가 없어 전차를 공격할 수 없었다. 22연대 2대대는 인민군의 전차공격을 받고 총 한 방 쏘아보지 못하고 우이동 동북쪽으로 후퇴하였다.

창동에는 7사단 8포병대장 이규삼 소령과 장병 400여명이 극적으로 포위망을 탈출하여 도착하였다.

축석령에서 도망친 3연대 200여명이 도착하였다. 자일리에서 실탄이 없어 철수한 5연대 300여명도 도착하였고, 문용채 연대장의 16연대 3대대도 200여명이 도착하였다. 이상이 의정부에서 싸웠던 7사단과 2사단과 수도사단 3개 사단의 부대였고, 그들은 포위망을 뚫고 오느라 중화기는 모두 버리고 천신만고 끝에 소총 한 자루씩만 가지고 왔다. 중화기는 김계원 대령의 105밀리 포 5문이 있을 뿐이었다. 창동에는 패잔병만 모여 있었다. 이곳에서 인민군 전차포에 1연대장 함준호 대령이 전사하였다. 그의 나이 29세였다.

유재흥 사단장은 1연대장에 14연대 반란사건 때 하수구에서 극적으로 살아난 이희권 중령을 임명하였다. 이때 채병덕 총장이 나타났다.

「25연대가 백석천을 방어하였으나 인민군 전차에 더 이상 견디지 못하고 후퇴하였습니다. 그리고 함준호 연대장이 여기에서 인민군 전차포에 전사하여 이희권 중령을 1연대장에 임명하였습니다.」

유재흥 7사단장이 채 총장에게 보고하였다.

「안 돼! 1연대장에는 이종국 중령을 임명하시오! 그리고 5연대장 박기성 중령을 해임하고 최창언 대령을 임명하여 5연대와 16연대를 통합 지휘한다. 공국진 중령의 장교연대는 해체하고 장교들은 연대장 보좌관으로 임명한다!」

채 총장의 인사명령은 본인들에게 전달할 길이 없었다. 그래서 어떤 부대는 엉뚱한 장교가 지휘하니 부대가 더욱 혼란하였고, 부대장끼리 서로 지휘관이라고 다툼이 생겼다.

「저렇게 즉흥적으로 지휘관을 임명하면 대 혼란이 오는데 어떻게 하려고 저러지? 채 총장 잠을 못 자더니 정신이 돈 게 아닐까? 큰일 났는데!」

채 총장이 즉흥적으로 인사임명을 하는 것을 보고 장교들은 걱정을 하였다.

「유 장군, 이 선에서 적의 공격을 처부수고 공세로 이전하시오! 끝까지 창동 선을 사수하시오!」

채 총장은 유재흥 사단장에게 명령을 내렸다.

「참모총장이 미쳤나 봐! 포병도 없는 패잔병들 가지고 전차를 물리치고 공세로 이전하라니? 그게 말이나 되는 소리야? 7사단과 2사단 수도사단이 방어하면서 후퇴하였으면 이렇게 하루만에 3개 사단이 붕괴되지 않을 텐데 역습명령을 내려 3개 사단을 하루 만에 몽땅 죽이고도 아직도 정신을 못 차리고 이제는 패잔병까지 몽땅 죽이려고 해? 중대장도 해보지 않은 사람이 참모총장이 되고 국방부장관이 되었으니 오늘날 이 나라 군대가 이 지경이 된 것이 아니야? 작전에 대해 아무 것도 모르면 참모들을 모아 회의를 해서 각 국장과 차장과 과장들에게 책임을 맡겨 이들로 하여금 전쟁을 수행하게 해야 하는데 참모회의는 한 번도 하지 않고 육본으로 갔다, 의정부로 갔다, 거기서 즉흥적으로 지휘관을 바꿔 부대를 혼란하게 만들고, 역습명령이나 내려 부대를 전멸되게 하고, 육본 참모들을 바보로 만들고 혼자서 헌병이 해야 할 일까지 하고 있으니 양국진 군수국장이 무엇을 할 줄 몰라 장병들에게 먹을 것과 탄약도 보내주지 못하고 있는 것이 아닌가! 이게 10만을 지휘하는 육군참모총장이란 말이야? 채 총장이 몰라서 그러는 것인지,

국군을 망쳐먹으려고 계획적으로 이런 빨갱이노릇을 하는지 알 수 없어! 육군 정보국에서 정보원이 이북에 잠입하여 소련제 전차 T-34형을 촬영하여 채병덕 눈앞에 갖다 보이며 이 무기에 대비해야 한다고 수없이 건의하였으나 "인민군은 공격해오지 않는다." "그럴 리 없다!" 하면서 한 마디로 거절하고 인민군 공격에 대해 전혀 준비하지 않아 대전차호 하나, 대 전차벽 하나 만들지 않았고, 포병들에게 전차를 어떻게 공격해야 할 것인지 한 번도 교육을 시키지 않아 국군이 이렇게 비참하게 괴멸되게 해놓고 이제 또 패잔병들이 죽음의 포위망을 뚫고 극적으로 살아왔는데 먹을 것도 탄약도 주지 않고 또 반격을 하라고 하니 저런 미친 사람이 어디 있어!」

채 총장의 명령을 듣고 있던 장교들은 살기등등하였다.

이형근 2사단장도 이 광경을 보고 「일각이라도 빨리 한강선 방어에 착수해야지 사태를 그르쳐서는 안 된다. 나라를 생각한다면 이곳에서 무모한 전투는 피해야 한다.」라고 채 총장에게 건의하였다. 그러자 채 총장은 고함을 버럭 지르며 「무슨 소리요? 반격하여 북진하랏! 오늘 미 B-29기 100대가 12시까지 출격하기로 하였다!」고 또 거짓말을 하고 있었다.

「그래요? 그러면 그렇게 자신 있으면 당신이 이 장병들을 데리고 북진해 보시오! 서울 실함이 분초를 다투는데 왜 북진하지 못하는 것이요? 실탄을 보내주기로 약속했으면 보내줘야지 26일 하루 종일 실탄을 보내주지 않아 2사단을 붕괴시켜놓고 반격이라니! 실탄을 보내준다는 약속이나 지키시오!」

이형근 장군도 맞고함을 질렀다.

「저런 동문서답하는 참모총장하고 말을 해서 내가 무엇을 하겠는가? 참으로 한심하구나! 운전병 가자!」

이형근 장군은 그 길로 육본으로 가서 신성모 국방부장관을 만났다.

「장관님, 현재 백석천 방어가 무너지고 인민군 탱크는 방학동을 지나 창동 가까이 왔습니다. 그런데 우리는 이것들을 막을 병력과 무기가 없습니다. 부대를 한강 이남으로 철수시켜 한강에서 인민군을 막아야 합니다!」

이형근 장군의 말을 듣고 있던 신성모는 큰 소리로 「이 때를 이용하여 반격하랏! 북진하랏!」하고 정신병자같이 외쳐댔다. 이 말을 듣고 있던 이형근 사단장은 기가 막혀 말문이 막혔다.

「어허! 소귀에 대고 경을 읽는 것이 낫지. 저런 인간들이 국방부장관으로 앉아 있으니 조국이 큰일이구만! 한심한 인간들이야! 나라가 망하게 생겼고만! 신성모는 채병덕보다 더 하구만!」

그는 하늘을 향해 통곡하였다. 이 장군은 그 즉시 국회를 찾아가 국회의장 신익희를 만났다.

「오늘 저녁에는 인민군이 서울에 도착할 것입니다. 국회는 빨리 서울을 떠나야 합니다!」

「무슨 소리요? 1시간 전에 국회에서 신성모와 채병덕이 국군이 의정부를 탈환해서 북진한다고 하면서 서울을 사수하겠다고 하여 우리는 그런 줄만 알았는데 이런 낭패가 있나!」

「국회의원 여러분! 저는 국군 2사단장입니다. 의정부에서 인민군과 싸우다 하루만에 사단이 없어질 정도로 대패하였습니다. 지금 인민군은 창동에 와 있습니다. 제 말을 믿고 어서 빨리 철수해야 합니다.」

이형근 장군의 말을 듣고 깜짝 놀란 신익희 윤치영, 장택상 등은 부랴부랴 한강을 건너 살았고, 채병덕의 말을 믿고 집으로 가서 한강을 건너지 않은 국회의원들은 죽든가 이북으로 납치되었다.

정훈국 장교들이 마이크를 들고 창동가도에서 국군을 향해 「12시까지 미군 B-29기 100대가 오기로 하였다. 용기를 내어 싸워라!」하고 외쳤다. 그러나 오후 2시가 되어도 미군 전투기는 한 대도 나타나지 않았다. 그러자 장병들은 맥이 빠졌다.

「도대체 누가 이런 거짓말을 하라고 하였는가?」

유재흥 사단장은 정훈국 장교들을 향해 고함을 질렀다.

서울시내 벽보에는 「국군은 의정부를 탈환하였다!」라고 붙어 있어 시민들과 정부 기관들과 후방 군인들은 도대체 누구 말을 믿어야 할지 갈피를 잡을 수 없어 혼란을 더욱 부채질하였다.

2사단 5연대 2대대장 차갑준 소령에게 7사단장 유재흥 준장이 「쌍문고개에서 인민군을 저지하라!」고 명령하였다.

「아니, 왜 제가 7사단장님의 명령을 받습니까? 저는 2사단 소속입니다!」하며 명령을 거역하였다.

「2사단장 이형근 준장은 26일 오후 사단장직에서 해임되고 나에게 2사단을 지휘하라는 채 총장의 명령이요!」

「어째서 우리 사단장님이 해임되고 우리 사단이 7사단에 흡수됩니까? 전방으로 보내는 5연대, 16연대 장병들에게 탄약을 주기로 약속해 놓고 탄약도 주지 않고 적과 싸우라고 보낸 채병덕 총장과 양국진 군수국장이 책임을 져야지 어찌 우리 이형근 사단장님이 책임을 집니까? 우리 부대는 7사단에 흡수될 수 없습니다! 나는 그 명령에 복종할 수 없습니다!」

그는 비통해하며 하늘을 향해 탄식하였다.

「세상에 이런 지휘관들이 어디 있더란 말입니까? 인민군이 10만 대군으로 쳐내려오는데 장병들에게 휴가와 외출을 보내고 전쟁에 대비하여 한 가지도 준비해놓지 않아 이렇게 대패해놓고, 그뿐 아니라 실탄과 먹을 것을 주지도 않고 적과 싸우라고 해놓고 이제는 2사단을 없애버리다니 그런 죽일 놈들이 있단 말입니까?」

그는 채병덕을 한없이 원망하면서 부하들을 데리고 쌍문고개로 달려가 부대배치를 하였다.

6월 27일 12시경, 「인민군 탱크다!」하고 선두에 있던 장병이 고함을 질렀다. 방학동 쪽에서 전차가 남진하고 있었고, 5연대 2대대 차갑준 부대 뒤 수유리 북쪽 우이동 쪽에서 전차의 공격이 시작되었다. 2대대

는 중화기가 없었고, 실탄 없는 소총만 갖고 있었다. 차갑준 소령의
「사격하랏!」는 명령에 장병들은 총알이 없어 총은 쏘지 못하고 길가에
숨어서 지나가는 탱크를 노려보기만 하였다. 최창언 연대장과 차갑준
대대장은 권총으로 쏘았다. 전차를 육탄으로 공격하려 해도 수류탄도
화염병도 포탄도 없었기 때문이었다. 5연대 2대대의 병력이라고는 연
대장과 대대장, 경호병 6명뿐이었다. 이들은 바늘로 호랑이 콧구멍을
쑤시고 있었다.

「세상에! 1개 연대장이 어찌 이렇게 전쟁을 해야 하는가!」

최창언 대령이 너무 분하여 통곡을 하며 권총을 빼들고 자결하려고
하였다.

「연대장님, 왜 이러십니까? 죽을 때까지 싸워야지 자결하면 무엇 합
니까? 빨리 여기를 벗어나야 합니다!」

차갑준 소령과 6명의 부하들이 달려들어 연대장의 자살을 막고 이
들은 번동을 거쳐 면목동 쪽으로 철수하였다. 이에 따라 창동선을 방
어한다고 서 있던 패잔병 3연대, 16연대, 1연대 장병들도 뒤따라 청량
리와 미아리로 철수하였다. 장병들은 의정부에서 포위망을 뚫고 나오
느라 소총만 가졌고, 25일부터 27일까지 배낭에 가지고 다니던 건빵
외에는 먹은 일이 없어 이제는 인민군과 싸우는 것은 그만두고 도망치
려 해도 배가 고파 도망칠 수 없었다. 그래서 쌍문고개의 방어도 순식
간에 무너지고 말았다.

14) 인민군 미아리 도착(6월 27일)

유재홍 7사단장과 이응준 5사단장은 철수해 오는 장병들을 미아리
고개에서 제지하였다. 5사단 20연대 2대대를 좌측에, 7사단 9연대 2개
대대를 우측, 서울 예술대학교 뒷산에서부터 미아리고개 길음동 미아
삼거리 일대에 배치하였다. 8연대 2대대 고백규 소령 부대를 중량교
정면에, 제3공병대대를 봉화산에 배치하였다. 육본에서 근무하는 병

참, 경리, 병기장교 등 100여명까지 총동원하여 미아리에 몰아넣었다. 국군은 좆 먹던 힘까지 동원하여 미아리를 방어하게 하였다. 이들은 채 총장의 명령을 받고 왔는데 무기는 그만두고 권총마저도 없는 맨주먹의 장교도 있었다.

「채 총장은 국군을 씨도 없이 여기에서 다 죽이려고 하는 것이 아닌가? 도대체 무기도 없이 전선에 내몰다니 이게 말이나 되는가? 병법에는 아군이 우세하면 공격하고, 비등하면 방어하고, 열세면 후퇴하여 제정비하여 반격을 노리는 것인데 무조건 미아리고개에 보내 인민군 아가리에다 국군의 취사병까지 쓸어 넣어 죽이려고 하니 정신이 있는 것인지 없는 것인지 알 수 없구먼!」

행정장교들의 불평은 이만저만이 아니었다.

이응준 5사단장은 20연대 1대대를 종암동 뒷산에 종대로 배치하여 20연대장 박기병 대령에게 지휘하게 하였다.

26연대 1개 대대를 예비대로 돈암동 전철 종점에 배치하고 후방부대는 아예 노량진으로 철수시켰다. 그리고 주민들을 모아 진지를 구축하였다. 미아리고개 방어선은 8킬로이며, 패잔병과 5사단의 5개 대대, 8연대의 1개 대대, 합 6개 대대 등 약3,000명이 방어하고 있었다.

포병은 105밀리 6문, 57밀리 대전차포 8문, 81밀리 박격포 수십 문이었다. 미아삼거리 근방에서 20연대 1대대가 방어하고 있었다. 오후7시경 탱크10대가 기마대의 보호를 받으며 오고 있었다.

「탱크다!」

장병들이 고함을 쳤다. 5사단 장병들은 처음 보는 탱크와 싸우게 되었다.

「탱크가 코앞에 올 때까지 기다려라!」

전차가 코앞에 오자 박기병 대령은 「사격! 공격하랏!」하고 명령을 내렸다. 보병은 기마대를 공격하였고, 105밀리포 3문과 대전차포 3문, 81밀리 박격포 5문, 바주카포 등이 전차를 집중 공격하였다.

보병의 소총 공격에 말 여러 마리가 쓰러졌다. 15연대 김순 대위는 「탱크를 박살내랏!」하고 소리치며 수류탄을 가지고 전차위로 올라가 포탑을 열고 전차 안에다 수류탄을 넣어 전차를 파괴하였으나 뒤에 오던 전차의 사격을 받아 그는 즉사하였다. 이 광경을 본 포병부대 장병들은 쉴 사이 없이 전차를 향해 공격하였다.

선두 전차가 파괴되어 길을 막고 서 있자 뒤의 전차는 허겁지겁 수유리 쪽으로 도망쳤다.

「만세! 만세!」

전차가 도망치자 20연대 장병들은 환호하였다.

「탱크도 별것 아닌데 왜 7사단과 2사단 수도사단은 탱크를 막지 못하여 여기까지 밀렸을까?」

「참 이상하구만. 저런 것들을 왜 의정부 북쪽에서 물리치지 못하였을까?」

20연대 장병들은 7사단과 2사단과 수도사단이 후퇴한 이유를 몰라 이상하게 생각하며 자신감을 얻었다.

「인민군은 이것으로 끝나는 것이 아니다! 조금 있다가 다시 올 것이다. 호를 깊이 파고 다음 전투를 준비하라!」

연대장은 장병들에게 명령하였다.

15) 재경 부대장 회의

6월 27일 오전 11시, 재경 부대장회의가 육본에서 있었다. 채 총장이 먼저 모인 목적을 설명하였다.

「육군본부는 불가피하게 서울을 철수하여 시흥 보병학교로 갑니다. 철수계획은 김백일 부장이 설명할 것입니다.」

채 총장은 의논도 없이 일방적으로 선언하였다. 채 총장의 말이 끝나자 김백일 부장이 각 군 본부와 국의 철수시각과 차량을 분배하는 설명을 하고 일선부대의 철수에 대해서는 말 한 마디 없이 회의를 마쳤다. 그리고 서울시민 150만 명에 대해서도 말 한 마디 없었다. 채병덕 총장은 최창식 공병감에게 「인민군이 서울에 돌입한 후 2시간 이내에 한강교를 폭파하라!」고 명령하면서 「예정 시각은 오후 4시경이다.」고 설명하였다.

그러자 수도경비사령관 이종찬 대령이 화가 나서

「벌써 12시가 다 되었다. 앞으로 4시간 정도 남았다. 150만 서울시민이 어떻게 피난하겠는가? 서울시민의 피난 대책을 세우지 않고 군부가 먼저 후퇴한다는 것은 있을 수 없다! 육본이 시민과 일선부대를 남겨두고 도망친 다음 한강다리를 자른다면 천추에 오명을 영구히 전사에 남기게 될 것이다!」하고 일선부대 철수나 서울시민에 대해서 한 마디 설명이 없는 김백일에 대해 추궁하였다..

그러나 채병덕 총장은 이종찬 대령의 말을 묵살하고 6월 27일 낮 12시 30분 육본은 극비에 용산을 출발하여 오후 2시 시흥에 도착하였다. 이들은 수많은 피난민을 헤치며 철수한 것이다.

6월 27일 오후 2시경 라이트 참모장은 사령부 직원들과 같이 한강을 건너 시흥 보병학교에 막 도착하려 할 때 맥아더 사령부로부터 무전이 왔다.

「전 사령부를 복귀하라! 미 공군과 해군의 제한적 공격이 한국에 있게 된다. 곧 결정될 것이다. 힘을 내기 바란다! 더글라스 맥아더!」

라이트 참모장은 채 총장에게 맥아더에게서 온 전문 내용을 설명해주며

「채 총장님, 미군이 한국전에 참전할 것이며 미 극동군은 얼마 후 참전할 것이므로 육군본부는 서울로 복귀하는 것이 좋을 것 같습니다!」라고 조언하였다.

「아! 그렇습니까? 감사합니다!」

채 총장은 라이트에게 감사하였다.

「육본은 원대 복귀한다!」

채 총장은 용산에서 시흥에 도착한 지 한 시간도 못되어 상황을 판단하지도 않고 라이트 대령의 말만 믿고 육본을 원대 복귀시켰다.

「미 공군과 해군의 참전을 알게 되면 인민군은 유엔의 정전과 철수 권고를 받아들일지 모른다. 아니, 받아들일 것이다. 만일 인민군이 철수하지 않을 경우 미 공군은 서울 북쪽 교외에 집결되어 있는 북괴군에게 궤멸적인 타격을 줄 것이다. 이렇게 되면 서울을 지킬 수 있다.」

라이트 대령이 채병덕 총장에게 설명해 주었다.

처치 준장 외 15명의 현지 시찰단이 27일 오후 7시 수원비행장에 도착하였다. 신성모 비서실장인 신동우 씨가 채병덕 총장에게「육본은 용산에서 시흥으로 옮겨 병력의 희생을 줄이고 미군이 지원하여 올 때까지 지구하라는 장관님의 지시입니다.」라고 신성모의 명령을 전달하였다.

「미군이 지원하러 온다는데 지구전이라니 무슨 말인가? 나는 돌아간다!」

신 국방부장관의 명령을 거역하고 채병덕 총장은 사대주의 사상의 본색을 드러내고 오후 4시경 육본을 용산으로 원대 복귀시켰다. 채 총장은 완전히 승전 기분이었다. 그는 도착 즉시 「1사단은 현 위치를 사수하라!」는 명령을 내려 문산의 1사단이 한강 철수를 준비하다가 중단하고 문산을 탈환하려고 준비하다 인민군의 서울 입성으로 인민군에 포위되어 1사단은 괴멸되고 말았다.

채병덕은 육본을 시흥으로 옮기면서 송요찬 헌병사령관에게 군용 차량은 한 대도 한강을 건너지 못하게 하라!」고 명령하여 군용차량은 한 대도 한강을 건너지 못하여 28일 새벽 한강 다리가 폭파될 때까지 국군 주력이 철수하지 못하였고, 군 차량과 중화기와 보급품을 실어 나르지 못하고, 부상병도 후송되지 못하고 몽땅 인민군에게 넘겨주었다.

밤 10시경 채병덕 총장은 미아리고개에 또 나타나 유재흥 사단장을 만나 「미군이 참전하기로 하였소! 맥아더의 전진지휘소가 수원으로 왔소. 내일 아침부터 미 공군기 100대가 지원하기로 하였으니 미군이 올 때까지 유 사단장이 여기를 저지하여 주시오! 이제는 염려 없소!」하며 저지명령을 내렸다.

「총장님, 현재 있는 무기 가지고는 탱크를 막을 수 없습니다. 오늘 저녁 탱크가 온다면 여기를 방어할 수 없으며 서울을 확보하기 어렵습니다.」

「오늘 하루만이라도 여기를 맡아주시오! 내일이면 미군이 올 것이요! 부탁이요!」

채 총장은 유재홍 사단장에게 명령을 내리고 길음교 쪽으로 차를 몰았다. 그는 미아리고개 밑 길음교에서 미아삼거리까지 배치되어 있는 장병들에게 「장병 여러분, 나 참모총장이다! 내일 아침부터 미 공군기 100대가 지원해 온다. 미군사령부는 이미 도착하였다. 미아리전선을 방어하다 후퇴하는 자는 총살이다!」라고 외치고 다녔다.

「또 그 소리! 미군 비행기 100대가 온다는 소리는 25일부터 들었지만 지금까지 한 대도 오지 않았지 않아! 24일 휴가만 보내지 말고 포병대들에게 탱크 잡을 훈련을 시키고, 공병들에게 다리 폭파시키고, 탄약과 먹을 것과 차량 확보 등 조금만 전쟁준비를 했어도 신나게 인민군들을 두들겨 패서 북쪽으로 쫓아 보낼 수 있었는데, 전쟁준비는 털끝만치도 해놓지 않고 인민군이 오니 미군이 돕기로 했다는 사대주의 근성에 젖어 거짓말만 하고 다니는데 저렇게 미국에 의지해서 인민군을 막으려는 친일 반역자의 사대주의 근성 때문에 우리는 이렇게 다 죽고 대패하고 있잖아!」

장병들은 채병덕을 보기만 해도 화가 나서 죽이고 싶었다. 채병덕 총장이 아무리 고함을 질러도 어느 한 장병이 일어나 인사하거나 채병덕의 말을 귀담아 듣는 장병이 없었다. 오히려 「총장이 빨갱이가 아닌가? 아니면 정신이 좀 이상해진 것 아니야? 아니면 바보던가!」하고 수

군거렸다.

조금 있으니 여자의 목소리가 비가 오는 전선에 울려 퍼졌다. 장병들은 오랜만에 여자 목소리를 듣고 귀가 솔깃해졌다.

「국군장병 여러분! 서울을 빼앗기면 우리들은 어떻게 됩니까? 최후까지 싸워서 적을 쫓아내 주십시오!」

이들은 모윤숙 시인과 여학생들로써 위문품과 주먹밥을 가져와 장병들에게 나누어주며 호소하였다.

「주먹밥이라도 가져오려면 25일부터 주어야지 이제 가지고 오면 어떻게 해요? 우리는 적과 싸우다가 죽는 것이 아니라 배가 고파 죽겠소! 우리 보고 서울을 지켜 달라 말고 채병덕한테 가서 호소하시오! 탄알도 주지 않고 어떻게 탱크를 막는단 말이요?」

장병들의 말을 듣고 모윤숙과 여학생들은 깜짝 놀랐다.

「도대체 이 일을 어떻게 하면 좋을꼬?」

이들은 안절부절못하다 더 이상 말을 못하고 장병들 앞을 떠났다.

27일 오후 4시, 중앙방송에서 「미군이 한국을 돕기로 하였습니다.」라고 방송을 하자 시민들은 「또 그 소리!」하며 전혀 반응이 없었다. 육본의 정훈국 장교들이 서울 시내를 돌아다니며 선전하고, 신문사에서 호외를 뿌려도 「흥, 또 그 개소리.」하며 전혀 반응이 없었다. 정부와 국군의 말이라면 장병이나 시민들은 콩으로 메주를 쑨다 해도 믿지 않았다. 그러나 육본이 시흥에서 서울로 옮겼다는 내용은 실감이 나는 정보로 즉시 서울시민들에게 퍼져 피난을 나섰던 시민들은 다시 집으로 돌아갔다.

「아니, 육본이 시흥으로 갔다가 반시간도 못되어 서울로 다시 올라왔고, 문산의 1사단에 사수하라고 명령을 내렸는데 이런 것들을 참모들과는 말 한 마디 상의 없이 채 총장 혼자 결정하고 혼자 명령을 내리니 이래서 되겠는가? 혼자서 북 치고 장구 치니 육본에 60여명이 넘는 장교들은 구경만 하고 있는 게 아닌가? 그러니 참모들도 각각이고, 부서들도 각각이니 이놈의 전쟁을 어떻게 이기겠는가? 그러기 때문에 지금과 같이 난장판을 만들어 놨지요. 국장이나 과장들이 전황이 어떻게 돌아가는지 모르니 싸움에 나간 부대에 무엇이 필요한지 몰라 제대로 보급이 안 되니 사기가 떨어지고 패할 수밖에 없지 않겠소? 그러고 보니 우리는 다 로봇 같구먼!」

참모들과 장교 장병들은 채병덕과 김백일 둘이 북 치고 장구 침으로 국군이 제대로 전쟁을 수행하지 못한 일에 탄식하였다.

50년 6월 27일 밤 10시, 중앙방송국 정기 뉴스시간에 개전 후 처음으로 이승만 대통령의 방송이 나왔다.

「친애하는 국민여러분! 유엔에서 우리를 도와주길 작정하고 이 침략을 물리치기 위해 공중으로 군수물자를 날아와서 우리를 도우니까 국민은 좀 고생이 되더라도 굳게 참고 있으면 적을 물리칠 수 있을 것이니 안심하십시오!」하는 내용이었다.

「이승만 대통령의 연설을 들어보자!」

이승만 대통령의 목소리가 라디오에서 나오니 길을 가던 사람들은 발걸음을 멈추고, 일을 하던 사람들은 하던 일을 멈추고 라디오 앞에서 뉴스를 열심히 들었다. 이 방송은 11시까지 세 번을 연속해서 방송되었다.

「연설하는 목소리의 감이 이상하지 않습니까? 먼 곳에서 전화로 하는 것 같아요. 이 대통령은 서울에 있지 않는데 서울에서 먼 곳에서 전화로 녹음해서 방송하는 것 같아요! 우리가 이렇게 있어서는 안 될 것 같습니다. 대통령이 피했다면 서울이 위험하다는 것 아니요? 빨리 우리도 피난 갑시다!」

라디오를 듣고 있던 사람들은 피난을 가야 한다는 사람들과 「그래도 대통령이 국민에게 거짓말을 하겠습니까?」하며 대통령 말을 믿고 집으로 돌아가 잠을 청하는 사람들로 나뉘었다. 이대통령의 방송이 끝나자 바로「미 공군 비행기 100대가 지원하러 온다!」하고 방송하였다.

「28일 맥아더 사령부가 서울에 설치되니 시민은 동요하지 말고 안심하십시오!」「국군은 잘 싸워 달라!」는 등 모윤숙은 애국시 낭송을 하며 앵무새 방송을 하자 많은 시민들은 그 말을 믿고 집으로 돌아가 피난하지 않았다. 그러나 무엇인가 이상하다고 감을 잡은 시민들은 부랴부랴 피난을 가서 어려움을 면하였다.

밤 11시경 인민군은 미아리고개 돈암동 근방에 많은 신호탄을 쏘고 있었다.

「아니, 저게 뭐야?」

「뭐긴 뭐야? 인민군이 곧 공격한다는 신호탄이지!」

장병들은 인민군이 신호탄을 쏘자 불안하였다. 그러자 김계원 대령이 김한규 중위에게 105밀리포 3문을 주며 수유리 근방에 사격하라고 명령하니 김 중위는 포탄을 소나기같이 퍼부었다.

유재흥 사단장은 16연대장에게「신호탄을 쏘는 놈들을 격퇴하랏!」하고 명령을 내렸다.

「옛, 알았습니다.」

문용채 대령은 대답은 하였지만 밤중에 신호탄을 쏘는 보병을 잡아낸다는 것은 쉬운 일이 아니었다.

「적이 신호탄만 쏘고 이곳에 공격하지 않는 것은 우회하여 우리 배후를 공격하려는 것 같습니다. 일단 한강 선으로 후퇴하여 앞날을 대비하는 것이 좋을 것 같습니다.」

부연대장 이원장 중령이 건의하였다.

「명령이 없는데 철수할 수 있겠소?」

문용채 대령은 퉁명스럽게 거절하였다.

밤 12시경 이 중령이 다시 건의하자 문용채 연대장은「그러면 그렇게 합시다!」하고 차량을 가지고 한강을 건너 돈암동의 예비대가 없어졌다.

6월 28일 새벽 1시, 미아삼거리 공동묘지에서 방어하던 장병들은 억수같이 쏟아지는 비를 맞으면서도 졸음을 이기지 못하여 꾸벅꾸벅 졸고 있었다. 전차소리에 놀라 눈을 번쩍 뜨고 보니 탱크가 눈앞에 와 있었다.

「인민군 탱크닷! 인민군 탱크닷!」하고 외치며 주위를 둘러보니 칠흑같이 어두운데 앞에서 얼씬거리는 물체가 보였다. 장병들은 머리카락이 곤두섰다.

「정지! 누구냐?」

「누구긴 누구야! 서울을 해방시키러 온 전사닷!」

인민군의 대검은 수하하던 장병의 가슴을 찔렀다. 이것이 신호나 되는 듯 깜깜한 밤에 인민군과 국군과의 육박전이 벌어졌다. 3일 동안 굶은 국군은 잘 먹은 인민군을 당해낼 수 없어 많은 장병들이 비참하게 죽어갔다. 육박전이 수그러들 무렵 전차가 점점 가까이 오자 장병들은 도망치기 시작하였다.

길음교 앞에 전차 저지벽을 만들었으나 전차는 아랑곳하지 않고 이것을 헤치워 버렸다.

「탱크를 공격하랏!」

15연대 2대대장 안광영 소령은 길음시장 건너편에서 포대원들에게 81밀리 박격포로 전차를 공격하게 하였다.

「조명탄을 쏘아랏!」

명령이 떨어지기 바쁘게 조명탄을 쏘자 길음교 부근은 대낮같이 밝아졌고, 15연대 박격포 포대원들은 전차를 향해 200발 이상을 쏘아댔으나 아무런 효과가 없었다. 전차는 20-30미터 앞에서 바퀴줄을 공격하지 않는 한 아무 효과가 없다.

20연대 박기병 연대장도 전차를 공격하게 하여 20연대 포병부대가 쉴 사이 없이 포탄을 전차에 퍼부었으나 전차는 끄덕도 하지 않고 굉음을 내며 오히려 아군을 향해 공격하였다. 김명환 대위가 지휘하는

57밀리 대전차포 2문도 맹공격하였으나 전혀 효과가 없었다.

「불 붙엿! 불 붙엿!」하는 고함소리가 들렸다. 불을 붙이라는 것은 길음교를 폭파하기 위하여 다리에 다이나마이트를 장치하고 강문봉 대령이 송종태 공병 중위에게 「전차가 길음교 위에 도착하면 폭파시켜라!」고 명령을 하였는데 전차가 다리 위로 올라갔으니 불을 붙이라는 고함소리였다.

「옛! 알았습니닷!」

송 중위는 즉시 도화선에 불을 붙였다. 도화선은 몸부림치듯 흔들어대며 "치칫" 소리를 내며 타들어 가고 있었다. 그러나 중간도 못 갔는데 불꽃이 멈추더니 차츰 잦아지다가 아예 꺼져버렸다. 그것은 도화선이 끊어진 것이다. 도화선이 끊어진 것은 인민군 특공대에 의해서인지 국군 포병대의 공격 때 끊어진 것인지 알 수 없었다.

「어휴, 폭파가 실패했잖아! 그러니까 인민군 전차가 미아삼거리 근방에 있을 때 국군 보병의 보호아래 폭파시켜야지! 전차가 다리 위에 있을 때 폭파한다면 아군이 포탄을 수백 발씩 전차를 향해 공격하는데 도화선이 견디어 내겠는가? 도대체 하는 일들이 저러니 어떻게 싸움에 이기겠어? 길음교만 폭파되었어도 몇 시간은 버틸 수 있었는데 동두천과 포천에서 이곳으로 올 때까지 다리를 한 군데도 폭파하지 못해 인민군이 춤을 추고 오고 있잖아! 이제 전쟁은 끝났어! 가자!」

장병들은 길음교 폭파가 무위로 끝나자 죽자 살자 도망치기 시작하였다.

16) 6월 28일 2시 인민군 돈암동 도착

길음교를 건너 전차는 굉음을 내며 미아리고개를 오르고 있었다. 미아리고개에 도착한 인민군 전차대열은 포신을 동 서 남으로 세우고 서울 시내를 향해 포탄과 기관총을 무차별로 쏘아대자 대포와 기관총 소리에 천지가 무너지는 듯하였다.

「안심하십시오. 미군이 지원해 주기로 하였습니다!」라는 이승만 대통령의 권고 방송에 정부만 믿고 피난하지 않은 서울시민들은 전차포 소리에 깜짝 놀라 잠자다 말고 간단한 보따리만 챙겨들고 피난을 가기 위해 집을 나섰다. 미아리고개 근방의 국군은 어느 새 모두 도망치고 그림자조차 없었다. 인민군 선두 전차병은 포탑을 열고 목을 밖으로 내밀고 여유 있게 미아리고개를 넘어 돈암동 쪽으로 내려오고 있었다. 전차 속의 인민군은 「전쟁이 너무 싱겁군!」하였다.

한편 미아리와 동시에 공격을 받은 중랑교를 방어하고 있던 고백규 대대도 돌파되어 인민군 전차는 성동역에 진입하여 무차별 사격을 하였다.

새벽 1시 30분, 인민군 전차는 돈암동, 동대문 등에 진격하여 무차별 공격을 하고 있었다. 이 전차에는 인민군 보병은 따르지 않고 있었다. 돈암동고개 부근 김천여관에서 잠시 눈을 붙이고 있던 유재홍 사단장과 강문봉 대령은 전차포소리에 깜짝 놀라 벌떡 일어났다. 따발총 소리와 소총 소리가 요란하였고, 전차가 지나가는 소리에 땅이 진동하였다.

그들이 여관을 빠져 나올 때에는 주위에는 이미 인민군이 도착하여 공격하고 있었다. 그들은 인민군의 공격을 피하여 죽자 살자 성북경찰서로 달려가 서장의 허락도 받지 않고 몰래 서장의 지프차를 타고 육본으로 달려가 육군본부 2층 참모총장실로 단숨에 올라갔다.

「총장님, 큰일 났습니다. 전차가 창경궁에 도착하였습니다. 신속히 필요한 조치를 취해야 하겠습니다.」

숨을 몰아쉬며 강문봉 대령은 채병덕에게 보고하였다. 이때 시간을 보니 새벽 2시였다. 서울시내에 들어온 전차는 돈암동 2대, 창경궁 입구 1대, 동대문 1대, 중앙청 1대, 화신백화점 앞 1대, 헌병사령부 앞 필동 2대 등에서 사격을 하고 있었다.

채병덕이 수화기를 들고 소리를 질렀다.

「최창식 공병감 바꿔!」

「옛! 최창식 대령입니닷!」

「나 채병덕 총장이다. 지금 적의 전차가 돈암동에서 동소문동으로 향하고 있다. 즉각 한강교를 폭파하라! 본관은 시흥을 거쳐 수원으로 이동한다. 즉각 가서 폭파하랏!」

「옛, 알았습니닷! 즉시 폭파하겠습니닷!」

채병덕은 최창식의 복창하는 소리를 들으며 전화를 끊었다.

「총장님, 빨리 한강을 건너야 합니다.」

장경근 국방부차관이 권하였다.

「문산 제1사단에 철수를 명하셨습니까?」

김홍일 장군이 채 총장에게 물었으나 채 총장은 대답도 하지 않고 나가버렸다.

「아니, 1사단에 후퇴명령을 내리지 않고 한강교를 폭파하면 1사단은 퇴로가 차단되어 전멸하는데 말도 없이 저렇게 가다니? 큰일 났구 먼, 큰일도 보통 큰일이 아니야!」

김홍일 장군은 1사단에 후퇴명령을 권하기 위해 육본에 나왔다가 채병덕이 아무런 언질도 주지 않고 달아나 버리자 1사단을 하늘에 맡기는 수밖에 없다고 생각하며 참담한 심정으로 시흥으로 가기 위해 한강 인도교로 달렸다. 김 장군의 차가 인도교 가까이 왔을 때 피난 가는 인파와 차량 때문에 쉽게 건널 수 없어 시간이 오래 지체되었으나 어렵게 한강교를 건널 수 있었다.

「문산의 1사단과 미아리에서 싸우는 7사단, 2사단, 5사단, 3사단, 수도사단 사단장들에게 후퇴명령을 내리고 한강을 폭파해야지 후퇴명령을 내리지 않고 혼자 도망치면 어떻게 해! 국군과 서울시민은 다 죽어도 좋단 말인가? 저런 인간이 참모총장이 되었으니 이 나라가 망하지 않겠어?」

도망치는 채병덕 일행의 뒤통수를 흘겨보며 장교들이 분통을 터뜨렸다.

정보장교들과 작전과 장교들의 원성은 하늘에 닿았다. 육본 장교들과 장병들은 뿔뿔이 흩어져 각자 행동으로 한강을 건너야 했다.

미 고문단 참모부장은 한강교 폭파 소식을 듣고 자다 말고 육본으로 뛰어 왔다.

「한강교는 부대가 한강교를 건너고 보급품 및 장비 등이 후송될 때까지 연기해야지 한강교를 현재 폭파하면 무엇으로 싸울 것인가? 한강교 폭파를 연기해 달라!」

「장경근 국방부차관이 1시30분에 폭파하라고 명령해서 도리가 없다!」

김백일 부장은 강청하는 그린우드 중령의 말을 한 마디로 거절하였다. 그린우드 중령은 미군의 보급품이 엄청난데 이것이 다 인민군의 손에 넘어가면 큰일이라고 생각하면서 한국군의 작전에 대해서 도대체 이해할 수 없었다. 그는 남겨진 군수품을 걱정하는 것보다 빨리 동료들을 깨워서 한강을 건너야 했다.

「지금 한강교를 폭파한다니 말이나 되는가? 부대도 장비도 시내에 있는데 철수를 끝낼 때까지 폭파는 연기되어야 한다!」

이형근 장군도 한강교를 폭파한다는 말을 듣고 깜짝 놀라 육본으로 달렸다. 그는 김백일을 만나 호통을 쳤다.

「한강교를 폭파한다니, 군 주력과 피난하지 못한 서울시민들이 남아 있는데 당장 폭파하라니 혹시 정신이 이상한 게 아닌가? 아마 군부대에 빨갱이가 잠입하여 있는 것이 아니냐?」

「채 총장의 엄명이었기 때문에 어쩔 수 없습니다!」

김백일과 장창국은 이형근 장군의 호통에 찔끔하여 모든 것을 채병덕에게 미루었다.

「아니, 뭐라고? 그러면 너희들은 국군과 시민들을 몽땅 죽일 작전인가? 중지하랏!」

이형근 장군이 김백일에게 다시 고함을 질렀다.

「말씀을 듣고 보니 지당한 말씀입니다. 저도 그렇게 생각합니다.」

김백일은 이 장군의 호통에 이렇게 말하지 않을 수 없었다.

5사단장 이응준 소장이 새벽2시경에 미아리에서 정신없이 육본에 도착하였다.

「채 총장은 어디 계시는가?」

「한강교를 폭파하라고 명령하고 수원으로 갔습니다.」

「그래? 그럼 앞으로 어떻게 할 작정인가?」

「교량을 폭파하여 한강을 사수하는 외에는 방법이 없습니다. 우리도 곧 시흥으로 철수할 것입니다.」

김백일 부장이 대답하였다.

「한강교를 언제 폭파하는가?」

「총장님은 최창식 공병감에게 지금 즉시 폭파하라고 명령하였습니다.」

「뭣이 어째? 한강교를 즉시 폭파한다고? 아니, 군 주력이 문산과 미아리에서 싸우고 있는데 한강을 폭파시키면 장병들은 서울에서 다 죽으라는 말이야? 참모총장이라는 사람이 서울을 사수하라고 하였으면 한강교를 폭파하라는 명령을 하지 말던지, 아니면 사단장들에게 후퇴하라고 명령을 내리고 수원으로 가든지 해야지, 미아리선을 사수하라 해놓고 명령도 없이 한강교를 폭파하면 장병들과 서울시민들은 어떻게 하라는 말이냐? 문산과 미아리 주력부대가 한강을 건너기 전에는 한강교를 폭파해서는 안 된다! 이대로 한강교를 폭파하면 한강 이북의 장병들은 전멸되어 미 공군이 지원 온다 해도 싸울 국군이 없는 한 전 국토가 인민군에 짓밟히고 말 것이다. 무조건 폭파를 연기하랏! 그리고 장비와 차량과 군수품도 빨리 철수해야지 한강 북에다 모든 군수품을 놓고 한강교를 폭파해서 모두 인민군에게 바칠 것이냐? 이것들 다 빨갱이 아니야!」하고 고함치자 김백일은 자칫 잘못하면 빨갱이로 몰리게 생기자 모골이 송연해졌다.

「옛! 제가 책임지고 폭파를 연기하겠습니닷!」

이응준 준장의 살기등등한 호통에 김백일 부장은 쩔쩔매며 이 장군의 요청을 받아들여 폭파를 연기하겠다고 하였다.

「장 국장!」「옛!」「지금 한강교에 가서 주력부대가 한강을 건널 때까지 폭파를 중지하게 하시오!」

김백일은 이응준 장군이 있는 데서 장창국 작전국장을 불러 명령하였다. 그러자 이응준 장군은 조금 안심이 되는지 화를 풀고 급히 부대로 돌아갔다.

「정래혁 중령, 공국진 중령, 류근창 대위, 박정인 중위 지프를 타! 나와 같이 가서 빨리 한강교 폭파를 저지해야지 그렇지 않으면 큰일 나겠어!」

장창국 작전국장은 이들과 같이 타고 차를 몰았다. 그러나 삼각지 도로에 나와 보니 피난민과 차량이 길을 꽉 메워 발 디딜 틈도 없었다. 지프의 쌍불을 켜고 경적을 울리고 그것도 모자라 고함을 질러도 시민들은 들은 척도 하지 않았다.

「도대체 왜 이렇게 차량이 밀리는가?」

「예. 채병덕 총장이 헌병들에게 군 차량은 한 대도 한강을 건너지 못하게 하라고 하여 군 차량이 한강을 건너지 못하고 도로에 서 있어서 그렇습니다!」

「아니, 무슨 소리야? 군수품과 군 장비와 국군이 차량으로 즉시즉시 후퇴하고 보급품과 중포를 빨리 빨리 한강 이남으로 철수해야지, 군 차량이 한강을 건너지 못하게 막다니 채병덕이 아예 국군을 다 죽이려고 작정했구먼! 큰일 났는데 큰일 났어!」

박정인(국방부 전사편찬위원장 역임.) 장교가 분노에 차 고함을 쳤다. 이때부터 박정임은 채병덕이 빨갱이가 아닌가하는 의심이 들기 시작하였다.

장창국 일행은 지프차로 5분 거리인 약150미터 거리에 한강 폭파 지휘소인 남한강 파출소가 있는데 갈 수 없었다. 이들은 차안에서 가슴을 조이며 발을 동동 굴렀으나 어떻게 할 수가 없었다. 그러다가 이렇게 해서는 안 되겠다고 생각한 그들은 차에서 내려 인파를 헤치며 뛰기 시작하였다.

이 피난민 대열에는 수원에 미 전방사령부로 연락 차 내려가는 미 군사고문단 해줄리트 대령과 허무즈맨 대위도 있었고, 특별수사본부 요원이 탄 3대의 차량도 있었다. 그 뒤를 부통령 이시영도 있었고, 국군 통신부대도 있었다. 피난민은 한강에서 용산까지 수만 명이 도로를 꽉 메워 자기 힘으로 가는 것이 아니라 뒤에서 밀리는 힘으로 가고 있었다.

17) 28일 오전 2시 30분 한강교 폭파. 한강 이북에 있던 국군 6개 사단 붕괴

한편 공병감 최창식 대령은 엄홍섭 중령과 황원회 중위를 불렀다.

「지금 다리 위에는 사람과 차량이 수없이 많으니 어떻게 해서라도 제지하고 즉시 한강교를 폭파하시오! 명령입니다!」

「옛. 명령대로 수행하겠습니다.」

황원회 중위는 도화선 길이가 60cm로 불을 붙이면 1분 안에 폭발하기 때문에 불을 붙이기 전 다리를 폭파한다는 신호를 하였다. 그러자 「아직 붙이지 마! 지금 이시영 부통령이 타고 계시는 차가 지나가고 있습니다!」하고 외치는 소리가 들렸다. 조금 후 헌병이 다리 위에서 불을 붙여도 좋다고 손전등을 든 손을 번쩍 들었다. 이 모습을 보고 엄홍섭 중령은 「불을 붙여라!」하고 황원회 중위에게 명령하였다. 황 중위는

도화선에 불을 붙였다. 불이 붙은 도화선은 온 몸을 흔들어대며 타 나갔다. 이들은 숨을 죽이고 타 들어가는 도화선을 응시하였다.

「꽝!」

천둥소리와 오렌지 빛깔의 불길이 치솟는 폭음소리가 천지를 진동시킴과 동시 깜깜한 밤에 한강다리와 다리 밑은 아비규환이 되었다.

황원회 중위는 가슴을 떨며 현장을 확인하였다.

「인도교와 철교 2개 중 1개의 중간 지점이 끊어졌습니다. 경인선 철교는 끊어지지 않았습니다.」

그는 엄홍섭 중령에게 진땀을 흘리며 보고하였다.

다리 폭파 당시 인도교 난간이 한강으로 떨어지면서 그 위의 차량과 사람을 공중으로 날려버렸다. 약 800~1,000명 정도였다. 이때 특별수사본부 차 한 대가 공중에 날려 차에 타고 있던 장호식 최운하 수사관 등 일행이 사망하였고, 한국의 통신장비가 몽땅 공중에 날렸다.

「갑시다!」

엄 중령과 황 중위는 미리 준비해놓은 배가 있는 곳으로 갔다. 거기에는 김백일 대령, 장도영 대령 등이 기다리고 있다가 두 사람이 배에 오르자 배는 스르르 미끄러져 나갔다.

다리 위에서 미처 한강을 건너지 못한 피난민들은 다리 밑으로 내려와 한강 백사장에서 발을 굴렀다. 피난민들은 거의 북에서 온 사람들과 우익인사 가족들과 경찰과 군인 가족 등 공산당이 점령한 후 제일먼저 처단 당할 사람들이 앞장을 섰다. 한강을 건너다 죽은 사람, 도로 집으로 돌아가는 사람, 모래벌판에서 움직이지 않고 통곡하는 사람 등 가지각색이었다. 이외의 피난민들은 넋을 잃고 깜깜한 한강 남쪽 흑석동을 바라보고 있었다.

한강교 폭파는 한강 북쪽에서 싸우고 있던 문산 1사단, 미아리의 7사단, 2사단, 5사단, 3사단, 수도사단 등 6개 사단이 개전 4일 만에 괴멸되어 재기불능의 국군이 되는 순간이었고, 서울시민 150만 명의 피난길을 잘라버리는 순간이었다. 이제 남은 국군은 춘천의 6사단과 강릉의 8사단뿐이었다.

정훈국 이양록 소위는 윤봉의 중위가 「빨리 한강을 건너야 산다!」고 하여 트럭을 타고 막 한강교에 도착했을 때 한강 다리가 폭파되었다. 간신히 죽음을 면한 두 사람은 윤 중위가 현장에 가보자고 하여 두 사람은 현장을 가 보았다. 다리 위의 그 많던 차량과 사람들은 흔적도 없이 공중으로 날아가 버리고, 또는 강물 속에 처박혀 버렸고, 어두운 주위에서는 「나 좀 살려줘! 나 좀 살려줘!」하는 울부짖음과 「나 죽어! 나 죽어!」하고 절규하는 소리와 「어머니! 어머니!」하고 부르짖으며 잃어버린 가족의 이름을 부르는 애절한 소리는 듣는 이로 하여금 가슴을 찢어지게 하고 있었다. 땅을 치며 통곡하는 소리, 땅바닥을 두 손으로 부득부득 긁으며 몸부림을 치는 사람들, 두 사람은 눈을 뜨고 볼 수가 없었다. 피로 검게 얼룩진 부서진 다리, 갈가리 찢겨진 시체들, 한강교 위는 아비규환이었다.

「세상에! 이보다 더 큰 죄가 어디 있을까?」

두 사람은 현장의 처참함에 가슴이 떨리고 분노를 참을 수 없었다.

한편 장창국 일행은 폭파를 저지하려고 사람들을 겨우 헤치고 남한강 파출소 가까이 도착했을 때 엄청난 폭음과 함께 비명소리, 벌건 불덩이들이 하늘로 솟구치고 검게 흐르는 강 속으로 우수수 떨어져 내리는 모습을 목격하고 온 몸에 전율이 일며 경직되어 그들은 한참을 움직일 수조차 없었다. 국가의 운명이 달려 있는 한강교를 폭파하면서 육본과 현장지휘소가 있는 남한강 파출소에 전화선을 연결하여 수시로 연락을 해서 저지명령도 전화로 했으면 이러한 참상은 면하였을 것이 아닌가?

장창국 일행은 폭파 현장의 충격이 너무 커서 말이 나오지 않았다. 한강교 폭파로 미군은 1,500여대의 차량, 2만 갤론의 휘발유, 10만 달러의 식품을 몽땅 인민군에 넘겨주어야 했고, 국군 군수품도 몽땅 인민군에 넘겨주었다.

18) 인민군에 점령된 처참한 서울(6월 28일)

1사단 13연대 수색소대장 김호 소위와 김홍규 소위, 고모 중위 등 모두 이북에서 넘어온 장교들인데 군에 들어와 북진하여 고향에 가려고 하였는데 서울이 함락되자 다른 부대의 철수를 엄호하고 세 사람은 「인민군에 포로가 되기 전에 죽자!」하고 자결하였다.

안병범 대령은 서울이 함락된 것과 생지옥 같은 서울시민의 참상을 차마 눈뜨고 볼 수 없어 서울을 지키지 못한 책임을 지고 할복자살을 하였다.

6월 28일 오전 8시, 삼각지 육군본부 앞으로 인민군 전차가 오고 있었다. 「탱크다! 탱크다!」장병들이 외쳤다. 수도사단 3연대 1대대장 박철용 소령과 3중대장 김상덕 중위, 박명웅 소위, 한호 상사, 김원태 상사, 김회수 상사, 김중섭 상사 등 3중대는 「육군본부를 경비하라」는 명령을 받았으나 육군본부는 철수하면서 이 부대에 철수명령을 내리지 않아 텅 빈 육군본부를 지키고 있었다. 이때 전차가 오자 김상덕 중위는 57밀리 대전차포로 150미터 앞에 오는 전차를 향해 용감히 공격하여 명중시켰다. 그러나 전차는 끄덕도 하지 않고 응사도 하지 않고 한강을 향해 남진하여 8시10분경 한강인도교에 도착하였다. 전차는 미아리고개를 넘어서 한강교를 오는데 7시간밖에 걸리지 않았다.

한 시간 후에는 트럭 1대에 민간인이 가득 타고 질주해오고 있었다. 김 중위는 인민군이 옷을 갈아입고 오는 것이 분명하다고 판단하고 「중대는 사격하랏!」하고 사격명령을 내려 트럭에 탄 사람들을 순식간에 전멸시켰다. 죽은 사람들 중에는 국군 3연대 장병들도 포함되어 있었다.

오전 10시, 전차 7대가 용산 육본 앞에 나타났다. 김 중위는 「전차를 파괴할 장병은 나를 따르라!」하니 6명이 나왔다.

「각자 수류탄을 가지고 전차 1대씩을 맡아 공격하랏!」

김 중위의 명령이 떨어지자 6명의 특공대들은 전차의 포탑을 열고 수류탄을 넣으려고 달리는 전차에 뛰어오르다가 앞과 뒤에서 쏘아대는 기관총 세례를 받고 김중섭 중사의 몸은 두 동강이가 나 버렸다. 김상덕 중위는 도저히 안 되겠다고 생각하고 「중대는 마포로 철수한다.」하고 중대원들을 데리고 마포로 달렸다.

「배가 없어 어떻게 철수하지?」

「중대장님, 저기 배가 있습니다. 제가 가지고 오겠습니다.」

중대장 참모 김두업 중위가 헤엄을 쳐서 배를 한 척 끌고 왔다. 그런데 이때 「국방군이닷, 죽여랏!」하는 고함소리가 들렸다.

「저놈들이 어떤 놈들이냐?」

「마포형무소에서 나온 남로당원들과 남로당에 있다가 전향하였다는 보도연맹에 가입한 놈들인 것 같습니다.」

「그럼 남로당 빨갱이들이 우리를 죽이려 한단 말이냐? 저 새끼들 해치워!」

중대장의 명령에 중대원들은 패잔병이라고 얕보고 「국방군 놈들 죽여라!」하고 겁 없이 달려드는 좌익들에게 사격을 가하여 그들을 거의 다 사살하였다.

「보도연맹 이 새끼들 다 죽여 버려야지 안 되겠구먼! 어휴, 적이 앞뒤에 있으니 도망치기도 힘들잖아!」

죽이려고 달려드는 사람들을 물리친 김상덕 중위는 겨우 한숨을 돌렸다.

「순서대로 질서정연하게 배를 타고 건넌다. 기다리는 사람들은 저런 놈들을 엄호한다! 실시!」

중대장의 명령대로 수도사단 3연대 1대대 3중대 장병들은 3회에 걸쳐 안전하고 질서정연하게 한강을 건넜다.

2사단 5연대 3대대 일부 장병들은 28일 아침 돈암동에서 청량리로 후퇴하였다. 이때 12대의 전차가 청량리에서 신설동 쪽으로 가고 있었다. 전차는 뚜껑을 열고 전차병이 시민들을 향해 손을 흔들며 여유 있게 서서히 가고 있었다.

「이봐! 저것들을 보고 어찌 그냥 보낼 수가 있느냐? 우리 해치우자!」

백 상사 일행 9명은 즉시 민간인 집을 들어가 사복으로 갈아입고 환영시민으로 가장하고 전차를 한 대씩 맡아 전차 뒤를 따랐다. 특공대들은 백 상사의 신호에 따라 순식간에 전차 위로 올라가 포탑 안으로 수류탄을 집어넣고 굴러 내려와 약속장소로 뛰었다. 도망치는 이들 뒤로 수류탄 터지는 소리가 "꽝!" "꽝!" 하고 났다. 백 상사가 약속 장소로 가 보니 유흥식 · 남규섭 상사만 도착하였고 4명은 전사하고 나머지는 소식을 알 수 없었다.

6월 27일 밤 11시 30분 이선근 정훈 국장은 채 총장에게 「방송국을 처리하고 가야하지 않습니까?」하였으나 대답이 없었다. 이때 같이 있던 보도과장 김현수 대령이 「저에게 맡겨주시면 처리하겠습니다.」고 하였다. 그러자 침묵하고 있던 채병덕이 「그래, 그럼 김 대령이 해!」하였다.

6월 28일 새벽 2시, 「지금 육군본부에 철수명령이 내렸으니 정훈국원은 반은 철수하고 반은 남으시오!」하고 장경근 국방부차관이 명령하였다.

「아니, 그런 철수가 어디 있어? 모두 철수하시옷!」

정훈국장 이선근 대령이 정훈국원들에게 명령하였다. 이때 보도과장 김현수 대령은 방송국을 파괴하겠다고 권총 한 자루만 가지고 잠시 용산에 있는 관사에 들렀다.

「여보! 나도 같이 가요! 나만 두고 어떻게 떠납니까?」

부인이 애원하였다.

「서울 장안 사람들의 눈이 지금 누구만 쳐다보고 있는지 생각해 봐요! 군인 가족이 군인 차를 타고 시민들 앞장서서 달아나 보시오. 시민들이 어떻게 생각하겠는가? 그들이 얼마나 분노하겠소? 그러니 잠깐 친척집에 가서 피해 있다가 다시 만나요!」

김현수 대령은 부인을 타일렀다. 그리고 육본 앞까지 부인과 함께 타고 온 후 부인을 내리게 하였다.

「여보! 몸조심하세요!」

「당신도 아이들 생각해서 몸조심하고 국군이 서울로 다시 올 것이니 조금만 참고 있으시오!」

김현수 대령이 부인과 헤어지고 육본으로 가니 모두 철수하고 텅텅 비어 있었다. 그는 등골이 오싹하는 공포감이 엄습하였다. 그는 즉시 동생 김기수 소위가 부상당해 입원하고 있는 병원으로 찾아갔다.

「기수야! 아무래도 최후로 시민들에게 부득이 후퇴하게 된 것을 알리고 방송국을 파괴해야 되겠다. 시민들에게 안심하라고 내가 말해 놓고 그냥 후퇴한다면 내 양심이 허락하지 않는다! 내가 죽는 한이 있어도 그래야만 내 책임을 면할 수 있겠다!」

김 대령은 동생에게 거짓말 방송을 한 것을 실토하였다.

「형님, 그래도 지금 적군이 시내에 들어와서 우글거리는데 왜 사지로 들어가려고 해요?」

동생은 형님인 김 대령을 만류하였다.

「기수야! 너는 여기 있는 미 고문관들과 같이 한강을 건너라! 알았지? 그럼 다음에 보자!」

김 대령은 병원을 나와 정동 방송국을 향하였다. 방송국 정문으로 들어설 때였다.

「누구냐?」하고 건물 안에서 수하하는 소리가 들렸다.

「나 김 대령이다.」

김 대령의 대답이 끝나자마자 안으로부터 따발총 소리가 났다. 방송국 안에는 이미 국군 복장을 한 인민군 유격대가 점령하고 있었던 것이다. 김 대령은 순간 총을 빼들고 쏘았으나 허공을 향하였고, 그의 몸은 피 범벅이 되어 풀썩 쓰러졌다. 총 소리를 들은 운전수와 헌병은 죽자 살자 정훈국으로 돌아왔으나 육본에는 이미 다 철수하고 아무도 없었다. 이들은 절단되지 않은 철교를 통해 한강을 건넜다.

김현수 대령은 숱한 거짓방송을 하여 국군에게 치명적인 영향과 서울시민을 인민군 치하에 있게 한 잘못을 하였으나 그가 죽음으로 그의 죄가 가리어진 것 같았다.

6월 27일 김창룡은 서대문형무소에서 김삼룡과 이주하를 데리고 남하하려다 도저히 한강을 건널 수 없어 남산에서 총살하고 헌병과 같이 한강을 건넜다.

5사단 20연대장 박기병 대령은 서둘러서 극적으로 한강을 건넜다. 7사단, 2사단, 5사단, 수도사단 장병들은 한강을 건너기 위해 필사적이었다. 한강을 건너다 많은 희생을 당하였다. 한강을 건너지 못해 포로가 된 장병들은 자수하여 인민군에 편입되어 국군에게 총 뿌리를 겨누던가, 아니면 죽던가, 아니면 북으로 압송되어 갔다.

서대문 적십자병원과 서울대학병원 등 서울 안에 큰 병원에서 치료받고 있던 장병들을 인민군이 침대에서 끌어내어 한 곳에 모아놓고 모조리 죽이고 대신 인민군 부상병들이 침대를 차지하였고, 병원을 지키던 국군도 비참한 최후를 맞이하였다. 특히 서울대병원을 지키고 있던 1개 소대는 거의 전멸되었다.

6월 27일 밤 수도사단 8연대 2대대는 중량교를 방어하다 인민군 전차를 공격하였으나 효과를 보지 못하였다. 인민군 전차는 28일 새벽 1시경 중량교를 지나 동대문 쪽으로 갔으나 고백규 대대장은 후퇴명령이 없어 중량교를 계속 지키고 있었다.

「전차가 지나간 후에 보병이 오지 않으니 참 이상하구만!」

　장병들은 이상하기도 하고 포위가 되었는가 하고 불안하기도 하였다. 서울시내는 때때로 포성이 울리고 요란한 기관총 소리도 들렸다. 28일 날이 새고 있었다. 대대본부는 청량리에 있었다. 그러나 육본으로부터 어떤 명령도 없으니 철수할 수 없었다. 유선도 무선도 연락병도 없었다.

　인민군은 국군과의 시가전을 피하기 위하여 전차만 서울 시내를 공격하게 하였는데 국군이 너무 쉽게 한강교를 폭파하고 도망치자 전차병들은 보병이 시내를 공격해도 안전하다고 무전을 쳐서 날이 새면서 인민군 보병이 벌떼같이 공격하기 시작하였다.

　28일 아침, 날이 새자 인민군 보병이 공격해왔다. 2대대는 이를 잘 물리쳤다. 그런데 세 차례의 싸움을 하고 나니 탄약이 떨어졌다. 즉시 탄약 수령차를 육본으로 보냈으나 육본으로 간 차량은 돌아오지 않았다. 고백규 대대장은 탄약차량을 기다렸으나 오지 않아 계속 차량을 보냈으나 돌아온 차량은 없었다. 탄약차량이 돌아오지 않자 고백규 대대는 싸울 수가 없었다. 그리고 서울시내의 포성도 멈추었다. 이미 인민군이 서울을 점령하고 국군은 모두 철수한 것으로 판단하였다.

　「대대장님, 육본과 국군 전체가 서울에서 철수하고 인민군이 서울을 장악한 것 같습니다. 미처 시간이 없어 우리에게 철수명령을 내리지 못했나 봅니다. 그리고 무선도 유선도 안 되니 전령을 보냈으나 전령이 인민군 공작원에 모두 저지당해서 철수명령이 전달되지 못했을 경우도 있을 것입니다. 여기에서 대대가 인민군에 포위되면 큰일입니다. 어서 철수하는 것도 국가에 충성하는 것이니 속히 철수하셔야 합니다.」

　부대대장 육사 5기 정승화 대위가 간청하였다.(12.12반란 때 참모총장)

　「안됩니다. 남산에서 게릴라가 되어도 명령 없이는 철수할 수 없습니다.」

「남산에서 게릴라도 좋고 명령이 없다고 하지만 탄약이 없는데 무엇을 가지고 명령을 지켜 인민군과 싸웁니까? 대대장이나 제가 판단을 잘못하여 이 부대를 몽땅 포로가 되게 하는 것도 국가에 큰 반역이며 장병들에게 지울 수 없는 죄를 짓게 됩니다. 후일을 기약해야지 여기에서 개죽음을 당할 수는 없지 않습니까?」

「알았소! 그러면 후퇴할 테니 준비하시오! 철수는 광장교에서 할 것이요. 철수는 질서 있게 하시오!」

「예. 감사합니다.」

수도사단 8연대 2대대 고백규 대대는 28일 낮12시부터 철수하기 시작하였다. 부대가 광장교에 도착하였으나 광장교가 폭파되어 건너지 못한 피난민과 패잔병으로 초만원을 이루고 있었다. 고 대대장은 인민군이 공격해 올 것을 대비하여 1개 중대로 방어하게 하고 각 중대와 소대별로 나룻배를 타게 하였다.

「우리들은 아침부터 나와 배를 타려고 기다렸는데 군인들은 싸움에도 지고 먼저 건너려고 합니까? 우리를 버리고 먼저 가면 서울시민들은 어떻게 합니까?」

나룻배를 타려고 기다리던 시민들이 모두 한 마디씩 하며 원망하였다.

「죄송합니다. 국군은 철수하였다가 반드시 반격해 올 것입니다. 우리가 살아야 인민군을 막지요! 그리고 인민군은 우리들을 공격하지 피난민은 공격하지 않으니 우리가 먼저 배를 타게 된 것을 이해하시기 바랍니다.」

고백규 대대장이 설득하느라 진땀을 흘렸다.

오후 1시경 인민군 기마대 50기가 공격해왔으나 엄호중대가 방어준비를 잘하여 공격하니 기마대들은 정신없이 도망쳤다. 8연대 2대대는 4개 사단 중에서 제일 모범적으로 방어를 하다 질서 있게 한강을 건너 부대가 피해를 보지 않았다. 이들은 한강을 건너 한강 방어선에 배치되었다.

28일 새벽 4시경 육군사관학교 교장 이준식 준장, 부교장 이한림 대령, 문제 인물인 9연대장 윤춘근 중령 등이 육사 학생들을 데리고 태릉 근방에서 방어하고 있었으나 인민군은 망우리 퇴계원 청량리까지 진격해 왔으므로 퇴로가 차단되었다. 이준식 장군은 이미 인민군이 서울을 점령하여 퇴로가 차단된 것을 알고 「광장교로 후퇴하라!」고 명령하였으나 포위망을 뚫고 가다 희생이 많았다.

「사관학교 학생들은 즉시 소대장으로 임관하여 전투에 참가하여야지 소총병이 되어 태릉방면을 지키다가 이렇게 많은 희생을 치렀으니 이제 소대장들이 없어 어떻게 싸울 것인가?」

이준식 육사교장은 채병덕 총장의 하는 일을 도저히 이해할 수 없었다. 이들은 광장교에 모여 부생도대장 손관도 소령의 「질서를 지켜 배에 승선하라!」는 명령에 적극 동조하여 나룻배를 통해 한강을 무사히 건너 수원에 집결하였다.

서쪽의 1사단과 7사단 18연대 장병들이 행주나루터와 이산포에서 엄청난 희생가운데 한강을 건너 영등포를 거쳐 시흥과 수원으로 집합하여 다시 한강에 배치되었다.

「우리라도 서울을 사수하자! 아니면 죽어버리자!」

김유형 중위와 정인택 중위, 조상준 상사 등은 폭약을 가지고 창경궁 전차바리케이트 앞에 도착하여 가지고 온 폭약을 전차에 던지고 이들은 죽자 살자 한강 쪽으로 뛰었다. 전차는 불이 붙어 타오르고 있었다.

19) 인민군 세상이 된 서울

인민군 3사단과 4사단 소속 보병 포병 전차부대는 미아리 청량리 방향으로 진격해 왔다. 부대의 대열은 끝이 보이지 않았고, 이들은 국군의 저항도 받지 않고 서울 시내를 휩쓸었다. 인민군은 공원, 광장, 학교 운동장마다 진주하여 서울시내는 인민군으로 꽉 차 있었다.

「아니, 이게 어떻게 된 것이야? 점심은 평양에서 저녁은 신의주에서 먹고 압록강에서 달구경한다는 신성모 채병덕은 어디 가고 자고 나니 인민군 세상이란 말이냐? 어제 저녁 10시 뉴스에 이승만 대통령이 미국이 지원하니 안심하라고 해서 잠을 자고 나니 한강교를 끊어 놓고 우리들은 피난도 못 가고 자기들만 한강을 건너다니, 이런 죽일 놈들이 어디 있단 말이야? 밤새 안녕하십니까? 하고 인사를 한다더니 이를 두고 한 말인가?」

서울시민들과 우익 인사들은 분노하였다.

「세상에! 어디에 이런 정부, 이런 군대가 있단 말이요? 서울시민을 모두 죽이려고 사기 친 것 아니요?」입 달린 사람들은 모두 한 마디씩 원망하지 않은 사람이 없었다.

중앙청과 시청과 관공서에는 붉은 기가 펄럭이고 있었다.

미아리에서와 서울시내에서 저항하던 국군은 한강을 건너던가 아니면 포로가 되던가 아니면 남산으로 모였다. 이용문 대령과 수도사단 박명웅 소위 등 200여명이 28일 오후까지 인민군과 싸우다 거의 전멸하고 이용문 대령만 살아서 지하에 숨음으로 국군의 저항은 종말을 고하였다. 인민군은 28일 하루에만 8,000여명의 국군 포로를 잡아 이중에서 헌병을 골라내 그 자리에서 총살하고 자수자는 인민군에 편입시키고 끝까지 투항하지 않는 국군은 죽이든지 북으로 끌고 갔다.

6월 28일 아침, 평양 만수대 수상청에 군사위원들이 모였다.

「어서들 오십시오!」

김일성은 함박웃음으로 박헌영, 홍명희, 김책, 박일우, 정준택을 맞이하였다.

「처음 예정보다는 다소 늦었지만 이것은 우리 인민군대의 대승일

뿐만 아니라 우리 전 인민들이 경축해야 할 일입니다.」

박헌영이 자리에 앉자마자 인민군 서울 입성을 침이 마르게 축하하였다.

「물론입니다. 우리 인민군이 서울에 입성했으니 대대적으로 경축을 해야지요!」

김일성도 좋아서 어쩔 줄 몰랐다.

「옳은 말씀입니다. 영명한 인민군은 참으로 용감하였고, 김일성 수상동지의 위대한 작전이 대성공을 한 것입니다.」

박일우가 좋아서 어쩔 줄 모르며 칭찬을 하였다.

「수상동지, 서울을 인민군 동무들이 점령했으니 인민위원회 위원장을 빨리 발령해야 하지 않겠습니까?」

「그거야 물론이지요. 박 동무는 누구를 보내는 것이 적당하겠습니까?」

이 말이 나오자 자리에 앉아 있던 사람들은 귀가 번쩍 하였고, 모두 박헌영의 입을 바라보았다. 그것은 평양 다음가는 남한의 총 책임자가 같은 서울시 인민위원장이니 군침이 흐리지 않을 수 없었기 때문이었다. 박헌영은 숨 쉴 사이 없이 그리고 다른 사람들이 생각할 여유도 주지 않고 즉시 대답을 하였다.

「전에도 말씀드렸지만 서울시 인민위원장으로서는 이승엽 동무가 가장 적합하다고 생각합니다.」

「이승엽 동무? 좋습니다. 다른 분들은 어떻게 생각하십니까?」

「수상동지께서 좋으시다면 좋습니다!」

다른 사람들은 김일성이 좋다고 하니 다른 말은 못하고 모두 찬성하여 이승엽으로 결정하였다.

「수상동지, 그리고 여러분, 이승엽 동무를 찬성해 주시니 감사합니다.」

박헌영은 이 말을 하며 목이 메었다. 박헌영은 46년 9월 위조지폐

사건으로 북으로 탈출한 지 5년, 꿈에도 그리던 통일, 그리고 남조선 해방과 수많은 남로당원이 고문당하고, 도망 다니고, 들과 산에서 죽어갔는데 이제 남로당이 남한을 지배하고 고향인 남쪽으로 갈 것을 생각하니 너무 기쁘고 감사하였다. 얼마 전 박헌영은 서울이 점령되면 서울시 인민위원장을 박헌영 본인이 하려고 하자 김일성이 반대하였다. 이유는 남조선 점령을 인민군 공으로 해야지 박헌영 공으로 하면 박헌영의 힘이 세져 전쟁동안 무슨 일이 벌어질지 모르기 때문이다. 이승엽은 박헌영을 지지하였다가 북으로 간 후 김일성을 지지하여 김일성 사람이기 때문에 이승엽을 찬성한 것이다.

　김일성이 「박 동지, 38선만 넘으면 남조선에 있는 남로당원 20만이 봉기를 한다고 하였는데 어찌 아직까지 한 건의 봉기도 없으니 어쩐 일입니까?」하고 박헌영에게 물었다.

　김일성은 대구사건, 제주도사건, 14연대 반란 등을 보고 박헌영이 38선만 넘으면 남쪽에서 엄청난 항쟁을 하여 쉽게 남조선을 해방할 것으로 믿었다. 그런데 38선을 넘고 서울을 점령해도 한 건도 폭동이 일어나지 않자 이상하게 생각하고 있었다.

　「아직 그런 보고는 없지만 인민군이 서울을 점령하였으니 그리고 이승엽 동무가 서울에 가면 6월 10일 남파한 남조선 각 도당위원장들이 주동이 되어 남조선 각처에서 봉기가 일어날 것이니 조금만 기다려 보십시오!」

　「박 동지는 우리 인민군이 38선만 넘으면 전국에서 봉기한다고 하였는데 지금까지 한 곳도 없소! 서둘러 주시오!」

　「예. 이승엽 동무가 내려갔으니 총 지휘할 것입니다.」

　「즉시 시행해 주시오!」

　「예. 염려 마십시오!」

　「박 동지! 그리고 여러분 잘 들어주시오. 6월 26일 유엔 안전보장 이사회에서 남반부에 대한 적대행위를 즉각적으로 중지하고 모든 인민군대를 38선 이북으로 철수시키라고 결의하였다는 것은 여러분들도 잘 알고 계실 것입니다. 그리고 미군이 해군과 공군을 참전시킨다고 하였고, 전방지휘소가 어제 수원에 도착하였다는 것입니다. 그러므로 속한 시일 내에 이 전쟁을 종결시키지 않으면 우리는 미군과 싸우지 않으면 안 될 상황입니다! 그렇게 되면 우리는 전 세계에서 침략국이라는 낙인이 찍히게 되고 잘못하면 미·소간의 전쟁으로 확대될 가능성이 많다는 것입니다! 그렇게 될 때 소련은 미국과의 전쟁에서 승리를 장담할 수 없어 전쟁을 피하면서 우리를 돕지 않겠다는 것입니다! 그러면 미군이 참전한다면 우리 힘만으로는 승산이 어렵소! 그래서 이런 문제를 해결하고 유엔이나 전 세계에 우리가 침략국이 아니라는 것을 보여주려면 남반부에서 대구 제주도 14연대와 같이 항쟁이 일어나야 우리는 항쟁을 탄압하는 것을 막기 위해서 내려간다는 명분을 가지고 한강 이남을 내려갈 수 있으며, 서울에 온 명분을 전 세계에 알릴 수 있다는 것입니다. 그리고 오직 내전이요, 분쟁이기 때문에 유엔이나 미국은 간섭하지 말라고 할 수 있습니다. 그리고 우리는 남반부에 철수할 수 없다고 할 수 있습니다! 그래서 남반부에서의 봉기를 모스크바에서도 손꼽아 기다리고 있으며, 봉기가 있을 때까지 인민군은 한강을 건너서는 안 된다는 모스크바의 요망입니다! 그러니 김책 동무는 인민군은 명령이 있을 때까지 한강을 건너지 못하게 했소! 박헌영 동지는 이승엽에게 봉기를 재촉해 주시오! 우리의 운명이 여기에 달려 있소! 박 동지 알았소?」

「예, 알겠습니다.」

「수상동지, 남반부에서 봉기가 일어나면 더할 나위 없이 좋지만 만에 하나 봉기가 일어나지 않을 것을 대비해야 합니다. 현재 국방군은 강릉의 8사단과 춘천의 6사단만 정규군이 있고 서울 근방의 6개 사단은 완전 붕괴되어 소총 한 자루씩만 가지고 한강을 건넜는데 그 병력은 약5천여 명 정도 될 것입니다. 그러므로 인민군 4개 사단이 지금 즉시 한강을 건넌다면 서울에서 부산 목포까지 8월15일까지는 충분히 이길 수 있습니다. 그렇게 되면 미 지상군은 부산교두보를 확보하지 못하여 부산에 상륙하지 못하고 포기를 할 것입니다. 그렇게 되면 침략국이라 하든지 말든지 세계는 이긴 자의 편이 됩니다. 그러므로 지금 즉시 한강을 건너 부산을 향해 밤낮 쉴 새 없이 공격을 해야 합니다. 여기에서 만일 공격하지 않고 시간을 허비하면 국방군은 한강방어를 준비할 것이고 만에 하나 미 지상군이 부산에 상륙한다면 우리 승리는 장담할 수 없게 됩니다. 결국 엄청난 어려움이 옵니다. 그러므로 지금 즉시 한강을 건너야 합니다.」하고 전선사령관 김책이 강력히 주장하였다.

「내가 어찌 그것을 모르겠소? 그러나 한강을 넘는 것을 모스크바에서 강력하게 반대하면서 민중봉기를 선동하라니 어찌하겠소? 바실리예프가 지키고 있지 않소?」

「앞으로 어떤 문제가 있을지는 몰라도 전쟁은 모험입니다. 모스크바에서 그렇게 요망한다 해도 우리는 한강을 건너야 합니다.」

이때 박헌영이 「안돼요!」하고 거칠게 거절하였다.

「젠장, 다 이긴 전쟁을 망치고 있습니다!」 김책은 화가 나서 더 참을 수 없었다. 김일성은 서울을 4일 만에 간단하게 점령하고 대승할 수 있는 절호의 기회에 박헌영과 스탈린의 소극적 태도에 걸려 한강을 건널 수도 없고, 서울에 있을 수도 없고, 38선으로 원대 복귀할 수도 없는 곤경에 처하였다. 그리고 어쨌든 남로당의 봉기만 두 손 모아 비는 심정으로 기다려야 했다.

박헌영은 46년도에는 손가락만 까닥해도 대구폭동, 제주도 4.3폭동, 14연대 반란을 일으켰으나 지금은 상황이 완전히 달라졌다. 김삼룡 이주하 홍민표 등 남로당 간부들이 잡히거나 처형되었고, 남로당원 33만이 자수하여 하부조직이 완전히 뿌리가 뽑혔고, 국군 안에서 5,000여 명이 숙청되어 봉기를 일으키려면 전국적인 조직망을 가져야 하고 봉기 주동자가 있어야 하는데 주동자가 없어 결정적인 시기가 왔으나 남로당은 군부대 안에서나 사회에서나 봉기를 일으킬 수가 없었다. 박헌영은 누구보다도 이것을 잘 알고 있었다. 그래서 박헌영은 고민하고 있었다. 박헌영은 온 몸에 식은땀을 흘렸다. 박헌영은 감정에 치우쳐 앞을 내다보는 혜안이 없었다.

28일 12시 평양방송을 통해 김일성이 방송하였다.

「노동자 농민 여러분! 시민 학생 지식인 여러분! 영룡한 우리 인민군 연합부대로 적의 불의의 침공을 좌절시키고 즉시 반격으로 넘어가 남조선 괴뢰의 기본 무력집단을 소멸하고 그놈들의 근거지인 서울을 해방했습니다. 서울시민은 승리의 영예 드높이 장엄하게 행진해 나가는 조선 인민군 보병 대열과 지축을 울리면서 전진하는 탱크대열, 멸적의 포신을 자랑하며 나아가는 포병대열에 열렬한 환호를 보냈습니다!」

28일 평양방송

「서울은 드디어 해방되었다. 반동의 아성이 해방됨으로써 일제의 강점 밑에서 36년간 식민지 노예생활을 강요당해온 서울시민들은 해방의 기쁨을 안고 오매에도 그리던 민족의 태양이시며 전설적인 영웅이신 위대한 김일성 장군의 따사로운 품에 안기게 되었습니다. 김일성 장군 만세! 인민공화국 만세! 서울해방 만세!」

평양과 서울방송은 요란하였고, 거리마다 인민군 환영대회로 요란하였다.

「서울에 인민위원회를 설치하고 인민위원장에 이승엽을 임명한다!」

평양방송은 발표하였다.

「온 세계 무산자들이여 단결하라!」

「모든 권력은 소비에트로!」

「남북 평화통일 만세!」

김일성은 인민위원회를 통해 사유재산을 즉시 몰수하였다. 토지개혁과 산업 국유화를 단행하고 물자동원체제를 강화하였다. 당 정 군 내무서원이 조직되어 즉시 체포 투옥 고문 학살을 개시하여 서울시내 는 공포의 도가니에 휩쓸렸다.

중요 거리에는 각종 포고문 경고문 지령문 경찰과 국군은 자수하라 는 호소문 등으로 도배를 하였다. 관공서마다 김일성과 스탈린의 초상 화가 걸려 있었다. 50년 6월 28일 하루 사이에 서울은 완전히 바꾸어 졌다. 서울을 회복한다는 것은 오직 하나님이 아니고는 불가능한 일로 보였다. 그것은 국군의 힘으로 서울을 회복한다는 것은 불가능하였기 때문이었다.

28일 11시 30분, 서울을 완전히 점령한 인민군은 전차를 앞세워 마 포형무소, 서대문형무소, 각 경찰서 옥문을 열어주자 감옥과 경찰서에 갇혀 있던 남로당원들은 「그러면 그렇지!」하며 만세를 부르며 출옥하 여 시내를 활보하였다. 이들은 우익의 명단과 경찰과 군 가족의 명단 을 가지고 서울 시내를 이 잡듯이 뒤져 이들을 체포하기 시작하였다. 우익인사와 패잔병, 경찰들은 필사적으로 한강을 건넜고, 아니면 깊숙 이 숨어야 했다. 서울시민들도 죽자 살자 피난을 하였고, 피하지 못한 자들은 남로당원의 등쌀에 살기가 힘들었다.

6월 28일 낮 12시 소총 한 자루씩만이라도 가지고 한강을 건넌 국군 은 3,000여명뿐이었다. 인민군은 절호의 기회를 맞고 국군은 최대의 위기를 맞았다.

서울을 점령한 인민군 4사단과 3사단이 폭파에 실패하여 절단되지 않은 철교로 한강을 건너 노량진과 영등포를 점령하여 한강 교두보를 확보하고, 문산의 국군1사단이 한강을 건너기 위해 집합되어 있는 행 주나루터와 이산포를 공격하고, 서울시내 패잔병들이 한강을 건너기 위해 집합되어 있는 광장교와 한강 인도교 마포 나루터를 공격하여 국 군이 강을 건너지 못하게 하였다면, 국군 6개 사단은 거의 전멸되었을

것이고 인민군은 여세를 몰아 수원 평택 대전 대구 부산 목포까지 7월
10일까지 쉽게 점령하여 미군이 부산에 상륙하기 전 남한을 해방시킬
수 있었다.

국군은 강릉의 8사단, 춘천의 6사단, 영덕의 3사단 23연대뿐이었기
때문에 인민군 11만 대군과 전차 240대를 남한에서 막을 길이 없었다.

그런데 인민군은 28일 한강을 건너지 않았고, 행주나루터나 이산포
나 광장교를 마포나 한강교에서 공격하지 않아 문산의 1사단과 서울
의 패잔병이 그래도 어느 정도 한강을 건널 수 있었다. 왜 인민군은 절
호의 기회에 공격하지 않았을까? 인민군은 대승할 수 있는 절호의 기
회를 놓치고 있었다.

28일 오전 9시, 미 고문관들이 서빙고에서 발을 동동 구르고 있을
때 육본 작전국 차장 이치업 대령이 나타났다.

「갑시다! 제가 도와드리겠습니다.」

그들은 이치업 대령이 준비한 배로 한강을 건넜다.

미 극동사령부 제4부 부장 처치 준장은 장교 13명, 사병2명을 데리
고 미 극동사령부 전방지휘소 소장으로 27일 오후7시 수원에 도착하
였다. 미 공군은 6월 28일부터 출격하여 김포비행장에 나타난 인민군
야크기를 공격하여 제공권을 장악하였다. 미 해군은 순양함 추나우호
를 급히 동해로 급파하여 인민군 5사단과 766부대가 강릉에서 포항으
로 남진하는 것을 막기 위하여 쉴 새 없이 함포사격을 하고 있었다. 이
제는 미 지상군만 참전하지 않았을 뿐이지 미군의 참전은 기정사실화
되었다.

한강을 건넌 장병들은 「밥 좀! 밥 좀!」하다 한강 둑에서 쓰러졌다. 그
것은 3일 동안 잠을 자지 못하고 식사를 못했기 때문이었다.

「인민군이 이 철교로 건너오면 큰일인데!」

철교로 한강을 건너던 장교들과 장병들은 걱정이 태산 같았다. 이들

이 걱정하는 이유는 만일 이때 인민군이 여세를 몰아 이 철교로 한강을 건너 남진하였다면 국군 패잔병은 있어도 부대가 전혀 없으며, 지휘부도 완전히 마비되어 막을 수 없었기 때문이었다.

「인민군이 한강을 건너지 않은 것이 다행이지만 왜 인민군이 오지 않을까? 참 이상하구만!」

강둑에 배치된 장병들은 이상하게 생각하였다.

「그거야 서울을 점령하였으니 전쟁이 다 끝난 줄 알겠지. 그리고 먹을 것도 많고 좋은 집도 많고 예쁜 여자들도 많으니 점령에 도취되어 한강을 건너는 것을 잊어버렸는지 모르지!」

「전쟁 중인데 그런데 도취되었다고 한강을 건너지 않겠어? 말도 안 되는 소리!」

장병들은 자기들 나름대로 판단하였지만 정답이 없었다.

20) 용서받을 수 없는 신성모와 채병덕의 간첩행위

「김 대위님, 어디 가서 밥 좀 얻어먹어야지요?」

정보장교 김 대위와 이 중위도 죽자 살자 한강을 겨우 건너 강둑에 기어오르니 더 이상 힘이 없어 갈 수 없었다.

「밥은 무슨 밥이야? 나는 150만 서울시민들을 죽게 하고 내가 살려고 한강을 건넜는데 군인으로 이게 되겠소? 국민들이 낸 세금으로 내가 지금까지 월급을 타서 자식과 함께 잘 먹고 산 것은 이런 때 국민들을 보호하기 위한 것이었는데 지금 국민이 적에 의해 죽게 생겼는데 보호는커녕 철수하라는 말 한 마디 없이 도망쳐왔는데 이게 될 일이요? 내가 지금 밥을 먹고 살아야할 지 자결을 해야 할 지 판단마저 서지 않소!」

김 대위는 한강 둑에서 서울시를 바라보며 한탄을 하였다.

「김 대위님, 한강 다리 끊어진 것이 어디 김 대위님 잘못입니까? 그러니 밥을 얻어먹고 힘을 내서 인민군과 다시 싸우다가 죽어야지 여기에서 자결을 하면 개죽음입니다. 어서 가시지요!」

「나는 가서 밥 얻어먹을 생각이 없소!」

「그래도 가셔야 합니다!」

「참으로 나는 너무 기가 막혀 살 생각이 없소! 문산의 국군1사단은 인민군 1사단과 6사단의 공격을 잘 방어하였고, 동두천의 1연대와 18연대는 인민군 4사단의 공격을 잘 방어하였소. 또 춘천의 6사단은 인민군 2사단과 7사단을 잘 방어하였고, 강릉의 8사단은 인민군 5사단과 766부대 549부대를 잘 방어하였소. 그런데 포천의 9연대와 3연대가 인민군 3사단을 방어하지 못하고 도망치는 바람에 국군은 붕괴되기 시작하였고, 5연대 16연대 25연대의 국군2사단은 탄약을 지급해주지 않아 국군이 괴멸되고 국가가 이 지경이 된 것을 생각하면 가슴이 찢어질 것만 같소! 전쟁에 탄약도 주지 않고 장병들보고 싸우라니 이게 말이나 되는 소리요?

9연대 3연대만 도망치지 않고 5연대, 16연대, 25연대에 탄약만 제대로 보급되었다면 국군은 인민군에게 절대지지 않는 전쟁이요. 특히 채병덕이 경계령을 해제하지 않고 장병들에게 휴가와 외출만 보내지 않았어도 절대 지지 않는 전쟁이고, 이렇게 비참하게 인민군에 참패하지도 않았을 것이요! 나는 이 생각만 하면 가슴이 터지려고 해서 견딜 수 없소.

인민군이 의정부 방면으로 18개 대대가 침입해 왔을 때 국군은 27개 대대로 방어했는데 문산 동두천 춘천 강릉의 국군은 인민군 절반의 병력을 가지고도 잘 방어하였지. 그런데 의정부에서는 인민군보다 10개 대대가 많은 데도 이렇게 방어를 못하고 비참하게 괴멸 당한 것은 2사단의 5연대와 16연대를 실탄도 없이 역습시키면서 축석령에서 대패했기 때문이요! 그래서 의정부가 점령되면서 7사단 1연대와 18연대가 역습 중 동두천에서 포위가 되어 꼼짝 못하고 붕괴된 것이요! 26일 하루만에 3개 사단이 붕괴되어 서울을 막을 수가 없어 순식간에 점령되면서 한강을 조기 폭파하여 국군은 재기불능 상태로 만든 것이요. 결국 국군과 인민군의 싸움은 개전 2일째인 축석령 전투에서 결판이 난 것이요. 국군의 괴멸의 원인은 실탄이 없었기 때문이요! 장병이 전투에 나가는데 실탄이 없다는 것은 있을 수가 없는 일이요! 이는 전적으로 채병덕이 책임을 져야 해요! 전쟁에서 패배는 곧 참수요. 여기에는 변명이 필요 없어요! 그 이유는 군인이기 때문이요! 그런데 채병덕에게 책임을 묵은 일이 없소!

49년 국군은 14연대 반란사건으로 국군 안의 남로당원을 숙청할 때 오제도 검사와 김태선 치안본부장은 자기 신변의 위험을 무릅쓰고 참모총장 채병덕이 남로당원이기 때문에 조사를 해야 한다고 이 대통령에게 건의했다는 것이요. 주시해야 할 내용은 채병덕이 일본 육군사관학교 49기로 해방이 되었을 때, 일본 침략국 소령으로 천황에게 충성을 맹세한 친일반역자 채병덕을 숙청해야 한다고 남로당에서 시끄럽게 하자 채병덕이 구제 받는 조건으로 여운형이 지도하는 국군준비대에 속하여 국군준비대 출신이 경비대에 들어오면 많은 협력을 하면서 조선민주주의 인민공화국을 획책했다는 것이요. 그래서 채병덕을 조사해야 한다고 오제도 검사와 김태선이 건의했을 때 이승만은 "모함이다"하고 한 마디로 거절했다는 것이요. 이승만 대통령은 오히려 두 번에 걸쳐 참모총장을 시켜 오늘날 국군을 이렇게 괴멸되게 한 것이요!

간첩 성시백이 북으로 보낸 남한의 특급비밀은 49년 8월6일에서 8일까지 진해에서 이승만 대통령과 장개석 총통과의 비밀리에 국가안보관계회의 즉 태평양동맹회의를 한 내용이 있었고, 이승만 대통령과 채병덕 총장과 정보국장이 비밀리에 계획한 "원자탄 모의전략계획서"가 있었으며, 38선 최전방의 현재 "국군 배치상황도와 현황"이 있었고, 한국에 대한 ECA 경제협조 내용이 있었소. 이것은 대한민국 최고 특급비밀로 이승만 대통령과 채병덕밖에 모르는 내용이 성시백 간첩을 통해 북으로 전달되어 북에서는 국군의 최 일선부대 현황을 자기 부대같이 알고 있었던 것이요. 그러면 이 정보는 이승만 대통령의 경무대와 채병덕 총장 중 하나인데 이것은 채병덕한테서 정보가 유출된 것으로 단정할 수 있지요. 그것은 신치호 대위 그 자식이 빼낸 것이 분명해요! 육사7기 사리원 출신 신치호 대위 그 자식은 채병덕 총장의 사무실을 자기 사무실 같이 쓰고 있었으니까. 이 자식을 잡아 족치려고 했는데 현재 행방불명이요. 이놈은 지금쯤 이북으로 갔든가 국외로 도망쳤을 것이요. 이놈이 간첩이요! 채병덕의 간첩활동은 49년도 개성의 명태사건이 있을 때 김석원 1사단장은 "남북교류는 간첩들의 활동루트가 되어 안 된다."고 할 때 채병덕은 "교류를 계속해야 한다."고 주장한 것은 남로당의 간첩활동을 적극 협력하기 위함이었던 것이요! 남로당은 이 남북교류를 통하여 왕래했기 때문이요! 그리고 남로당원 김종석 중령이 대전 2연대장으로 있으면서 2천만 원어치의 엄청난 군수품을 팔아 남로당 거물 이주하에게 활동비로 준 것이 경찰 조사에서 나타나 통위부에서는 오동기 대위를 급파하여 김종석 사건을 조사할 때 오동기는 채병덕의 압력으로 더 이상 조사를 못하였소. 김종석은 49년 군 숙청 때 남로당원으로 확인되어 총살을 당했지.

국방부 제4국은 정보업무만 전담하는 부서인데 여기 3과장이 신치호 대위였고, 그의 부관은 문상훈 소위였지요. 신치호 대위는 채병덕 사무실이 자기 사무실인양 들락거렸는데 이자가 남로당 공작원으로 채병덕에게 압력을 넣어 모든 공작을 다하였고, 국군이 망하는 일만 하게 하였고, 군의 특급비밀까지도 모두 빼내어 이북에 제공하였는데 남로당 공작원인 문상훈 소위도 마찬가지요! 현재 신치호와 문상훈을 아무리 찾아도 찾을 길이 없어! 이 자식들이 행방불명된 것이 25일 북으로 도망친 것이 확실해!

그러기 때문에 인민군이 25일 남침하는데 24일 장병들을 휴가와 외출을 보내 부대를 텅텅 비우게 하고 혼성부대를 만들어 전투력을 약화

시켰지, 어떤 참모총장이 적이 쳐들어오는데 아군을 휴가와 외출을 보내고 그날 저녁 아군 고급장교 50여명에게 술을 잔뜩 먹여 다음 날 부대를 지휘하지 못하게 합니까?

구름이 끼면 비가 오듯이 인민군 11만 대군이 공격해오는데 어찌 그 정보를 채병덕과 김백일이 모르겠소? 말도 안 되는 소리요!

48년 12월 국방부4국 정보요원들이 청량리 이문동 특수훈련소에서 훈련을 마치고 수료식이 있었는데 이 자리에서 채병덕이 축사를 하면서 "인민군이 남침하면 우리 국군은 서울을 포기하고 한강을 도하하여 한강에서 전열을 재정비하여 우회작전을 펼칠 것이다"라고 하였다는 것이요. 그러자 축사를 듣고 있던 4국 정보원들이 "혹시 군 수뇌부에 빨갱이가 침투해 있지 않을까?" 하고 강한 의심을 하게 되었지요. 그 후 국방부 4국에서 채병덕의 뒤를 조사하자 채병덕은 국방부 4국을 아예 없애버린 것이요. 이상이 채병덕이 간첩노릇을 한 증거요! 이것뿐이 아니지요. 정보국에서 북한에 가서 전차를 촬영하여 사진을 보이면서 이에 대한 대비를 하자고 건의하였으나 이것도 묵살하였고, 122밀리 곡사포 불발탄을 코앞에 갖다놓아도 이북에 소련제 신형 곡사포가 있을 리 없다고 묵살하였고, 정보국에서 북한의 남침정보를 수집해서 수십 번 건의해도 "그럴 리 없다"고 묵살하였고, 6월 24일 오후 3시 경계령만이라도 부활해 달라고 정보국장 장도영 대령이 건의해도 묵살하여 국가가 이 지경이 된 것이요! 채병덕의 간첩행위 증거가 더 이상 무엇이 필요하겠소? 부대이동과 군 수뇌부 이동 등은 국군을 괴멸되게 하였소. 이 모든 것이 채병덕이 간첩노릇을 한 확실한 증거요! 남로당 특별조직원은 채병덕을 그림자같이 따라다녀 그 약점을 잡아 협박을 한 것이요!

내가 목숨을 걸고 채병덕의 뒷조사를 하려고 하니 참모총장이라는 직책 때문에 도저히 접근할 수 없었고, 이 대통령의 신임이 워낙 두터워 어떻게 할 수가 없었소.

명태사건으로 채병덕이 참모총장에서 사임된 후 임영신 씨가 이 대통령을 만나 채병덕을 다시는 참모총장에 임명하지 말고 김석원을 참모총장에 임명해야 한다고 간곡히 건의했다는 것이요. 이유는 북한 인민군이 남침을 한다고 시끄러운 이때에 경험이 전혀 없는 채병덕을 참모총장에 임명하면 큰 어려움을 당하니 실전경험이 있는 김석원을 참모총장에 임명해야 인민군이 공격해 와도 막을 수 있다고 건의했다는 것이요. 그러자 이 대통령이 "그러면 대통령제에서 내각책임제로 야당 국회의원들이 법을 고치려고 하는데 임자가 그것을 부결시켜 줄 수 있는가?" 하고 물어 임영신이 "그거야 책임지고 해 주겠다."고 하자 그것을 해주면 김석원을 참모총장을 시키겠다고 서로 약속을 했답니다. 그 후 임영신은 자기 정치역량을 총 발휘하여 내각책임제도를 부결시킨 후 이승만 대통령을 만나 "이제는 김석원을 참모총장에 임명해 주시요!" 하니까 이승만이 무엇이라고 한 줄 아시오? 미 대사 무쵸와 라이트 고문단장을 선동하여 김석원이 참모총장이 되는 것을 반대하게 해놓고 하는 말이 "김석원을 참모총장을 시키려고 하였더니 미국에서 반대하니 임자 어떻게 하면 좋겠느냐?"고 해서 임영신은 한숨을 쉬면서 경무대를 나왔다는 것이요. 임영신은 이승만 대통령보다 훨씬 나은 정치가요! 그래서 50년 4월 10일 채병덕이 다시 참모총장이 되어 오늘날 나라가 이 지경이 된 것이요! 오늘의 책임은 채병덕 신성모 김백일 이승만 대통령이 전적으로 책임을 져야 해요.

이승만 대통령도 신성모와 채병덕의 하는 일이 하도 이상하여 신홍우 씨를 불러 "국방부와 군 고위층의 일부 인사가 좀 이상한 것 같으니 조사해 봐!" 하여 신홍우 씨가 즉시 조사에 착수하였으나 도중에 조사도 못하고 이 난리가 나 대전으로 피난을 가서 현재 대전에 있지요. 채병덕과 신성모를 철저하게 조사를 해야 하는데 이것은 이승만의 특명이 없이는 불가능해! 이제야 이승만도 신성모와 채병덕을 의심하기 시작한 것 같아!

　육군사관학교 이준식 장군이 50년 5월부터 신성모와 채병덕에게 "의정부 북쪽 전곡에 인민군 동태를 보아 인민군이 머지않아 38선을 넘을 것 같다. 여기에 대해 준비해야 한다."하고 5차례나 건의하였으나 그때마다 "그럴 리 없습니다."라고 묵살하고 털끝만큼도 인민군의 남침에 준비하지 않고 인민군이 남침하기 좋은 일만 했다는 것이요. 이준식 장군도 채병덕에 대해 이해를 할 수 없다고 하시는 분이요.

　채병덕 부관 중에는 라엄광 중위가 있는데 이자는 육군 장교 명단에도 없는 가짜 육군 장교이며, 이놈은 얼마든지 한강을 건널 수 있는데 인민군과 합세하기 위하여 현재까지 한강을 건너지 않고 현재 행방불명된 남로당 공작원이요. 이자를 잡아 죽이려고 아무리 찾아도 없어요! 이자들이 채병덕에게 압력을 넣어 대한민국 특급비밀을 모두 빼내어 북한에 보내주고 24일 전군에 경계령을 해제하게 하고 전 장병들에게 휴가와 외출을 보내게 하여 부대를 텅텅 비우게 하고 25일 인민군 남침 시에는 각 부대마다 고유부대가 아니라 혼성부대를 만들게 하여 전투력을 약하게 하였고, 중화기와 차량을 수리한다는 명목으로 부천 병기창에 집어넣어 각 부대마다 차량과 중화기가 없어 아우성을 치고 기관총이 없어 소총만 갖고 싸움을 하게 만들었던 것이요. 의정부 7사단에 기본실탄 외에 탄약을 비축하지 않았고, 폭약도 준비하지 않은 것이요!

　6월 10일 고급지휘관 인사이동과 부대이동을 하였고, 가장 중요한 의정부 7사단은 사단장도 바뀌고 부대도 바뀌어 예비연대가 없어 포천에서 인민군에 9연대가 대패했을 때 예비대가 즉시 출동하여 막아야 하는데 예비대가 없어 이곳을 막지 못한 것이 국군이 대패한 원인이요. 또 한강을 이렇게 빨리 폭파하였는데 이렇게 되면 한강 이북에 있는 6개 사단을 인민군 아가리에 처넣어버린 꼴이 되었소.

　문산 1사단장 백선엽 대령에게 철수하라고 전화 한 통만 하였어도 1개 사단이 이렇게 괴멸되지는 않았을 것인데 채병덕이나 김백일이 철

수명령을 내리지 않아 문산1사단 12,000여명이 괴멸된 것을 생각하면
참을 수가 없어요. 1950년 6월 27일 오후에 김홍일 장군이 백선엽 사
단장에게 철수명령을 내려 1사단이 철수한 후 한강교를 폭파하라고
그렇게도 간곡히 부탁하였는데도 채병덕이나 김백일이 전화 한 통이
면 철수하는데 전화 한 통을 안 해서 1개 사단이 전멸되었소! 1사단 장
병이 한강을 건너다 3,400여명이 익사하였소! 간첩이 아니고서야 어찌
일을 이렇게 할 수 있겠소?

　49년 육본 정보국에서 정보요원을 북한에 잠입시켜 소련제 T-34 신
형 전차가 열 지어 있는 것 중 201, 202전차를 촬영하여 채병덕에게 보
고하면서 "인민군은 머지않아 남침한다."고 수십 번이나 건의하였으
나 "그럴 리 없다. 인민군이 감히 어디라고 남침하는가?"라고 잠꼬대
같은 소리만 하면서 전쟁준비는 털끝만치도 하지 않은 것이오.

　채병덕이 인민군이 전차를 보유하고 있는 것이 확증되었으면 만일
을 대비해서 포병대들에게 어떻게 전차를 공격하고 방어해야 할 것에
대해 연구하여 포병들에게 교육하였다면 이번 전쟁은 절대 지지 않는
전쟁이오. 전차공격에 대해 먼저 전차호나 전차벽을 만들어 일단 전차
가 전진을 못하게 한 후 전차가 일렬종대로 약5미터 간격으로 정지할
것이오. 이때를 대비하여 도로에 TNT를 매설하였다가 일시에 폭발시
키면 전차의 배는 약하기 때문에 모두 파괴될 것이오. 그러면 인민군
은 질겁하고 쉽게 공격하지 못할 것이오. 이 방법이 실패할 것을 대비
하여 대전차포와 바주카포를 숨겨두고 도로마다 호를 준비하였다가
전차의 바퀴줄을 공격하게 하여 파괴시키는 것이오. 이것도 실패하면
화염병을 가지고 육탄으로 전차 바퀴에 불을 질러버리는 것이오. 그러
면 감히 어떻게 전차가 서울에 옵니까? 그런데 채병덕은 전쟁을 막을
준비는 한 가지도 하지 않고 망할 일만 골라서 했으니 이게 간첩이 아
니고 무엇이겠소?

　우리 민족의 최대 반역자가 채병덕이오. 나는 단독으로라도 채병덕

을 죽여야 하는데 그자를 죽이지 못하고 나라가 이 지경이 된 것을 생각하면 나는 살고 싶은 마음이 없소. 이제 국군은 서울시민 150만을 어떻게 대할 것이요?

8여단 소속 김인철 대위가 8여단장 김백일 대령을 뒷조사를 하려고 참모총장에게 체포신청을 하니 반대해서 조사를 못한 것이요. 김백일은 요시찰 인물이었소. 미24사단장 딘 소장도 김백일은 의심이 간다고 하였고, 육본의 몇 몇 장교들도 김백일에 대해 좋지 않게 생각한 것이요. 채병덕 김백일 등이 개전 4일 동안 북 치고 장구 쳐 국군과 국가를 이 지경으로 만든 것이요.

신성모도 채병덕과 같이 남로당원이 그림자같이 따라다녀 매일 매일의 생활이 보고되어 남로당에서는 이들의 약점을 이용하여 공작을 하고 있었소. 신성모는 월북한 국어학자 이극로와 동향인으로써 절친한 사이였소. 이극로는 열렬한 남로당원으로 그 영향을 받아 신성모도 남로당에 가입했을 가능성이 많은 것으로 보고 있어 신성모도 남로당의 공작을 받고 있음이 틀림없소. 그 증거로 이범석 장군이 48년 8월 15일 초대 국방부장관이 되어 국방에 전력을 다하면서 공산당의 속성상 머지않아 인민군이 남침할 것을 대비하여 호국군을 창설한 것이요. 그것이 호국군과 방위장교 등이요. 호국군 장병은 한 달 단위로 3주는 직장에서, 한 주는 군부대에 가서 훈련을 받아 유사시를 대비하였소. 48년 초창기에는 1-13연대가 있었고, 49년에는 4개 여단 4만 명으로 증강하였소. 현재 호국군 4만 명이 있었으면 후방을 튼튼하게 지켜 지금같이 절망적이지는 않았을 것이요. 그런데 49년 2월 이범석 장관이 족청계라는 이유로 이승만 대통령이 물러나게 하고 무능한 신성모가 국방부장관이 되면서 이 호국군을 모두 해체시켜버린 것이요. 이런 역적이 어디 있소? 주위사람들이 이승만 대통령에게 북한의 움직임이 심상치 않고 신성모는 전사를 모르니 전사에 밝은 분을 국방부장관에 임명해야 한다고 건의하면 "내가 사랑하는 장관"하면서 건의를 한 마디로 잘라버렸다는 것이요. 신성모 비서 중에 비서실장 신동우 중령만 빼고 3명은 모두 남로당 공작원으로 보고 있지요. 이자들은 전쟁이 나자마자 행방불명되었는데 이는 북으로 도망친 것이요. 군 원로들이 아무리 좋은 전략을 건의해도 신성모가 받아들이지 않은 것은 이들이 공작했을 것으로 보고 있소. 내무부장관 김효석이 남로 당원인데 이 자를 추천한 자가 신성모요. 실은 이승만 정부가 좌파정 부나 다름이 없었지요!

오늘의 책임은 이승만 대통령 신성모 채병덕 김백일 등이 전적으로 져야 하고, 다음은 양국진 윤춘근 이상근 김현수 이자들이 책임을 져 야 해! 그리고 정보국장 장도영 대령이 북한의 남침정보를 채병덕에게 만 할 것이 아니라 이승만 대통령에게도 직접 찾아가 보고하고 언론에 도 보도요청을 하고 전방 연대장과 사단장들에게 준비하게 하여 적극 적으로 대처했으면 얼마나 좋았겠는가! 그런데 자기들 몸만 사리느라 보고만 하고 끝났지 적극적인 자세를 보이지 않아 오늘과 같은 이런 일이 벌어진 것이요. 이자들도 책임을 져야 해요. 하여튼 이범석이 국 방부장관을 하고 김홍일 장군이 참모총장이 되어 조금만 준비했어도 우리는 절대 지지 않고 이기는 전쟁인데 이승만 대통령 신성모 채병덕 은 육군을 이토록 괴멸시켜놓고 미국에 손이 발이 되도록 빌면서 미국 의 지원을 요청하는 사대주의 근성 때문에 우리는 망하게 생겼소. 미 군이 참전하여 북한이 참패하면 형제국인 중공이 보고만 있겠소? 그러 면 한반도는 국제전쟁터가 되면 통일문제는 해결되지 않아! 참으로 한 심한 인간들이 국민의 지도자가 되었으니 일본에 36년 동안 침략을 당 하고 해방된 지 6년 만에 오늘날 이 지경이 된 것이요! 전쟁은 무기만 으로 이길 수는 없어요. 전쟁에서 제일 중요한 것은 인사와 정보이고, 다음은 작전, 다음은 철저한 준비와 보급으로 전쟁의 승패는 좌우되는 것이요. 나는 국군이 개전 4일 만에 이렇게 재기불능의 참패를 당한 것을 생각하면 가슴이 터질 것만 같아 밥 먹을 생각이 없소」

김 대위는 눈물을 흘리며 탄식하였다.
「김 대위님은 어떻게 그렇게 잘 아십니까?」
「내가 정보장교니까 잘 알지!」
「김 대위님 말씀을 들으니 다 이길 수 있는 전쟁을 진 것이구먼요?」
「그렇지. 채병덕이 6월 24일 오후3시 정보국에서 "경계령만이라도 부활해 주시오"할 때 그것만이라도 받아주었으면 인민군한테 이렇게 비참하게 패하지 않지요. 국군이 인민군한테 절대 지지 않는다는 증거가 문산의 1사단은 인민군 2개 사단을 잘 방어하였고, 동두천의 18연대와 1연대가 인민군 4사단을 잘 방어하였고, 춘천의 6사단은 인민군 2개 사단을 잘 방어한 것이 그 좋은 증거요.

이승만 대통령과 신성모와 채병덕은 우리가 방어할 준비를 할 수 있는 일도 하지 않고 25일부터 미국에 원조해 달라고 손이 발이 되게 빌고 있고, 채병덕은 미군이 참전도 하지 않았는데 미 공군기 100대가 지원하기로 하였다고 장병들에게 미군만 의지하게 하는 사기나 치는 이런 사대주의 근성을 가진 썩어빠진 의식을 가진 인간들이 국방장관을 하고 참모총장이 되었으니 이놈의 나라가 되겠소? 참으로 한심한 인간들이 국방부장관이 되고 참모총장이 된 것이요. 그런 인간들로 인해 서울시민 150만이 공산치하에서 얼마나 많이 죽겠습니까? 꼭 총으로만 쏘아 죽여야 살인죄인가요? 이런 것도 간접살인죄가 되는 것이요! 이승만 신성모 채병덕 김백일은 간접살인자입니다!

저 피난을 가는 사람들을 보시오! 얼마나 불쌍한가. 저기 한강 언덕을 박박 기어오르는 장병들을 보시오. 얼마나 불쌍한가! 나는 가슴이 터질 것만 같소!」
「김 대위님, 그래도 어디 가서 밥을 좀 얻어먹고 기운을 차려 싸울 때까지 싸워야지요. 3일 동안 밥을 먹지 못해 배가 고파 죽을 지경입니다. 빨리 갑시다. 그리고 집결지 시흥보병학교로 가야지요.」
「내가 꼭 살아야 하나?」

「살아야지요! 그래서 인민군과 싸우고 남로당과 싸우고 채병덕과도 싸워야지요! 그것도 안 되면 후일에 증인이 되시고, 그것도 안 되면 현재의 역사를 기록으로 남겨야지 왜 죽습니까? 죽으시려면 채병덕이 멱살이라도 한 번 잡고 죽어야지요!」

「그래! 그 말이 맞다! 내가 살아야지, 살아야지! 어서 갑시다! 그런데 우리가 다시 서울에 올 수 있을까?」

「하나님이 돕지 않고는 이제 서울에 다시 온다는 것은 불가능한 일입니다!」

「채병덕 신성모가 수많은 장병들을 죽게 하고 서울시민들을 인민군의 포로가 되게 하고 서울을 인민군에 점령되게 한 책임을 역사가 있는 한 절대 용서받을 수 없다. 가자!」

김 대위와 이 중위는 한쪽 팔을 서로의 어깨에 걸어 서로가 버팀목이 되면서 비틀거리며 있는 힘을 다해 시흥 보병학교를 향해 걸었다.

제6장
인민군의 서울점령

6장 인민군의 서울점령

1. 북한 김일성의 국군 북침주장

50년 6월 25일 오전 9시 북한의 내무상 박일우는 평양방송을 통하여 성명을 발표하였다.

「금 6월 25일 이른 새벽에 남조선 괴뢰정부의 소위 국방군들은 38선 전 지역을 걸쳐 38이북으로 불의의 진공을 개시하였다. 불의의 진공을 개시한 적들은 해주 방향 서쪽에서와 금천 방향에서와 철원방향에서 38이북지역에로 1킬로미터 내지 2킬로미터까지 침입하였다. 조선민주주의 인민공화국 내무성은 38이북지역으로 침입한 적들을 격퇴하라고 공화국 경비대에 명령을 내렸다. 지금 공화국 경비대는 진공하는 적들을 항거하여 가혹한 방어전을 전개하고 있다.」

김일성은 남침해 놓고 세계적으로 침략국이라는 규탄을 받지 않기 위하여 내무상 박일우로 하여금 국군이 북침하였다고 발표하게 하고 그 다음 날인 26일 김일성 자신이 직접 평양방송을 통해 이승만이 전쟁을 도발하였다고 뒤집어 씌워 침략국이라는 오명을 벗으려고 애를 썼다.

「매국 역적 이승만 괴뢰정부의 군대는 6월 25일 38선 전역에 걸쳐 공화국 북반부지역에 대한 전면적인 침공을 개시하였다. 리승만 매국 역도는 인민을 반대하여 동족상쟁의 내란을 도발하였다. 이승만 역도는 … 우리의 정당하고 성의 있는 제의에 대하여 내란을 도발하는 것으로서 대답하였다.」

6월 26일 아침 김일성은 군사위원회 정령을 발표하였다.

① 군사위원회 위원장 : 김일성

 위 원: 박헌영, 홍명희, 김책, 최용건, 박일우, 정준택

② 국내의 일체 주권을 군사위원회 수중에 집중시킨다.

③ 전체 인민들과 일체 주권기관 정당 사회단체 및 군사기관들은

 군사위원회의 결정에 절대 복종하여야 한다.

6월 28일 박헌영은 「조선인민의 원수인 이승만 매국 역도들은 마침내 동족상쟁의 내란을 폭발시키고야 말았다.」고 주장하면서 이승만이 북침하여 전쟁이 발생하였다고 성명을 발표하여 전쟁발발 책임을 이승만 대통령에게 전가하였다. 이때까지만 해도 김일성, 박헌영, 박일우 등 북한의 어느 누구도 이승만 대통령에게 전쟁발발 책임을 전가하였지 미국에 대한 언급은 전혀 없었다.

50년 6월 29일 오후 5시30분 미 공군 중폭기 B-29 18대가 평양비행장을 폭격하여 인민군 전투기 26대를 파괴하였다. 그러자 7월 1일 박헌영은 「미 제국주의자들의 지시에 의하여 우리 나라에서 동족상쟁을 폭발시킨 남조선 괴뢰도당은 … 리승만 정부는 자기의 상전인 미국의 지시에 의하여 6월 25일 조선에서 동족상쟁의 내란을 도발하였다. 미 제국주의자들은 이 전쟁을 도발하면서 무력간섭의 방법으로 조선민주주의 인민공화국을 궤멸시키고 전 조선을 자기 수중에 틀어쥐려고 계획한 것이다. 조선에서 동족상쟁의 내란은 또한 … 동방인들의 민족해방운동을 질식시키기 위하여 미 제국주의자들에게 필요한 것이다.」라고 성명을 발표하였다.

그는 28일의 성명에서 이승만이 북침을 해서 전쟁이 발생하였다고 억지를 부리더니, 미군이 폭격하니 7월1일 성명에는 "미군이 사주했다." 또는 아예 "미 제국주의자들이 도발하였다."하며 상황에 따라 말을 바꾸면서 이제는 전쟁발발 책임을 미국에 전가하였다.

7월 1일 최고인민회의도 「만고역적 이승만 도당이 위 조국을 식민지화하려는 미제국자들의 조종 하에서 6월 25일 도발한 모험적 전쟁

이다. 미 제국자들은 이 전쟁을 도발하면서 무력간섭의 방법으로 조선 민주주의 인민공화국을 궤멸시키고 전 조선을 자기 수중에 틀어쥐려고 계획하였다」라고 성명을 발표하며 북한이 침략한 것이 아니라고 계속 주장하였다.

2. 이승만 대통령의 미국 의존

50년 6월 26일 이승만 대통령은 미국에 전쟁물자 지원을 요청하였다. 「6월 25일 이른 아침부터 북괴는 한국에 대해 무력침략을 시작했습니다. 각하와 미국 국회의원들이 이미 알고 있는 바와 같이 위 한국인들은 오늘날과 같은 변란이 있을 것을 예견하여 극동에서 민주주의를 공고히 하고 아울러 세계 평화에 기여하려는 목적에서 강력한 국방력을 길러왔습니다. 본인은 다시 한 번 우리를 해방시켜 주고 우리 공화국을 세우는데 있어 각하가 베풀어주신 원조에 감사하는 바입니다.

이런 국가가 위기에 처해 우리가 용감히 싸우는 이 마당에 있어 본인은 각하보다 더 많은 도움과 아울러 이러한 세계 평화 파괴의 행동을 방빙하기 위해 효율적이며 시기에 적절한 원조를 제공해 줄 것을 호소하는 바입니다.」

국군이 인민군을 얼마든지 막을 수 있었는데도 이승만 대통령은 이렇듯 국군의 힘으로 국방을 하려고 하지 않고 자국의 국방을 미국에만 의지하려고 하였다.

3. 미국의 한국전 참전

50년 6월 28일 오후 3시. 유엔 안보리회의 제2차 회의가 개최되었다. 미국 대표 오스틴이 한국전쟁 상황을 설명하였고, 이어서 한국 대표 장면 대사가 현재 상황을 설명하였다. 소련 대사 말리크는 북한을 조종하지 않았다는 것을 입증하려고 이 회의에 참석하지 않았다. 이 회의는 10개국이 참석하여 격론 끝에 미국이 요청한 〈북한의 무력공격을 격퇴하고 세계 평화와 한국에 있어서의 안전보장을 회복하는데 필요한 원조를 한국에 제공한다.〉라는 안이 찬성 7 반대 1 기권2표로 채택되었다. 반대표는 유고였고, 기권은 인도와 이집트였다. 이 회의를 경청하기 위하여 방청석은 1,200석인데 방청 신청자는 6천명 이상이었다. 이처럼 미국이 유엔을 통해 한국전에 참전하게 되는 데는 많은 반대자들의 주장을 물리치고 미 대통령 트루먼과 에치슨 등의 적극적인 노력의 결과였다.

50년 6월 27일 오후 7시 트루먼 대통령의 명령으로 한국군 현황 시찰차 파견한 존 H. 처치 준장 외 15명이 수원에 도착하였다. 곧이어 맥아더는 처치 시찰단을 '한국전지휘소' 로 개칭 미 군사고문단을 예하에 두고 한국군 지원임무를 맡겼다. 처치 준장은 한국군의 전투 현장을 돌아본 후 27일 오후10시 맥아더 사령부와 합참에「미 해·공군 병력만 가지고는 노도와 같이 밀려오는 북한 침공의 물결을 막을 수 없어 지상군 투입이 절대 요청됩니다. 38선을 되찾으려면 미 지상군의 개입은 절대 필요합니다.」하고 보고하였다.

4. 인민군 서울 점령

1) 서울 점령 1일째(6월 28일)

① 국군 한강 도강

7사단 참모장 김종갑 대령은 미아리고개에서 싸우다 후퇴할 때 잠을 이기지 못하여 한강교를 건너지 않고 자기 집으로 가서 세상모르게 잠을 자다 깜짝 놀라 잠을 깼다. 그는 부대와 합류하기 위해서는 한강을 건너야 했기에 급히 한강 둑으로 가보니 인민군은 보이지 않으나 피난민이 장사진을 이루고 있었다. 그는 인민군들이 보이지 않아 이상하게 생각하면서 나룻배가 있는 곳으로 급히 쫓아가던 중 손창규 중령을 발견하고 자신도 모르게 놀라 "앗!"하고 소리치게 되자 손창규 중령도 김종갑 대령을 보고 몸을 휙 돌려 도망쳤다. 김종갑 대령도 뒷걸음질을 하였다. 그러면서「저놈이 전향하여 인민군이 되었구나!」하고 생각하였고, 손창규 중령은「저놈이 전향하여 인민군이 되어 국군이 한강 넘는 것을 저지하고 있구나!」하고 질겁하고 서로가 도망쳤다.

김종갑 대령이 도선장에 가서 권총으로 선장을 협박하여 초만원이 된 나룻배를 타고 한강을 건너 시흥으로 가서 시흥지구 전투사령부 참모장이 되었고, 손창규 중령도 극적으로 한강을 건너 후일 김종갑 대령과 만나게 되어 그 때의 오해를 풀고 큰 소리로 웃었다.

28일 새벽 3시 한강을 건넌 채 총장은 수원비행장에 있는 김정열 공군참모총장 사무실에 도착하여 잠자는 김정열 공군참모총장을 깨웠다. 김정열이 깜짝 놀라 일어나서 보니 채 총장이 와 있었다.

「이 밤중에 웬일이시오?」

「당신 만나러 왔소!」

「어디를 가려고 합니까?」

「남쪽 적당한 곳은 대전밖에 없겠지?」

「수원에 있는 것이 더 좋지 않겠습니까?」

「그럼 비상시에 비행기를 준비해 주겠나?」

「예. 언제든지 돕겠습니다.」

「그럼, 수원에 있기로 합시다.」

채병덕은 대전으로 도망하려다 김정열의 다짐을 받고 수원에 있게 되었다.

한강을 개별적으로 건너게 되어 연대와 대대가 흩어지게 되어 한강을 건넌 후 각 부대장들은 자기 본 사단이나 연대, 대대를 찾기 위해 먼저 육본을 찾아가려는데 이 육본이 어디에 있는 줄 몰라 육본을 찾느라 애를 먹었다.

「육군본부가 어디 있습니까?」

「수원 농사시험장에 있습니다.」

김정열이 대답하여 가서 보면 그 곳에는 육본이 없었고,

정래혁 중령이 「수원초등학교에 있습니다.」하여 「아, 그래요?」하고 가보면 그 곳도 아니었다.

강문봉 대령이 「민족청년단 훈련본부 터에 있습니다.」해서 가서보면 아니었다.

김홍일 장군이 「수원농과대학에 있습니다.」하고 이야기해서 가보면 그 곳도 아니었다.

육군본부는 28일- 29일 사이에는 도깨비 본부였다. 이렇게 육군본부가 28일~29일 각 부대를 지휘하지 못하고 있으니 인민군의 남침을 어떻게 막을 수 있겠는가!

기갑연대장 유홍수 대령은 서빙고 부대에서 한강을 건넜다. 기갑연대는 혼성부대가 아니고 고유부대여서 침착하게 한강을 건너 비교적 손실이 적었다. 기갑연대는 장갑차 6대, 81밀리 박격포 3문, 바주카포 2문, 기관총 그리고 말 300필을 가지고 한강을 건넜다. 기갑연대가 가지고 넘은 무기는 한강 남쪽에서 최대의 무기가 되었다.

기갑연대 2대대장 김병원 소령은 5중대와 6중대를 지휘하여 동작동에서 천호동까지의 한강을 방어하였다. 김병원 대대장 밑에 박익균 5중대장, 최문호 소대장, 조둔철 소대장, 방자명 중화기 중대장 등이 잘 싸우고 있었다.

「유 대령, 수고했소. 어떻게 이렇게 중장비를 가지고 한강을 건넜

소? 대건합니다.」

김백일 참모부장이 무기를 보고는 너무 반가워 치하를 하였다.

「저희 부대는 청소도 깨끗이 해놓고 부대원 전원이 안전하게 한강을 건넜습니다.」

「그래요? 참 잘하였소. 그런데 유 대령, 지금 즉시 노량진 뒷산에 부대를 배치해서 한강 북쪽을 향해 박격포로 위협사격하고 인민군이 잘 볼 수 있는 곳에 장갑차를 배치하시오. 그러면 인민군이 한강 남쪽에도 국군이 많이 있는 줄 알고 함부로 한강을 건너지 못할 것이요.」

「예. 그렇게 하겠습니다. 좋은 계략입니다.」

유홍수 대령은 28일 오전 9시경 한강 북쪽에 인민군이 얼씬거려 박격포로 무차별 사격을 하니 그 후 인민군은 얼씬도 하지 않았다.

유재흥 7사단장은 새벽 3시 30분 잘려지지 않은 철교를 통해 한강을 건넜다. 그는 아침 5시 노량진에 사령부를 설치하고 한강을 건너오는 패잔병들을 하루 종일 모아 노량진에서 동작동까지 배치하고 인민군에 잘 보이는 위치에 서 있게 하였다. 그것은 인민군이 보면 엄청난 국군이 한강을 방어하는 것처럼 보이기 위함이었다.

28일 새벽 미아리고개에서 이응준 5사단장이 20연대장 박기병 대령에게 「지금 즉시 한강 이남으로 후퇴하라」고 명령을 내려 박기병 대령은 1대대장 김한수 소령과 같이 미아리에서 서울 시내를 거쳐 28일 새벽 3시에 마포에서 여의도를 건너 노량진 수원지에 집결하였다. 박 대령이 20연대 장병들을 규합하니 300여명이었고, 중화기는 전혀 없고 소총 한 자루씩뿐이었다. 20연대는 7사단 소속이 되어 철교근방과 흑석동 고지를 방어하였다. 그것은 철교 하나가 잘려지지 않아 국군과 피난민들이 이곳으로 한강을 건너고 있어 인민군도 이곳으로 한강을 건널지 모른다고 판단해서였다.

② 김홍일 한강방어사령관

28일 새벽 3시 30분 김홍일 장군은 시흥 보병학교로 달렸다. 보병학교에 도착하니 5사단장 이응준 소장이 먼저 와 있었다.

「이 장군님, 한강을 무사히 건너셨군요!」

「말도 마시오. 김 장군님도 한강을 무사히 건너 정말 다행입니다. 세상에 어찌 이런 일이 다 있겠습니까?」

「이 장군님. 잘 잘못은 다음에 따지고 우선 한강을 방어해야 하겠습니다.」

「그렇지요. 방어는 해야 하는데 채 총장이 없으니 어떻게 하지요?」

「수원에 있다하니 수원으로 가시지요.」

김홍일, 이응준 장군 일행은 채 총장을 만나기 위해 수원으로 갔다. 이 때 채 총장은 잠에 떨어져 있었다.

「채 총장이 자고 있지 않습니까?」

「그래도 깨워야 합니다.」

부관이 채 총장을 깨우자 그는 일어나기는 하였으나 제대로 정신을 차리지 못하였다. 그는 김홍일 장군 일행을 보고 다소 정신이 드는지 김홍일 장군에게 물었다.

「선생님. 이제 어떻게 하면 되겠습니까?」

「빨리 한강 방어준비를 하지 않으면 안 될 때입니다!」

「강문봉이 시흥에 있을 것이니 그와 의논하여 시흥지구 전투사령부를 편성해서 한강 선을 지켜 주십시오. 그리고 이응준 각께서는 수원에서 병력을 수습해서 한강 선으로 보내주십시오!」

「그러지!」

김홍일 장군은 짧게 대답하고 즉시 시흥 보병학교로 가다 시흥 노상에서 강문봉을 만났다. 그런데 강문봉도 김홍일 장군을 만나려 하였는지 김 장군을 만나자마자 대뜸 요청을 하였다.

「장군님. 장군님께서 시흥지구 전투사령관으로 취임해 주십시오!」

「알았다!」

강문봉이 김홍일 장군에게 요청하여 김 장군이 시흥지구 전투사령관이 되었고, 28일 오후3시 사령부 편성에 들어갔다.

작전참모부장 : 김백일 대령, 강문봉 대령　참모장 : 김종갑 대령

미 극동군 전진지휘소 단장 처치 준장 연락책임자 임명

「김 장군님. 미 해군과 공군이 참전하였는데도 서울이 인민군에 함락된 것은 전연 예상외의 일입니다. 분명하지는 않지만 만일 미 육군이 투입되어 부산에 상륙하여 한강까지 달려오더라도 3일간의 시간이 걸립니다. 만에 하나 적이 3일 이내에 한강을 넘어서 급진적으로 공격하면 미 육군이 도착하기 전에 인민군이 부산을 점령할 수 있을 것입니다. 그러면 미군은 부득이 일본으로 철수하지 않으면 안 됩니다. 따라서 국가의 존망은 오직 한강을 3일 이상 고수할 수 있느냐 아니냐에 달려 있습니다. 장비와 보급품은 곧 일본에서 공수하여 한국군에 지급할 것입니다.」

미 고문단장이 김홍일 장군에게 설명하였다. 이 설명을 들은 참모들은 부끄럽기도 하고 걱정도 되고 반갑기도 하였다. 참모들은 미군이 참전하면 무조건 인민군을 이길 줄 알았는데 가만히 듣고 보니 한국군이 한강에서 3일 이상 방어해 주지 않는다면 미군은 한국에 상륙을 못하고 한국은 완전히 인민공화국이 되고 만다니 기가 막혔다. 이들은 마음이 급하였다. 그리고 장병들이 소총 한 자루씩만 가지고 한강을 건넜는데 인민군이 한강을 건넌다면 무엇으로 방어해야 할 지 앞이 캄캄하였다.

「갑시다. 맨주먹으로라도 3일 동안 한강을 지킵시다!」

참모들은 우선 각 도로로 나가 남으로 무작정 내려가는 패잔병들에게 「밥을 줄 테니 보병학교로 가십시오.」하여 패잔병들이 모이면 이들을 보병학교로 집합시켰다. 그리고 약속대로 이들에게 주먹밥을 주고 잠을 재운 후 500여명이 모아지면 수원에 도착한 미군 장비 품을 지급

하여 혼성대대를 편성하여 한강선 7사단에 보냈다.

처음에는 참모들이 장병들을 모았으나 나중에는 900여명의 헌병들이 남으로 가는 도로와 골목을 차단하고 후퇴하는 병력을 보병학교로 보냈다.

장병들이 모아지면 주먹밥을 주고 잠을 재운 후 한강 선으로 보내기를 밤늦게까지 하였는데 약 3,000여명을 모아 혼성 6개 대대를 편성하여 4개 대대는 수도사단에 보냈다.

이종찬 대령의 수도사단은 영등포를 방어하게 하고 여기에도 혼성 2개 대대를 보충하였다.

7사단 유재흥 장군은 사령부를 서울공업고등학교에 설치하고 9연대, 1연대, 25연대, 20연대를 장악하고 혼성 4개 대대를 보충 받아 흑석동에서 동작동까지 배치하여 인민군으로 하여금 국군이 한강 방어를 튼튼하게 한 것처럼 위장하였다. 그러나 장비는 81밀리 박격포 2문, 중기관총 2정 뿐이었고, 장병들 각자가 가지고 있는 실탄은 몇 발되지 않았다.

수도사단장 이종찬 대령은 사령부를 우신초등학교에 설치하고 8연대 18연대 기갑연대를 장악, 혼성 2개 대대를 보충 받아 영등포에서 하류 5킬로를 방어하였다. 무기는 81밀리 박격포 3문, 기관총 2정 뿐이었다.

「아니, 이것 박격포 아니야?」

수도사단 소속 장교가 시흥 보병학교에 있는 교육용 81밀리 박격포 1문이 있는 것을 발견하고 가져가려고 하였다.

「아니, 그것은 우리가 가져가야 합니다. 수도사단은 영등포를 방어하지만 우리 7사단은 한강을 방어하기 때문에 우리가 가져가야 합니다.」

7사단 소속 장교도 박격포를 보고 자기 부대에서 가져가야 한다고 하여 두 장교가 다툼을 하고 있었다.

「수많은 차량, 수많은 곡사포, 수많은 박격포, 대전차포, 바주카포를 한강 이북에 다 버리고 와서 박격포 한 문을 가지고 저게 무슨 짓이야?」

장교들의 다툼을 보고 장병들이 한탄하였다.

「저 장교들이 무슨 죄가 있냐? 채병덕이가 죽일 놈이지! 세상에 국군을 이렇게 재기불능상태와 오합지졸로 만든 참모총장이 어디 있어? 역적이 따로 있나, 국군을 이렇게 괴멸시킨 자가 바로 역적이지. 옛날에는 패전하면 즉석에서 참수하지 않았는가? 채병덕, 김백일, 전선을 이탈한 9연대장 윤춘근, 3연대장 이상근 군수국장 양국진 등은 즉시 군법회의에 넘겨 책임을 물어야 하는데 누구 한 사람 책임을 지는 사람도 묻는 사람도 없으니 한심한 나라이지!」

장병들은 국군 지도부의 무능에 탄식하였다.

2사단장에는 임선하 대령이 임명되어 3연대 5연대 16연대를 장악하여 사평리를 방어하였다.

우병옥 대령이 김포지구 경비대장이 되어 패잔병 2,000여명으로 김포비행장 근방을 방어하였으나 패잔병들은 모아놓으면 자기 원 부대를 찾아가거나 도망치기 때문에 많은 어려움이 있었다.

28일 하루 종일 인민군이 한강을 건널 기색은 보이지 않았다. 그러나 오후가 되자 전차와 각종 포를 한강 둑에 배치하고 흑석동 쪽을 향해 집중사격을 하였다.

「저놈들이 흑석동을 공격하는 척하면서 철교를 통해 건너오려고 하는 것이 아닐까?」

각 부대장들은 인민군들이 철교로 건너올까 봐 초긴장을 하였다. 국군은 공격을 하려고 해도 곡사포나 박격포가 없어 공격을 할 수 없었다. 흑석동 쪽에 있는 장병들은 화기가 없어 인민군의 포격에 일방적으로 당하기만 하니 화가 나 견딜 수 없었다.

인민군 1개 중대 정도가 흑석동 쪽으로 한강을 건너오는 것이 보였다. 그래도 국군이 박격포가 있으면 공격할 수 있는데 소총만 가지고는 어떻게 할 방법이 없었다. 이들은 관악산 쪽으로 침투하였다.

「오늘 저녁이나 내일 새벽에 인민군이 오면 큰일이다.」

흑석동 쪽을 지키고 있던 장병들은 인민군이 한강을 넘는다면 국군은 방어할 무기가 없어 도저히 막을 길이 없었기 때문에 걱정을 태산같이 하였다. 그저 「인민군이 오지 않았으면」하는 소망만 가지고 있을 뿐이었다.

국군 1사단은 행주나루터와 이산포를 통해 28일 낮부터 한강을 건너기 시작하여 29일 새벽까지 건넜으나 엄청난 희생을 치러야 했다. 1사단 15연대는 한강을 건너 20연대 1개 대대와 같이 김포비행장 서북쪽을 방어하면서 1사단 장병들의 도강을 엄호하였다. 사평리에서 김포까지 패잔병들이 소총 한 자루씩만 가지고 28일 밤 한강을 지키고 있었다. 국군 1사단 장병 12,000명 중에 3,000여명만 한강을 건너고 9,000여명이 죽었다. 특히 3,400여명이 한강을 건너다 익사하였다. 모든 차량과 중화기는 모두 봉일천에 남겨두고 도망쳐 맨주먹이었다.

밤이 새도록 인민군은 한강을 건너오지 않았다. 한강 둑에서 지키고 있던 장병들은 인민군이 공격하지 않은 것에 대해 안도하였다.

미 제5공군은 9개 연대로 1,172대의 항공기를 보유하고 있었다. 주력기는 F80 세이버 제트기로 구성된 18전투대였다.

미 극동공군사령관 스트레이트 메이어 중장은 맥아더로부터 25일-27일 3일 동안은 「미국인들이 철수하는데 보호하라」는 명령을 받고 수행하였으나, 28일에는 「인민군을 공격하라」는 명령을 받았다.

28일 포오 중위가 한반도에 도착, 한반도의 날씨를 파악한 후 미 극동공군사령부에 「한국의 날씨가 좋아 출격할 수 있음.」이라고 보고하였다. 이 보고를 받은 미 제5공군은 즉시 B26기 12대, B29기 4대, 세이버 제트기 100대가 출격하였다. 5공군에는 5년 전 일본 전투기와 싸운 경험자들이 많았는데, 이렇게 많은 항공기가 출격하기는 일본과의 전투 후 5년 만이었다. 비행기 116대가 출격하자 태양이 안 보일 정도였고, 비행기 소리에 한반도가 진동하였다.

미군기들은 문산역, 서울역 등 철로를 폭격하였고, 도로를 폭격하여 보급로를 차단하는데 주력하였다. 그리고 미아리 방면과 서울시내에 나타난 전차를 공격하였다. 문산의 국군 1사단과 한강을 건너려고 행주나루터에 집결한 국군 장병들과 백선엽 1사단장도 인민군으로 오인받아 공격을 받았다. 그래도 국군은 미군기가 인민군을 공격하자 미군이 참전한 것에 만세를 불렀고, 「우리는 이길 수 있다.」하고 용기백배하였다.

미 극동해군 순양함 주노오호는 인민군 5사단이 강릉을 출발 삼척, 묵호, 포항으로 진출한다는 보고를 받고 묵호 앞 바다에서 해안을 쉴사이 없이 공격하여 강릉, 삼척, 묵호 도로를 철저하게 파괴함으로 인민군의 남진을 막고 있었다. 인민군의 전차, 자주포, 차량 등은 함포사격 때문에 해안선으로 남진할 수 없었고, 야간에는 도로가 파손되어 더욱 움직이는데 힘들었다. 순양함 한 척의 화력에 인민군 5사단은 기가 질려버렸다.

박기병 20연대 앞에 1개 중대의 국군이 나타났다.

「어느 부대냐?」

「어느 부대는 무슨 어느 부대냐? 지금도 어느 부대가 있느냐?」

20연대 장병의 수하에 1개 중대 정도 보이는 국군은 수하하는 20연대가 가소롭다는 듯 소리치며 따발총을 쏘았다. 국군 군복을 입었으나 총소리가 따발총인 것에 20연대 김용림 중대장은 즉시 인민군이라고 판단하고 고함을 질렀다.

「인민군이닷! 공격하랏!」

　순간적으로 인민군과 국군 20연대와 사격전이 벌어졌다. 이 싸움에서 인민군이 먼저 공격해 왔으나 국군의 반격에 견디지 못하고 인민군들은 도망쳤다.

「아니, 저놈들이 어떻게 된 일이야?」

　인민군들이 국군 복장을 하고 공격해 오니 장병들은 놀라고 이상하게 생각하였다. 그런데 인민군들은 용산 보급창에 있는 국군 군복을 갈아입고 국군인 것처럼 위장하여 공격하였던 것이다. 이때는 국군이 군복을 벗고 일반인 옷으로 갈아입고 한강을 건넜고, 인민군은 한국군 군복을 입고 있어 누가 누구인 줄 도대체 알 수 없었다. 인민군이 일반인 옷을 입고 철교나 배를 통해 한강을 건넜다면 많은 수가 한강을 건넜을 것이나 인민군은 한강을 건너지 않았다.

　③ 인민군 3사단장 이영호 소장 한강을 넘자고 항의

　인민군 3사단장 이영호 소장은 28일 11시 30분 서울을 완전히 점령한 후 김웅 군단장에게 전화를 하였다.

「군단장 동지, 서울을 완전히 점령했습니다. 즉시 한강을 건너게 해주십시오! 한강에 가서 보니 철교 하나가 절단되지 않아서 목판을 깔고 건너면 오후에는 노량진을 해방시킬 수 있습니다. 즉시 한강을 건너게 해주십시오!」

「영명한 인민군 3사단장과 전사들의 용감한 전투에 칭찬을 아끼지 않겠소! 내가 지금 즉시 김책사령관께 한강을 건너자고 건의할 테니 내 명령이 있을 때까지 한강을 건너지 말고 대기하시오!」

　김웅 군단장은 즉시 김책에게, 김책은 김일성에게 보고하여 김일성이 바실리에프와 박헌영에게 연락하여 의논하자 박헌영과 소련정부에서는 인민군이 한강을 건너지 말라고 요청하였다. 그 이유는 한강을 건너면 인민군이 침략군이 되고, 인민군이 침략군이 되면 미국이 한국전에 개입할 명분을 주기 때문이었다. 그래서 스탈린과 김일성과 박헌

영은 남한에서 대구 폭동, 제주 4.3폭동, 여수 14연대 반란 같은 사건
들이 일어나면 이들의 인민항쟁을 도우려고 인민군은 38선을 넘었다.
그러므로 미군은 한국의 내전에 개입하지 말라 할 수 있는 명분이 서
기 때문에 스탈린과 김일성, 박헌영은 눈이 빠지게 남한에서 폭동이
일어나기를 기다렸다.

이와 같은 내용을 김웅에게서 설명을 들은 이영호는 한길은 뛰면서
「박헌영이 38선만 넘으면 20만 남로당원이 남한에서 봉기한다고 큰
소리쳤는데 25일 포천을 점령하고, 26일 의정부를 점령하고, 27일 수
유리를 점령하고, 28일 서울을 점령해도 한 건의 봉기도 없습니다. 이
것은 남한 인민들이 봉기할 수 없다는 것입니다. 그리고 김삼룡 이주
하 등 남로당 대표들과 남로당원 30만 명이상이 전향했는데 어떻게 남
한에서 인민항쟁을 일으킨단 말이요? 그러므로 지금 즉시 한강을 건너
야 합니다. 한강만 건너면 우리 인민군 3사단만가지고도 부산까지 7월
10일 안으로 남조선을 해방시키겠습니다. 즉시 명령을 내려주십시
오!」하고 김웅에게 강력히 요청하였다.

김웅과 김책도 이영호 말이 맞는다고 한강을 넘어야 한다고 주장
하였으나 김일성이 건의를 받아주지 않아 답답하여 속이 터질 지경
이었다.

서울에 도착한 인민군 3사단, 4사단, 1사단 6사단 등의 연대장 대대
장들은 빨리 한강을 넘어야 한다고 아우성이었다.

2) 서울점령 2일째 (6월 29일)
① 국군 패잔병 한강 방어
백선엽 1사단장은 28일 극적으로 한강을 건너 시흥역장실에서 세상
을 모르고 자고 있었다. 그것도 그럴 것이 25일부터 28일까지 4일 동
안 잠을 자지 못했기 때문이었다.
「사단장님! 사단장님! 일어나셔야 하겠습니다.」

아침 8시 전령이 잠을 깨웠다.

「무슨 일이야?」

「장교는 보병학교로 집합하라는 명령입니다!」

「알았다! 부대를 집합시켜라.」

「옛!」

1사단 장병들을 집합시키고 보니 12,000여명의 장병들은 온 데 간데 없고 1개 중대정도밖에 안 되었다. 이 수가 사단장을 따라 시흥까지 온 것이다. 1사단장 백선엽 대령은 이 1개 중대 되는 장병들을 이끌고 보병학교에 도착하고 보니 처량하기 그지없었다.

「아니, 백 사단장이 아니요!」

김홍일 소장이 백 사단장을 보고 소리치며 반가워서 얼싸안았다.

「나는 백 사단장이 어떻게 되었는가 하고 궁금했소. 전사하였다는 소문도 들리고 해서 걱정하였는데 이렇게 만나니 참으로 반갑소!」

「선생님, 저도 선생님을 뵈니 반갑습니다.」

「백 사단장, 백 사단장이 김포방면을 방어해 주시오!」

「장군님, 사단 간부들이 뿔뿔이 흩어져 있고, 각 연대장들과의 연락도 되지 않고 있습니다. 그리고 소총이라도 가지고 한강을 건넌 장병은 절반정도 되지만 절반은 소총도 없습니다. 그나마 소총을 가지고 있는 장병들은 100여명 정도밖에 안됩니다. 지금은 도저히 적과 싸울 수 없습니다. 지금은 빨리 부대를 재건하는 것이 중요합니다. 시간이 지나면 장병들이 모여들 것입니다. 사단이 재편될 때까지 기다려 주십시오!」

이 말을 들은 김홍일 장군은 기가 막혀 한숨이 저절로 나왔다.

「세상에! 그렇게 튼튼한 사단이 이렇게 되다니……」

김홍일 장군은 말을 하면 눈물을 보일 것 같아 말 대신 고개를 끄덕였다.

「그러면 영등포를 막아주시오!」

「예! 그렇게 하겠습니다!」

그 길로 백선엽 1사단장은 지프차가 없어서 시흥에서 영등포까지 걸어서 장병들을 모으며 가야 했다.

수도사단 18연대 1대대는 모두 휴가를 갔고, 3대대는 신병들이었고, 2대대는 정예 고유부대였다. 18연대를 일명 백골부대라고 불렀다.

적성에서 싸우고 있던 18연대 2대대 장춘권 소령 부대는 26일 인민 군이 의정부를 점령하자 퇴로가 차단되어 포위망을 뚫고 법원리와 행 주나루터에 분산 도착하여 28일 한강을 건넜다. 장 소령이 한강을 건 넌 후 부대원을 점검하니 25일 부대가 출동할 때 807명이었는데 759 명으로 48명의 손실을 보았지만 81밀리 박격포 6문, 바주카포 3문을 가지고 한강을 건널 수 있었다. 장춘권 부대는 중무기를 가지고 한강 을 건넌 유일한 부대였고 손실도 적었다. 이렇게 위기 속에서도 큰 피 해 없이 무난하게 부대를 유지한 까닭은 혼성부대가 아니라 고유부대 였기 때문이었다. 그러므로 24일 휴가 외출을 보내 25일 각 부대가 혼 성부대가 된 것이 전투력을 얼마나 약화시켰는가를 잘 설명해 주는 좋 은 예가 된 것이다. 그러므로 군에서 제일 중요한 것은 정보작전보다 인사이다. 지휘관이 똑똑해야 정보와 작전도 활용하여 승리할 수 있기 때문이다.

백선엽 1사단도 6월 27일 오후 3시경 김홍일 장군이 수유리 근방의 전황을 설명하면서 28일 인민군이 서울을 점령하면 1사단은 전멸하기 때문에 27일 오후에 한강을 넘으라고 권고했으나 백선엽 사단장은 이 를 거절하고 오히려 28일 오전 8시에 반격하다 후퇴시기를 놓쳐 한강 을 건너다 9,000여명의 장병을 잃고, 곡사포, 바주카포, 대전차포 등 모든 무기를 버리고 도망친 것에 대해 반드시 책임을 져야 했다. 6월 27일 오후에나 28일 새벽에 1사단이 안전하게 후퇴하였으면 105밀리 곡사포 15문, 대전차포와 바주카포, 60밀리와 80밀리 박격포가 수백 문으로, 이 무기를 가지고 흑석동과 노량진을 잘 방어하였다면 인민군은 쉽게 한강을 넘지도 못할 것이고, 국군의 자존심도 살렸을 것이다. (국군 1사단 백선엽 사단장은 장춘권 소령의 1개 대대만도 못하였다.)

아침 8시경 장춘권 부대가 김포공항에 도착하니 이미 인민군 6사단 14연대가 점령한 후였고, 망루에서는 기관총을 걸어놓고 18연대 2대대를 향해 사격을 해왔다.

「이봐, 바주카포 이리 줘! 이 자식들을 한 방에 날려버려야지!」

화가 난 장춘권 소령은 바주카포 사수에게 바주카포를 달라고 하여 2개의 망루를 향해 직접 사격하였다.

「꽝! 꽝!」

「야! 대단하다!」

망루 두 개가 두 방의 바주카포탄에 의해 날아가 버리자 장병들은 환호하였다. 마침 이 때 미군기가 활주로에 폭격을 하여 활주로가 움푹 움푹 팼다. 장춘권 소령은 미군기의 폭격을 틈타 「돌격하랏!」하고 명령을 내렸다.

장 소령의 명령이 떨어지자 2대대 장병들은 김포공항 청사를 향해 돌진해 들어갔다. 인민군은 미 공군이 공습하자 질겁하고 죽자 살자 도망쳐버려 2대대가 청사 안에 들어가 보니 인민군은 없고 2,500여명의 국군이 감금되어 있었다.

「여러분! 우리는 국군 수도사단 18연대 2대대입니다. 여러분들은 지금 즉시 이곳을 나가 시흥 보병학교로 집합하십시오! 인민군이 곧 반격해 올지 모르니 신속하게 행동해 주십시오!」

장춘권 소령은 서둘러 인민군 포로로 있던 장병들이 시흥으로 돌아가는 것을 도왔다. 얼마 후 장춘권 소령의 염려대로 인민군은 후퇴하였다가 병력을 증강하여 김포공항을 포위 공격해 들어왔다. 장 소령의 2대대는 포위될 위기에 처하였는데 겨우 포위망을 뚫고 소사로 탈출하고 보니 오후 2시였다.

5사단 15연대장 최영희 대령이 28일 시흥 보병학교에 도착하자 김홍일 장군은 최영희 대령에게 「김포지구 사령관으로 임명한다. 즉시 김포비행장을 탈환하시오!」하고 명령을 내렸다. 김홍일 장군의 명령을 받고 최영희 연대장이 3대대와 다른 부대 등 2개 대대를 이끌고 김포공항으로 출동하였으나 김포공항은 이미 인민군 6사단 14연대 황태수 대좌가 점령하고 있었다. 그런데 15연대는 소총뿐이라 중무장한 인민군을 도저히 공격할 수 없어 해가 질 무렵 오류동 고지로 후퇴하여 방어하고 있었다.

「참 이상하다. 인민군이 김포에서 영등포를 공격을 하면 국군이 없어 쉽게 점령했을 것이고 그러면 한강에서 방어하는 국군 뒤에서 공격하기 때문에 국군은 쉽게 붕괴될 수 있는데 인민군은 공격하는 국군만 격퇴하고 왜 더 이상 공격하지 않을까? 인민군이 영등포, 부천으로 공격하여 수원으로 남하하였다면 쉽게 남하할 수 있는데 이들이 왜 공격하지 않는 것일까?」

후퇴하는 국군 장교들은 인민군이 공격하지 않는 것을 이상하게 생각하였다.

흑석동에서 동작동에는 7사단 9연대와 5사단 25연대 약1,500여명이 배치되어 있었다. 인민군은 이 지역에 곡사포를 퍼부었다. 그러나 국군은 포가 1문도 없어 응사하지 못하고 머리를 처박고 있어야 했다.

「세상에 별 이상한 전쟁도 다 있다!」

장병들은 도망치고 싶었으나 맥아더가 온다고 하여 혹시나 하고 호속에서 가슴을 조여 가며 인민군의 곡사포 공격에도 꼼짝하지 못하고 있는 자기들의 신세가 처량하게 생각되었다.

여의도를 방어하고 있는 수도사단 8연대는 약1개 대대 정도 1,200여명과 81밀리 박격포 3문, 60밀리 박격포 12문, 중기관총 4정 등을 가지고 있어서 대체적으로 양호한 부대였다. 8연대는 6월 28일 오후3시 여의도를 방어하라는 작명을 받고 5시에 현지에 도착하여 진지를 구축하고 개인호를 파기 시작하였다.

인민군이 마포에서 곡사포와 전차포를 가지고 사격을 하면서 어선을 동원 보병이 여의도에 상륙하여 공격해 오자 8연대도 소총과 박격포로 반격을 하여 하루에도 여의도 비행장은 주인이 5~6회 정도 바뀔 정도로 싸움이 치열하였다. 인민군과 국군의 시체가 쌓이기 시작하였다. 서종철 연대장과 이현진 부연대장은 교대해 가면서 부대를 지휘할 정도였다.

맥아더 장군은 일본에 있는 미24사단과 25사단을 워커 중장에게 지휘하게 하여 즉시 부산에 상륙하게 하였다. 24사단장 딘 소장은 24사단 21연대 1대대, 스미스부대를 선발대로 즉시 부산에 상륙하게 하였다.

② 맥아더 장군 6.25 한국전 전방 시찰

6월 29일 아침 한국전을 관찰하기 위해 맥아더는 비행기 바탄호를 타고 한반도로 향하였을 때 동승한 미 극동공군사령관 스트레이트 메이어 중장은 맥아더 원수에게 전황을 보고하였다.

「여러 가지 어려운 문제가 있지만 가장 큰 것이 38선 이남으로만 군사작전을 제한하여 이북에 있는 군사시설을 공격할 수 없는 일이며, 또한 작전에 큰 도움을 주지 못하고 있습니다.」

메이어의 말을 듣고 있던 맥아더는 '북한이 안전한 곳에서 병력과 보급을 마음대로 이동할 수 있다면 한국군에 효과적인 지원을 제공하라는 유엔의 명령을 수행할 수 없다. 북한의 군사목표 분쇄는 내 재량에 있는 것이며 38선 이남으로 제한된 것이 아니다.'고 판단하고 즉시 메이어 장군에게 「38이북의 군사시설을 폭격하라!」는 명령을 내렸다. 그리고 맥아더는 29일 오전11시 수원비행장에 내렸다.

메이어 장군은 맥아더의 명령에 따라 대기하고 있던 B-29 장거리 폭격기에 명령을 내려 평양과 북한의 군사시설을 처음으로 강타하였다.

맥아더는 트루먼이 38선 이남으로만 한정한 군사작전 명령을 어겼다. 이렇게 되자 트루먼은 38이북의 폭격을 추인하지 않을 수 없었다. 그러나 트루먼은 맥아더가 명령을 어긴 것에 대해 기분이 좋을 리가 없었다.

6월 29일 오전11시 맥아더 사령관이 수원비행장에 도착하였다. 비행장에는 이승만 대통령, 무초 대사, 라이트 대령, 한국 각료 몇 명이 나와 영접을 하였다. 맥아더 장군 일행 15명은 인사를 한 후 즉시 육군본부와 극동군 전방지휘소가 있는 수원 농과대학으로 갔다.

맥아더 장군은 처치 준장으로부터 현 상황을 보고 받았다. 그리고 이어서 채병덕 소장이 보고하였다. 통역은 이승만 대통령이 하였다.

「국군은 적에게 완전히 기습을 당하여 손 쓸 시간이 없었습니다. 그리고 전차가 공격하는 데는 국군에는 이에 대항할만한 무기가 없었습니다. 인민군은 엄청난 수와 엄청난 야포로 공격하여 아군과는 비교가 되지 않았습니다.」

채병덕은 정작 알아야 할 일들인 인민군의 정확한 수와 국군의 수와 그리고 국군이 패하게 된 원인과 앞으로의 계획과 미군이 어떻게 도와주면 좋겠다는 간략하고 요령 있게 보고하지 못하고 횡설수설하며 변명만 하고 있었다. 이승만 대통령이 전사에 대해서 좀 아는 사람 같으면 수정해서 통역할 텐데 전사에 대해서는 전혀 알지 못하였기 때문에 채병덕의 보고를 그대로 통역하다보니 일국의 대통령인 이승만도 횡설수설하게 되었다. 이승만 대통령이 저런 인간을 일국의 참모총장에 임명하여 같이 망신을 당하고 있는 것이다. 맥아더는 채병덕의 보고를 들으면서 한심하기도 하고 불쾌하기도 하였다. 무슨 뜻인지 도저히 알수 없었던 맥아더는 채병덕의 말을 중단시키고 「한강의 방어선은 언제까지 지탱할 수 있습니까?」하고 질문하였다. 이 질문에 채병덕이 한강 선을 언제까지 고수한다는 것인지 후퇴한다는 것인지 확실한 답변을 못하고 횡설수설하자 맥아더 장군은 「지금부터 어떻게 할 계획입니까?」하고 다시 질문하였다.

「후방에서 200만 명의 장병을 소집하여 적을 물리치겠습니다.」

맥아더 장군의 의도를 모르는 채병덕이 여전히 허풍을 치자 맥아더 장군은 깜짝 놀랐다. 그리고는 기분이 나쁜지 「전선을 보고 싶다 가자!」하고 자리에서 일어났다.

후방에서 장병 200만 명을 언제 모집할 것이며, 200만 명을 훈련하는 사이 대한민국은 망할 것이다. 200만 명으로 인민군을 막는다면 미군 보병이 굳이 참전할 필요가 없지 않은가!

맥아더 장군은 어이가 없어 참모장 아몬드 소장과 라이트 대령과 운전수를 대동하고 29일 11시 30분경 시흥지구 전투사령부에 도착하였다. 송요찬 헌병사령관이 앞과 뒤에서 경호를 하였다.

맥아더 장군은 시흥에서는 헌병의 경호도 물리치고 김종갑 대령을 안내로 하여 영등포로 향하였다. 영등포에 도착하자 폭격으로 불에 탄 버스가 도로를 막고 있었다.

「각하! 되돌아가시지요! 이 이상은 무리일 것 같습니다!」

라이트 대령이 건의하였다. 조금 전 수원비행장에서 인민군 야크기가 폭격을 하였을 때 겨우 위기를 모면한 것처럼 맥아더 장군의 승용차는 인민군의 공격으로부터 안전하지 못하였다.

「나는 한강이 보고 싶은 것이다.」

맥아더 장군은 태연히 말하면서 계속 가라고 재촉하였다. 일행은 동양맥주 옆의 언덕으로 올라갔다. 거기에는 소총만 가진 장병들이 중사의 지시에 따라 호를 열심히 파고 있었다. 맥아더장군은 능선에 엎드려 머리만 내밀고 한강을 바라보았다. 그리고 한강 건너의 서울을 보았다. 서울에는 검은 연기를 내뿜는 곳이 여러 곳이 보였고, 강

둑에는 호를 열심히 파는 장병들이 보였다. 인민군의 곡사포 소리는 요란하였다.

「각하 망원경으로 보십시오!」

라이트 대령이 맥아더에게 망원경을 주었다. 맥아더는 3분 정도 망원경으로 앞을 관찰하고 망원경을 라이트에게 주었다. 그리고 앞으로 걸어가서 중사에게 악수를 청하였다.

「중사! 언제까지 한강을 지킬 수 있겠나?」

「각하! 저는 군인입니다. 각하도 군인이므로 아시리라 생각합니다. 저는 중대장이 지키라고 명령하면 죽을 때까지 언덕을 지키겠습니다. 그러나 중대장이 후퇴하라고 명령하면 후퇴하겠습니다. 그러므로 저는 언제까지 지킬 수 있을지 알 수 없습니다. 그 말은 중대장에게 물어주십시오!」

중사는 맥아더의 질문에 부동자세로 서서 땀을 흘리며 또박또박 대답을 하였다. 실은 중사가 무엇을 알겠는가? 지키라고 명령하면 지키고 후퇴하라면 후퇴하는 것이지. 그러나 높은 사람 물음에 대답하기는 매우 어려운 것인데 중사는 갑자기 물어온 맥아더의 질문에 당황하지 않고 요령 있게 대답을 잘하였다. 일개 중사의 대답이 참모총장보다 훨씬 나았다. 맥아더 장군은 중사의 대답에 만족스럽고 깊이 감동한 것 같았다.

「OK. 잘 알았다. 곧 도쿄로 돌아가 육군부대를 보낼 작정이다. 그 때까지 계속 유지해 주게. 건투를 빈다!」

맥아더 장군은 미소를 지으며 중사에게 약속을 하고 부탁을 하였다. 맥아더는 채병덕과 약속을 하고 부탁을 한 게 아니었다. 맥아더는 땀과 흙투성이 된 중사의 손을 잡고 악수를 하며 약속을 하였다. 맥아더는 즉시 영등포에서 시흥으로 가고 있었다.

「한국군은 몇 명쯤 남아 있는가?」

맥아더 장군은 김종갑 중령에게 물었다. 현재 얼마나 죽고 얼마나 살아 있는지 김종갑 대령도 알 리 없었다. 그는 대략 짐작해서 「3개 사단정도는 남아 있으리라 생각됩니다. 그러나 부대 조직은 붕괴되었고 통신수단도 중화기도 없습니다. 그러나 우리는 한 사람이 남아 게릴라가 되어도 끝까지 싸울 작정입니다.」

김종갑 대령의 대답에 맥아더 장군은 아무 말이 없었다.

맥아더 장군이 한강을 보러 온 것은 여러 가지 이유가 있겠지만 그 중에서 과연 한국 장병에게 싸울 의지가 있는지 없는지 보고 싶어서였다. 그리고 워싱턴에서 계속해서 보고를 요구해 왔음으로 맥아더는 직접 현장을 보지 않을 수 없었고, 맥아더가 직접 현장을 가서 보고 「미 육군이 참전해야 한다.」고 요청할 때 트루먼도 승낙할 것 같아 계산된 시찰이었다. 첫째, 미국이 공군과 해군과 중장비를 지원하는 것만으로 한국군이 인민군을 막을 수 있을까? 둘째, 한국을 전부 잃어버린 후에 결국 미국의 지상군을 투입하지 않으면 안 될 처지가 되는 것일까? 이러한 생각은 현장을 보지 않고는 결정할 수 없었고, 특히 미 육군을 끌어들이려면 한강의 상황을 정확히 알아야 했던 것이다.

맥아더 장군이 현장에 와서 본 것은 한국군의 방위능력이 전혀 없다는 것과 미군이 해군과 공군과 중장비를 지원해 준다 해도 국군은 인민군을 도저히 방어할 수 없다는 것이었다. 한국군에는 중화기는 한 문도 없고 소총만 갖고 있는 것에 맥아더는 놀랐다. 맥아더는 즉시 미 지상군을 투입하지 않으면 한국은 위급하다고 생각하였다.

동경에 도착한 맥아더 장군은 다음과 같이 긴급 메시지를 워싱턴에 타전하였다.

〈한국군은 혼란 상태에 빠져 있다. 소총만 가지고 남쪽으로 후퇴한 한국군은 처치 준장의 부하 장교들이 집결 재편하고 있다. 적의 전진을 저지하는 것이 절대 필요하다. 현 정세로 보아 한국이 적에 유린될 위험이 있다. 한국군은 이미 반격할만한 전력이 없는 데다 적의 진격은 가속될 지도 모른다. 적의 전진이 이상 더 계속된다면 한국의 존립은 매우 위태롭다. 현 전선을 유지하고 장래에 실지를 회복하려면 미 지상전투부대를 한국에 투입하는 길밖에 다른 방법은 없다. 유력한 지상부대를 갖지 않고 우리 해·공군만 가지고는 결정적인 효과를 거둘 수 없다. 여기 공산군에 의해 유린된 지역에서 미 육·해·공군을 일체로 하는 팀을 최고로 구사하는 태세를 취하지 않고서는 우리들의 행동이 잘 되어간다고 하더라도 인명과 비용 그리고 미국의 위신이라는 점에서 볼 때 필요한 값비싼 대가를 치르게 될 것이다. 최악의 경우에는 우리의 행동은 완전히 실패로 끝날 지도 모른다.〉

맥아더 장군은 애치슨 국무장관에게 「한국군은 지리멸렬 상태에서 패주를 거듭하고 있음. 이미 조직적 저항을 할 수 없음. 미 지상군 투입만이 적의 진격을 막을 수 있음.」이라고 보고하였다. 그리고 1개 연대를 즉시 한국에 파견하고, 2개 사단 투입을 국무성에 건의하였다. 트루먼 대통령은 1개 연대는 즉시 승인하고 2개 사단은 좀 더 검토하도록 지시하였으나 곧 이어 6월 30일 오후 7시 승인하였고, 트루먼 대통령은 「맥아더 장군 휘하 지상군을 한국에서 하용하기 바란다.」는 권한을 부여하여 본격적인 참전이 시작되었다.

③ 김일성, 박헌영에게 남한의 남로당 봉기를 재촉하다.
김일성은 박헌영에게 「인민군이 38선만 넘으면 남로당원 20만이 봉기한다고 하였는데 28일도 봉기가 없는데 언제 봉기합니까? 소련에서는 하루에도 몇 번씩 언제 봉기하느냐 물어보고 있습니다!」라고 하자 「오늘 이승엽 동무가 서울로 내려갔으니 곧 봉기할 것입니다. 조금만 참아주십시오!」하였으나 걱정이 태산이었다. 그것은 남로당 지도부가 모두 죽거나 체포되고, 군 안의 남로당원 5,000여명이 숙청되고, 일반인 당원 33만 명이 전향하여 봉기하기 위해 당원들에게 연락할 사람도, 동원할 사람도 없기 때문이었다.

인민군 3사단장 이영호가 김웅과 김책에게 「우리를 다 죽일 작정입니까? 어째서 전쟁을 하다가 2일이나 쉬고 있습니까?」하며 발을 동동 구르며 가슴을 치고 있었다. 연대장과 대대장들도 속이 타기는 마찬가지였다.

50년 6월 28일 오전 11시 30분 서울을 완전히 점령한 인민군은 오후 3시경 절단되지 않은 경인선 철교에 목판을 깔고 전차가 한강을 도강 영등포를 점령할 수 있었다. 국군은 춘천 6사단과 강릉 8사단과 삼척 23연대 외에는 모두 전멸되어 인민군 전차가 부산 목포까지 내려가도 저지할 국군도 없고 미군도 없어 남한을 완전히 점령할 수 있었다.

늦어도 50년 7월 10일까지는 목포, 부산까지 완전히 점령할 수 있었다. 인민군 T34전차의 최대 속도는 시속 40킬로미터, 평균 속도는 시속 20킬로미터이다. 그러므로 하루 10시간을 공격하면 200킬로미터는 갈 수 있어 서울에서 부산은 400킬로미터로 2일이면 도착할 수 있었다. 소련제 T34 전차는 미군 M1 아브라함 전차보다도 독일의 타이거 전차 보다 성능이 좋은 세계 제일의 전차이다. 이 T34 전차에 의해 히틀러 타이거 전차가 1943년 폴란드 평야지대에서 완패하였다.

인민군이 6월 28일 오후에 영등포를 점령하고 여세를 몰아 6월 29일 안양, 수원, 평택까지 점령하였으면 맥아더 장군도 한강에서 서울을 보지 못하고 천안에서 인민군을 보게 되었으면 미 육군이 6월 30일 참전을 포기했을 것이다. 인민군이 29일도 한강을 넘지 않아 맥아더가 영등포에서 서울을 보게 한 것은 김일성의 돌이킬 수 없는 실수였다. 이는 김일성이 소련만 의지하고 있는 작전으로 용기가 없는 사대주의자로 무능하다는 것을 알 수 있다.

7월 4일 미24사단 스미스부대 406명 부산에 도착, 7월 5일 미군24사단 34연대가 부산에 도착하였으나, 인민군 2개 사단이 부산에 도착하였다면 미군 34연대는 부산에 상륙도 못하고 6.25 한국전은 인민군의 완승으로 끝났을 것이다.

※ ① 인민군이 50년 6월 28일 서울을 점령한 후 28일~30일 3일 동안 쉬지 않고 공격하였으면 미군이 부산에 상륙하기 전 인민군은 남한을 완전 점령할 수 있었다.

② 인민군이 28일~30일 3일 동안 한강을 건너지 않고 국군을 공격하지 않은 이유는,

㉠ 인민군 3사단장 이영호 소장은 김일성에게 한강을 건너 공격하면 국군을 완전히 괴멸시킬 수 있다고 장담하자 박헌영이 인민군이 한강을 건너면 침략군이 되어 미군의 한국전 개입의 명분을 주기 때문에 공격해서는 안 된다고 주장하였다. 그러면서 남한의 공산주의자들이 14연대, 6연대, 제주4.3폭동과 같은 폭동이 일어나면 부산까지 공격하지 않아도 남한을 완전히 점령할 수 있고, 인민군은 이들을 도우려 왔다고 하면 내전이 되고, 내전에는 미군이 개입할 수 없으니 서울에서 14연대 반란 같은 폭동을 기다리자고 하여 3일 동안 공격하지 않고 기다렸다.

㉡ 1950년 6월 28일 폭동을 기다려도 남한에서 폭동이 일어나지 않았다. 6월 29일 이승엽이 평양에서 서울 인민위원장으로 내려와 폭동을 선동하였으나 폭동은 없었다. 폭동이 없자 박헌영과 김일성, 스탈린은 초조하였다. 6월 30일까지 폭동을 기다려도 폭동은 없었다. 폭동이 없는 이유는,

㉢ 1949년 1월부터 대한민국은 반공법에 의해 국군 안의 남로당(조선공산당) 공산주의자 4,749명을 숙청하였다. 그러자 부대에 남아 있던 5,500여 명이 탈영하여 국군 안의 남로당 공산주의자들을 완전히 숙청하게 되어 반란을 일으킬 수 없었다. 그리고 오제도 장로와 전 서울시 인민위원장 홍민표가 남로당원 33만 명을 전향시키고, 남로당 간부 김삼룡, 이주하, 성시백, 정태식, 김수임 등 200여 명을 숙청했기 때문에 남로당에서는 폭동을 일으킬 수 없었다. 김삼룡, 이주하, 성시백, 김수임은 사형이 선고되어 집행

되었으나 정태식은 무기징역을 선고받아 6월 28일 죽지 않고 석방되었다. 그런데 29일 박헌영이 서울에 오지 않고 이승엽이 왔는데, 이승엽, 정태식, 박갑동 등은 남로당원 20만 명을 동원할 수 없었다. 이 사건이 인민군이 패전한 원인이 되었다.

3) 인민군 서울 점령 3일째(6월 30일)

서울시 인민위원회는 고시 3호를 발표 정당 사회단체는 등록하고 명단을 제출하라고 고시하였다. 그리고 전 한국 관계자와 공무원들은 자수하라고 고시 6호를 고시하였다. 유언비어 날조와 삐라를 뿌리는 등 반동선전 선동을 하는 자는 군사행동의 적대자로 처리한다고 고시하였고, 모든 언론도 통제하였다.

공산당 신문마다 「우리 민족의 절세의 애국자이시며 민족의 영웅이신 공화국 내각 수상 김일성 장군 만세!」 하였으나 박헌영에 대해서는 조그만 하게 「박헌영 선생」이라고 하였다. 한국의 전 내무부장관 김효석 그리고 안재홍 조소앙 김규식 등이 인민군을 찬양하였고, 국회의원 48명이 조선민주주의 인민공화국을 지지하는 집회를 가졌고, 김용무 원세훈 백상규 장건상 조소앙 김규식 안재홍 등도 가담하였으며, 김종대 목사 등 300여명도 인민군 서울 입성을 환영해 주었다.

인민군 3사단 이영호 소장은 양문리 38선에서부터 국군 9연대 3연대 5연대 16연대를 격파하고 26일 1시 의정부를 점령, 국군 1연대 18연대를 포위하였다. 27일 새벽 4시 일제히 공격을 개시 국군 25연대를 백석천교에서 격파하고 창동선과 미아리고개의 국군을 격파하고 28일 새벽2시 돈암동에 도착한 이영호부대 전차는 서울 시내를 향해 무차별 공격을 하였고, 날이 새면서 한강교가 폭파되어 도망치지 못한 국군 패잔병들을 포로로 잡았다. 이영호는 포로로 잡은 국군이 전향하여 인민군에 충성하겠다는 자는 인민군에 입대시키고, 전향을 반대하는 자는 무참히 총살하라는 명령을 내렸다. 인민군은 개전 4일 만에 국군의 절반인 44,000여 명을 죽였거나 포로로 잡아 인민군 중에서 최대로 공이 큰 사단장이 되어 김일성은 인민군 3사단을 서울사단이라 이름을 붙여 주었고, 이영호에게는 영웅 칭호를 붙여주어 인민군 전사들은 이영호를 침이 마르게 칭찬하였다.

「잘 싸웠소! 아주 잘 싸웠소!」

김웅 인민군 1군단장은 삼각지 육본 지하벙커에 도착하여 사단장들을 격려하였다.

「이 소장, 어찌 그렇게 싸움을 잘 하시오?」

이권무 방호산 최현 등이 악수를 하며 칭찬하였다. 이들 사단은 국군한테 되게 얻어맞아 국군을 괴멸시키고 남조선을 해방시킬 일이 아득하다 생각하였는데 이영호 소장이 의정부 방면의 국군을 깨끗이 격파하여 이권무를 살려주었고, 문산 방면에서 고전을 하고 있던 최광과 방호산을 살려주었기 때문이었다. 인민군 4사단 이권무는 국군 2개 연대 때문에 쩔쩔매었고, 방호산 6사단은 국군 1개 연대에 의해 쩔쩔매고 있었는데 인민군 3사단은 5개 연대를 단숨에 해치우고 의정부를 점령하여 인민군 전체에 활력을 넣었으니 침이 마르도록 칭찬할 만도 하였다.

「우리 사단은 전사들이 얼마나 싸움을 잘 하는지 우리가 나타나기만 하면 국방군 놈들은 도망하기에 정신이 없어 뒤쫓아 가기 바빴습니다. 전쟁이 아이들 병정놀이 같아서 싱거웠습니다. 우리 사단은 여기까지 오는데 전차 2대만 손실을 보고 다른 인명이나 다른 장비는 손실 없이 쉽게 왔습니다!」

이영호의 이와 같은 말에 다른 사단장들은 「국방군이 그럴 리가 없는데. 지독하게 악착같이 달라붙어 싸움을 잘 하는데.」하고 이상하다고 고개를 갸우뚱하며 믿으려하지 않았다.

「군단장님, 다음 작전을 개시하지요!」

이영호는 한강을 빨리 넘자고 서둘렀다.

「싸움을 안 하고 이기는 것이 상책이고, 싸움을 하고 이기는 것은 하책이요. 그러므로 김일성 수령님과 김책 동무의 다음 작전명령이 있을 때까지 기다리시오! 김일성 수상 동지나 박헌영 부수상동지가 우리가 서울만 점령하면 서울의 인민과 남조선 전 인민이 궐기해서 이승만을 타도하여 우리가 부산까지 가기도 전에 우리는 남조선을 해방시킬 수 있다고 하였소. 남조선 인민의 대구항쟁, 제주도 항쟁, 14연대 항쟁이 있었지 않소? 남로당원의 투철한 사상을 우리는 그 동안 보아왔소. 남로당원 20만이 봉기할 테니 조금만 기다리시오. 좋은 일이 있을 겁네다!」

김웅 군단장이 설득하였다.

「상대방이 준비하지 않을 때 치는 것이 상책이요, 준비가 다된 다음 치는 것은 하책입니다. 남조선 인민이 항쟁하는 것은 그들의 일이고 우리가 할 일은 우리가 해야 합니다. 지금 국방군은 춘천의 6사단, 강릉의 8사단 외에는 전멸하였습니다. 우리는 지금 즉시 부산 목포를 향해 가면 앞으로 10일 안에 남조선을 해방시킬 수 있습니다. 국방군이 다 죽어갈 때 쉬지 않고 까부셔야지 만에 하나 패잔병들이 모이고 젊은이들을 동원하여 항전을 계속 한다거나 또 만에 하나 미 육군이 개입한다면 큰일입니다. 전쟁을 하다가 2일이나 공격을 하지 않고 이렇게 쉬다니 이런 일이 어디 있습니까? 지금 즉시 한강을 넘어야 합니다.」

이영호는 지금 즉시 한강을 넘자고 김웅을 설득하였다. 그러자 최광, 방호산, 이권무도 「만일 민중봉기가 나지 않으면 어떻게 할 것이며, 미군이 개입하면 어떻게 할 것입니까? 여기에 대한 확실한 해답은 지금 즉시 한강을 넘어 부산을 향해 진격하는 것입니다.」하고 이영호의 말을 지지하며 김웅을 설득하고 나섰다. 그러나 김웅은 사단장들의 작전계획이 아무리 좋아도 위에서 명령이 없으므로 어떻게 할 수 없었다. 김웅 군단장은「명령이 있을 때까지 부대를 정비하고 공병대에 지시하여 한강을 건널 수 있도록 준비하라.」하고 작전회의를 마쳤다.

「참 이상하구만. 왜 공격명령을 내리지 않지? 승리할 절호의 기회인
데. 다 죽었다고 해도 패잔병들이 힘을 모아 다시 살아나면 골치 아플
것이고 기회란 자주 오는 것이 아니니 기회라고 생각될 때 해치워야
하는데 이렇게 좋은 기회에 2일이나 쉬다니 도대체 싸움을 하러 온 거
야? 서울 구경 온 거야?」

이영호의 불평은 이만저만이 아니었다.

김일성은 이승엽에게 남조선의 총 권한을 부여해서 서울로 가게 하
였다. 서울에 도착한 이승엽은 이미 6월 10일경에 남파된 남로당원과
옛 동지를 규합하여 인민항쟁을 선동하려 하였으나 항쟁을 선동할 남
로당의 주동인물이 없었다. 서대문형무소에서 9,000여명에 가까운 남
로당원들을 석방시켰으나 전쟁 중이라 다른 당원들에게는 연락이 되
지 않았고 이들만 가지고는 봉기를 할 수 없었다. 그리고 50년 3월 김
삼룡, 이주하, 성시백이 갑자기 체포되자 남로당을 이끌어 간 사람은
정태식 박갑동이었는데 이승엽은 자기 허락 없이 남로당원을 소집하
였다고 박갑동의 체포령을 내렸다. 이승엽은 전선을 뚫고 대전, 대구,
광주, 부산에서 인민항쟁을 시도하려 하였으나 경남 경북 충남 전남 ·
북 도당간부들이 모두 검거되어 당이 붕괴되었으며, 당원도 뿔뿔이 헤
어졌다. 또 기존의 남로당원들과 접선이 되었다 해도 인민군이 내려온
이상 위험부담을 안고 항쟁을 하려고 하지 않았다. 심지어 보현산과
지리산에 있는 유격대들조차 몸조심을 하고 있어 전국에서 남로당의
항쟁은 기대할 수 없었다. 이승엽과 박헌영과 남로당 간부들은 초조하
였다. 남조선에서 14연대 반란사건과 제주도 4.3폭동이 있었던 것과
같은 항쟁이 있어야 하는데 시간이 갈수록 전혀 그런 기미는 보이지
않았다. 김일성은 박헌영에게 「어떻게 된 것입니까?」하고 계속 물어보
았으나 박헌영이나 이승엽은 꿀 먹은 벙어리였다. 그러자 김일성도 초

조해졌다.

김일성은 스탈린에게 「38선만 넘으면 남조선 인민이 제주도와 14연대 항쟁이 있던 것과 같이 항쟁할 것이며 서울만 점령하면 남조선 전 인민이 항쟁할 것입니다.」라고 설득하였다. 스탈린은 이 설명을 듣고 「남조선 인민이 항쟁하는데 북한 인민군이 협력한 것뿐이지 전면 남침한 것은 아니다.」라고 전 세계에 인민군 남침의 명분을 세우기 위해 남조선에서 인민항쟁이 발생했다는 보고를 기다리고 있었다. 그러나 시간이 지나도 남조선에서 항쟁이 일어났다는 보고가 없자 스탈린도 초조하였다. 김일성은 박헌영에게 계속 독촉하고 안절부절못하며 남조선에서 인민봉기 소식만 기다렸다.

「남로당은 남조선에서 한 군데도 항쟁하는 데가 없는데 우리가 이들만 믿고 천금같이 귀한 시간을 이렇게 허비하면 되겠습니까?」

이영호는 김웅에게 계속 항의하였다. 전선사령부가 중앙청에 설치되어 있어 이영호는 29일 김책을 찾아갔다.

「빨리 공격해야 합니다. 전쟁을 하다가 필승의 절호의 기회에 이렇게 쉬는 군대가 어디 있습니까?」

「이 소장, 다 작전이 있고 계획이 있소. 서울만 점령하면 남조선의 20만 남로당원이 항쟁하여 우리가 싸우지 않고 이승만의 항복을 받아낼 수가 있소. 우리는 대구와 제주도항쟁과 14연대 항쟁을 보았소. 그런 인민 항쟁이 국방군 안에서와 인민이 일어나면 우리는 싸우지 않고 이승만의 항복을 받을 수 있으니 조금만 기다리시오. 그리고 인민항쟁이 있어야 미군은 조선의 내전에 개입하지 말라고 할 수 있기 때문이요.」

「그런데 서울을 점령한 지 2일이 지났는데 한 군데도 항쟁이 일어나는 곳이 없지 않습니까? 그리고 이승만이 항복할 조짐도 보이지 않고 있고 국방군 패잔병들이 시흥에 집결하여 노량진에 배치되어 한강방어선을 구축하고 있다는 정보입니다. 도대체 왜들 이러는지 나는 이해할 수 없습니다. 지금도 늦지 않으니 지금 즉시 공격을 해야 합니다.」

이영호의 말을 듣고 있는 김책은 긍정하면서도 어떻게 할 수가 없었다.

5. 미 공군 평양 공격

6월 29일 미 공군기 18대가 평양 상공에 나타났다. 그러자 인민군 전투기도 출격하여 공중전이 벌어졌다. 미 전투기와 인민군 전투기는 성능과 기술면에서 비교가 되지 않았다. 요란한 비행기 소리와 비행기에서 쏘아대는 기관총 소리가 평양시민들의 귀청을 찢을 듯 들렸다. 잠시 후 인민군 전투기들이 하나 둘씩 꼬리에서 연기를 품으며 곤두박질하였다. 평양시민들은 곧 남조선이 해방될 것이라고 승리에 도취되어 있었는데 이 광경을 보고는 놀라 기절할 지경이었다.

인민군은 미 전투기가 인민군 전투기 26대를 파괴하고 이어서 대동강 건너편 문수리 비행장과 군수공장을 폭격하여도 속수무책이었다. 김일성과 북한 수뇌들은 미 전투기의 폭격소리에 깜짝 놀랐다. 김일성은 미군이 전쟁에 절대 개입하지 않는다고 장담하였는데 미군 전투기가 폭격을 하자 그는 당황하였다.

북한 공군의 항공기는 총162대로 병력은 2,000여명이었다. 미 극동군 전투기는 1,172대로 숫자나 성능에서 비교가 되지 않았다. 7월 4일까지 북한 전투기는 47대가 파괴되었다. 미 공군은 한반도를 이 잡듯이 샅샅이 뒤져 인민군 군수공장, 보급창, 철로, 도로 등과 인민군이 움직이면 나타나 여지없이 폭격을 하니 인민군에는 치명적이었다.

김일성은 난감하였다. 그는 즉시 박헌영을 불렀다.

「남로당 봉기는 어떻게 되었소?」

「조금만 더 기다려 주십시오.」

「조금만 더 기다리라니 얼마를 더 기다려야 하오? 초를 다투는 전쟁이요. 일선 사단장들은 왜 한강을 넘지 않느냐고 아우성을 치고 있고, 모스크바에서는 왜 남조선에서 봉기가 없느냐고 하는데 내가 어떻게 대답하면 되겠소? 어제 미군 폭격기가 평양을 공격하는 것을 보았지 않소? 평양 인민들이 어떻게 생각하겠소? 정말 답답합니다. 누굴 죽이려고 작정했습니까?」

「조금만 더 기다려 보십시오!」

「조금만 더 기다리라니 우리가 다 죽을 때까지 기다려야 하겠소?」

6. 스탈린은 김일성에게 "인민군은 한강을 건너라!"

6월 27일 트루먼이 미 해·공군의 한국전 참전을 허락하고, 6월 30일에는 미 지상군 참전을 허락하고, 미 공군에 의해 평양이 대대적인 공습을 받자 스탈린은 당황하였다. 6월 30일 스탈린은 북한대사 스티코프에게 「왜 조선군 사령부의 계획을 알려오지 않는가? 무조건 공격을 계속하여야 한다. 남조선이 빨리 해방될수록 간섭 기회는 적어진다. 피」하고 한강을 건너라고 명령하였고, 스티코프는 바실리에프에게 명령하였다.

소련 군사고문단장 바실리에프 중장은 김일성 수상실을 찾았다. 그는 앉자마자 용건부터 이야기하였다.

「다와리치 김, 오늘 미 육군이 남조선에 상륙하여 우리 인민군과 싸운다는 것이요. 이제는 미 육·해·공군 모두가 참전하는 것이요. 그러니 이 일을 어떻게 하면 좋겠소? 인민군이 미군과 싸워서 승리할 수는 없을 것이요. 그렇다고 소련이 미군과 싸울 수는 없습니다. 동무와 박헌영 동무는 인민군이 38선만 넘으면 남조선의 20만 남로당원이 봉기하여 전쟁은 2주일 내에 끝낸다고 호언장담하며 무기만 지원해 달라고 해서 무기를 지원해 주어 38선을 넘고 서울을 해방시켰는데 남조선에서는 왜 지금까지 한 건의 인민의 봉기가 없소? 남조선에서의 봉기가 여기저기에서 일어나야 "인민들의 봉기 때문에 인민군이 38선을 넘었다. 그리고 부산까지 가야겠다, 인민이 해방을 외치는데 우리가 그냥 있을 수가 있는가?" 할 때 세계는 우리를 이해할 것이고 미군이 참전하는데 "내전이다 왜 외국 군대가 참전하느냐?" 하고 따질 수가 있어 미군의 참전을 우리가 막을 수가 있는데 지금까지 인민의 봉기가 한 건도 없으니 인민군은 완전히 침략군이 되었고, 미군이나 유엔군 등 세계 여러 나라가 참전해도 여기에 대항할 수 없으니 이렇게 우리를 난감하게 할 수 있소? 앞으로 어떻게 할 것이요?」

바실리에프가 김일성에게 다그쳤으나 김일성은 할 말이 없었다.

「이렇게 된 이상 이제는 총돌격하여 빠른 시일 내에 남조선 전 지역을 해방해야 합니다. 그리고 서울에 간 이승엽 동무가 봉기에 대해서는 계속 주동하고 있습니다. 그러니 너무 걱정하지 마시고 우리 인민군과 남로당을 기대해 보십시오. 우리 인민군이 한강도 곧 넘을 것입니다. 계속적인 협력을 부탁합니다.」

「다와라치 김 말대로 이렇게 된 이상 어쩔 수 없소. 즉시 한강을 건너 공격하여 빠른 시일 내에 남조선을 해방하시오.」

바실리에프는 찌푸린 얼굴로 수상실을 나갔다.

7. 박헌영의 변명

바실리에프가 수상실을 나가자마자 김일성은 비서를 불러 부수상을 불러오라고 고함을 질렀다. 비서가 허둥지둥 나가고 나서 부수상 박헌영이 곧 수상실에 나타났다.

「수상동지 부르셨습니까?」

「그렇소! 바실리에프 동지가 왔다 갔소.」

「무슨 일로 왔습니까?」

「부수상 동지, 몰라서 나에게 묻습니까?」

「……」

「미 육군이 우리의 성스러운 해방전쟁에 참전하기로 결정을 했습니다. 미제는 육·해·공군이 다 참여하는데 우리가 어떻게 미제와 싸워서 남조선을 해방시킵니까? 동지는 인민군이 38선만 넘으면 남조선 남로당 20만이 들고일어나 해방시킨다고 하지 않았습니까? 대구항쟁이나 제주도항쟁이나 14연대 같은 항쟁이 있어야 우리가 남조선을 해방시킬 명분이 있고 "우리가 하는 해방전쟁은 내전이다. 미제는 조선의 내전에 간섭하지 말라"고 할 텐데 남조선에서 인민의 봉기가 한 건도 없으니 "내전이다"고 할 수 없고 "미제는 간섭하지 말라"고도 할 수 없지 않습니까? 우리는 침략국으로 낙인이 찍히고 미군은 우리의 성스러운 해방전쟁에 참전한다니 미군을 상대해서 우리가 어떻게 남조선을 해방하겠소? 도대체 지금까지 왜 한 건의 봉기가 없소? 이래가지고 어떻게 남조선을 해방시킨단 말이요?」

「수상동지께서도 다 알다시피 남조선에 있는 우리 남로당원들이 46년 대구항쟁, 48년 제주도 항쟁, 14연대의 엄청난 항쟁을 하였습니다. 그래서 인민군이 38선만 넘으면 남조선의 우리 당이 결정적인 시기를 손꼽아 기다렸기 때문에 전국에서 일어날 줄 알았고 수상동지도 그렇게 믿고 있었을 것입니다. 그런데 이승엽이 서울인민위원장이 되어 서울에 간 후 보고는 남조선 남로당의 책임자 김삼룡 이주하를 김창룡이 28일 처형하였고, 남로당 간부들이 서대문형무소에 수감되어 있다가 이제 풀려났기 때문에 그 동안 하부당원과 연락이 되지 않고 있어 시간이 필요합니다. 그러나 6월 10일 각 도당 위원장들을 남파시켰고, 이승엽 동무가 서울시 위원장으로 가서 지금 계속 추진 중이니 널리 이해를 하시고 조금만 기다려 주시기 바랍니다. 그리

고 영용한 우리 인민군대는 서울을 점령했습니다. 이제는 우리 인민
군대와 남조선 우리 당과 또 우리를 협력하는 인민을 동원해 미 제국
주의 부대가 본격적으로 상륙하기 전 남조선을 해방시키면 됩니다.
수상동지, 염려하지 마십시오. 저도 이럴 때를 대비해서 준비를 잘
해놓았습니다. 지금 잘 진행되고 있으니 수상동지께서는 인민군이
하루속히 부산과 목포를 향해 진격하게 하십시오. 저는 태백산 보현
산 지리산 백운산 등의 우리 유격대를 총동원하여 국방군 후방을 교
란시키고 우리 당원을 총동원하여 철도 전선 전기 보급 등 국방군이
작전을 수행할 수 없도록 지령을 내려놓았습니다. 그러니 용기를 내
시고 진격합시다. 미 제국주의가 아무리 강한 나라라고 하여도 인민
군과 우리 남로당이 총궐기하는데 당해 낼 수 있겠습니까? 두고 보십
시오. 승리는 우리에게 있습니다.」

　박헌영의 호언장담을 김일성이 듣고 보니 그럴 듯하였다. 그리고 이
제 와서 어떻게 하겠는가? 김일성은 박헌영의 최대의 협조를 얻어 빠
른 시일 내에 남조선을 해방시키는 길밖에 없다고 판단하였다.

　「부수상동지, 내가 오늘 김책 동지에게 즉시 한강을 넘어 2차 작전
을 달성하라는 지시를 할 것이오. 이제 인민군을 총돌격시킬 테니 박
동지는 후방에서 남로당원을 총동원하여 국방군이 작전을 못하게 해
주시오.」

　「여부 있습니까. 총동원하고 있습니다.」

　박헌영은 김일성을 안심시키고 어쨌든 인민군이 한강을 넘어 즉시
부산을 향해 돌격하도록 선동하였다. 박헌영이 사는 길은 남조선을 해
방시켜 남조선을 장악하는 것이었다. 그래서 그는 김일성을 최대한 선
동하여 인민군이 남조선을 해방시키는데 앞장을 서도록 선동한 것이
다. 박헌영의 정연한 논리는 따라 갈 사람이 없었다.

　김일성은 화가 머리끝까지 났다. 그는 낮에는 미 전투기 때문에 움
직일 수가 없어 30일 저녁 평양을 출발하여 극비에 서울에 도착한 즉

시 인민군 전선사령부가 있는 중앙청 지하벙커로 갔다. 이곳에는 김책, 김웅, 김광협, 이영호, 이권무, 최광, 방호산 등이 미리 와서 대기하고 있었다.

「동지 여러분! 여러분들은 기대 이상으로 잘 싸워 주었소. 인민을 대표해서 축하를 하는 바이요!」

김일성은 일일이 악수하며 격려하였다.

「김책 동무, 동무의 부대는 공격할 수 있는 준비는 다 되어 있지요?」

「옛! 모든 준비는 100% 완료 되었습니다. 그리고 3일 동안 쉼으로 전투에서 오는 피로도 말끔히 씻었고, 사기는 충천합니다.」

「수고하였소! 어제 미 공군이 평양 시내를 공격하였소. 그리고 육군도 참전한다고 하였소! 미군이 이 전쟁에 개입한 것이 확실하니 시간이 없소. 내일 즉시 한강을 넘으시오! 2차 작전은 미군이 증원오기 전에 한강을 도강하여 평택, 안성, 충주, 제천, 영월을 해방시키시오! 이상이요.」

김일성은 일방적인 명령을 내리고 회의장을 빠져 나왔다.

제 7 장
인민군의 서울점령(한강도강)

7장 인민군의 2차 작전(한강도강)

1. 한강싸움

7월 1일 아침 6시부터 인민군은 포병과 전차를 선두로 일제히 사격을 개시하였다. 인민군 3사단은 서빙고방면, 4사단은 노량진, 1사단과 6사단은 김포방면을 향해 공격을 해왔다. 인민군 3사단 8연대 1대대가 오후 3시 목선을 타고 서빙고에서 흑석동을 향해 도강하였다. 중포가 없는 국군은 소총만 갖고 도강해오는 인민군을 막기는 속수무책이었다. 인민군은 교두보를 확보하고 9연대가 방어하고 있는 흑석동의 수도고지를 점령하였다.

아침 8시 남산에 진지를 둔 인민군 3사단이 흑석동과 노량진에 있는 국군5연대, 19연대, 기갑연대, 기마대대가 있는 곳에 오전 내내 포격을 가해왔다.

「도대체 이런 전쟁이 어디 있단 말인가!」

국군 장병들은 개인 호 속에서 머리를 처박고 포탄에 맞아 죽어도 참고 견디어야 했다. 그리고 국군은 포가 없어 인민군 있는 곳에 포격을 한 방도 가하지 못하고 있었다.

수도사단 8연대가 방어하는 여의도 비행장을 인민군 4사단이 계속 공격해 왔다. 여의도를 빼앗기고 빼앗기를 하루에 5회나 반복하여 양쪽은 많은 희생을 내고 있었으나 인민군 4사단 일부가 난지도 부근에서 한강을 도강하였고, 김포에서는 인민군이 계속 증강되었다.

인민군 6사단 14연대는 오류동, 소사, 부천을 향해 공격해 왔다. 국군은 15연대 최영희 대령과 18연대 2대대 장춘권 소령 부대가 이를 저지하고 있었다. 장춘권 소령의 2대대는 48시간 동안 격전을 벌였다. 2

대대는 81밀리 박격포 6문으로 하루에 3천 발 이상씩 2일 동안 인민군을 사격하여 진지를 2번 뺏기고 3번째로 탈환할 정도였다. 7월 1일이 되자 인민군도 지쳤는지 공격이 약해졌다. 2대대는 박격포 6문이 있어 요긴하게 사용하여 인민군의 영등포 공격을 저지하는데 큰 공을 세웠다. 이 전투에서 중대장 1명과 사병 40여명이 전사하였으나 인민군도 1개 대대정도가 전멸할 정도로 사투를 벌였다. 18연대 2대대 장춘권 소령이 이렇게 잘 싸운 것은 혼성부대가 아니라 고유부대였기 때문이었다.

국군 1사단과 2사단, 7사단, 5사단, 수도사단 3사단 등이 중화기와 차량을 가지고 한강을 건너고 혼성부대가 아니고 고유부대였다면 18연대 2대대의 전투 결과를 보아서 굳이 미군에게 손이 발이 되도록 빌면서 미군의 참전을 요청하지 않아도 국군은 인민군을 확실히 막을 수 있다는 것을 입증하였다. 그런데 채병덕은 24일 전 장병을 휴가와 외출을 보내 혼성부대를 만들고, 한강 이남으로는 군 차량을 한 대도 통과시키지 말라고 송요찬 헌병사령관에게 명령하여 중화기를 한 문도 한강 이남으로 철수하지 못하여 국군과 국가를 이 지경으로 만들었다.

국군 1사단만 27일 오후에 한강만 무사히 건넜으면 105밀리 곡사포 15문, 바주카포, 대전차포, 박격포 등 수백 문으로 한강을 방어하였다면 인민군은 쉽게 한강을 넘지 못하여 국군이 이렇게 비참하게 당하지는 않았을 것이다. 여기에는 백선엽 사단장도 책임을 면할 길이 없다.

김포지구 사령관 우병욱 중령은 2대대 장춘권 소령에게 역습을 명하여 많은 장병이 전사하자 이를 비관 자결하였다. 김홍일 소장은 임충식 중령을 18연대장에 임명함과 동시 김포지구사령관에 임명하여 인민군의 남진을 막게 하였다.

1) 채병덕의 역습명령
「지금 전황이 어떻게 진행되고 있습니까?」

죽은 듯 몇 일째 잠을 자고 있던 채병덕이 잠에서 깨어 유재홍에게 전황을 물었다.

「인민군이 한강을 건너 흑석동으로 진입하였다고 합니다.」

「아니, 인민군이 한강을 넘다니?」

유재홍 7사단장의 보고를 들은 채병덕은 즉시 7사단장 유재홍 장군에게 역습명령을 내렸다. 그가 잠에서 깨어 기껏 하는 일이 역습명령이었다.

「예. 알았습니다.」

유재홍 장군이 즉시 부대장들에게 역습명령을 내리자「도대체 무엇을 가지고 역습하라는 말이야? 채병덕이 미치지 않고서야 어찌 이런 명령을 내릴 수 있단 말인가! 의정부에서 26일 역습 때문에 3개 사단이 붕괴되고 27일 창동에서도 역습하라고 하더니 세상에 여기에서도 역습을 하라니 정신이 있는 사람이야? 없는 사람이야?」하고 장병들은 분노하며 떠들었다. 채병덕이 하는 일은 "역습하라!"는 것뿐이었다.

9연대 1대대는 정면에서, 2대대는 동작동 수도고지에서 호를 깊이 파고 방어에 전념하였다. 인민군은 한강 이남에 포를 계속 쏘아도 국군이 땅속에 숨어 있어 효과가 없어 애를 먹고 있었다. 아침 10시경 2개 대대가 호 속에서 방어만 하고 있었는데 공격하기 위하여 호 속에서 나와서 공격준비를 하고 있을 때 인민군의 포격을 받아 엄청난 피해를 보고 싸워보지도 못하고 퇴각하고 말았다.

유재홍 7사단장은 제1연대와 20연대에도 인민군을 역습하라고 명령하였다. 1연대와 20연대는 며칠 동안 호를 깊이 파고 두더지 같이 호 속에 있었는데 이들은 포탄이 자기 머리 위에 떨어지지 않는 한 안전하였다. 그런데 갑자기 사단장의 명령을 받은 두 연대장이「앞으로 돌격!」하자 장병들은 개인호에서 기어 나와 공격을 하였다. 강 건너 인민군들은 호 속에 숨어 있는 국군을 찾지 못하여 애를 먹고 있었는데 국군이 호 속에서 기어 나와 움직임이 보이자 "좋은 기회다"하고 쉴 사이 없이 포격을 가하였다. 국군은 소총 한 자루씩만 갖고 공격에 나섰다가 전멸 직전에 놓이게 되었다. 장병들은 맥없이 픽 픽 쓰러졌고, 도망치느라 아우성이었다.

「도대체 소총 한 자루씩만 가지고 역습명령을 내려 우리들을 다 죽이려 하다니. 우리는 이대로 개죽음을 당할 수는 없다!」

장병들은 한 번도 아닌 몇 번씩이나 엉뚱한 역습명령을 내려 장병들을 사지로 몰아넣는 채병덕과 유재흥을 원망하며 죽자 살자 영등포 쪽으로 도망치기 시작하였다. 인민군은 여세를 몰아 7사단 사령부가 있는 서울공업고등학교까지 진격해 들어갔다.

유재흥 7사단장은 25연대에 「인민군을 저지하라.」고 명령하여 25연대는 인민군과 혈전을 벌이며 저지하고 있었으나 화력이 월등한 인민군들을 저지하기란 힘에 벅찼다. 결국 7사단은 견디지 못하고 사령부는 안양으로 후퇴하였다.

흑석동과 노량진에서 철교를 방어하고 있던 7사단은 7월 1일 역습 하루만에 26일과 같이 붕괴되어 인민군은 폭파되지 않은 철교에 목판을 깔아 전차가 넘을 수 있도록 준비하는데 국군의 저지를 받지 않게 되었다.

「하여튼 어딜 가나 채병덕이 문제야. 개인호와 진지를 구축하여 그 속에 있게 하였으면 적어도 며칠은 더 버틸 수 있었는데 죽도록 개인호를 파서 튼튼하게 만들어 놓았는데 소총 한 자루씩만 가지고 있는 우리들한테 개인 호 속에서 나와서 공격하게 한 것은 우리들보고 모두 죽으라고 한 것이 아니고 무엇이겠어? 정말 한심한 인간들이야.」

후퇴하는 장병들은 채병덕에게 불평하지 않은 장병들이 없었다. 이렇게 되어 한강방어는 무너지기 시작하였다.

인민군은 수많은 서울시민들과 철도원을 동원하여 전차가 지나갈 수 있도록 목재를 철로 위에 깔고 있었다. 이 광경을 본 박기병 대령은 박격포로 공격하여 일시 정지시켰으나 노량진을 이미 인민군 보병이 점령하고 있어 계속 저지하지 못하였다.

잘려지지 않은 철교를 최창식 공병감은 3일 동안 인민군의 공격이 없을 때 노량진에서 잘려지지 않은 철교를 폭파시켜야 하는데 3일 동안 아무런 조치를 하지 않고 있어 이 철교로 낙동강 전선까지 인민군 보급을 지원하였다. 인도교가 잘려서 국군에게는 엄청난 피해를 주었으나 경인선 철교가 잘려지지 않아 인민군에는 큰 피해가 없었다.

7월 2일 흑석동의 9연대와 25연대가 인민군의 공격을 저지하지 못하고 관악산 쪽으로 후퇴하였는데, 이때 인민군이 흑석동까지 점령하여 철교를 통하여 인민군 전차가 한강을 넘는다면 이를 저지할 병력이 없어진 것이다.

2) 50년 7월 3일 인민군 한강 도강

50년 6월 28일부터 7월 3일까지 인민군은 전사 227명, 부상 1,822명, 실종 107명이었다. 국군 8연대는 6월 28일부터 7월 3일까지 여의도를 방어하면서 약 400여명이 전사하고 부상자가 속출할 정도로 치열하였다.

7월 3일 오전10시 인민군 4사단은 목판을 깐 철로 위로 전차 4대를 건너게 하였다. 전차가 아무런 저지도 받지 않고 무사히 한강을 건너자 이것을 숨죽이고 보고 있던 인민군들은 일제히 「인민군 만세!」를 불렀다. 이 만세 소리는 노량진을 진동시키고 인민군이 있는 전 지역을 진동시켰다. 또 이 소식은 인민군 전체에 전달되었고, 김일성에게도 즉시 보고되었다. 인민군은 한강을 도강할만한 준비를 하지 못하여 고민하고 있었는데 철교 하나가 폭파되지 않아 전차가 무사히 한강을 넘게 되자 구세주를 만난 것같이 기뻐하였다. 한국 공병대가 한강 인도교를 조기폭파 하여 국군에게만 엄청난 피해를 주었지 인민군이 한강을 건너는 데는 아무런 지장을 주지 못하였다.

인민군 전차 4대가 한강을 건너 노량진 영등포를 향해 진격하였다.

국군은 이를 막을 무기가 없어 속수무책이었다. 4대의 전차는 괴물이 되었다. 여의도에서 잘 싸우고 있는 수도사단 8연대가 뒤에서 공격을 받아 서종철 연대장이 부상을 입고 후송해야 하였다. 8연대는 전차를 저지하기 위해 몸부림을 쳤으나 소총 한 자루씩만 가지고는 도저히 전차를 막을 길이 없었다. 8연대가 무너짐으로 한강방어는 완전히 붕괴되고 말았다. 인민군은 물밀듯이 한강을 건너 본격적인 공격을 시작하였다.

인민군은 6월 30일부터 국군을 공격하기 시작하여 4일 만에 한강을 건넜고, 서울 점령 후에는 6일 만에 한강을 건넜다. 28일 공격하였다면 28일 하루 만에 한강을 넘을 수 있었던 것을 사흘을 서울에서 먹고 자고 놀면서 그들은 6일이 걸렸다.

7월 3일 오후 3시 영등포에 전차가 들어오자 5사단 참모장 박병권 소령은 오류동에서 치열하게 싸우고 있는 15연대 최영희 연대장에게 후퇴명령을 내렸다.

「낮에 철수하면 엄청난 손실을 보니 밤에 철수한다. 각 부대에 알려라!」

최영희 연대장은 참모에게 지시하였다. 이미 경부 가도를 인민군이 장악하여 화성의 샛길을 이용하여 후퇴할 수밖에 없었던 것이다.

18연대 2대대 장충권 소령 부대도 후퇴해야 했고, 사평리와 남태령에서 방어하고 있던 국군3연대 16연대 기갑연대 등도 모두 후퇴하여야만 하였다. 이것으로 6일간의 한강방어는 끝나고 말았다.

국군은 6월 30일 통계를 내고 보니 98,000여명의 현역이 44,000여명이 전사나 실종되었고, 54,000여명이 현재 인원이었다. 국군은 개전 4일 만에 1사단, 7사단, 수도사단, 5사단, 3사단, 2사단 등 6개 사단이 붕괴되고 44,000여명이 죽었고, 서울을 빼앗기고 모든 군수물자와 중화기를 잃게 되어 재기불능의 국군이 되고 말았다.

인민군이 6월 28일 서울을 점령과 동시에 한강을 건넜다면 국군과 미군은 도저히 인민군을 막을 길이 없어 인민군은 7월 10일까지는 남한을 완전히 해방시켰을 것이다.

「우리 힘으로 해방이 되지 못하여 분단된 것도 민족의 한이었는데 해방 6년 만에 남북전쟁도 기가 막힐 일인데 인민군이 공격해온 지 4일 만에 이렇게 초전에 박살나서 미군이 참전하여 우리를 돕는다는 것이 무엇이 그리 좋다고 춤을 추고 있단 말인가? 채병덕 총장과 참모들은 참으로 한심한 인간들이다. 한심한 일이야. 육군 수뇌들은 부끄러운 줄도 모르는 얼굴이 없는 인간들이야.」

장병들은 후퇴하며 파렴치한 군 수뇌부를 규탄하였다.

6월 29일 채병덕 총장이 맥아더에게 전황을 보고하면서 후방 장정 200만 명을 동원 운운하는 허풍을 치고 횡설수설하여 듣는 이로 하여금 불쾌하게 하고, 통역하는 이승만 대통령도 망신을 당하고 있었다. 일국의 참모총장이 이 지경이니 대통령도 얼마나 부끄러웠겠는가? 그리고 채병덕은 회의 때마다 졸고 있었다. 사람들이 보기에 참으로 민망하였다. 그리고 그 동안 그는 대통령이나 국회의원들 앞에서 얼마나 허풍을 쳤고, 개전 4일 만에 서울을 빼앗기고 국군을 재기불능의 상태로 만든 것에 대해서는 어떠한 이유도 용납할 수 없는 처형 감이다. 맥아더나 라이트 참모장이 「채병덕 소장은 병기장교 출신이기 때문에 더 이상 작전을 수행하기 곤란할 것 같다.」라는 조언을 이승만 대통령에게 해주어 이승만 대통령은 이때서야 채병덕을 참모총장에서 해임시켜야 하겠다고 마음을 먹게 되었다.

이승만 대통령은 두 번째는 채병덕을 참모총장을 시키지 말아야 하는데, 임영신이 그렇게 반대하는데도 다시 임명하였고, 6월 28일 인민군이 서울을 점령할 때 채병덕과 신성모를 갈아치워야 했었는데 그대로 두었다가 서울을 인민군에 내주고 국민들에게는 지울 수 없는 상처를 남기고 나라는 망하기 직전이었다.

7월 1일 한국군 총사령관 겸 육군참모총장에 또 일본 천황에게 충성을 맹세한 친일과 만주군 출신 정일권 준장이 소장으로 진급되어 임명되었다. 이것은 민족의 수치가 아닐 수 없었다. 정 총장은 신고를 마치고 7월 2일부터 수원 육군본부에서 직무를 하기 시작하였다. 그의 나이 32세였다.

채병덕은 경남지구 편성군사령관에 임명되어 정래혁 중령과 이상국 소령을 데리고 부산으로 부임하였다. 그는 「언젠가는 나는 다시 참모총장에 복귀할 것이다.」라고 잠꼬대 같은 허풍을 치면서 꿈에서 아직도 깨어나지 못하고 부산으로 갔다.

이런 채병덕의 묘가 동작동 국군묘지 장군묘역에 있는데 반드시 이장해야 하고, 하동에 채병덕을 기리는 기념비가 있는데 이 기념비도 반드시 철거해야한다. 대한민국을 망쳐먹은 이런 간첩을 이토록 대접을 하는 대한민국은 참으로 한심한 국가이다.

3) 대전형무소 사건

6월 30일 밤 미 공중관측병이 맥아더 전방지휘소에 「적의 대부대가 수원으로 내려오고 있다.」고 보고하자 이들은 깜짝 놀라 「통신장비를 파괴하라! 대공포의 장비도 파괴하라! 그리고 즉시 대전으로 후퇴하라!」고 명령을 내려 수원 농업시험장에는 일대 큰 소동이 벌어졌다. 처치 준장과 무쵸 대사도 즉시 대전으로 이동하였다. 이들은 여차하면 일본으로 도망칠 생각이었다.

「거기 총무처인가요? 여기는 맥아더 전방지휘소 비치 중령입니다. 적의 탱크가 대거 한강을 도강하여 벌써 평택에 들어왔고, 몇 시간 후면 대전에 도착할 것입니다.」

총무처에서는 비치 중령의 말을 듣고 실색하여 이승만 대통령에게 달려갔다.

「각하! 큰일 났습니다! 곧 인민군 전차가 대전에 도착할 것이라고 합니다. 빨리 피난하셔야 하겠습니다.」

「뭐야? 그거 무슨 말이야?」

「맥아더 전방지휘소에 있는 비취 중령의 전언이었습니다. 각하! 서두르셔야 하겠습니다!」

「...... 흠-」

이승만 대통령은 맥아더 전방지휘소에서 전한 말이라고 하니 더 말하지 않고 나라가 걱정이 되는지 한숨을 내쉬었다. 경무대 일행들은 이승만 대통령을 부산으로 피난시키려고 부산하게 움직였다. 이승만 대통령은 7월 1일 새벽3시 공비들 때문에 부산으로 직접 가지 못하고 이리를 거쳐 목포에서 해군 함정으로 부산으로 피하였다. 이승만을 피난시키느라 황규면 비서와 김장흥 경무대 서장은 큰 고생을 하였다.

이승만 대통령을 따라 대전에 내려와 성남장에 거하고 있던 국회의원들과 장차관 등 300여명도 인민군이 곧 대전에 도착할 것이라는 연락을 받고 성남장 주인에게는 말도 하지 않고 새벽에 모두 도망쳤다. 그날 아침 성남장 주인인 김금덕 씨가 여관이 쥐죽은 듯 조용하여 이상하게 생각하고 방마다 문을 두드려 보았으나 매일같이 부산을 떨고 거드름을 피우던 국회의원들이 한 사람도 없었다.

「아니, 이 사람들이 짐까지 챙겨들고 모두 어디로 갔을까?」

「사장님은 그것도 모르셔요? 인민군이 곧 대전에 들어온다고 해서 다 도망쳤어요.」

주인이 중얼거리는 소리를 듣고 있던 종업원이 말하였다.

「세상에 며칠 동안 잠 재워주고 밥을 해 준 나한테는 피난하라고 말 한 마디 없이 도망치듯 모두 가버리다니. 의리 없는 인간들 같으니라고. 그런 것들이 무슨 장관이니 국회의원이란 말이야? 그놈들 그러면서도 애국자인 척하며 떠들어대는 꼴이라니! 내가 그런 놈들의 밥을 해주었다니, 내가 미쳤지!」

성남장 김금덕 사장은 배신감에 치를 떨었다.

7월 1일 새벽 말쩡하게 빼 입은 양복쟁이 수백 명이 대전역에 몰리자 일찍 기차를 타러 나온 대전 시민들은 이들을 힐끔거리며 수군거렸다.

「아니 저 사람들은 어떤 사람들이지?」

「저기 저 사람은 신문에서 본 얼굴 같은데. 혹시 국회의원들 아닐까?」

「아! 그러면 대전에 있는 정부가 또 피난 가는 것이 아니야?」

「뭐라고? 또 피난 가? 저 사람들 서울시민들에게는 피난하라는 말 한 마디 않고 서울시민들을 버리고 이곳으로 도망쳐 와서 편히 쉬다가 이제는 대전 시민들에게도 피하라는 말 한 마디 없이 자기들만 살려고 또 슬쩍 도망가려고 하는 거야? 나쁜 놈들. 우리도 이러고 있지 말고 빨리 집으로 가서 피난 준비합시다.」

대전역에서 정부 요인들을 본 대전 시민들로부터 전해진 말들이 금방 퍼져 대전 시민들은 공포에 떨었고, 7월 1일 아침 대구와 금산으로 피난하느라 대 혼란을 이루었다.

한편 대전교도소 직원들은 정부가 부산으로 피난한 것을 알고 인민군이 대전에 오면 맨 처음 교도소로 올 것이라고 생각하고 그들도 피난을 서둘렀다.

「철문 열쇠를 하나씩 더 잠그고 빨리 가자!」

교도관들은 죄수들을 가둬놓고 방마다 열쇠를 하나씩 더 잠그고 전원이 도망쳤다.

대전교도소에는 14연대 반란자들과 남로당원 등 약 2,000여명이 수감되어 있었고, 현재 북한노동당 소속 김남식 중대장이 200여명의 유격대를 인솔하여 대전으로 향하고 있어서 대전과 남한은 남로당이 손만 까닥해도 폭동을 일으킬 수 있는 위기의 시기였다. 이러한 폭동은 스탈린, 김일성, 박헌영 등이 눈이 빠지게 기다리고 기다리던 인민항쟁의 절호의 기회였다. 대전에서 인민항쟁이 발생하면 「인민군은 인민항쟁을 도우러 왔다. 이것은 내전이다. 미군은 내전에 간섭하지 말고 철수하라」할 수 있었기 때문이고, 침략을 내전으로 미화시킬 수 있어 전 세계 국가에 침략군이라는 오명을 벗을 수 있으며, 연합군의 참전을 저지할 수 있는 절호의 기회였다. 국가의 운명이 달려 있는 순간이었다.

충남지사 관사에는 아직 피난가지 않은 신성모와 백성유 내무가 대전시민의 혼란을 막으려고 머리를 짜고 있으나 대책이 없었다.

「이선근 정훈국장을 오라고 해.」

신성모 비서에게서 연락을 받은 이선근이 곧 도착하였다.

「이 국장, 어떻게 하면 이 혼란을 막을 수 있겠는가?」

「대전형무소를 즉시 경계하고 정훈국에 있는 마이크를 최대한 이용하여 대전 시민들을 안심시키고, 대전방송국에서 방송을 하여 안심시켜야 합니다.」

「그럼 즉시 그렇게 하시오.」

신성모는 이선근의 머리가 명석하다고 탄복하였다. 확실히 신성모는 난국을 수습할 수 있는 인물이 못되는 무능한 국방부장관이었다.

이선근 대령은 방송으로 대전 시민들을 열심히 설득하고 있었다. 이때 한 경찰이 얼굴이 새파랗게 되어 이선근에게 와서 급히 전하였다.

「이 대령님, 큰일 났습니다. 대전교도소의 교도관들이 다 도망치고 한 사람도 없습니다. 만일 교도소 수감자들이 나오면 대전은 쑥밭이 됩니다.」

경찰의 말에 이선근은 깜짝 놀라 부관을 불러 명령을 내렸다.

「부관, 17연대장 백인엽 대령에게 교도소를 장악하고 경비하라고 해! 지금 즉시!」

만일 대전형무소에 수감되어 있는 죄수 2,000여명이 탈출하여 폭동을 일으키면 남한은 싸울 것도 없이 그날로 대한민국은 끝날 수 있는 위기였다.

「옛. 알았습니다.」

7월 1일 아침 6시 이선근으로부터 명령을 받은 백인엽 17연대장은 즉시 1,200여명의 장병들을 출동시켜 대전형무소에 도착하니 수감자들이 교도소 문을 부수고 막 나오고 있었다.

「어, 저놈들이 벌써 문을 부수고 나오고 있지 않아! 전 장병 제자리에! 사격준비! 사격!」

백인엽 연대장은 죄수들이 형무소 문을 부수고 정문을 나오는 것을 보고 사격명령을 내렸다. 장병들은 차에서 내리지도 않고 문을 부수고 나오는 수감자들을 향해 사격하였다. 교도소 정문으로 우루루 몰려나오던 죄수들은 군인들이 총을 쏘자 다시 우루루 교도소 안으로 들어갔다. 문 앞에는 수십 명이 총에 맞아 피를 흘리며 쓰러져 있었다.

「저놈들을 감방에 집어넣고 철저히 경계하랏. 항의자는 즉시 사살하랏!」

백 연대장이 명령을 내리자 장병들은 죄수들을 감방에 집어넣고 열쇠를 채우고 경비를 철저히 하여 교도소 폭동을 미리 진압하였다.

「큰일 날 번하였군. 만일 2,000명이나 되는 수감된 남로당원들이 탈출하여 대전 시내에 있는 남로당원들과 합세하여 폭동을 일으켰다면 대한민국은 오늘로서 망했을 것이다. 아무튼 아슬아슬하기는 하였어도 막아서 다행이다. 더구나 남로당의 폭동을 스탈린과 김일성, 박헌영이 기다리고 있었을 것인데 여기에서 만일 폭동이 났다면 그들이 얼마나 좋아했겠는가? 또 오늘 대전에 도착하기로 한 스미스 부대도 취소되었을지 모르고 미군의 참전도 포기하였을 지도 모르지. 정말 위기였어. 그런데 어떤 놈이 인민군이 평택까지 왔다고 그랬지?」

백인엽 연대장은 가까스로 교도소를 장악한 후 한숨을 돌렸다.

이 정보는 한국군의 이동을 인민군으로 착각한 잘못된 정보로 판명되었다.

이승만 정부가 한심한 것은 미군이 정보를 제공하였다 해도 확인을 하였으면 이런 일들이 없었을 터인데 사대주의에 젖어 있는 이승만과 각료들이 미군의 어설픈 정보에 목을 매고 있다가 한 나라의 정부가 도망치느라 소란을 피웠다니 어찌 한심한 일이 아닐 수 있는가? 이것으로 보아 인민군이 6월 28일 한강을 건너 영등포, 29일 평택, 30일 대전까지 내려왔다면 미국은 포기하고 대한민국은 완전히 없어질 가능성을 보였다.

그러므로 이승만 대통령의 보안법에 의하여 김창룡이 국군 안의 빨갱이 4,749명을 숙청하지 않았으면 이들이 반란을 일으켜 대한민국은 싸움 한 번 해보지도 못하고 망할 번하였다. 그리고 남로당 서울시인민위원장 홍민표가 전향하여 오제도 검사와 같이 남로당원 33만 명을 전향시키고 김삼룡, 이주하, 성시백 등 남로당간부 200여명을 체포 숙청하지 않았으면 이들이 폭동을 일으켜 대한민국은 싸움 한 번 해보지 못하고 망할 번하였다는 증거가 되었다.

이 정보가 잘못된 것을 알고 오후에는 성남장을 몰래 도망쳤던 장·차관과 국회의원들이 다시 성남장으로 꾸역꾸역 몰려들었다. 이들을 본 성남장 주인은 화가 나 종업원들에게 "절대 문을 열어주지 말라"고 하였다.

「저 사람들에게 문을 열어주지 마라. 아예 대문에 빗장을 걸고 왕못으로 박아버려라. 저런 인간들은 재워 줄 가치도 없다!」

수십 명의 나리들이 꼭 닫힌 대문을 흔들며 「제발 문 좀 열어주게!」 하며 몇 시간이 지났는데도 다른 곳으로 가지 않고 소리를 질러대자 성남장 주인은 할 수 없이 문을 열어주었다. 성남장 주인은 하도 시끄럽게 굴어 문을 열어주었지만 화가 가라앉지 않아 남자종업원을 불러 가만히 지시하였다.

「밥하고 김치만 주어라. 저 인간들은 밥을 먹을 자격도 없는 사람들이다! 그래야 다시는 도망치지 못할 테니. 이렇게까지 해도 정신을 차 릴지 모를 일이다.」

「예, 알겠습니다.」

이렇게 하니 성남장 주인 김금덕 씨는 속이 좀 가라앉은 것 같았다.

대한민국에는 밥을 먹어서는 안 될 사람이 너무도 많다!

4) 안양 싸움(7월 4일)

7월 4일 아침부터 안양에서 인민군을 저지하기 위하여 국군은 서둘 렀다.

수도사단 8연대, 18연대, 15연대, 20연대와 7사단 1연대, 9연대, 25 연대, 2사단 3연대, 5연대, 16연대 등 3개 사단이 삼막동 덕안리 갈현 리 등에 배치되어 인민군의 공격을 저지하고 있었다. 그런데 3개 사단 이라고 하지만 총 병력은 약 8천명, 중화기는 몇 문도 되지 않고 장병 들에게는 소총 한 자루가 전부였다.

「어이쿠, 인민군 아가리에 그 많은 병력과 그 좋은 무기들을 몽땅 처 넣고 이런 소총 한 자루씩 주면서 어떻게 전차와 싸우라는 거야? 채병 덕을 왜 해임만 시켰지? 그런 지휘관은 군법회의에 넘겨 참수해야지, 4만 명을 죽인 그런 자는 인민군보다도 더 역적인데 왜 군법회의에 넘 겨 재판하지 않지?」

중대장들은 국군의 화력이 형편없음을 불평하였다. 국군은 처량하 였다.

7월 3일 인민군은 한강을 건너 노량진 영등포 부평 인천을 하루 만 에 점령하고 7월 4일 아침9시 12대의 전차가 요란한 소리와 연기를 내 품으면서 안양을 공격하기 시작하였다. 10시경 12대의 인민군 전차는 국군이 방어하는 중앙에 도착하여 좌우 360도로 회전하며 국군진지에 포탄을 퍼부어 대자 국군은 순식간에 도망치고 말았다. 도망치는 국군 에게 인민군 야크기 4대가 계속 폭탄을 떨어뜨려 국군은 엄청난 희생자를 내었고, 대 혼란이 발생하였다. 안양전투는 국군 3개 사단이 한 시간도 견디지 못하고 참패하였다.

이때 국군 전투기가 나타나 인민군 공군과 공중전이 벌어졌다. 인민 군과 국군은 처음 보는 공중전이라 불안도 하였지만 구경이 볼 만하였 다. 국군 장병들은 국군에도 저런 전투기가 있었나? 하면서 신기하기 도 하고 조금은 자신감이 생겼다. 이 국군 전투기는 6월27일 미 공군 이 한국전 참전을 결정하면서 F51 무스탕 전투기 10대를 대여해 준 것 이다. 그래서 한국 공군 조종사 이근석 대령, 김영환 중령, 장석환 중 령, 김신 중령, 강호륜 대위, 박희동 대위, 정영진 중위, 이상주 중위, 장동출 중위, 김선룡 중위 등이 일본 이다쯔께 비행장에서 인수해 왔 다. 7월 3일 인민군이 한강을 넘을 때 폭격을 하려고 하였으나 계속 비 가 와서 출격을 못하고 7월 4일 처음 출격한 것이다.

「인민군 탱크 발견.」

편대장 이근석 대령이 편대원들에게 알려주었다.

「3번 기와 4번 기는 초계비행하고 1번 기와 2번 기는 공격하라!」

1번 기에 탑승한 사람은 이근석 대령이었고, 2번 기에는 대구 6연 대에서 남로당원 때문에 견디지 못하고 공군으로 옮긴 김영환 중령 이었다.

4대의 전투기는 독수리가 땅위 먹이를 찾기 위해 빙빙 돌듯 상공을 빙빙 돌면서 전차를 공격할 순간을 노리고 있었다. 한국 공군기가 인 민군 머리 위를 비행하자 인민군의 전차와 차량과 보병은 도로가로 모 두 숨어 버렸다. 그러나 전차의 기관총은 쉴 사이 없이 전투기를 향해 쏘아댔다.

이근석 대령이 전차를 향해 공격하였고, 뒤를 따라 김영환 중령이 공격하였다.

두 번째 공격을 하기 위해 이근석 대령이 급강하하다가 인민군 전차 의 기관총에 맞아 전투기가 폭발하면서 검은 연기를 내고 곤두박질하여 땅에 떨어지고 말았다. 이근석 대령은 출격 2회 째 34세로 안타깝게 전사하였다. F51 무스탕기에는 로켓탄이나 폭탄 투하를 못하고 기관총만 설치되어 있어 주로 기관총으로 공격하였다. 이 기관총으로 전차를 잡으려고 한 것은 무모한 공격이었던 것이다.

국군은 안양을 후퇴하여 군포에 포진하였다. 2사단 16연대와 5연대 보병학교대대 등이 군포에서 방어하고 있었다.

7월 4일 오후 2시 인민군의 공격이 시작되었다. 안양을 공격했던 12대의 전차는 한 대의 손실도 없이 굉음을 내며 달려오고 있었다. 군포를 지키고 있던 국군은 이 전차를 보고 순식간에 도망쳤다. 다리를 파괴한다거나 전차호나 전차벽을 만든다거나 육탄으로 저지하려고 생각하지도 않고 도망친 것이다. 국군은 전차가 오면 도망치는 것이 병이었다.

인민군이 서울에 있을 때 안양, 수원, 평택, 천안까지 공병대와 마을 사람을 동원 위장 함정을 만들어 전차가 함정에 빠지게 했으면 많은 효과가 있었을 것인데, 어느 장교 한 사람 전차를 저지할 방법을 생각하지 않고 도망만 하고 있었다. 춘천의 7연대 김운한 소위 같이 헌신적이고 용기 있는 장교가 한 명도 없었다. 수원에 있던 육군본부도 평택으로 후퇴하느라 정신이 없었다.

한국군을 돕겠다는 미 공군은 28일 문산의 국군 1사단을, 29일에는 영등포의 국군 1사단에 오폭을 하여 13연대장 김익렬 대령이 부상당하고 많은 수가 전사하였고, 김포에서도 국군에게 오폭하였고, 후퇴하는 육본에도 공격하였으며 평택에 미군 군수품이 만재한 기차를 공격하여 국군에 엄청난 피해를 주었다. 용인의 국군 1사단에도 공격하려고 하여 침대시트를 차에 달고 끌고 다니니 미군 조종사들도 그때서야 국군인 줄 알고 오폭하지 않았다. 이 암호가 미군에게는 전달되었는데 한국군에는 전달되지 않아 피해가 많았다.

5) 인민군 수원 점령(7월 4일) 후 공격을 멈춤

인민군 12대의 전차가 수원을 향해 돌진하자 국군은 소총 한 자루씩만 들고 도망가기에도 바빴다.

「공병대는 수원 북문을 폭파하여 탱크를 저지하라!」

공병감 최창식이 부하들에게 명령하자 이것을 알게 된 수도사단장 이종찬 대령이 제지를 하였다.

「이 북문을 파괴하면 얼마간의 인민군 전차를 저지할 수 있을 것이다. 그러나 이 장안문은 귀중한 민족의 사적이다. 이것을 파괴하면 후세에 반드시 민족의 지탄을 받을 것이다. 미 육군이 개입했기 때문에 반드시 만회한다. 일시적인 지연을 위해 민족의 자랑을 스스로 파괴할 것은 없다.」

이종찬 대령의 이러한 뜻으로 말미암아 수원 북문은 파괴를 면하였다.

「북문 폭파는 하지 말고 즉시 대전차 지뢰를 매설하라!」

최창식 공병감은 공병대원들에게 명령하여 일본에서 처음으로 공수된 대전차지뢰를 매설하였다.

인민군 전차 12대는 북문에 도착하여 시내를 향해 전진하였다.

「꽝! 꽝!」

두 번에 걸쳐 엄청난 폭발음이 들렸다. 지뢰를 매설하고 가슴을 조이며 전차가 어떻게 될까 하고 숨어서 보고 있던 공병대들은 전차가 지뢰에 박살난 것을 보고 너무 좋아 서로 안고 만세를 불렀다. 그들은 지뢰의 위력에 놀랐다.

「개새끼들. 진즉 이렇게 지뢰를 주었으면 이렇게까지 되지 않았을 것 아니야? 소련은 인민군에게 전차까지 제공해 주었는데 미군은 지뢰 한 개를 안주어 이 모양을 만들다니. 채병덕이는 무엇을 하고 있었단 말이야? 미국이 대전차 지뢰를 안주면 영국이나 프랑스에서라도 수천 개 사다가 38선 근처에 매설하였으면 이렇게는 안 될 게 아니야? 정말 한심스러운 인간들이야!」

「야 임마, 그만 떠들고 죽기 싫으면 빨리 도망쳐!」

공병대원들은 죽자 살자 오산 쪽으로 도망쳤고, 국군은 아예 평택까지 도망치고 있었다. 인민군은 전차 두 대가 파괴되었으나 다른 피해 없이 수원을 점령하였다.

인민군은 아침 9시 영등포를 출발하여 안양에서 국군 3개 사단을 붕괴시키고 군포에서 2개 연대를 격파하고 수원에 도착하였다. 하루에 35킬로를 진격한 것이다. 인민군은 전차만 몰고 내려가면 되었다.

미 24사단 21연대 스미스 대대가 벌써 평택에 도착하여 북상 중이었고, 안양과 군포에서 도망친 국군이 평택에서 재편 중에 있었다. 그러기 때문에 인민군 전차가 여세를 몰아 7월 4일 오후 평택을 향해 진격하였다면 4일 오후 평택에 도착하여 스미스 부대와 국군 17연대 및 패잔병에는 대 혼란이 왔을 것이다. 그리고 밤에는 미군 비행기가 나타나지 못하고, 4일과 5일은 비가 오기 때문에 미군 비행기가 뜨지 못하여 인민군은 절호의 기회였다.

인민군이 공격을 하였다면 미군과 국군은 대 혼란 가운데 허겁지겁 천안까지 도망칠 것인데 인민군은 수원에서 더 이상 공격하지 않고 쉬고 있었다. 하여튼 인민군은 쉬는 것이 병이었고, 국군은 도망치는 것이 병이었다. 인민군은 초를 다투어 부산에 도착해야 하는데 또 수원에서 공격을 멈추고 있었다. 확실히 김일성은 군 작전에는 무능한 자였다.

6) 오산 죽미령 싸움 (7월 5일) 후 공격을 멈춤

50년 7월 1일 오전 8시 미 24사단 21연대 1대대 B중대와 C중대 406명의 병사들이 이다스께 비행장에 집합하였다. 그들은 야전복에 철모를 쓰고 소총과 기관총 바주카포를 들고 있었다. 그리고 120발의 기본 실탄과 2일분의 C레이션을 휴대하였다. 이들은 훈련할 때 외에는 총

소리를 들어보지 못한 실전경험이 없는 신병들이었다. 이들은 왜 집합해 있는지 아는 병사들이 아무도 없었다.

24사단장 딘 소장이 이들 앞에 나타났다.

「스미스 중령. 부산에 도착하면 곧 대전으로 올라가게. 공산군을 될 수 있는 대로 부산으로부터 멀리 떨어진 곳에서 막아야겠어. 가능한 북쪽에서 큰길을 막아주게. 한국에 가면 처치 준장과 연락을 취하게. 이 이상 정보를 줄게 없어 미안하네. 행운을 빌겠네. 자네들에게 하나님의 가호가 있기를.」

스미스 1대대장은 사단장에게 경례를 하고 부하들에게 C-54수송기에 오르도록 명령하였다. 수송기는 일본을 출발하여 부산 수영비행장에 도착하여 트럭과 기차를 이용하여 대전을 거쳐 7월4일 평택까지 북상하였다.

「그 쪽에서 약간 전투가 있을 것이요. 전차를 보고도 달아나지 않을 만한 병사만 약간 배치하면 되겠소.」하고 처치 준장은 스미스 대대장에게 훈시를 하였다. 스미스 대대장은 자신만만하였다. 인민군이 「미군이 왔다하면 싸우지도 않고 도망치겠지.」하는 자세들이었다. 이들은 인민군을 한 번 혼내주어 38선 이북으로 내 쫓아 버리고 일본으로 다시 돌아가리라 생각하였다. 그것도 그럴 것이 스미스 대대장은 태평양전쟁에 참가하여 세계적으로 지독한 일본군을 패전시킨 영웅으로 환영받은 장교였기 때문이었다. 딘 사단장도 7월 4일 대전에 도착하여 전쟁준비에 들어갔고, 미 24사단 34연대도 선편으로 일본을 출발하여 곧 부산에 도착할 예정이었다.

스미스 부대는 오산 위의 죽미령 고개 117고지에 진지를 구축하고 있었고, 그 후미에 포병부대가 있었다. 스미스 부대는 75밀리 무반동포 2문, 4.2인치 박격포 5문, 바주카포 6문, 60밀리 박격포 4문, 52야전포대는 경포 6문을 가지고 있었다.

「미 육군이 참전하였다. 스미스 부대가 부산에 도착하였다. 내일 아침 평택에 도착한다. 귀관은 전 연대를 인솔하여 평택부근에 집결하여 스미스 부대의 길 안내를 하라. 잘 부탁한다.」

정일권 총장이 다시 백인엽 대령에게 명령을 내렸다.

17연대장 백인엽 대령은 옹진에서 철수하여 대전에서 집결하여 재편성하였다. 장병은 약 1,200여명이었다.

백인엽 대령은 한미합동작전 계획에 따라 스미스 부대를 협조하라는 명령을 받고 7월 3일 평택 서정리에 도착하여 진위천에 부대를 배치하였다. 스미스 부대가 평택역에서 내리는 것을 보니 2개 중대였다.

「아니, 저렇게 적은 부대 가지고 무엇을 한다고 전선에 보내고 있는가? 미군은 인민군이 아이들 병정놀이를 하고 있는 줄 아는가보군!」

백인엽 대령은 기가 막혔다. 백 대령은 스미스 중령을 만나 작전계획을 상의하였다.

「왜 한국군은 도망만 치는가? 게릴라부대 같은 인민군 따위를 막지 못하고 후퇴만 하는가?」

스미스 중령이 한국군을 무시하는 태도는 참으로 참기 어려웠다.

「인민군은 게릴라가 아니라 전차를 앞세워 공격하는 정규군이며 전차는 바주카포나 57밀리 대전차포로도 전차를 막을 수 없다. 문제는 탱크이다. 당신들이 이 문제만 해결해 주면 우리 힘으로도 적을 물리칠 수 있다.」

백인엽 대령은 스미스 중령에게 쏘아 붙였다.

「우리는 신식 75밀리 무반동총을 갖고 있다. 이 무기만 있으면 충분하다.」

스미스 중령의 말을 듣고 백 대령이 무반동총을 보니 처음 보는 무기였다. 그래서 백인엽 대령은 고개를 끄덕이며 「아! 그렇습니까?」하고 그 무기를 든든하게 생각하였다. 스미스 중령은 백인엽 대령의 반응을 보고 있다가 바주카포 6문과 실탄 10여 발을 나누어주면서 전차를 공격하라고 하였다.

「인민군은 우리 모습만 보면 도망칠 것이오. 공산군 따위는 문제가 안 된다. 오늘 밤에 수원까지 반격한다.」

스미스의 말을 듣고 백인엽은 속으로 '이 자가 어지간히 덤비는구먼!' 하며 「적은 야간전투훈련이 잘 되어 있고 수원에는 많은 적이 있어 야간 북진은 위험하니 우선 유리한 지점인 진위천에 포진해야 합니다.」라고 설득하였다.

「갓 댐 유!」

갑자기 스미스의 입에서 "이 개자식아" 하는 욕설을 듣게 되자 백 연대장은 화가 머리끝까지 나 한 대 후려갈기고 싶었으나 도움 받는 입장이라 눈을 질끈 감고 개새끼 소리를 듣고도 참아야 했다. 백 연대장의 두 주먹은 눈과 같이 꽉 쥐어져 있었다. 우리 힘으로 인민군을 막아야 하는데 미군을 의지해서 인민군을 막게 되니 이런 모욕을 받고 있지 않은가! 참으로 기가 막혔다. 앞으로 얼마나 더 개새끼 소리를 들어야 할까 생각하면 온 몸에 소름이 돋을 일이었다. 스미스 중령의 오만방자한 태도는 눈뜨고는 볼 수 없었다.

스미스 중령은 죽미령 고개에 일직선으로 부대를 배치하고 있었다.

「이런 식으로 배치하면 당장 무너집니다. 대전차방어에 유리한 진위천에서 방어해야 합니다.」

백 연대장의 조언에 아이레스 중령이 백 연대장을 힐끗 쳐다보더니 「걱정 없다.」하고 한 마디로 거절하였다. 이러한 아이레스 중령을 백 대령도 힐끗 쳐다보고 더 이상 말을 하지 않고 17연대를 미군진지의 건너편 도로에 스미스 포병부대를 엄호하도록 배치하였다.

7월 5일 새벽 4시 인민군 105전차여단 소속 전차는 수원을 출발하여 주위를 진동시키며 오산을 향해 남진하고 있었다. 이어서 인민군 4사단 16연대 18연대 보병이 뒤를 따랐다. 전차 36대와 2개 보병연대의 남진은 끝이 보이지 않았고 좁은 도로에는 인민군으로 꽉 차 장관을 이루며 남하고 있었다.

「오늘은 비가 오고 있으니 미군 비행기는 뜨지 못한다. 마음 놓고 전속력으로 진격하랏!」

유양수 전차여단장은 전차 대대장들을 독촉하였고, 이권무 4사단장은 두 연대장에게 독촉하였다.

아침 7시 30분 미군 진지에서는 스미스 대대장이 전차가 굴러오는 소리를 듣고 바라보니 도로를 따라 전차가 일렬종대로 오는 것이 보였다. 8시경 포병대에 전차가 나타났음을 알려 주었다. 포병대는 105밀리 곡사포에 포탄을 장전하고 덮었다. 포수들은 조준하였고 분대장이 팔을 높이 들었다 내리자 곡사포에서 불을 품었다. 미군 포병대의 모든 포는 전차를 향해 집중사격을 하였다. 미군이 자랑했던 무반동포도 계속 발사하여 전차를 명중시켰고 바주카포도 열심히 쏘아댔다. 그러나 인민군 전차는 포탄을 맞고도 끄덕도 하지 않고 유유히 미군 진지 앞을 지나 포병대가 있는 곳으로 향하였다. 이렇게 되자 미군들의 눈에 겁이 나면서 당황하였다. 그들은 「인민군 그까짓 것들」하고 무시하였고, 「한국군은 왜 도망만 치고 있느냐?」하며 무시하는 것을 넘어 멸시까지 하더니 단 한 번의 접전에서 곧 오줌을 쌀 표정들을 하며 동요하기 시작하였다.

스미스 부대를 돕기 위해 출동한 제52 야전포병대장 페리 중령은 바주카포로 열심히 공격하여 인민군 탱크에 명중시켰으나 전차는 끄덕도 하지 않고 계속 전진하여 스미스 부대와 포병대 코앞에서 맹렬히 포를 쏘아댔다.

「아니, 저것이 왜 파괴되지 않을까?」

미군은 T-34 전차와 한 번도 싸워보지 않아 성능을 몰랐던 것이다.

「대대장님, 바주카포로는 안 되고 3.5인치 로켓포이어야만 탱크가 파괴되겠습니다!」

「큰일이다. 특공대를 조직하라!」

 페리 중령의 명령에 따라 곧 특공대가 조직되었다. 특공대는 5명이 한 조가 되어 15명으로 3조를 조직하였다. 먼저 1조가 전차를 공격하였으나 실패하여 곧 2조가 공격하였으나 2조 역시 실패하였고, 곧 3조가 공격하여 전차 3대를 파괴하였다. 그러나 인민군에는 아무런 영향을 주지 못하였다.

 11시경이 되자 미군이 완전 포위되었고 전멸 직전에 놓이게 되었다.

「철로 둑을 넘어 후퇴하라!」

 스미스 대대장이 철수명령을 내렸다. 스미스 부대는 정신없이 도망치기 시작하였다.

 7월 5일 스미스 부대는 안성을 거쳐 천안까지 후퇴하여 인원을 점검하니 250여명으로 실종 및 전사자가 156명이나 되었다. 포병은 포대장 페리 중령이 부상하였고, 장교 5명 사병 26명이 전사 및 실종되었다. 스미스 부대는 인민군을 7시간 저지하였다.

 죽미령 전투에서 미군은 인민군이 게릴라부대가 아니고 정규군이라는 것을 알게 되었고, 소련제 T-34형 전차는 현재 미군이 갖고 있는 어떤 무기로도 저지할 수 없다는 것을 알았으며, 공군도 비가 올 때는 아무 쓸모없다는 것을 알게 되었다. 그리고 한국군이 빠른 시간 내에 붕괴되어 후퇴만 하는 이유를 알게 되었고, 인민군의 전력과 화력을 알게 되었다.

 세계의 정보망을 갖고 있다고 자랑하던 미군이 인민군이 남침하는 것도, T-34형 전차의 성능도 알지 못하고 있었다. 그러면서 한국 정보국에서 「인민군이 곧 남침할 것 같다」고 하면 처치 준장이나 라이트 대령은 「그럴 리 없다.」하면서 국군 수뇌부를 방심하게 하였다. 미군이 정보에 조금만 신경을 써서 「인민군이 남침할지 모르니 준비해야 한다.」고 하면서 조금만 지원해 주었으면 이렇게 한국군이 비참하지는 않았을 것이다.

 소련은 인민군에게 전차 240대와 122밀리 최신형 곡사포까지 지원

해 주었다. 미국도 전차는 지원해주지 못한다 해도 인민군 전차를 방
어할 대전차지뢰와 3.5인치 로켓포는 지원해 주었어야 했다. 그랬다면
국군은 인민군을 충분히 막을 수 있었고, 굳이 미군에 국방을 의지하
지 않아도 되었고, 미군이 이렇게 한국 땅에서 피 흘리지 않아도 되었
다. 미군의 오만방자한 자세와 「설마 신생 인민군이 남침을 하다니, 그
러면 미 공군이 해결한다.」는 자만심이 남침을 허용했고, 엄청난 희생
을 치러야 했다. 이제 미군은 호미로 막을 것을 가래로도 막지 못하고
둑이 아예 터져 버렸고, 이러한 자만심 때문에 미국이 인민군의 남침
을 유인했다는 오해를 받아야 했다.

스미스가 백인엽 대령의 조언을 겸허하게 받아들여 오산 밑 진위천
에서 인민군을 방어했다면 그처럼 참패는 당하지 않았을 것이며, 몇
시간을 더 방어하여 미34연대와 함께 평택에서 안전하게 방어하며 이
어서 24사단이 천안에서 방어할 수 있는 시간을 벌어주어 24사단이 대
전에서 그처럼 참패하지 않았을 것이며, 그래서 전세는 많이 호전되었
을 것이다. 스미스의 오만방자한 자세는 많은 부하들을 죽음으로 몰아
넣게 되었고, 미 24사단을 궁지에 몰아넣게 되는 결과를 가져왔다.

국군 17연대는 평택으로 후퇴하였다. 이때 9대의 무스탕기가 나타
나 인민군으로 알고 오인사격을 하여 장병 100여명이 죽거나 부상을
입었으며, 백인엽 대령이 부상을 당하여 대구로 후송되었다.

맥아더 사령부에서는 24사단, 25사단, 2사단, 제1기병사단, 제1기갑
사단의 출동을 요청하였고, 일부는 일본에서 출발하여 24사단 34연대
는 벌써 평택에 도착하여 진을 치고 있었다. 그리고 대전차지뢰와 3.5
인치 로켓포를 요청하여 곧 도착할 예정이었다.

오산을 점령한 인민군은 더 이상 움직이지 않았다. 7월 5일은 비가
오기 때문에 미군 비행기가 뜨지 못하여 마음 놓고 공격할 수 있는 절
호의 기회였다. 인민군은 안성을 지나고 천안을 지나 대전까지 충분히
점령할 수 있었다. 그런데 웬일인지 공격해오지 않았다.

이 전쟁은 인민군이 부산에 먼저 도착하느냐 아니면 미군이 부산에 먼저 상륙하느냐 승패의 결정이었기 때문에 밤낮으로 공격해도 시간이 없는데 인민군은 스미스부대를 격파시킨 것으로 만족하고 오산에서 하루 밤을 자고 있었다. 인민군은 최신무기인 곡사포와 전차 170대를 가지고도 전격작전을 하지 않고 또 공격을 멈추고 있었다. 오산에서 공격을 멈추지 말고 대전까지 공격하여 점령했어야 했다.

7) 평택싸움 (7월 6일) 후 공격을 멈춤

미 24사단 34연대 에이어스 중령이 지휘하는 1대대는 평택에, 3대대는 안성에서 방어준비를 하고 있었고, 국군도 같이 협력하여 방어하고 있었다. 한국의 날씨는 장마기간이라 비가 많이 와서 개인호마다 물이 고여 있어 병사들이 호 속에 들어가지 못할 정도였다. 34연대장 라불리스트 대령은 「2개 대대로 인민군 2개 사단을 막을 수 있겠지. 우리가 누군가? 2차 대전 때 히틀러 군대와 일본군을 동시에 패전시킨 군대가 아닌가! 인민군은 미군만 보아도 돌아서서 줄행랑을 칠거다!」하고 부하들에게 큰소리 치고 다니며 안심을 시켰다. 미군 병사들도 연대장이 그렇게 말을 하니 심각하게 생각하지 않고 싸움이 곧 끝나고 일본으로 돌아가리라 생각하고 있었다.

7월 6일 아침 미군병사들이 아침식사를 하려고 하는데 케터필더의 소리가 요란하게 들려왔다. 쌍안경으로 보니 수십 대의 전차와 수많은 인민군이 도로를 꽉 메우며 내려오고 있었다.

「소대장님. 온 것 같습니다.」

병사들은 자기 소대장에게 인민군이 오는 것을 보고하였다. 소대장의 「각자 자기 위치로!」명령에 병사들은 식사를 하다 말고 자기 위치로 뛰기 시작하였다.

「박격포를 쏘아라!」

에이어스 중령이 고함을 질렀다. 곧 박격포가 발사되었다. 수발의 포탄이 인민군이 행군하고 있는 가운데 떨어지자 인민군은 순식간에 흩어졌다. 그러나 전차는 유유히 내려오며 포문을 열고 미군 1대대 진지를 향해 불을 품었다. 미군 병사들은 물이 고인 호 속에 들어가 머리를 처박고 총을 쏘았다. 대대장 중대장들이 「공격하라!」고 고함을 치고 있었다. 인민군 10여대의 탱크는 미군진지 바로 앞까지 와서 미군 진지를 향해 사정없이 갈겨댔다.

「후퇴하라! 엄호하며 후퇴하라!」

대대장이 고함을 치자 그때야 호 속에서 기어 나와 도망치는 병사, 총도 철모도 버리고 도망치는 병사, 얼이 빠져 말도 하지 못하고 총도 쏘지 못하고 도망도 못 가는 병사도 있었다.

「싸우면서 후퇴하라!」

중대장들이 고함을 쳐도 병사들은 방향도 모르면서 흩어져 도망쳤다. 이들은 천안에 도착한 병사도 있고, 스미스 부대와 같이 서해바다까지 간 병사도 있었다. 이렇게 하여 큰소리 치던 34연대는 한 시간도 견디지 못하고 평택에서 철수하였다. 이들은 국군 1사단과 6사단, 8사단의 장병들보다 싸움을 훨씬 못하였다.

인민군 3개 사단은 한 시간도 못되어 미34연대를 박살내었다. 그러면 그 여세를 몰아 천안, 대전, 대구를 향해 진격했어야 했다. 전차를 앞세우고 뒤에 보병 트럭이 전차를 엄호하고, 그 뒤에 기름과 실탄과 부식 차량이 따르면서 공격만 하면 된다. 전차의 평균 속도는 20킬로이다. 10시간을 공격하면 200킬로를 갈수 있다. 안성에서 대전은 100킬로가 조금 넘어 7월 6일 대전까지점령을 했어야했다. 그런데 한 시간 전투에 미34연대를 박살내고 또 먹고 자고 놀고 있었다. 하여튼 인민군은 공격을 하지 않고 먹고 자고 노는 것이 병이었다. 그러면서 북한은 인민해방전쟁이 미군 때문에 실패하였다고 미군에 뒤집어씌우고 있다.

김일성은 삼국지도 읽어보지 않은 사람 같았다. 이처럼 절호의 기회에 밤낮을 가리지 말고 대전 대구까지 공격해야하는데 또 공격을 멈춘 것이다.

8) 천안 싸움 (7월 7일) 후 공격을 멈춤

7월 6일 오후 4시경 미 24사단 34연대 1대대는 천안 후방까지 철수하였고, 안성을 방어했던 3대대는 총 한 방도 쏘지 않고 천안 후방으로 도망쳤다. 미군이 그렇게도 자랑하던 미 공군기는 한 대도 보이지 않았다. 그것은 비가 억수같이 쏟아지기 때문이었다. 그래서 보병전투의 사자는 바로 전차라고 한 것이다.

후퇴 보고를 받은 미 24사단장 딘 소장은 「도대체 라블리스 대령은 왜 명령을 듣지 않는가?」하고 화를 버럭 내었다. 미 34연대도 접전 한 시간 만에 것 잡을 수 없는 혼란이 발생하였다. 7월 7일 딘 소장은 라블라스 34연대장을 안성에서 인민군과 접전도 하지 않고 후퇴한 책임을 물어 해임시키고 2차 대전 때 딘 소장이 44사단장을 할 때 같이 싸운 경력이 있는 용맹을 날렸던 마틴 대령을 딘 장군이 특별히 특청하여 34연대장에 임명하였다.

선진국과 후진국의 차이는 여기에서도 찾을 수 있었다. 선진국은 책임을 질 줄 알고 도덕과 정의와 법이 살아 있는 국민이나, 후진국은 책임을 지지 않고 도덕과 정의와 법이 없는 국민이다. 국군 7사단 9연대장 윤춘근 중령과 수도사단 이상근 중령 등은 즉시 연대장에서 해임시키고 군법회의에 넘겨 처벌을 했어야 하는데 전쟁이 끝났을 때나 지금까지 책임을 물은 일이 없으며, 채병덕과 김백일에 대해서도 책임을 물어야 하는데 지금까지 책임을 묻지 않았다. 군수국장 양국진도 책임을 물었어야 하는데 책임을 물은 일이 없다. 그러기에 법도 정의도 없는 국민이 되어 한국은 법과 정의가 바로 세워지지 못하고 아직까지 선진국이 되지 못하였고, 선진국이 되는 것이 요원하다.

미 34연대장에 새로 부임한 마틴 대령은 미군이 싸우지도 않고 7월

6일 안성과 평택에서 천안까지 철수한 것을 이해할 수 없었다. 그는 3
대대와 1대대를 천안 북쪽에 배치하고 63포병대대 A포대와 78전차대
대 A중대 1개 소대를 연대지휘소와 같이 있게 하였다. 온양 쪽에는 대
전차지뢰를 매설하여 남진을 막았다.

7월 6일 안성 평택을 점령한 인민군이 쉬지 않고 공격하였다면 그
날로 천안도 무혈입성 할 것인데 공격하지 않고 이곳에서 하루를 또
허비하였다.

7월 7일 아침 6시 인민군은 전차를 앞세워 천안을 공격하였다. 6대
의 전차가 3대대 정면을 공격하자 3대대는 싸움도 하지 않고 도망쳤
다. 그러자 연대지휘소가 위협을 받아 마틴 대령은 연대 지휘소를 겨
우 빠져 나왔다. 마틴 대령은 미군이 인민군 전차만 보면 싸우지도 않
고 도망치는 것이 안타까웠다. 그는 직접 바주카포를 들었다. 「내가 저
놈의 탱크를 폭파시켜야 미군이 도망치지 않는다.」하며 전차를 향해
조준하였다. 「펑!」하고 포탄이 전차에 명중되었다. 「아! 되었다!」하고
마틴 대령 일행은 좋아하였으나 그것은 순간이었다. 인민군 탱크는 포
탄에 맞고도 끄덕하지 않고 오히려 포신을 마틴 대령 쪽으로 돌리더니
「펑! 펑!」하고 포를 쏘았다. 이 전차포의 공격으로 마틴 대령의 몸은 공
중에 날려 형체를 알아볼 수 없이 산화하였다. 연대장을 돕던 탄약수
크리스텐 상사는 적탄의 충격으로 눈이 빠져 나오자 두 손으로 받아
다시 집어넣으려고 「내 눈! 내 눈!」하다가 도망치지 못하여 포로가 되
었다. 죽지 않은 미군 병사들은 연대장의 산화에 눈물을 흘리며 부상
자들을 뇌둔 채 죽자 살자 조치원 쪽으로 도망쳤다. 미군은 이미 인민
군에 포위되어 많은 수가 죽었고, 많은 병사가 포로가 되었다.

인민군 6사단은 천안에서 온양을 향해 공격하였고, 3사단과 4사단
이 공격을 하였다. 그런데 한 시간 만에 미34연대를 참패시키고, 또 더
이상 진격하지 않고 공격을 멈추고 천안에서 쉬고 있었다. 참으로 인
민군의 작전을 이해할 수 없었다. 미군은 태평양 근방의 모든 항공기

가 일본에 집합하고 있었고, 미기병사단과 25사단과 해병사단이 속속 일본에 집합하여서 인민군은 초를 다투어 인민군이 부산을 점령해야 하는데 가다 쉬고, 가다 쉬는 망하는 일만 골라 하고 있었다. 김일성은 참으로 전사에 대해서는 무지한이었다. 그는 삼국지나 초한지나 을지문덕이나 강감찬이나 이순신의 전쟁역사를 읽어보지도 않은, 즉 전사를 모르는 무식쟁이였다. 이런 자가 어떻게 한반도를 통일하겠다고 남침을 했을까?

인민군 3사단과 4사단의 전차는 140대 정도이다. 인민군 3사단 전차 40대를 앞세우고, 트럭에 보병을 태워 뒤따르고, 그 뒤에 트럭에 기름과 먹을 부식을 싣고 전차가 밤낮으로 내려가기만 하면 되기 때문에 하루에 100킬로를 공격할 수 있다. 그러므로 조치원 대전 대구까지 밀고 내려가서 7월 8일 대구에서 부산까지 점령을 했어야 했다. 그리고 인민군 1사단은 중앙선으로 후퇴하는 국군 6사단 후방을, 인민군 4사단은 국군 8사단의 동부전선 후방을 공격한다. 그래서 미군이 부산에 본격적으로 상륙하기 전 부산과 목포를 점령했어야 했다. 그런데 또 천안에서 한 시간 만에 미 34연대를 대파한 후 또 공격을 멈추고 쉬면서 먹고 자고 하였다. 이것은 김일성의 바보작전이라고 한다. 이런 바보짓을 하려면 무엇 때문에 인민군이 38선을 넘어 한반도를 초토화 시켰는가!

마틴 연대장의 전사 보고를 받은 딘 소장과 워커와 맥아더와 워싱턴은 크게 슬퍼하였다. 또 이 내용이 신문에 보도되자 미 국민들은 큰 슬픔에 잠겼고, 마틴 대령의 죽음은 미군이 한국전에 적극적으로 참가하게 되는 계기가 되었다.

천안에서 후퇴한 34연대 1대대는 금강까지 후퇴하였다. 이 보고를 받은 딘 소장은 기가 막혔다.

7월 8일 미8군사령관 워커 중장이 대전 24사단 사령부에 도착하였다. 「딘 소장, 8군에 소속된 4개 사단이 일본과 미 본토에서 오고 있으니 용기를 잃지 말고 잘 싸워주시오!」

낙심하고 있는 딘 소장에게 워커 중장은 격려하며 될 수 있는 대로 인민군의 남진을 지연시켜 달라고 부탁하였다.

미군은 한반도에 본격적으로 참전하기 시작하였다. 미국 본토에서 미2사단과 82공수사단의 1개 보병연대, 함대해병대의 1개 해병사단, 공정대, 항공대, 3개 전차대대 등이 한국전에 참전하기 위해 선적이 끝나가고 있어 8월 초 부산에 상륙할 예정이었다.

일본에 있는 25사단과 미 제1기갑사단은 포항으로 상륙할 예정이었다. 또 극동공군은 동경에 폭격지휘부를 신설하여 77항공모함의 함재기, 오끼나와의 22폭격부대, 요고다 기지의 92폭격부대를 총지휘하여 대대적인 폭격준비를 하고 있었고, 미 극동해군도 서해와 동해로 나누어 대대적인 폭격준비를 완료하고 있었다.

맥아더 장군은 억세게 밀려오는 인민군을 낙동강 선에서 강타한 후 인민군의 보급로를 차단하고 낙동강에 있는 인민군을 한 번에 포위하여 섬멸할 작전을 구상하였다. 이것이 아니고는 인민군을 도저히 저지할 수 없다는 것을 맥아더 장군은 판단하였던 것이다.

「본인은 괴뢰군 및 괴뢰병사의 훈령과 장비 상황이 종래 과소평가되어 왔다고 판단함.」

맥아더 장군은 딘 소장에게 이런 통신문을 보내면서 인민군의 공격을 지연시켜 달라고 부탁하였다.

인민군은 천안을 점령하자 즉시 인민군 6사단으로 하여금 온양과 예산을 거쳐 장항 군산 이리를 향해 공격하였다.

딘 소장은 이제 천연방어선인 금강을 이용 인민군을 막을 계획이었다.

인민군은 7월 3일 한강을 건너 영등포를 점령, 7월 4일 영등포를 출발하여 미군과 국군을 물리치고 5일 만에 수원 평택 천안을 점령하고 금강선에 전차를 배치하여 각종 야포로 돌진 공격하는 것이 일대 장관을 이루었다. 이 광경을 본 딘 사단장은 깜짝 놀라 즉시 워커와 맥아더에게 보고하였다.

「인민군은 정찰부대가 아니며 잘 훈련된 부대와 최신형 무기를 갖고 있으며 지휘관들의 작전도 수준급 이상입니다.」

그는 많은 부하들을 잃은 후에서야 인민군을 제대로 평가하게 되었고, 국군을 무시하지 않았다. 미군이 세계적인 정보망을 갖고 있다고 하였지만 얼마나 정보가 허풍이었고 엉터리였는가를 잘 평가해 주고 있었다.

9) 전의 싸움 (7월 9일~10일). 인민군의 공격이 어려워짐

7월 7일 미 24사단 34연대는 공주를 방어하게 하고 국군 기병 1개 중대를 배속시켜 수색을 협조하게 하였다. 21연대 3대대는 전의를 방어하고 있었고, 천안에서 철수한 스미스 부대 2개 중대가 전의 동쪽에 배치되었다.

7월 9일 인민군은 11대의 전차를 앞세우고 전의를 향해 공격해 왔다. 전차 뒤에는 300여명의 보병이 따르고 있었다. 미군 3대대장은 포병과 공군에 지원요청을 하였다. 수분 후에 즉시 미군 포병은 전의를 향해 집중사격이 시작되었다. 미 공군은 도착하여 쉴 새 없이 공격하였다. 인민군 전차는 미군 포병의 155밀리 곡사포와 4.2인치 박격포 공격과 공군의 집중포화를 맞고 11대중 5대가 파괴되어 개전 후 두 번째 큰 피해를 입었고, 오후 4시 30분 인민군의 공격은 저지되었다. 평택에서 천안사이 인민군 트럭 200여대 중 미 공군기 30대가 5시간이나 교대로 폭격하여 100여대가 파괴되어 큰 피해를 입었다.

7월 10일 아침 5시 인민군 보병은 다시 공격해 왔다. 미군 보병과 인민군은 박격포를 가지고 치열한 싸움을 하고 있었다. 아침이라 안개와 시골 굴뚝에서 나오는 연기로 시야가 어두워 미 공군과 포병이 공격하지 못할 때 인민군은 결사적으로 미군을 공격하기 시작하였다. 인민군

은 어제 당한 것에 대한 보복이나 하는 것처럼 전차를 앞세워 미군진
지를 묵사발 내고 있었다. 안개는 아침 8시경이 되어서야 개었다.

연대장 스티븐슨 대령은 즉시 공군지원을 요청하였다. 11시 30분 2
대의 제트전투기는 인민군 전차에 로켓탄을 퍼부었다. 그리고 보병을
향해 집중사격을 하였다.

「대피하랏! 빨리 대피하랏!」

미군기가 나타나 공격을 하자 인민군 군관들은 전사들과 전차병들
에게 피하라고 고함을 쳐 순식간에 숨어버렸다. 미 공군은 연료 때문
에 계속해서 공격하지 못하고 사라졌다. 미 전투기가 사라지자 인민군
의 공격은 다시 시작되었다.

미군의 1개 중대가 포위되었고, 모든 포진지가 박살났다. 미군은 호
속에서 비참하게 죽어갔다. 그리고 남은 병사들은 죽자 살자 도망쳤
다. 스티븐슨 연대장이 「병사들아 진지로 돌아가라! 이런 때를 위하여
너희들은 봉급을 받고 있지 않느냐?」하며 애원을 해도 도망치는 병사
들에게는 들리지 않았다.

7월 10일 12시 스티븐슨 연대장은 방어선이 무너지는 것을 막을 수
없었다. 그는 진지에 더 있는 것은 방어도 못하고 부하들만 죽음의 길
로 인도하는 것이라고 판단하고 후퇴명령을 내렸다. 전의를 방어하던
1대대는 82명의 사상자를 내어 2%의 병력손실을 보고 조치원으로 후
퇴하고 있었다. 철수하지 못한 병사들을 구하기 위하여 미군은 처음으
로 M-24전차를 전의로 직행시켰다. 인민군 전차와 미군 전차가 전의
도로상에서 처음으로 싸움이 벌어졌다. 인민군 전차는 미군 전차의 적
수가 되지 못하고 미군 전차의 포탄에 박살나고 말았다. 그래도 겁내
지 않고 인민군 전차가 끈질기게 공격하여 미군 전차도 2대가 파괴되
었다. 그러자 미군 전차는 허겁지겁 도망치고 말았다.

미군기는 평택근방에 수많은 전차와 자주포와 트럭이 있는 것을 발
견하였다. 인민군은 날씨가 흐리자 미 공군이 출격하지 못할 것으로

판단하고 많은 장비를 끌고 남진하고 있었던 것이다. 그런데 미 공군은 흐린 날씨의 사고 위험을 무릅쓰고 미 제5공군의 출동 가능한 모든 비행기를 출격시켜 평택에서 남진하고 있는 인민군 전차 대열을 구름을 헤쳐 나와 공격하기 시작하였다. 인민군은 순식간에 달려드는 미 공군의 폭격을 피할 시간이 없었다. 보병들은 흩어져 숨을 수 있었지만 전차는 숨을 곳이 없어 그대로 당하고 있어야만 하였다. 미군기는 굉음을 내면서 전의에서 비참하게 죽은 동료들의 원수라도 갚듯이 사정없이 폭격을 가하였다. 이때 전차 38대, 자주포 7대, 트럭 17대가 파괴되고 수많은 인민군이 죽거나 부상을 당하였다. 인민군은 개전 이래 최대의 피해를 입었다. 인민군은 너무 무모하였다. 이후 인민군 장교들 사이에는 「이제는 안 되겠다.」는 말이 공공연히 나왔다. 미군의 참전으로 인민군이 남한을 점령하기가 점점 어려워 가고 있는 것을 알게 되었다.

  7월 10일이면 부산에 가 있어야 할 인민군이 전의에서 박살나고 있었다. 전격작전 속도전을 하지 않은 대가가 나타나고 있었다. 무능한 지도자는 전쟁에서 승리할 수 없어 무능한 사람이 지도자가 되면 국가는 망하고 만다.

  10) 조치원 전투(7월 11일~12일). 인민군의 공격이 어려워짐

  7월 7일 24사단 21연대는 조치원을 방어하고 있었다.

  딘 사단장은 21연대를 지원하기 위하여 11야전포 대대의 A중대와 78전차대대 24수색전차중대의 전차 4대, 제3 전투공병대대의 B중대를 21연대에 배속하였다. 21연대장은 3대대를 조치원 북방 12킬로 국도에 배치하였다. 스미스 부대도 205명을 보충 받아 21연대에 배속되었다.

  인민군 4사단이 선두에서 천안까지 밀고 내려왔으나 전의 전투 후 3사단이 조치원을 향하여 공격하고 4사단은 공주로 남진하여 논산에서

대전 포위해 들어갔다.

7월 10일 인민군 3사단은 조치원의 미군 21연대 3대대 정면을 공격하였다.

7월 11일 아침 6시 30분 인민군은 전차 4대를 앞세우고 미군 3대대 진지를 묵사발을 만들고 있었다. 보병 1,000여명이 3대대 양쪽을 공격하였다. 낮 12시가 되면서 3대대 후방이 공격을 받았다. 결국 3대대는 많은 사상자를 내고 살아남은 자들은 후퇴를 하고 말았다. 3대대 667명중 살아서 후퇴한 자는 322명이었고, 사상자는 50%가 넘는 345명이었다.

7월 12일 미군 1대대도 견디지 못하고 후퇴하여 금강방어선에서 새진지를 구축하고 있었다. 미군 1대대와 3대대는 많은 사상자를 내었다.

미 34연대는 전의 전투 후 공주로 철수하였다. 제78전차대대와 제3전투공병대도 후퇴하며 도로와 교량을 폭파하였다. 전의 전투부터 인민군은 미군의 전폭기와 전차 때문에 많은 피해를 보면서 공격 속도가 느려져 전격작전을 하지 않은 결과가 나타나기 시작하였다.

11) 공주전투(7월 14일)

7월 11일 상처투성이의 미34연대는 공주 북방에 진지를 구축하였다. 34연대는 4대의 전차를 보유하고 있었으나 인민군 야전포 공격에 의해 3대가 파괴되고 1대만 남아 있었다.

7월 12일 미 34연대 연대장대리 웨들링턴 중령은 34연대를 금강을 건너 공주에 부대를 배치하였는데 3대대를 공주에서 논산으로 가는 도로를 방어하기 위하여 주변 산에 배치하였고, 포대장 드레슬러 소령의 63포병대는 공주 남쪽 5킬로 지점 오송성에 배치하였다. 아이레스 중령의 제1대대는 예비대로 두었다. 연대 좌측에는 기계화 정찰중대가 경계하고 있었다. 34연대는 통신상태가 불량하여 전령에 의해서 명령과 보고가 전달되었다. 연대 정보장교와 작전장교가 극심한 피로에 견디지 못하고 후송되었으며, 3대대 K중대 40명도 극도의 피로와 전쟁공포증에 시달려 대전으로 후송되었다. 인민군과 전투를 하기 전에 미 34연대는 이미 인민군을 저지할 만한 전투력을 잃고 있었다.

7월 13일 새벽 4시 미 3전투공병대대는 금강교를 폭파하였다.

7월 9일 공주사범학교에 주둔하고 있는 국군 기병대대장 장철부 소령(김병원)은 「인민군 4사단이 온양으로 갔는데 인민군에 대해서 수색을 하고 예산농고로 오시요.」하고 6중대장 박익균 중위에게 명령하였다. 박익균 중대장은 최문호 중위와 조돈철 소위 등 2개 소대, 말 100필, 60밀리 박격포 4문, 중기관총 2정, 경기관총 4정을 가지고 공주에서 온양을 향해 수색을 하기 위해 떠났다.

기병대들은 공주를 출발한 지 3시간 만에 유구 밑 만년교에 도착하였다.

조돈철 소대장이 다리 밑에 민간인 시체 2구가 있는 것을 보고 인민군이 양민을 죽인 것으로 판단하고 근방에 인민군이 있을 것이라고 짐작하였다. 다리 근방을 자세히 보니 따발총 탄피가 있는 것을 보고 틀림없이 인민군이 유구에 있다고 확신하고 소대원들에게 전원 하마 명령을 내렸다.

조 소대장은 소대원들에게 말을 다리 밑에 숨겨두게 하고 소대원들을 데리고 도로를 따라 2열종대로 허리를 구부리고 서서히 유구 지서를 향해 가는데 멀리서 먼지를 일으키며 지프차 한 대가 오고 있었다.

「왠 고문관 지프차야? 전원 도로가로 엎드렷!」

조 소위 소대가 도로 양쪽에 바짝 엎드려 달려오는 지프차를 보니 지프차는 미 고문관 것인데 자세히 보니 인민군 5명이 타고 있었다. 그는 즉시 「사격개시!」하고 명령을 내렸다.

조돈철 소위의 명령에 길가 양쪽에 엎드려 있던 장병들의 총구에서 불이 붙었다. 곧 차는 벌집이 되면서 차에 타고 있던 인민군 4명이 즉사하고 1명은 부상당한 채 지프차는 정지하였다. 사살된 4명은 미 군

복을 입고 있었고, 군관도 있었다. 포로에게 소속을 묻자 「우리는 제6
보병사단 유격부대로 2개 중대가 유구를 해방시키러 왔다.」고 대답하
여 조 소대장은 귀중한 정보를 얻었다.

조금 올라가니 쓰리쿼터 2대가 인민군을 태우고 오고 있었다.

「사격하랏!」

조 소대장의 명령에 장병들은 쓰리쿼터에 타고 있던 인민군을 향하
여 일제히 사격하였다. 즉시 쓰리쿼터는 벌집이 되었고 차는 정지하였
다. 차안에 있던 인민군들은 몰살하였다. 세어보니 16명이었다.

민가에 가까이 가자 「인민군들이 지금 유구에서 우체국장과 의용소
방대장을 인민재판하여 죽이고 유구초등학교에서 환영식을 하고 있
습니다.」하고 주민이 귀중한 정보를 제공해 주었다. 주민의 말을 듣고
조 소대장은 소대를 이끌고 조심하며 초등학교 근처의 산으로 올라가
기관총 2정을 초등학교가 잘 보이는 산 능선에 배치하고 조 소대장이
신호하면 사격하라고 지시를 내렸다.

인민군 2개 중대는 초등학교에서 환영식을 하느라 정신이 없었다.
조 소위는 2개 소대를 마을로 진입시켜 학교 운동장 담을 따라 살금살
금 학교 정문으로 접근하였다. 학교 운동장을 숨어서 보고 있던 조 소
위는 지금이 기회라고 판단하고 사격명령을 내렸다.

「사격하랏! 한 놈도 놓치지 말고 사격하랏!」

조 소위의 명령에 2개 소대의 총구에서는 불을 품었고, 능선에 배치
해 두었던 기관총 2정도 운동장의 인민군을 향해 쏘아댔다. 순식간에
공격을 당한 인민군은 우왕좌왕하다 정신없이 동쪽으로 도망쳤다. 그
러나 퇴로를 차단하기 위해 논두렁에서 엎드려 기다리고 있던 기병대
일부는 도망치는 인민군을 향해 사정없이 쏘아댔다. 한 시간 가량 지
나자 주위가 조용해졌다. 운동장과 동네 골목과 논에는 시체가 즐비하
였다. 인민군 사망자는 100여 구였고, 포로 6명, 소총 70정, 차량 8대
를 노획하였다. 국군 기병대들은 만세를 부른 후 유구 마을로 들어갔

다.

기병대가 유구초등학교에 들어서자 주민 80여명이 모여 국군을 환영해 주었다. 양조장 주인 홍용팔 씨가 국군이 인민군을 물리친 것을 보고 너무 좋아하며 「앞으로 어떻게 할 것입니까? 국군이 밀고 올라갈 것입니까?」하고 물었다.

「우리는 상부의 명령으로 왔으므로 다른 곳으로 곧 가야 합니다. 곧 다시 올 테니 걱정하지 마십시오!」

조 소대장의 말에 주민들은 안색이 변하면서 「조금 전에는 인민군 환영대회, 이제는 국군환영대회, 조금 있으면 또다시 인민군 환영대회를 하면 여기 참석한 우리들은 다 죽습니다. 후퇴를 하지 마십시오!」하며 불안해하였다.

조 소위가 이러한 말을 듣고 유구를 떠나려고 생각하니 마음이 아팠으나 장철부 대대장은 「지금 즉시 예산으로 이동하라!」는 명령을 받아 어쩔 수 없이 기병대는 유구를 떠났다. 기병대는 예산농고에 도착하였다.

기병대가 서울에서 예산까지 오면서 인민군에게 계속 얻어터지기만 하다가 처음으로 유구에서 인민군을 참패시키자 대대장과 여러 장병들과 예산읍 주민들은 이들을 열렬히 환영해 주었다. 기병대는 7월 12일 공주로 이동하였다.

7월 10일 인민군은 유구에 도착하여 주민들에게 인민군 시체를 묻어주게 하고 양조장 주인 홍용필 오근홍 외 80여명의 우익을 잡아다가 총검과 죽창으로 죽였다. 남로당은 일제히 일어나 우익을 찾아 죽였는데 삼촌이 조카를 죽이는 일도 있었다.

7월 10일 인민군 4사단은 온양과 유구를 거쳐 공주 금강에 도착하여 미 34연대 뒤를 바짝 쫓았다. 인민군은 7월 11일 12일 13일 3일 동안 금강을 넘을 방법을 찾고 있었고, 7월 13일 오후부터 공격이 시작되었다.

7월 14일 아침 6시 인민군 4사단은 공주를 향해 일제히 포문을 열고 집중사격을 하였다. 인민군 4사단 18연대와 5연대는 미군34연대 3대대 정면을 공격하였고, 16연대로 하여금 공주 남방 검상리를 통해 미34연대 포병대를 공격하며 후방에서 공격하기 위해 정공법과 우회법을 동시에 병행하였다. 인민군 16연대는 아침9시 검상리에서 뗏목과 나룻배로 금강을 건너느라 정신이 없었다. 미군은 설마 하고 여기에 대해서는 경계를 게을리 하였다.

중대장 스티스 중위는「미군이 포 지원도 안 해 주는데 우리가 여기 있을 필요가 없다.」하고 부하들에게 설명하고 인접부대에 알리지도 않고 11시경「논산으로 후퇴하라!」고 명령을 내리고 후퇴하여 스티스 중위의 부대가 방어하던 곳에 구멍이 생기게 되었다.

「인민군이 강을 건너고 있습니다. 곧 이 곳을 공격할 것 같습니다.」

산 정상에서 포병 관측병이 63포대에 연락하였다.

「수가 적은 인민군을 포병이 공격할 가치가 없다.」

찰스 버터 소령은 관측병의 요구를 묵살하였다. 강을 건넌 인민군은 순식간에 500여명으로 증강하여 산을 넘고 있었다.

「수백 명의 적군이 오고 있습니다.」

미군 하사관이 뛰어와 포병장교에게 보고하였다.

「우군일지 모르니 사격하지 말라!」

장교는 하사관의 보고를 묵살하였다. 그리고 미군들은 검상천 냇가에서 목욕을 하며 쉬고 있었다. 인민군은 살금살금 산을 넘어 보초병과 관측병을 대검으로 죽이고 600여명의 인민군은 포병대를 순식간에 포위 기습하였다. 미군 장병들이「야! 적이닷!」하고 고함 칠 때는 이미 늦었다.

인민군 16연대는 기관총 진지를 기습하여 기관총을 탈취하여 미군 기관총으로 미군을 사격하기 시작하였다. 이들은 함성을 지르며 미군 A중대를 기습하고 이어 B 중대를 공격하여 무참히 사살하였다. 오후

2시에서 3시까지 한 시간 동안 인민군은 미군을 공격하고 있었다.

한편 국군 기병대대는 공주 우금고개 밑 주민동에 있는 전형복의 넓은 집에 중대본부를 두고 수색활동을 하고 있었다.

7월 14일 오후 2시경 「중대장님 적이 63포병대대를 기습하고 있습니다.」하고 하사관이 박익균 중대장에게 보고하였다. 이 보고를 받은 박익균 중대장은 곧 공격명령을 내리고 박익균 중위, 소대장 최문호 중위 조돈철 소위 김광섭 소위 등 소대원들과 200필의 말에 올라타고 약 1킬로 떨어진 63포병대가 있는 곳으로 돌진해 갔다.

「공격하랏!」

중대장 박익균 중위의 공격명령에 기병대들은 일제히 63포병대를 공격하고 있는 인민군들을 향해 기관총을 쏘았다. 기병대는 이리 뛰고 저리 뛰며 사정없이 인민군을 향해 사격하고 박격포로 공격하였다.

「아니, 저것은 국방군이 아니야?」

인민군들은 국군 기병대의 공격에 놀라 견디지 못하고 산으로 도망쳤다. 이 틈을 타 63포병대는 죽자 살자 도망쳤다.

63포병대는 곡사포 10문과 차량 86대를 그대로 버려두고 도망쳤고, 장교 10명, 병사 25명이 전사 및 행방불명되었다. 드레즐리 포병대대장은 호 속에서 나오지도 못하고 기습을 받아 죽었다. 인민군과 미군이 떠나버린 곳에 국군 기병대만 남아 있었다.

「야포와 차량을 모두 파기하랏!」

박익균 중대장은 부하들에게 명령을 내리고 기병대는 모든 포와 차량을 파기하고 미 공군은 다음 날까지 폭격하여 파기하였다.

「기병대는 걸어가고 미군 부상자들을 말에 태워 논산으로 후퇴한다.」

박 중대장이 명령하자 기병대들은 미군 부상자들을 말에 태워 논산으로 데리고 갔다. 미군 부상병들은 엄지손가락을 세워 보이며 무엇이라 말을 하는데 그것은 「한국군이 최고다. 고맙다!」라는 뜻인 것 같았다.

B중대장 스타헬스키 대위가 장철부 기병대대장 앞에 무릎을 꿇으며 「Oh! My God! (오 마이 가드!)」하고 감격하여 「당신 부대가 아니었으면 우리는 다 죽었을 텐데 당신 부대원 때문에 우리가 살았다. 당신은 우리들의 은인이다. 고맙다.」하며 그가 자기 호주머니를 뒤져도 아무것도 없자 라이터를 장철부 대대장에게 주면서 연신 "감사하다"고 인사하였다.

「우리야 당연히 싸워야 하지만 너희들은 남의 나라에 와서 우리를 위해 이렇게 죽어가면서 싸우니 고맙기도 하고 미안하기도 하고 수치스럽기도 하다. 우리는 걸어가도 너희들은 말을 타고 가야지.」

장철부 대대장은 스타헬스키 대위에게 부상병을 말에 태우라고 하니 감격하여 어찌할 바를 몰랐다. 장 대대장은 미군 부상병들을 보니 측은하기 그지없었다. 미국은 한국기병대에 훈장을 수여하여 부상병 구조에 대해 보답하였다.

공주가 인민군에 의해 14일 점령됨으로 대전은 위기에 처하게 되었다.

7월 15일 새벽 4시 미 34연대 3대대가 논산으로 후퇴도중 인민군의 기습을 받았다는 보고를 받고 장철부 대대장은 1개 소대를 지휘하여 인민군을 쫓아버리고 3대대가 안전하게 논산까지 가도록 도왔다. 이 소식을 들은 딘 장군과 워커 장군은 한국 기병대에 감사를 잊지 않았다.

기병대대는 육본에서 대구 경마장으로 집결하라는 명령을 받고 대구로 이동하였다. 장철부 대대장은 최문호 조돈철소대 등에게 「부상병을 안전하게 논산까지 안내한 후 이리와 전주에 가서 말을 구해 오라」고 명령하여 그들은 이리 전주 함양을 거쳐 대구에 집결하였다.

12) 대평리 싸움(7월 14일~16일) 인민군의 공격이 어려워짐

미24사단 19연대는 조치원에서 대전 중간지점인 연기군 대평리에서 진지를 구축하고 있었다.

7월 13일 연대장 메로이 대령은 1대대를 조치원과 대전 중간지점인 대평리 도로 양쪽에 진지를 구축하게 하였고, 2대대는 예비대로 방어하게 하였다. 42박격포중대, 13야전포병대대, 11야전포병대대, 52야전포병대대 등의 지원을 받고 있었다. 포병대들은 대평 남쪽에 배치하였다.

7월 14일 오후 1시 인민군 3사단은 11대의 전차를 앞세워 공격을 하였다.

7월 15일 새벽5시 연대 좌측에서 인민군 300여명이 강을 건너 고지로 향하고 있었다. 메로이 연대장은 C중대와 기관총소대, 81밀리 박격포대, 26고사포대대, 전차 2대로 인민군의 도강을 막게 하였다.

7월 15일 오후 인민군 전차 11대가 공격해오자 미 공군은 이들을 공격하여 1대를 파괴하자 전차는 공격을 중단하고 숨어버렸다. 미 공군이 떠나자 인민군은 헤엄을 쳐서 강을 건넜다. 미군은 이들에게 기관총 사격을 하였으나 인민군은 많은 수가 죽으면서도 필사적으로 강을 건넜다.

7월 16일 새벽 3시 인민군의 전화력은 불을 품었다. 미군 진지에는 소나기같이 포탄이 떨어지고 있었다.

「2차 대전 때 구라파에서도 이렇게까지 전투가 치열하지 않았는데 인민군은 굉장하군.」

메로이 대령은 인민군의 치열함에 당황하였다.

인민군은 포격을 가하면서 보병들은 뗏목과 보트와 헤엄을 쳐서 일제히 금강을 건넜다. 미 19연대 1대대도 일제히 사격을 하며 인민군의 도강을 저지하고 있었다. 그러나 인민군의 죽기 아니면 까무러치기 식으로 밀고 올라와 1대대는 인민군에 중앙돌파를 당하고 무너지기 시작하였다.

새벽 4시. 인민군은 후방까지 침투하여 박격포부대와 연대 지휘소를 공격하자 수라장이 되었다. 6시 30분,

「지휘소와 박격포진지가 적의 공격을 받고 대대 중앙이 돌파 당하여 1대대는 후퇴하고 있습니다.」

1대대장 윈스레스 중령은 연대장에게 보고하였다.

아침 8시 메로이 연대장은 밀려오는 인민군을 막기 위해 연대본부 중대와 취사병 운전병 통신병까지 동원 전차 1대를 앞세우고 공격하여 아침 9시경 계동고지의 인민군을 물리쳤다. 그러나 인민군은 연대 후방까지 침투하여 탄약차량을 기습하고 야포 진지에도 기습하여 묵사발을 만들고 있었다. 10시경 두만리에 있는 52야전포대대 11야전포대대 13야전포대대가 낮 12시경 공격을 받아 연대와 포대간의 도로가 차단되고 통신도 차단되어 보급과 연락이 되지 않고 있었다. 연대는 자기들도 모르는 사이 포위되었고, 연대장은 후퇴길을 뚫어야 했다. 이때 메로이 연대장이 부상을 당하여 연대 지휘를 1대대장 윈스레드 중령에게 맡겨야 했다.

오후 1시 딘 소장은 「19연대는 유성 쪽으로 후퇴하라!」고 명령하였다. 윈스레드 중령은 작전주임 로간 소령에게 「북쪽의 병력으로 도로봉쇄를 돌파한 다음 남쪽의 지원부대와 합류하시오!」하고 명령하고 1대대 진지로 돌아가던 도중 인민군의 사격을 받고 현장에서 즉사하였다. 연대 작전주임 로간 소령이 연대를 지휘해야 했다.

1대대가 철수할 때 인민군은 1대대를 포위하여 1대대는 위기에 몰렸다. 이때 F-51 1개 편대가 나타나 인민군이 점령한 고지를 묵사발을 만들고 인민군을 쉴 사이 없이 공격하였다. 이때 1대대 돌격부대가 포위망을 뚫으려고 하였으나 실패하였다. 인민군을 공격해서 포위망을 뚫으라고 명령을 내려도 미군 병사들은 숨어 움직이지 않고 있었고 사실 움직일 힘도 없었다. 딘 소장은 전차 2대와 기관총 4정과 보병을 지원하여 포위망을 뚫으려 하였으나 실패하고 말았다. 연대본부 1대대

주력 F중대, 박격포 중대, 52야전포대대가 포위되었고, 이들을 지휘할 장교가 없었다.

오후 6시 부상당한 메로이 연대장을 전차에 태우고 포위된 부대는 전차 뒤를 따라 이제는 죽든지 살든지 포위망을 돌파하여야 했기 때문에 남하를 시작하였다. 병사들 뒤에는 20여대의 차량이 뒤를 따랐다. 수많은 차량이 서 있었고, 부서진 차량이 길을 막고 있어 이런 차량 때문에 쉽게 남하할 수 없었다. 인민군의 공격을 막으면서 한 대씩 한 대씩 밀어붙이며 남하를 계속하고 있었다. 그런데 전화가 고장 나고 말았다. 그래도 뒤에 있는 차량이 메로이 연대장과 부상병들을 싣고 대전으로 도망치는데 극적으로 성공하였다. 잔여부대와 100여대의 차량과 500여명의 병사들이 모였다. 오후 9시

「차량을 파괴하고 동쪽 산을 따라 대전으로 후퇴하라!」

작전보좌관 휀스터마쳐 대위가 후퇴명령을 내렸다. 이 명령 후 휀스터마쳐 대위는 인민군의 사격에 전사하고 말았다. 이렇게 되자 병사들을 지휘할 장교가 없어 병사들은 하나 둘씩 부상병들을 산에 두고 도망치기 시작하였다.

「우리를 데리고 가 주시오!」

부상병들이 손을 들고 울부짖었으나 도울 수가 없었다. 이러한 부상병들을 버려둔 채 펠휠터 목사는 도망칠 수 없었다.

「여러분 제가 남았습니다. 제가 여러분들을 간호하고 통역해서 여러분들을 도와드릴 것입니다. 너무 걱정하지 마십시오. 우리가 부상자이니 인민군은 우리를 죽이지 않을 것입니다. 우리들의 동료들은 급해서 우리들을 돕지 못하고 후퇴한 것을 이해하십시오!」

그는 부상병들을 안심시키고 부상병 곁을 떠나는 병사들에게 손을 흔들어 주게 하였다. 떠나는 병사들은 목이 매어 눈물을 흘리며 「전우여! 살아서 다시 보자!」하며 손을 흔들었다.

펠휠터 군목은 병사들이 떠난 후 공포에 떨고 있는 부상병들을 위

해 기도를 해주며 안심을 시키고 있었다. 이미 해는 떨어지고 어두움이 그림자처럼 다가왔다. 부상병들에게는 통증과 배고픔과 공포가 엄습해 왔다. 조금 있으니 소리 없이 산을 올라온 인민군 수색대가 미군 부상병들이 있는 곳에 나타났다. 놀란 부상병들과 군목이 두 손을 번쩍 들음과 동시 따발총 소리가 요란하게 들렸다. 인민군의 총격에 이들은 한 명도 살아남은 자가 없이 비무장한 군목도 비참하게 일생을 마감하였다.

7월 17일까지 19연대 병사들은 유성과 대전으로 철수 재편하여 영동으로 후퇴하였다.

7월 16일 하루 동안에 미24사단 19연대는 대평리에서 3,401명이 전투에 참가하여 이중 650명이 죽거나 포로가 되어 19%의 병력 손실을 보았다. C중대는 171명이 전투에 참가하여 122명이 전사하였고, 105밀리 곡사포 8문 등 차량과 장비를 거의 잃었다.

딘 소장은 「인민군은 작전과 전투에서 세계 최강 부대이다.」라고 맥아더에게 보고하였고, 맥아더도 이 보고를 그대로 워싱턴에 보고하였다. 그들은 인민군이 어떤 군대라는 것을 막대한 희생을 치른 후에야 알게 되었다. 그들은 이후 「미군만 나타나면 인민군은 도망친다. 며칠 안에 인민군을 몰아내고 우리는 일본으로 돌아간다. 미 공군을 인민군은 감당 못할 것이다」라는 건방진 이야기는 다시 나오지 않았다. 이미 대전 방어는 무너지고 있었다.

인민군 4사단은 대평 시골을 점령하는데 7월 14일~16일 3일이 걸렸다. 이것은 인민군의 공격에 한계가 왔다는 뜻이다. 이런 속도로 언제 부산까지 점령하겠는가? 전광석화로 속도전을 내어 부산을 점령해야 하는데 속도전을 내지 않은 결과로서, 대평전투는 인민군은 부산까지 점령할 수 없다는 결과를 낳았다.

제8장
인민군 3차 작전 대전 점령

8장 인민군 3차 작전 대전 점령

김일성은 평양 만수대 수상청에서 군사위원회를 소집하였다.

「김책 동무. 2단계 작전을 차질 없이 완수한 것에 대해 높이 치하하는 바이오. 특히 미 제국주의 놈들을 오산에서 대패시켜 전인민군 전사에게 용기를 준 것에 대해 더욱 높이 평가하는 바이오.」

「모든 것이 수상동지의 영명한 지도 덕분입니다. 미 제국주의 놈들이 강한 줄 알았는데 국방군 놈들보다 더 싸움을 못합니다. 안성에서는 우리가 가기도 전에 미제놈들이 다 도망치고 없어 우리들은 이들이 천안을 근거지로 저항할 줄 알았는데 아예 천안을 포기하고 도망쳐 버렸습니다.」

김책은 미군을 아주 우습게 과소평가하였다.

「그런데 앞으로가 염려됩니다.」

「무엇이오?」

「전선이 남쪽으로 길어짐에 따라 보급로가 길어지고 미 공군의 공격이 심하여 보급에 어려움이 많습니다. 미제 해군의 순양함과 구축함이 동해와 서해의 해상을 봉쇄하고 항구와 해안기지에 함포사격을 하며 미제의 77기동함대는 함재기가 즉시 출격하여 폭격을 하고 있습니다.

둘째는, 전사들이 많이 손실되어 보충이 필요합니다. 그리고 우리 전사들이 금강에 도착하였는데 도강할 장비가 준비되지 않아 희생이 많을 것으로 봅니다. 그리고 금강보다도 낙동강은 넓고 길기 때문에 낙동강 도하 장비를 지금부터 준비해서 운반을 해야 할 것입니다.」

김책의 설명에 김일성과 박헌영 등은 난감하였다. 이러한 문제점에 대해서는 전혀 예상하지 못하여 준비하지 않았기 때문이었다.

「전사의 보충은 점령지역에서 의용군을 징집하여 보충할 것이니 염려하지 않아도 될 것이요. 그리고 군수품은 밤과 비가 올 때를 이용하여 총력을 기울여 수송하면 될 것이요. 그리고 금강과 낙동강 도강장비는 공병대에 지시하여 철저히 준비할 것이요. 그러니 너무 걱정하지 마시오.」

「예. 감사합니다.」

「그런데 미군이 예상외로 빨리 참전하였고, 국제연합 안정보장이사회에서도 빨리 결의하여 연합 통합사령부가 신설되면서 맥아더가 유엔군의 이름으로 참전하는 것이 부담이 되고 있습니다. 그러므로 미군 주력부대가 부산에 먼저 상륙하느냐 우리가 먼저 부산을 해방하느냐의 싸움입니다. 우리가 먼저 부산만 점령하면 유엔이 달려든다 해도 전쟁은 끝난 것입니다. 그러니 김책 동무는 초를 다투어 총공격하시오.」

「예. 알았습니다.」

「부수상 동지. 우리가 38선을 넘은 지 15일이 지났습니다. 그리고 대전을 공격하기 위해 우리 인민군 전사가 금강에 포진하였습니다. 그런데 서울만 점령하면 20만 남로당원이 봉기한다고 하였는데 그래도 체면상이라도 한 건이라도 봉기가 있어야지 왜 이렇게 조용합니까? 이제 전 세계의 자본주의와 공산주의 싸움이 되어가고 있습니다. 박 동지는 외교수단을 총 발휘하여 모택동 주석과 스탈린 동무와 항가리 루마니아 등의 협조를 요청하시오.」

「예. 그렇게 하겠습니다.」

박헌영은 이제는 더 이상 변명을 할 수 없었다.

김책이 일어났다.

「우리의 3단계 작전은 3사단은 대전 정면, 4사단은 논산으로 우회하여 대전을 포위 미 24사단과 국방군의 주력을 포위하여 섬멸하겠습니다. 그리고 2사단은 진천 청주를 통하여 옥천에서 대전 좌측에서 포위하여 대전을 완전히 포위하겠습니다. 그리고 6사단은 광주와 목포를 해방하고 15사단과 12사단과 8사단은 대구를 해방하여 후퇴하는 미24 사단과 국방군의 퇴로를 차단하겠습니다. 5사단은 영덕 포항을 향해 진격하고 즉시 영일비행장을 점령하겠습니다.」

김책이 작전을 설명하자 김일성은 승인하고 격려하였다.

김일성은 3단계 작전회의를 마쳤다. 그는 인민군이 미군보다 먼저 부산에 도착하여 남조선을 해방한다고 해도 미 공군과 해군이 계속 폭격을 하면 어떻게 감당할 수 있을까 하고 고민하였다.

인민군 3차 작전계획
인민군 전선사령관 : 김책 대장
군사 위원 : 남일 중장
참 모 장 : 강건 중장

전선사령부는 서울 중앙청에 사령부를 두었다. 이들은 3차 작전을 실행하기 위하여 국군 8사단이 방어하고 있는 단양 정면에 인민군 8사단과 12사단, 국군 6사단 정면에 1사단과 15사단, 국군 1사단 정면에 13사단, 수도사단 정면에 2사단, 서부전선의 3사단이 대전을 향해 정면으로, 4사단은 공주를 거쳐 논산에서 우회전하여 대전 후방에서 공격, 6사단은 전라도 이리 광주 목포를 향해 진격하였다. 그런데 인민군이 2사단, 15사단, 13사단, 1사단, 12사단, 8사단 등 합 6개 사단으로 중부전선에 집중하여 공격하게 한 작전이 잘못되었다. 국군은 8사단 6사단 1사단, 수도사단 등 합 4개 사단이 방어하고 있었다.

1. 대전 전투(7월 18일~20일)

김책은 참모들과 군단장들을 소집하여 3단계 작전에 대해 설명하였다.

「우리의 3단계 작전은 7월 20일까지 대전을 해방하는 것입니다. 대전을 점령하면 정치적이나 전략적, 지리적으로 승리는 우리에게 있소.

2사단은 청주를 거쳐 보은 옥천으로 우회하여 미24사단의 퇴로를 차단하고, 4사단은 공주와 논산으로 우회하여 대전 후방에서 미24사단을 포위하고, 3사단은 조치원을 거쳐 대전을 정면에서 공격하여 대전을 해방시키면서 미 24사단을 포위 섬멸하는 것이오. 그래서 곧 상륙할 미 제25사단과 기병사단이 남조선에 상륙하기 전 부산을 해방해야 하고 미 24사단이 괴멸되어야 미제는 이 싸움에서 개입을 포기할 것이오. 그러므로 군단장들은 한 치의 차질이 없이 작전에 임해 주기 바라오.」

김책은 일방적으로 작전계획을 설명하는 동시에 실제 각 사단에 작전명령을 내렸다.

「2군단은 어찌 그리 진격 속도가 느립니까? 2군단이 진천과 청주를 속히 해방해서 1군단의 공격과 보조를 맞추어야지. 또 15사단이나 12사단, 8사단도 공격이 너무 느리니 즉시 독전을 하시오!」

김책은 2군단장 김무정에게 진격속도가 느리니 독전을 하라고 명령하고 이어서

「이제 공주가 점령되고 미 제24사단 19, 21, 34연대가 괴멸 직전에 있으니 조금만 몰아붙이면 24사단은 괴멸되고 대전은 예정대로 7월 20일까지 해방시킬 수 있소. 그러니 꼭 7월 20일까지 대전을 해방시키시오!」 하고 강력하게 명령을 내리고 작전회의를 마쳤다.

회의가 끝나자 1군단장 김웅은 즉시 3사단에 대전 정면을 공격하게 하고, 4사단 5연대를 유성을 통해 논산을 거쳐 대전 후방에서 공격하도록 명령하였다.

미 제24사단장 딘 소장은 마음이 급하였다.

7월 16일 34연대를 논산에 배치하여 인민군 4사단의 공격을 저지하

게 하고, 21연대로 대전과 옥천에서 인민군 2사단의 공격을 막게 하고, 19연대로 경부도로의 인민군 3사단을 방어하게 하였다. 그는 부대를 배치하기는 하였지만, 7월 6일부터 인민군과 싸워 10일 동안 1,500여 명이 전사 및 행방불명이 되어 현재 인원은 21연대 1,100명, 34연대 2,020명, 19연대 2,276명, 포병대 2,007명 계 11,440명으로 지금까지의 엄청난 병력과 장비 손실로 인민군 3개 사단이 공격해 오는 것을 어떻게 막을 것인가 하고 고민하였다.

인민군은 전차를 앞세워 정면공격을 하면서 우회하여 후방에서 국군과 미군의 포병대를 공격한 후 보병을 공격하여 참패시키는 작전을 쓰는데 국군과 미군은 인민군의 이런 전법을 알면서도 막지 못하고 있었다. 인민군 2사단이 청주에서 보은을 거쳐 옥천을 점령하면 미24사단은 완전 포위상태가 될 것을 딘 소장은 염려하고 있었다.

7월 17일 딘 소장은 34연대를 논산에서 대전 위 갑천으로 이동시키고 진지를 구축하게 하였다. 사단 포병을 1개 대대로 혼합 편성하여 대전비행장에 배치하였고, 수색중대는 금산방면에 배치하였고, 21연대는 대전과 옥천 사이 터널의 능성에 배치하였고, 19연대를 대전과 논산을 방어하게 하였다.

대구에 있는 미8군사령관 워커 중장은 인민군이 금강을 돌파하자 동경에 있는 참모장 랜드럼 대령에게 「한국전선의 위기가 가중하고 있으므로 앞으로의 증파부대와 군수지원의 가능성을 확인하여 보고하라.」하고 지시하였다.

랜드럼 대령은 워커 장군의 지시사항을 즉시 확인 준비하여 대구에 도착하여 워커 장군을 만나 확인해 온 사항을 보고하였다.

보고서에는 25사단, 1기병사단, 29연대, 미 본토의 해병여단, 제2사단, 전차대대 등의 증원 일정과 한국군의 재편성, 탄약을 포함 보급지원, 해·공군의 지원능력, 부산 군수기지사령부 설치 등이 있었다. 이 보고를 받은 워커는 참모들에게 「미군은 증원부대가 올 때까지 인민군을 낙동강과 영덕 선에서 방어하게 하시오!」하고 명령하였다.

7월 18일에 예정대로 제1기병사단이 포항에 상륙하면 옥천과 금산에 배치하여 인민군을 저지해야겠다고 워커는 생각하고 있었다. 만일 인민군이 신속히 남진하여 이상의 미군이 한국에 도착하기 전 낙동강을 넘는다면 미8군은 반격할 기회를 잃을 지도 모른다고 워커는 걱정하고 있었다. 워커 사령관은 마음이 급하였다. 그는 즉시 대전비행장에 도착하여 딘 소장을 만났다.

「포항에 상륙할 제1기병사단이 대전 부근에 도착할 때까지 대전을 7월 20일까지 확보하기 바랍니다.」

딘 장군은 워커 장군의 부탁을 받고 사단사령부를 영동에 두고 대전 방어에 몰두하였다.

「18연대는 논산에서 대전을 공격한다. 공격로는 논산에서 대전으로 가는 도로를 따라가지 말고 소로를 택하여 가되 3일분의 개인 식량을 가지고 밤낮으로 걸어서 7월 20일까지 대전에 도착하여 12문의 박격포로 공격하라!」

7월 18일 인민군 이권무 4사단장의 명령에 따라 인민군 4사단 18연대장은 밤낮을 쉬지 않고 산길과 계곡과 소로를 따라 대전 뒤를 향해 가고 있었다. 그러나 미군은 인민군들이 도로를 따라 올 줄 알고 경계를 하고 있었다.

7월 19일 아침 7시 20분 인민군 야크기 6대가 옥천 교량을 폭파하고 국군 21연대를 공격하면서 삐라를 살포하였다. 그리고 대전비행장을 공격하자 대전비행장에 배치되어 있던 미26 대공포가 야크기를 공격하여 2대가 추락하였다.

인민군 4사단 5연대도 아침 7시30분 유성의 아이레스 대위 부대를 공격한 후 대전을 향하였다. 인민군 4사단 일부는 논산 대전을 공격하였다.

「영동의 19연대는 갑천의 L중대가 붕괴되고 있으니 즉시 이를 탈환하라」고 딘 소장은 19연대에 명령하였다. 딘 소장은 자신이 직접 경전차를 타고 지휘하면서 인민군을 저지하고 있었다.

인민군 포병들은 대전비행장에 있는 미군과 포병들과 대전에 있는 미군에 하루 종일 포를 쏘아댔다. 미군도 인민군과 포병대를 향해 하루 종일 쏘아댔다.

「2차 대전 때 독일군과 싸울 때보다도 더 극렬한 포병전이었다.」고 딘 소장은 인민군을 평가하면서 독일 히틀러 부대보다도 더 싸움을 잘하는 것이 인민군이라고 하였다. 미군은 이제야 인민군을 정확히 평가하면서 그 동안 과소평가 하다 당하였던 것을 후회하고 있었다.

유성을 방어하고 있던 미34연대 1대대가 인민군에 견디지 못하고 대전으로 후퇴하였다.

7월 19일 새벽 3시 유성에서 대전으로, 논산에서 대전으로, 금산에서 대전으로, 옥천에서 대전으로, 갑천에서 대전으로 인민군의 포위공격이 시작되었다. 그러나 딘 사단장과 각 연대장들은 아직도 인민군의 움직임을 파악하지 못하고 있었다.

7월 20일 새벽 3시 인민군은 1군단장 김웅의 "돌격" 명령에 따라 4개 방면에서 쥐도 새도 모르게 미군 진지로 접근하여 순식간에 진지를 점령하고 미군에 대한 적개심을 나타내며「너희들이 아니었으면 부산까지 해방시키려 하는데 왜 남의 나라 해방전쟁에 간섭하느냐?」하며 닥치는 대로 무참히 죽였다. 인민군은 전차를 앞세우고 "대전으로! 대전으로!" 하고 외치며 공격해 들어갔다. 도로 양쪽에 배치된 미군의 소총부대, 박격포부대, 바주카포 부대는 인민군의 기습에 총 한 번 쏘아보지 못하고 도망쳤다. 인민군의 전차는 대전시내로 육박하였다. 보병의 보호도 없이 전차는 대전 시내를 질주하고 다녔다.

「너무 싱거운데. 저런 군대가 어떻게 일본군과 히틀러 군대를 이겼을까? 이상하구만.」

전차병들은 미군이 세계 최강의 군대라는 것이 실감나지 않았다.

이때 미군은 미 본토에서 막 도착한 3.5인치 로켓포를 가지고 인민군 전차가 대전 시내에 나타나자 처음으로 사격하였다. 로켓포탄은 날아가 전차에 명중되었다.

「꽝!」

폭발음이 들리며 T-34형 전차는 포탑이 날아가 버렸다.

「와! 탱크가 파괴되었다! 만세!」

초조한 마음으로 로켓탄의 발사를 지켜보던 미군들은 환호하였다. 미 포병대는 인민군 전차가 파괴되니 이때부터 신나게 포를 퍼부어 이날 인민군 전차 8대를 파괴하였고, 155밀리 곡사포로 2대의 전차를 파괴하였다.

「이런 포와 대전차지뢰를 참전 처음부터 공급하였다면 국군은 잘 싸웠을 텐데.」

미 장교들은 한국에 로켓포 보급이 늦어 초전에 전차로 인해 많은 피해를 본 것을 아쉬워하였다.

인민군 4사단 5연대 보병들이 대전시내로 물밀 듯이 쏟아져 들어오고 있었다. 날이 새면서 대전 시내는 인민군에 의해 완전히 포위되었음을 딘 사단장은 알게 되었다. 그리고 사단과 연대와 대대간의 무전 연락이 되지 않고 있었다. 이것은 인민군이 계획적으로 무전차량만 집중적으로 공격하여 파괴하든가 역이용하였기 때문이었다. 딘 사단장과 각 연대장들은 어느 곳에서 무슨 일이 벌어지고 있는지 모르고 있었다. 미군은 앞에 있는 인민군만 공격하면서 물러서고 있었다. 그리고 상급부대와는 연락병을 이용하였으나 연락병은 보내면 돌아오지 않았다.

7월 20일 오후2시 적정을 망원경으로 살피고 있던 딘 소장은 인민군 전차 4대가 딘 소장 쪽으로 오고 있는 것을 보았다. 딘 소장은 로켓포

1개 반과 한국인 통역 1명과 소총수 3명을 데리고 건물 2층으로 올라
가 가까이 다가오고 있는 전차를 향해 로켓탄을 발사하여 인민군 전차
를 박살냈다. 곧이어 전차 안에서 전차병들이 기어 나오자 소총수들이
모두 사살해 버렸다. 이렇게 되니 한국군과 미군들은 인민군 전차에
대한 공포증이 사라지고 있었고, 인민군은 전차의 공격에 치명적인 타
격을 받아 전차의 전진이 주춤하였다.

「연대장님, 동쪽에서도 인민군이 오고 있습니다.」
관측장교가 보고하였다.
「뭐라고? 인민군이 동쪽에서 올 리가 없다. 아군인지 모르니 공격하
지 말라!」

「사단장님, 금산방면에서 차량 30대가 대전을 향해 오고 있습니다.」
항공 정찰기에서 관측병이 딘 사단장에게 보고하였다.
「그것은 수색중대 일 것이다. 34연대는 공격하지 말라!」
사단장과 연대장들은 인민군이 귀신이 아니고서야 옥천과 금산에
서 공격해 올 리 만무하다고 생각하고 공격하지 말라고 명령하였다.
그런데 동쪽의 군인이나 금산 방면의 군인들이 미군 코앞에 도착하여
소나기 공격을 퍼붓자 미군들은 당황하였다. 그도 그럴 것이 차량과
옷이 미군의 것이었고 공격 무기도 일부는 미군의 것이었기 때문에 방
심한 사이 기습을 당하였기 때문이었다. 인민군은 이런 식으로 대전을
포위하여 조여 왔다. 미군이 기습을 받고 당황하여 멈칫거릴 동안 인
민군은 순식간에 미군을 포위해 버렸다.
이렇게 되자 딘 사단장은 더 이상 지체하다가는 전멸될 것을 우려하
며 7월 20일 밤에 대전을 철수하려던 계획을 바꾸어 낮에 철수하기로
하고 오후 3시
「각 연대는 영동으로 철수하라. 철수계획은 34연대, 혼성포병대, 의

무중대, 19연대 순서로 철수한다!」하고 명령을 내렸다.

대전을 완전히 포위한 인민군 3사단과 4사단은 박격포 등 각종 중포를 쏘아대며 후퇴하는 미군을 공격하였다. 인민군은 대전 옥천 간 도로를 집중으로 차단하고 미군의 후퇴를 막고 있었기 때문에 옥천으로 후퇴하던 미군은 차량과 인명 손실이 극심하였다.

7월 20일 인민군은 대전을 완전히 점령하였다. 그들은 미군이 미처 후방으로 철수시키지 못한 미군의 엄청난 군수물자를 보고 놀란 입을 다물지 못하였다. 차량, 중화기, 피복, 술, 담배, 과자, 종이, 잉크 등 수백 대 트럭분이 산더미처럼 쌓여 있었던 것이다. 또 인민군은 1,000여 명의 미군을 포로하였다. 대전전투에서 미군은 남북전쟁 후 최대의 인명피해를 보면서 연전연패하여 세계적으로 망신을 당하고 있었다. 이러한 미군의 패배를 일본인들과 히틀러 부대는 이해하지 못하였다.

7월 20일 오후 6시 딘 사단장은 대전에 있던 모든 부대를 차례로 후퇴시킨 후 마지막으로 후퇴하기 위해 소수의 병사들과 함께 지휘소를 출발하였다. 미군은 사력을 다하여 옥천가도와 금산가도의 포위망을 뚫었으나 많은 희생을 당하였다. 또 각 부대 연대장들은 모든 장비를 파괴하고 밤을 이용하여 각자 분산하여 영동으로 철수하라고 명령하였으나 병사들은 영동이 어디에 있는 지도 모르며 더욱이 밤이 되니 지형을 분간하지 못하여 전멸위기에 봉착하였다. 그러나 일부 병력은 금산, 안의, 진주를 거쳐 부산까지 후퇴하였다.

2. 미 24사단장 딘 소장 포로가 되다 (50년 8월 25일)

딘 소장은 로켓포를 직접 들고 인민군 전차를 공격하여 전차를 파괴하였으나 인민군에 포위당한 것을 알고 후퇴하기 시작하였다.

딘 소장은 옥천과 금산의 갈림길에서 옥천으로 후퇴한다는 것이 금산 낭월리 근방에 이르렀을 때야 길을 잘못 들었다는 것을 안 부관 클라크 말을 듣고 딘 소장은 차를 멈추고 지도를 확인하기 위해 내리려는 찰라 금산에 진출하여 숨어 있던 인민군 4사단 18연대 일부 전사들의 기관총 공격을 받았다. 딘 소장은 인민군이 금산까지 내려온 것에 놀랐다. 딘 소장은 차를 버리고 공격을 피해 병사들과 같이 근처 고지로 올라가던 중 병사 몇 명이 인민군의 기관총 사격에 부상을 당하였다. 딘 소장은 부상당한 병사들을 부축하여 정상까지 피한 후 손수 부상병들을 치료를 해 주었다. 그런데 부상당한 병사들이 피의 손실로 인하여 물을 찾자 딘 소장은 클라크 부관에게 길 안내를 부탁하고 함께 물을 찾아 내려갔다.

미군은 전차도 많고 항공기도 많고 무전기도 있고 헬리콥터도 많은데 사단장이 부하 몇 명과 산에서 헤매는 것이 처량하기도 하였고 도저히 이해할 수 없었다.

클라크 중위는 딘 소장의 100미터 앞에 서서 부지런히 내려가다 따라오는 기척이 나지 않아 뒤돌아보니 역시 아무도 없었다. 그는「무슨 일이 일어났나?」하고 급히 되돌아서서 올라가 보니 부상병들만 앉아 있고 딘 소장은 보이지 않았다.

「사단장님 어디 가셨지?」

「우리가 너무 목이 타서 힘들어 내려가지 못하겠다고 하니 사단장님께서 물을 뜨러 내려가셨습니다.」

「뭐야? 사단장님 혼자서 물을?」

클라크 중위는 사단장을 찾아 내려가 보고 싶었으나 길이 어긋날까봐 그 자리에서 기다리기로 하였다. 이들이 3시간을 기다렸는데도 사단장은 오지 않았다. 클라크는 걱정이 되었다.

「사단장님이 지금까지 돌아오시지 않은 것이 무슨 사고가 난 것 같다. 큰일이다.」

클라크는 7월 21일 새벽3시까지 기다려도 딘 소장이 오지 않자 잠들어 있는 부상병들을 깨워 산 정상으로 다시 올라가 그 날 종일 딘 소장을 기다렸다. 그래도 오지 않자 그는 부상병들을 데리고 딘 소장 수색에 나섰다. 그들은 대전 천을 건너 삼호동까지 갔다가 다시 동쪽 산을 넘어 수색을 하였지만 딘 소장의 흔적을 찾아볼 수 없었다. 그들은 배도 고프고 지쳐서 딘 소장 수색을 포기하고 남쪽으로 내려가다 7월 23일 산을 헤매던 중 영동 제1기병사단에 의해 구출되었다.

딘 사단장은 7월 20일 밤 10시 30분 클라크 중위를 따라 내려오다 부상병들이 「목이 말라 도저히 내려갈 수 없다」고 호소하자 사단장이 손수 물을 뜨러 철모를 들고 산을 내려가다 「앗!」하는 순간 산 구릉에서 떨어져 의식을 잃었다. 그가 한참 만에 의식이 깨어 일어나 주위를 살펴보니 깜깜하여 아무 것도 보이지 않았다. 몸을 여기저기 만져보니 머리에서 피가 흐르고 어깨는 손을 댈 수 없을 정도로 아팠다. 시계를 보니 밤 12시 30분이었다. 그는 힘들게 일어나 병사들을 찾아 나섰다. 너무 어두워 그는 자기의 위치도 모른 채 병사들이 있을만한 방향으로 클라크를 부르며 갔다. 그는 그 다음 날까지 부상병들과 클라크를 찾지 못하고 산을 헤매었다. 그는 방향을 알 수가 없어 산을 헤매다가 가끔 사람을 만나면 「이곳이 어디입니까?」하고 물어보아도 서로 말이 통하지 않아 현 위치를 알 수 없었다. 그는 짐작으로 남쪽으로 걷다가 사람이 오는 기척이 나면 숨었다.

방향도 길도 모른 채 헤매던 며칠 후 그는 맞은편 언덕에서 내려오는 군인을 발견하고 얼른 엎드려 권총을 빼고 사격자세를 취하였다. 자세히 보니 미군 장교였다. 그는 너무 반가워 숨어 있던 곳에서 뛰어나오며 소리쳤다.

「너의 소속 부대는 어디냐?」

갑자기 사람이 뛰어나오며 영어로 소리치자 미군 장교는 놀랍기도 하고 반갑기도 하였다. 그는 딘 소장의 물음에 밝은 목소리로 자기 소속을 밝혔다.

「나는 19연대 소속 데이버 중위다. 너는 누구냐?」

「나는 너를 이런 꼴로 만든 책임자다!」

이 말을 들은 데이버 중위는 상대방을 보니 계급장도 이름도 없으나 많이 본 얼굴이었다. 곰곰 생각하던 데이버 중위의 얼굴이 확 펴지며 딘 소장을 와락 껴안고 눈물을 쏟으며 「사단장님 이게 웬일입니까?」하고 물었다.

「진정하라. 부관과 부상병들과 같이 있다가 부상병들이 물이 먹고 싶다하여 물을 뜨러 내려가다 절벽에서 떨어져 기절하였다가 깨어나 보니 주위에는 아무도 없었다. 부관과 부상병들이 어떻게 되었는지 걱정이다. 나도 귀관과 같이 낙오되었다.」

딘 소장은 데이버 중위의 어깨를 두드려 주며 격려하였다.

데이버 중위는 부상당한 딘 장군을 부축하여 걷고 또 걸었다. 그런데 딘 장군은 걸음을 잘 걸을 수가 없었다.

「데이버, 나는 부상하여 잘 걸을 수 없어 천천히 갈 테니 자네는 먼저 가게. 자네 혼자 가면 빨리 갈 수 있으니까. 여기서 시간을 지체할 수는 없네.」

「아닙니다. 그럴 수는 없습니다. 장군님, 제가 장군님을 떼어놓고 어떻게 갑니까? 저는 장군님을 보호할 책임이 있고, 혼자보다 둘이 유익합니다.」

데이버 중위는 딘 장군의 말에 완강히 거절하였다.

이들이 금산 근방에 도착했을 때 천막이 있어 안을 들여다보니 대전에서 피난온 모자가 있었다. 딘과 데이버는 손짓 발짓으로 배가 고프다는 의사를 전달하여 그곳에서 밥을 얻어먹고 잠을 자니 살 것만 같았다. 날이 새자 두 사람은 아주머니에게 손짓 발짓을 해 가며 영동으로 가는 길을 물었다.

「아주머니 우리를 영동으로 안내해 주시면 고맙겠습니다.」

「미군 아저씨들 영동은 벌써 인민군이 점령했시유!」

아주머니의 말을 알아들은 딘 장군은 기가 막혔다. 이제는 금산 무주를 거쳐 대구를 향해 갈 수밖에 없었다. 그들은 아주머니에게 「고맙다」는 말을 하고 천막에서 나와 무주를 향해 걸음을 재촉하였다.

이들이 어느 마을에 들어갔다. 마을 사람들은 외국인을 보고 신기한 듯이 쳐다보며 모여들기 시작하였다. 마을 사람들이 이들에게 물과 달걀과 생쌀을 갖다 주었다. 마을 사람 중에 영어를 조금 하는 사람이 있어 딘 장군은 그를 보고 「나를 대구로 안내하면 100만원을 주겠다」고 제의하니 그 청년이 「OK」하며 「내가 안내할 테니 우리 집으로 가자!」하여 딘 장군과 데이버 중위는 그를 따라가 그의 집에서 군화를 벗고 쉬고 있었다. 그런데 조금 있으니 밖에서 유창한 영어로 「밖으로 나왓! 외국놈앗! 죽이지 않을 테니 나왓! 우리는 인민군이다.」하였다. 이 말을 들은 딘 장군과 데이버 중위는 뒷문으로 죽자 살자 도망쳤다. 이때 딘 장군과 데이버는 방향을 서로 달리하여 도망치게 되어 둘은 헤어지게 되었다.

딘 장군은 멀리 도망쳐 물 없는 웅덩이에 숨어 있는데 어린아이를 데리고 오는 농부가 있어 그에게 도움을 청하니 그는 아무도 몰래 밥을 가져다주었다. 딘 장군은 반찬도 없는 밥을 잘 먹었다. 그는 밥을 주는 한국 농부가 너무 고마웠다.

한편 같이 도망쳤던 데이버 중위는 내무서원에 의해 체포되어 북송 중 영양실조로 죽고 말았다.

딘 장군은 8월 1일부터 20일까지 아무 것도 먹지 못하고 물만 먹어 체중이 86킬로에서 58킬로로 줄었다.

8월 20일 전북 무주군 박종구 씨가 아침에 밭일을 하러 가는데 키가 큰 미국 사람이 비틀거리며 오다 쓰러지는 것을 보았다. 박종구 씨는 쓰러진 딘 소장을 일으켜 세운 후 겨드랑이를 끼고 부축하여 집으로 데리고 들어와 밥과 김치를 주니 그는 허겁지겁 먹었다. 그런데 조금 있으니 먹은 음식을 모두 토하는 것이 아닌가. 그는 토하면서 박종구 씨에게 아주 미안하다는 표정을 지었다. 박종구 씨는 한국 음식이 입에 맞지 않아서 그런가보다 생각하고 딘 장군을 뒤채 골방에 숨겨 주었다. 딘 장군은 그런 박종구 씨가 눈물이 나게 고마워 차고 있던 시계와 안경, 가지고 있던 돈 200달러를 내놓으면서 손짓으로 박종구 씨에게 가지라고 하였다. 그러자 박종구 씨는 미국 돈은 쓸 수 없으니 도로 가지라고 손짓을 하고 방을 나가 닭을 잡아 죽을 써서 딘 장군에게 주니 토하지 않고 잘 먹었다. 4일이 지나자 기운을 차린 딘 장군이 대구로 가야한다고 하여 박종구 씨는 지금 가면 위험하니 더 있다 가라고 만류해도 딘 장군은 떠나겠다고 하여 박종구 씨는 할 수 없이 마을을 안전하게 떠날 수 있도록 길 안내를 하였다.

박종구 씨의 안내로 마을을 무사히 벗어 난 딘 소장은 걷고 또 걸으며 마을에서 밥을 얻어먹고 도로를 따라 걸어가고 있었다. 이때 한두규라고 하는 청년과 같이 걸어가게 되었다.

「대구로 가려면 어느 쪽으로 가면 되느냐?」

딘 장군의 말에 청년은 땅바닥에 지도를 그리며 설명하였으나 딘 소장은 말을 알아듣지 못하여 손짓 발짓하며 「나를 대구까지 안내하면 백만 원을 주겠다.」고 하니 한두규 청년은 그렇게 하겠다는 듯이 고개를 끄덕여 딘 소장은 그와 같이 걸었다. 그들이 전북 진안군 상전면 운산리 마을에서 쉬고 있을 때 갑자기 총소리가 나 딘 장군이 놀라며 즉시 권총을 빼어 사격 자세를 취하려 할 때 동행하였던 한두규가 딘 장군의 팔을 비틀어 딘 장군과 한두규와 싸움이 벌어졌다. 둘이 엎치락 뒤치락하다가 딘 장군이 가까스로 한두규를 개천에 밀어 넣었다. 이때 총을 소지한 내무서원이 딘 장군에게 달려들어 총 개머리판으로 사정 없이 두들겨 팼다. 딘 장군은 도저히 이들을 해볼 수 없었다.

「쏴라! 쏴-. 이놈들아!」

딘 장군이 고함치자 그들은 그때서야 폭력을 그만두고 딘 장군을 꽁꽁 묶어 진안보안서로 끌고 갔다. 딘 장군은 죽을 고비를 몇 번이나 넘

기며 이곳까지 와서 잡혀 죽을 것을 생각하니 한숨이 절로 나왔다. 이
날이 8월 25일이었다.

딘 장군은 조사를 받고 전주형무소로 이송되어 북으로 끌려가 휴전
협정이 될 때까지 3년 동안 포로생활을 하였다. 그런데 미국 정부에서
는 1951년 2월 16일 딘 장군을 전사자로 처리하여 명예훈장을 추서하
였다.

53년 9월 4일 딘 장군이 긴 포로생활을 마치고 판문점을 통하여 귀
국하였을 때 기자들이 물었다.

「왜 영동 사단사령부에서 안전하게 사단을 지휘하지 최일선에서 지
휘하다 포로가 되었습니까?」

「나는 마땅히 대전에 있어야 된다고 생각하였다. 그것은 미군 병사
들의 사기를 위한 것이고, 인민군의 전력을 다시 확인하기 위함이요,
후퇴만 하는 한국군에게 모범을 보이기 위함이었다.」

수복 후 한두규가 불법 건포죄로 5년형을 받고 서대문형무소에 복
역 중이라는 말을 들은 딘 장군은 그를 석방해 달라고 탄원서를 냈다.
그리고 한두규도 전향하여 57년 5월 21일 석방되었다, 한두규는 딘 장
군이 자기를 위해 석방 탄원서를 냈다는 말을 듣고 그는 울지 않을 수
없었다.

3. 한심한 김일성의 남침작전

50년 7월 20일 24사단장 딘 장군이 행방불명되고 대전전투에서 많
은 병사들이 포로가 되었다는 내용이 신문에 보도됨으로 미국 국민들
은 경악을 하였고, 이 사건들은 미국이 한국전에 적극적으로 참여하는
계기가 되었다. 부산 항구에서는 매일 20척 이상의 배가 군수물자를
나르고 있었다. 인민군은 미군의 물량작전과 해·공군에 대해 속수무

책인 것으로 치명적인 타격을 받고 있었다.

인민군이 미군 24사단을 몰아내고 대전을 점령하였으나 미 제1기병사단이 영동에서 기다리고 있었고, 3.5인치 로켓포는 인민군 전차를 무력화 시켜 인민군 공격에 막대한 지장을 주고 있었고, 미 전투기로 인하여 낮에는 공격할 수 없는 지경에 이르렀다.

「도대체 1개 사단 가지고 쉽게 점령해야 하는데 2개 사단과 105전차여단을 가지고서도 16일에서 20일까지 5일이나 걸렸다니 이러고서야 부산까지 어떻게 가겠소? 도대체 16자 전법이 뭐야? 16자 전법은 넓은 중국 대륙에서나 써먹는 전법을 조선같이 좁은 골짜기에서 써먹는 사람들이 어디 있어? 그리고 미 제국군의 정보를 수집해서 싸워야 하는데 수없이 많다고 하던 남로당원들은 봉기나 후방교란은 그만두고 정보라도 제공해 주어야 하는데 정보도 제공해 주지 않고 있으니 도대체 남조선의 20만 남로당원은 있는 거야? 없는 거야? 미24사단을 대전에서 완전히 포위하여 괴멸시키라고 하였는데 미꾸라지 빠지듯이 다 빠져나가지 않았나 말이야!」

김일성은 전선사령관 김책에게 고함을 질렀다.

김일성으로부터 호된 질책을 당한 김책과 참모들은 대전으로 내려와 군단장들과 사단장들을 소집해 놓고 자기들이 김일성에 당한 것처럼 이들에게 호된 질책을 하였다.

「105전차여단만 가지고도 쉽게 점령할 대전을 3사단, 4사단을 가지고도 왜 미 제24사단을 괴멸시키지 못하고 주력을 빠져나가게 하고 시간을 질질 끌어 작전에 차질이 오게 하였소? 그놈의 16자 전법이 무엇이요?」

김책은 1군단장 김웅 소장을 책임 추궁하여 즉석에서 사표를 받고 많은 참모들도 처벌하였다. 그리고 연안파 군관들이 무능하다고 질타를 하였다. 그러나 전사들의 사기를 위해 7월 22일 대전전투 승전축하연을 베풀어주었다.

김일성한테서 혹독한 질타를 당한 후 김책은 최전선에서 독전하다 미 공군의 폭격에 옆구리에 파편을 맞고 후송되었다.

인민군은 대전 전투에서 전차 15대, 중포 20문 등의 피해를 보았으나 전사들의 피해는 많지 않았다.

미 24사단은 7월 6일 오산전투부터 7월 20일 대전전투까지 14일 동안에 2,400여 명이 죽거나 포로가 되면서 약 100킬로를 후퇴하였다. 딘 소장을 대신하여 처치 준장이 24사단장이 되었다. 만신창이가 된 24사단 병사들은 사단장을 잃은 채 영동으로 후퇴하고, 미 기병사단이 인민군을 방어하여 의무교대를 하였다.

인민군은 국군과 미군에게 로켓포가 있어 전차를 파괴하자 전투력이 상실되어 전진을 못하였고, 낮에는 미 공군 때문에 전진을 못하여 밤에만 공격하자 전진속도가 느려져 참패의 원인이 되었다. 김천에서 많은 전차가 파괴되고, 2사단이 황간 전투에서 붕괴되었고, 인민군은 낙동강을 넘지 못하고 전진과 후퇴를 거듭하다 맥아더 장군의 인천상륙작전으로 부산점령을 포기하고 38선 이북으로 모두 도망쳐 남조선 점령을 포기하였다.

인민군 참패의 첫 번째 원인은, 서울에서 3일 동안 공격하지 않은 점.

두 번째는, 50년 7월 4일부터 7월 7일까지 4일 동안 영등포에서 쉬지 말고 밤낮으로 부산과 목포를 향해 공격해야 하는데 5일 동안 부산과 목포를 점령하고도 남을 시간에 가다 쉬고, 가다 쉬고 한 김일성의 바보 같은 작전에 의해 참패한 것이다. 인민군의 참패원인은 미군 때문이 아니었다. 김일성은 북한의 지도자가 될 수 없는 사람이었다.